云南烟草发展史

A History of Tobacco Development in Yunnan

杨寿川 / 著

《云南烟草发展史》手稿（局部）

二、烟草传入云南的时间

烟草何时传入云南？在学术界有5种说法：

"三国说"：三国时，诸葛亮南征，"得九叶云香草，香味芳芳，可以避疾消瘴，……"。①

"洪武说"："明洪武14年（1381年），明军南征入滇期间，曾吸烟以避瘴的情形"。②

"正统说"："还有一些较为可信的记载说明，云南人在哥伦布之前的明正统年间就发现和使用过烟草"。③

"嘉靖说"："根据其他更较可靠之记载，烟草系于明嘉靖三十二年（1543年）由美洲原产地输入中国之后，先在沿海之福建漳州些地种植，渐则深入内地"。③

"万历说"："烟草于明万历时（传）至中国后，由闽、广沿海区渐渐移入云南"；④又，烟草传入中国后，先在闽、广沿海地种植，"在明万历、天启年间更推广到西南区域"。⑤

对以上五种说法，必须分别进行辨证。

① 《烟草》，中国实业部国际贸易出版局出版，1940年；又《烟草闻见录》，中国商业出版社。俱转引自《云南省志·烟草志》，第3页。
② 《云南省志·烟草志》卷首"大事"，第10页。
③ 何兆寿主编：《云南烟草博览》，经济日报出版社，1995年第19页。
④ 周钟嶽主纂：《新纂云南通志》卷六十三"物产考三"，云南人民出版社，2007年第199页。
⑤ 刘杰主编：《烟草史话》，社会科学文献出版社，2014年，第12页。

为了以总体上直观地了解全省烤烟推广种植情况，兹列成下表。

民国二十九至三十八年（1940-1949年）云南烤烟推广种植一览表

年份	推广种植县数	推广种植面积(亩)	单产(公斤)	总产量(公斤)	备注
民国二十九年(1940)	3	500	35	17500	产量为1900
三十年(1941)	4	2000	38.5	77000	《云南经济资料》县数为2个，面积为180亩
三十一年(1942)	7	2727	32	87285	《云南经济资料》产量为61816公斤
三十二年(1943)	12	14293	32	460748	《云南经济资料》县数为13个
三十三年(1944)	15	23594	40	946549	
三十四年(1945)	22	27552	43	1194770	《云南经济资料》县数为16个产量为900000公斤
三十五年(1946)	推广机构撤销无统计	13184	50	659350	《云南经济资料》无产量数
三十六年(1947)	37	54301	60	3260180	《云南经济资料》产量为3250135公斤
三十七年(1948)	72	301033	25	7525825 7727285	《云南经济资料》面积为301336亩产量为7727285公斤
三十八年(1949)	45	39000	54.7(平均)	2135000	《云南经济资料》面积为75000亩产量为3750000公斤
合计		478148	38.5 34.3(平均)	16364207	

资料来源：①徐天骝著《十年来之云南烟草之生发展纪实》；②《云南省志·烟草志》第66页"1940-1949年云南烤烟生产统计表"，第17-28页；

注：《云南经济资料》第37页"历年（烟叶）产量统计表"，云南省人民政府财政经济委员会1950年，第33页，其统计数字可供参考。

1958-1978年21年间,云南烟草工业是处于徘徊与曲折发展的之中。

1979-2000年,云南烟草乘改革开放东风,跨入大发展的时期。经过管理体制和企业内部的一系列改革,卷烟生产持续快速发展,产量、质量迅猛增加,经济效益大幅增长。2000年的卷烟产量从1978年的63.33万箱,增为612.768万吨,增加9.67倍。甲级烟的比重从1979年的2.03%,增为1995年的61.69%,增加30多倍。烟草税利从1978年的2.9582亿元增至2000年的343.1712亿元,增加116倍。这些大数据表示,改革开放以来的22年,云南卷烟工业取得了巨大成功,取得了辉煌成就。

以上是云南烟草工业发展的简要历程。从中可以清楚地看到,在这近80年的发展过程中,云南烟草产业遇到了许多困难与险阻,并非一路顺风向前发展,而是跌跌撞撞踽踽而行,也经历了太多的挫折与曲折。看民国时期卷烟企业因资金短缺而倒闭,因战争影响而走向衰落。又如50年代,1958年至1976年的18年间,通过贯彻"科学兴烟"的发展战略等,

或技术不佳而中亏损停业。

序

我国著名的历史学家、明史泰斗吴晗先生生前发表了两篇有关烟草的文章。他在其中《谈烟草》一文中说："我想，谈一点对我们日常生活有关的一些事情，了解它的发生和发展，以至对人民生活、国家经济的影响，也不是不值得的。"他还说，《谈烟草》一文"说的都是抽旱烟水烟。至于纸烟，那是较后的事了，也希望有人能把纸烟的历史谈一谈"[①]。吴晗先生是我最尊敬的史学大师，他说的这些话对我颇有启发，成为我撰写《云南烟草发展史》的初衷和愿景。

20世纪80年代初，我开始研究云南地方经济史。云南历史上独具特点的贝币、举世闻名的矿业和得天独厚的烟草深深地吸引了我，成为我进行研究的主要课题。1997年，我领衔向云南省高等院校古籍整理委员会申报《云南经济史资料选编》（六卷本），获得了批准；其中有一卷即为《云南烟草史料选编》。我指导云南大学历史系一位经济史专业的硕士研究生于2009年完成了该项目，搜集烟草史料十余万字。2000年后，我先后阅读了一系列有关云南烟草的志书，从中获得了十分丰富的第一手资料。2014年秋天，我开始撰写《云南烟草发展史》。经过两年多的努力，于2016年的又一个秋天，完成了书稿的撰写。这就是本书的写作过程。

烟草与云南人民的生活密切相关。它是云南省经济发展的支柱产业，是全省财政收入的主要来源，同时为国家经济建设积累了巨额资金。因此，我遵循吴晗先生的教导，对云南烟草发生、发展的历史，进行了全面、系统的研究，向社会推出了一部有学术价值和社会意义的《云南烟草发展史》。

《云南烟草发展史》分为古代、近代和当代三篇。古代篇：云南烟草的

[①] 吴晗著《吴晗全集》第7卷《杂文》卷（1），中国人民大学出版社，2009，第415页。按：吴晗先生写的两篇有关烟草的文章，一是1935年发表的《烟草初传入中国的历史》，原载天津《益世报·史学》第三期；2009年收入《吴晗全集》第1卷《历史》卷（1）。二是《谈烟草》，写于1959年10月20日，2009年收入《吴晗全集》第7卷《杂文》卷（1）。

滥觞。论述明代万历中期（约16世纪末叶）烟草从福建、广东沿海逐渐传入云南。入清之后，云南各地普遍种植烟草（俗称"土烟"），而吸食烟草之风也逐渐盛行。近代篇：云南烟草的初步发展。论述1840年以后，云南种植"土烟"更加普遍，手工烟丝加工业开始出现。19世纪末叶，在临安府蒙自县和通海县出现了家庭手工烟丝业。20世纪初叶，出现了最早的两家私营手工卷烟企业，即"荣兴烟草公司"和"天森茂纸烟公司"。此间英美烟草公司、南洋兄弟烟草公司进入云南。民国11年（1922），云南首家机制卷烟企业"亚细亚烟草公司"诞生，全省私营机制卷烟业迅速发展起来。1914～1945年，美国弗吉尼亚州"金圆""大金圆"烤烟良种先后引进云南。抗战爆发后，云南卷烟工业迅速发展，私营企业多达80余家，公营的云南纸烟厂也于1942年在昆明开业。民国后期，云南烟草工业一度盲目发展后，之因内战影响，走向衰落。当代篇：云南烟草产业的大发展。论述1950～1953年，云南烟草产业逐渐恢复；1954～1957年，云南烟草产业缓慢发展起来。但是，1958～1978年，云南烟草产业因先后遭受"大跃进"、"人民公社化运动"及"文化大革命"的严重冲击和破坏，"两烟"生产陷入了徘徊与曲折发展的困境，烤烟减产，卷烟产量与质量下降，烟厂严重亏损。1979年以后，在改革开放的大潮中，云南烟草产业逐渐跨入了大发展的新时期。通过进行管理体制和企业内部管理制度等一系列改革，极大地激活了云南烟草产业的潜力与活力；通过贯彻"科技兴烟"的发展战略，大规模引进国外先进技术设备，大力开展技术改造，极大地提高了卷烟的生产能力；通过实施市场化营销策略，极大地开拓了"两烟"的省内、省外以及国外市场等。历经"六五"、"七五"、"八五"和"九五"约20年的大发展，云南烟草产业获得了巨大成就。1994年，云南"两烟"的产量、质量、收购量、销售量、名优烟数量、工商税利和出口创汇量等多项指标均位居全国第一。"两烟"创造的经济效益从1978年的2.9582亿元猛增至1998年的380亿元，增幅多达127倍。"两烟"税利占全省财政总收入的比重从1981年的44.5%，猛升至2000年的80%以上。云南烟草产业为国家、为本省经济建设作出了重要贡献。

《云南烟草发展史》不仅全面系统地论述了云南烟草发生和发展的历史，而且对其中一些重大问题进行深入的分析研究，提出了诸多具有新意的观点。主要有以下五方面。

（1）本书运用经济史学的理论与方法对云南烟草发展史上生产力与生

产关系的矛盾运动，展开全面深入的研究，写成《云南烟草发展史》，从而填补了云南烟草"有志无史"的空白，并填补了云南地方经济史研究的空白。同时也是迄今全国唯一以一省为空间的烟草发展史著作。

（2）本书订正了烟草传入云南的时间，即明代万历中期（约16世纪末叶），从而纠正了以往的"三国说"，明代"洪武说"、"正统说"及"嘉靖说"等。

（3）本书认为近代云南烟草事业的最大成就是引种和推广"美烟"，先是"金圆"后是"大金圆"，而对此作出贡献的是：一为唐继尧、龙云和卢汉先后主政的云南省政府；二为云南烟草改进所（成立于1941年，近代我国唯一烟草研究所）；三为常宗会、徐天骝、褚守庄和蔡希陶四位著名烟草专家、学者；四为英美烟公司和南洋兄弟烟草公司客观上产生的促进作用。

（4）本书全面深入地总结了当代云南烟草产业的巨大贡献，一是为国家和本省经济建设积累了巨额资金；二是带动了一大批云南地方工业的发展；三是开展多元化经营，推动了全省产业结构调整；四是促进了云南传统农业向现代农业发展。

（5）本书全面、深入地总结了当代云南烟草工业的成功之道：一是依靠得天独厚的自然条件；二是贯彻改革开放的路线方针；三是推广"科技兴烟"的发展战略；四是实施销售市场的内外拓展；五是推行"优质取胜"的名牌战略；六是依靠几代员工与烟农的不懈拼搏等。

此外，《云南烟草发展史》还述及云南卷烟企业一直十分重视减少卷烟危害人体健康的科技研发，并在降低卷烟的烟气烟碱量、焦油量和烟气一氧化碳量等方面作了很大努力，取得了不少成绩。本书提示广大烟民，密切关注卷烟减害、降焦方面的新动向和新进展。

《云南烟草发展史》完稿时，我已年届七十有六。高龄之年，又有一专著即将问世，自然不胜欣喜。

《云南烟草发展史》出版后，我将静候读者对其存在的错漏提出批评和指正。

是为序。

杨寿川　谨序
2016年10月于云南大学北院寒舍

目 录

古代篇　云南烟草的滥觞

第一章　民间传说中的云南烟草……………………………………… 003

第二章　口述历史中的云南烟草……………………………………… 004

第三章　历史文献中的云南烟草……………………………………… 006

第四章　关于烟草传入云南的几个问题……………………………… 009
　　附录　云南人吸烟的传统用具…………………………………… 014

近代篇　云南烟草的初步发展

第一章　云南手工烟草业的产生与发展……………………………… 017
　　第一节　云南土烟（晾晒烟）的种植与购销…………………… 017
　　第二节　家庭作坊手工烟丝业的产生与发展…………………… 022
　　第三节　私营手工卷烟业的出现与发展………………………… 025

第二章　外国烟草制品与烟草公司入滇……………………………… 030
　　第一节　外国烟草制品输入云南………………………………… 030
　　第二节　外国烟草企业进入云南………………………………… 036

第三章　云南烤烟良种的引进、选育、推广、种植与初烤………… 040
　　第一节　云南烤烟良种的引进…………………………………… 040

第二节　云南烤烟良种的选育……………………………………041
　　第三节　云南烤烟良种的推广……………………………………042
　　第四节　云南烤烟的种植技术……………………………………052
　　第五节　云南烤烟的烤制工艺……………………………………053
　　附录　近代云南烟草事业的开拓者………………………………054

第四章　云南机制卷烟工业的出现与发展……………………………057
　　第一节　私营机制卷烟工业的出现与发展………………………057
　　第二节　公营机制卷烟工业的出现与发展………………………065
　　第三节　烟叶复烤与卷烟生产工艺………………………………067

第五章　抗战时期云南烟草工业的迅速发展…………………………071
　　第一节　云南烟草工业迅速发展的原因…………………………071
　　第二节　云南烟草工业迅速发展的状况…………………………073

第六章　民国后期云南烟草工业的盲目发展与衰落…………………078
　　第一节　云南烟草工业的盲目发展………………………………078
　　第二节　云南烟草工业走向衰落…………………………………080

第七章　云南烟草的国内外贸易………………………………………082
　　第一节　烟草的进出口贸易………………………………………082
　　第二节　烟草的省际贸易…………………………………………084
　　第三节　烟草的省内贸易…………………………………………086

第八章　民国时期烟草产品的专营管理………………………………091

当代篇　云南烟草产业的大发展

第一章　云南烟草产业的恢复与发展…………………………………095
　　第一节　云南烟草产业的恢复（1950~1953年）………………095
　　第二节　云南烟草产业的缓慢发展（1954~1957年）…………097

第二章 云南烟草产业的曲折发展（1958~1978年） …………… 101

    第一节 "大跃进"、"人民公社化运动"和"文化大革命"对农业
           生产和经济建设的破坏……………………………………… 101

    第二节 烤烟生产的曲折发展…………………………………… 104

    第三节 卷烟生产的曲折发展…………………………………… 106

    附录一 当代云南土烟（晾晒烟）的种植与购销……………… 109

    附录二 当代云南烟丝加工业的发展与衰落…………………… 112

第三章 云南烟草产业的大发展（1979~2000年） ……………… 114

    第一节 管理体制的改革………………………………………… 114

    第二节 省政府的重视与扶持…………………………………… 138

    第三节 科技进步、技术改造与技术人才培养………………… 143

    第四节 烤烟良种的选育与种植………………………………… 166

    附　录 …………………………………………………………… 173

    第五节 烤烟生产大发展………………………………………… 176

    第六节 卷烟的生产大发展……………………………………… 191

    附录 当代云南卷烟产品品牌名录……………………………… 202

    第七节 云南十大卷烟企业……………………………………… 204

    第八节 烤烟和卷烟的国内外贸易……………………………… 275

    附录 卷烟辅料进口贸易………………………………………… 292

    第九节 烤烟和卷烟生产的经济效益…………………………… 294

    第十节 烟草产业的对外交流与合作…………………………… 301

    第十一节 烟草配套工业的发展………………………………… 307

    第十二节 云南烟草产业的辉煌成就…………………………… 313

    第十三节 云南烟草工业的成功之道…………………………… 330

本书结语 ……………………………………………………………… 342

主要参考文献 ………………………………………………………… 343

后　记 ………………………………………………………………… 346

古代篇　云南烟草的滥觞

第一章　民间传说中的云南烟草

云南省的大部分地区气候温和、土壤肥沃，适宜烟草生长。

相传早在三国时，诸葛亮南征中，因"营中瘴气弥漫，士兵不安于生，武侯忧虑异常。询问土人，得九叶云香草，香味芬芳，可以避疾消瘴，乃采之分授士卒，燃后吸取其烟，瘴气霍然，是为水烟之嚆矢"。[①] 又有传说：今全国著名晾晒烟产区的山东兖州、河南邓县，都盛传他们那里生产的烟草，是三国时期诸葛亮在与孟获作战中，孟获战败后送给诸葛亮一种能够避瘴气的"云香草"，后来经过长期栽培、选育，成为现在的烟草。[②] 云南昭通地区也有类似的传闻。

上述民间传说，虽然见于专书记录，但未说明其依据；此外，也未见其他文献佐证，尤其未见蜀汉时期的史籍记载。因此，这些传说不能确信，更不能据以说明我国烟草始于三国时期。今立此存照，有待今后能有新的发现来加以证实。

---

① 详见《烟草》，中国实业部国际贸易局出版，1940。转引自云南省烟草公司编撰《云南省志·烟草志》卷20，云南人民出版社，2000，第37页。
② 详见《烟草闻见录》，中国商业出版社。转引自《云南省志·烟草志》，云南人民出版社，2000，第37页。

第二章　口述历史中的云南烟草

今天云南的一些少数民族都有种烟和吸烟的习俗。他们在追忆其种烟或吸烟的历史时，都说是"从前""很久以前"等。兹选择几例以明之。

彝族：很久以前，彝子阿闭和他的妻子花妹子相亲相爱，生了两个聪明可爱的孩子。然而花妹子突然生病死了，这给阿闭带来了很大的痛苦。此后，阿闭既要下田做活，又要烧饭带孩子，生活过得十分艰难。他每天都带着孩子到妻子坟前痛哭，口哭干了，泪水流干了，过分的伤心使阿闭几次昏迷过去。有一天，他突然发现妻子坟上长出一棵大叶子的草来。阿闭好像在梦中隐隐约约听到妻子对他说："我亲爱的人呀，我已经离开了你们，以后你苦闷的时候，把我坟上的那棵大叶子草卷成一卷，点上火吸它，将会解除你的苦闷，因为它是从我身上长出来的，它的名字叫烟。"后来，阿闭忧伤时，就吸起烟来。他的儿子长大后，想念妈妈时也跟父亲一起抽起烟来。从此人们就一个跟一个地抽起烟来。这种习惯一直流传到今天。[①]

景颇族：从前有一个寡妇，她有一个聪明美丽的女儿，寨子里老老小小都喜欢这个小姑娘，小伙子们都追求她，其中一个长得很结实的小伙子深深地爱上了她。寨子背后有个石洞，这个美丽女孩与结实小伙常在石洞里约会。一天晚上，美丽姑娘先到石洞等待结实小伙子到来。突然一声巨响，石洞倒塌下来，将姑娘埋在了石头下面。小伙子来了，不见石洞，也不见女孩，他找遍了附近九座山、九条箐，都找不到心爱的姑娘。寡妇听到消息后更是心急如焚，她与小伙子又四处寻找。他们连续找了几天，最后发现女孩被死死嵌在岩石之中，无法解救。到了第六天，石洞恢复了原来的样子，但姑娘不见了，石洞里却长出了一棵草。寡妇走来，呆呆地望着那棵草喃喃自语："小草啊，你就是我姑娘的魂吗？你是怎样长出来的

[①] 详见邓承礼编选《南涧民间文学资料》，南涧彝族自治县民间文学集成办公室印，1985，第16、17页。

呀?"她难过地采了两片叶子回家了。从此,她把小草的叶子当作女儿,每当忧伤时,就边抽泣边亲吻,有时干脆将叶子放进嘴里嚼起来。嚼着嚼着,心里的悲伤消失了。从此,人们在景颇山种起了这种烟草,每当遇到忧伤的时候,就摘烟叶来嚼,一代传一代,直至如今。① 这是景颇族嚼烟习俗的由来。

佤族:很久很久以前,在阿佤山的一个部落里,有一个名叫肖三不勒的中年男子。有一次他到数十里外的一个集市去赶街,在街上遇到了一个多年未见的朋友。两人相见格外高兴,他们又是抽烟又是喝酒,直到天黑才各自回家。肖三不勒醉醺醺地穿过原始森林,走到一个崖子边的干树丛旁坐下歇息。不料,干树丛里躺着一条大蟒蛇,它闻到人的气息,即转动身子,长开大口,想把肖三不勒一口吞下。肖三不勒凭借多年野外生活的经验,在黑暗中从腰间掏出火镰包和"束麻克"(佤语,即最烈的旱烟),并点燃"束麻克",深深地吸了几口,对着蟒蛇喷出一缕淡蓝色的烟雾。这刺鼻的辛辣味直熏得蟒蛇鼻涕眼泪直流,并渐渐失去知觉,闭上眼睛,一动不动地横躺在地上。这时,肖三不勒已经没有了醉意,他趁着蟒蛇昏睡,飞快地离开现场,奔跑回村。他把自己险遇蟒蛇,并用"束麻克"熏昏蟒蛇的经过向部落头人和村民们一一讲述了。肖三不勒的故事很快传遍阿佤山。从此阿佤山家家户户都在房前屋后栽种"束麻克",同时男女老少无论在家或下地,嘴里都叼着烟锅,不断地吸烟。② 这是佤族为防御毒蛇伤害而栽烟和吸烟的由来。

上述彝族、景颇族和佤族的口述历史,无论是为了解除忧愁或思念亲人而吸烟,还是为了防蛇伤害而吸烟,都是发生在"很久以前"的事。这就是说,这些世代居住在今云南境内的少数民族,他们的祖先早已懂得了种植烟草和吸食烟草,而且种烟和吸烟成了一种习俗一直流传到今天。

---

① 详见欧鸥渤编《景颇族民间故事》,云南人民出版社,1983,第21、22页。
② 详见云南烟草学会编《云南烟俗文化》,云南人民出版社,2005,第154页。

第三章　历史文献中的云南烟草

在明清时期的文献中，有一些记载了云南烟草。

《滇南本草》卷二载："野烟，一名烟草。性温，味辛麻，有大毒。治热毒疮，疗痈疽搭背、无名肿毒、一切热毒疮；或吃牛马驴骡死肉中此恶毒，惟用此可救。"[①]

按：《滇南本草》（又作《滇南草本》）系明人兰茂所著，它是我国现存最早的地方性药物学名著之一。兰茂（1397～1476），今昆明市嵩明县杨林镇人。《滇南本草》载滇产草药200余种，末附验方数十则。据道光时云贵总督吴其濬考证，其成书于明正统元年（1436）。近人认为"后人屡有增补"。书中将烟草称为"野烟"，即尚未进行人工种植的烟草；详述了烟草的药用功效，而未言及可以吸食的作用。可见，明代，在云南，烟草的功能仅仅表现为药用而已。

《景岳全书》卷四十八载："烟，味辛气温，性微热，升也，阳也。烧烟吸之，大能醉人。用时，惟吸一口或二口；若多吸之，令人醉倒，久而后甦，甚者以冷水一口解之即醒。若见烦闷，但用白糖解之即安，亦奇物也。吸时须开喉长吸咽下，令其直达下焦。其气上行则能温心肺，下行则能温肝脾肾；服后能通身温暖、微汗，元阳陡壮。用以治表，善逐一切阴邪寒毒、山岚瘴气、风温邪闭，腠理筋骨疼痛，诚顷刻取效之，神剂也。用以治里，善壮胃气，进饮食、祛阴浊寒滞、消膨胀宿食、止呕哕霍乱、除积聚诸虫、解忿结、止疼痛，行气停血，瘀举下陷，后附通达，三焦立刻见效。此物自古未闻也。近自我明万历时始出于闽广之间，自后吴楚间皆种植之矣。然总不若闽中者色微黄、质细；名为金丝烟者，力强气胜，为优也。求其习服之始，则向以征滇之役，师旅深入瘴地，无不染病，独一营安然无恙。问其所以，则众皆服烟，由是遍传。今则西南一方，无分

[①] 兰茂撰《滇南本草》卷2，见《云南丛书》第十八册，中华书局，2009，第9657页。

老幼，朝夕不能间矣。"①

按：《景岳全书》系明末名医张介宾所著，成书于天启四年（1624）。该书对"烟"即烟草的记述，先述吸食功效，后述药用价值；并详述了吸烟的种种功效。这说明，迄于明末，吸烟不仅可以防疫驱寒，还可以"避瘴"等，已经被人们所认同，吸烟之风逐渐盛行起来，除南方和北方之外，"西南一方，无分老幼，朝夕不能间矣"。

《滇南闻见录》下卷载："蔫，亦作菸，俗作烟，本名淡巴菰，夷地草也。初移植于闽，今则遍天下皆尚之。滇省各郡，无处不植蔫，而宁州八寨多而且佳。又是曲靖五曹文昌宫前有几行地，所产有兰花香，最为著名。种蔫之法：畦町欲高，行勒欲疏，辟深沟贮浅水，使得滋润而不沾湿，则叶茂盛。种蔫之地，半占农田。卖蔫之家，倍多米铺，不独滇省为然也。"②

按：《滇南闻见录》系清人吴大勋所著。吴氏曾于乾隆三十七年（1772）至四十七年（1782）在云南做官，先后任寻甸州知州、丽江府知府等。《滇南闻见录》详述了云南种植烟草的情况，称"滇省各郡，无处不植蔫"，其中以宁州（今玉溪市华宁县）和曲靖种植"多而且佳"。又说有些地方"种蔫之地，半占农田"等。由此可见，入清以后至乾隆中期，云南境内种植烟草已十分普遍，许多农户成为种烟、卖烟之家，且从中获利不少。

《腾越州志》卷三"土产"条载："烟叶，夷地皆种树。"③

按：《腾越州志》系清人屠述濂所著，成书于乾隆五十五年（1790）。该书称"夷地"皆种植烟草。由此可见，迄于乾隆后期，今腾冲附近的一些少数民族地区均已普遍种植烟草。

《烟草谱》载："兰花烟出云南。"④

按：《烟草谱》系清人陈琮所著，成书于嘉庆年间（1796~1820）。"兰花烟"是云南最初种植的一种烟草，俗称"土烟"。至今在云南边疆和内地的一些山区、半山区仍有种植。

上述明清文献中记载了烟草传入云南、云南人种烟、吸烟等情况。其

---

① 张介宾（景岳）撰《景岳全书》卷48，上海卫生出版社，1958，第926页。
② 吴大勋撰《滇南闻见录》下卷物部，方国瑜主编《云南史料丛刊》第12卷，云南大学出版社，2001，第42页。
③ 屠述濂纂修《腾越州志》，台湾成文出版社印行，1967，第47页。
④ 陈琮著《烟草谱》，转引自《云南省志·烟草志》，第38页。

中值得注意的是,烟草传入云南的时间,应当是明代万历年间,且当时仅作为药物利用;迄于天启初年,烟草的吸食功效才被人们认同,吸烟逐渐成了云南的一种风气。

第四章　关于烟草传入云南的几个问题

一　烟草的原产地及其传入中国

现今国际公认，烟草的原产地在美洲大陆。1882年德坎多在其所著的《农艺植物考源》一书中写道："在欧人发现美洲时，吸烟、闻鼻烟以及嚼烟之风气，已遍及新大陆……观其情形，其起源已甚悠久。"后来，考古发现证明，在南美洲发掘出土的烟草种子已是3500年前的物种，可见在那个时期烟草已经进入南美洲人的生活。著名人类学家摩尔根在其《古代社会》一书中描述中级野蛮社会（野蛮社会从约一万年前起到约四千年前止）的财产时写道：印第安人"除玉蜀黍、豆类、南瓜和烟草外，现在又加上了棉花、胡椒、番茄、可可和某些果树的栽培"[1]。

由上述可知，烟草的原产地在美洲，主要是中美洲和南美洲。早在距今3500年之前（远远早于1492年哥伦布登上美洲大陆），印第安人已经懂得了种植烟草和吸食烟草。有人说："烟草曾与西红柿、土豆、玉米和巧克力一道并称为古代美洲印第安人的五大发明。"[2]

1492年西班牙人哥伦布登上美洲大陆后，烟草被带到欧洲，首先在西班牙和葡萄牙种植，至16世纪中叶已在欧洲各国广泛传播。与此同时，烟草逐渐流传到世界各地。

烟草何时传入中国？古往今来不少学者对此进行了探索。如上引明代天启初年张介宾在其《景岳全书》中说："此物（即烟叶）自古未闻也。近自我明万历时始出于闽广之间，自后吴楚间皆种植之矣。"[3] 明人方以智在其《物理小识》中称："淡巴菇烟草，万历末有携至漳泉者。"[4]《福州府

---

[1] 引自刘杰主编《烟草史话》，社会科学文献出版社，2014，第2、3页。
[2] 刘杰主编《烟草史话》，第5页。
[3] 张介宾著《景岳全书》卷48，上海卫生出版社，1958，第926页。
[4] 转引自刘杰主编《烟草史话》，社会科学文献出版社，2014，第9页。

志》谓：烟草"一名淡巴菰，明万历中始有种者"①。《新纂云南通志》也谓：烟草"明万历时，西班牙人移之吕宋（今菲律宾），再由吕宋华侨移至中国"②。吴晗在其《谈烟草》中指出："在中国方面，最初传入烟草的是17世纪初年（即明代万历中期）的福建水手，他们从吕宋带回来烟草的种子，再从福建传到广东，北传到浙江。"③可见以上多种文献均认为明代万历时期烟草传入中国。

此外，有学者认为烟草传入中国是明代嘉靖时期。如1947年褚守庄在《云南烟草事业》一书中说："根据其他更较可靠之记载，烟草系于明嘉靖三十二年（1543）由美洲原产地输入中国之后……"④又如1988年朱尊权在其《中国的烟草事业——传统与创新》一文中写道："1986年，广西合浦上窑出土文物中有三个烟斗是明嘉靖二十九年（1550）所制，足见实际传入时间早于文献记载。"⑤

上述烟草传入中国的"万历说"，史志记载充分，叙述也较详细；尤其是有明代万历、天启时的学者在其著述中明确加以记载，加之明史泰斗吴晗先生进行了精审考证，因此"万历说"应可成立。这就是说烟草传入中国的时间是明代万历时期，约当公元16世纪70年代至17世纪40年代。至于"嘉靖说"，一则未见明代文献记载，二则考古发现仅为孤例，故此说难以成立，尚有待新的文献资料和考古资料来加以证实。

需要说明的是，万历时期传入中国的烟草，实为"晾晒烟"，并不是烤烟。至于烤烟以及之后的白肋烟、香料烟等传入中国，则是20世纪以后的事了。

关于烟草传入中国的路线，吴晗先生通过对相关文献的分析，认为有三条：一是"从菲律宾到我国台湾，到漳、泉，再传到北方九边"；二是"由南洋输入广东"；三是由辽东传入，"从日本到朝鲜到辽东"。⑥应该说，第一条路线即从今菲律宾传到福建的漳泉地区是最主要的路线。因为自隆庆元年（1567），明穆宗解除了自明初以来一直实行的海禁，允许漳州月港

---

① 转引自刘杰主编《烟草史话》，社会科学文献出版社，2014，第9页。
② 周钟岳主纂《新纂云南通志》卷63，云南人民出版社，2007，第128页。
③ 吴晗著《吴晗全集》第7卷"杂文卷（1）"，中国人民大学出版社，2009，第410页。
④ 褚守庄著《云南烟草事业》，新云南丛书社，1947，第12页。
⑤ 朱尊权著《中国的烟草事业——传统与创新》，《烟草科技》1988年第6期。
⑥ 吴晗著《吴晗全集》第7卷"杂文卷（1）"，第412页。

开放"洋市"。到了万历年间,漳州月港已与南洋群岛以及朝鲜、琉球、日本诸国与地区有直接往来。烟草从菲律宾"泛海"传入最早开放海禁的漳州是完全可能的。①

二 烟草传入云南的时间

烟草何时传入云南？在学术界有5种说法。

"三国说"：三国时，诸葛亮南征，"得九叶云香草，香味芬芳，可以避疾消瘴⋯⋯"②

"洪武说"："明洪武十四年（1381），明军西征入滇期间，曾吸烟以避瘴的情形。"③

"正统说"："还有一些较为可信的记载说明，云南人在哥伦布之前的明正统年间就发现和使用过烟草。"④

"嘉靖说"："根据其他更较可靠之记载，烟草系于明嘉靖三十二年（1543）由美洲原产地输入中国之后，先在沿海之福建漳州等地种植，渐则深入内地。"⑤

"万历说"：烟草于"明万历时（传）至中国后，由闽、广滨海区渐渐移入云南"⑥；又，烟草传入中国后，先在闽、广沿海地区种植，"在明万历、天启年间更推广到西南区域"。⑦

对以上5种说法，有必要分别加以辨识。

"三国说"：如上文所述，其纯属民间传说，无相关文献佐证；又因古代云南民间将诸葛亮奉若神明，常将社会生活中发生的一些重大事件附会成诸葛亮所为。因此"三国说"不足为凭，不能据此认为烟草早在三国时已经传入中国。

"洪武说"：其根据是《景岳全书》。经查阅该书，并未记述洪武十四年

---

① 刘杰主编《烟草史话》，第11页。
② 《烟草》，中国实业部国际贸易出版局出版，1940；又《烟草闻见录》，中国商业出版社。俱转引自《云南省志·烟草志》，第37页。
③ 《云南省志·烟草志》"大事"，第10页。
④ 何兆寿主编《云南烟草博览》，经济日报出版社，1995，第19页。
⑤ 褚守庄著《云南烟草事业》，第12页。
⑥ 周钟岳主纂《新纂云南通志》卷63"物产考六"，云南人民出版社，2007，第128页。
⑦ 刘杰主编《烟草史话》，第12页。

明军西征入滇期间曾吸烟以避瘴的情形。该书中仅有"求其习服之始，则向以征滇之役，师旅深入瘴地，无不染病，独一营安然无恙，问其所以，则众皆服烟，由是遍传"。"洪武说"可能是将"向以征滇之役"误认为是洪武十四年明军入滇讨伐元朝残余势力之事。有明一代，"征滇之役"屡有发生，除洪武之役外，还有其他多次战役。因此，"洪武说"是不确切的。

"正统说"：明正统六年（1441）、八年（1443）、十三年（1448）兵部尚书王骥等率领明军征讨滇西思氏土司叛乱，史称"三征麓川"之役。"正统说"将"向以征滇之役"误认为是"三征麓川"之役。如上所述，烟草传入中国是明代万历时期（1573~1620），距正统时期（1436~1449）100多年。换言之，"三征麓川"之役后的100余年，烟草才传入中国，也才有可能随后传入云南。因此，"正统说"也是不确切的。

"嘉靖说"：嘉靖七年（1528）和二十九年（1550），明军入滇先后平定武定土舍和元江土舍的叛乱。"嘉靖说"据此认为这是《景岳全书》所说的"征滇之役"，而烟草亦即于此时传入云南。如上所说，烟草传入中国是万历时期（1573~1620），晚于嘉靖时期（1522~1566）50多年。因此，"嘉靖说"也是不确切的。

"万历说"：这种说法是确切的。首先，据史料记载，万历十一年（1583）和二十二年（1594）明军先后两次入滇击退缅甸入侵。[①] 成书于天启四年（1624）的《景岳全书》所谓"向以征滇之役"即指这两次抗缅战役。其间，明军曾深入滇西瘴疠流行之地，传染了疟疾；但有一营军士却安然无恙，原因是他们吸食烟草，并将烟草籽种带入了这些地区。这就是万历时通过明军"征滇之役"将烟草传入云南的经过。对此，2014年出版的《烟草史话》也有相同的认识；它这样写道："作为古代最大的流动群体，军队常依战事需要而不断调动，而烟草也随之跨越数省，由闽广直接（传）到云南，再向其周边传播。"[②] 其次，万历时期，更确切地说是万历中期，烟草传入云南，这与上述万历时期烟草传入中国，时间先后连接，即万历时期烟草传入中国之后，先在福建、广东种植，不久便传入云南等地。因此，"万历说"是可以成立的。

由上所述，烟草传入云南的时间，既不是"三国时期"，也不是明代的

[①] 《云南百科全书》（历史），中国大百科全书出版社，1999，第268页。
[②] 刘杰主编《烟草史话》，社会科学文献出版社，2014，第12页。

洪武、正统或嘉靖年间，而是万历中期，大约是公元1583~1594年。换言之，烟草传入云南距今已有400多年。

三 烟草传入云南的路线

根据有关文献记载，烟草传入云南的路线有3条。

（1）"征滇"明军将烟草传入云南。对此，《烟草史话》这样写道："作为古代最大的流动群体，军队常依战事需要而不断调动，而烟草也随之跨越数省，由闽广直接（传）到云南，再向其周边传播。"① 这应是最初传入的路线。

（2）由福建、广东传入云南。对此，《新纂云南通志》这样写道：烟草传"至中国后，由闽、广滨海区渐渐移入云南"②。这应是主要传入的路线。

（3）由印度、缅甸传入云南。对此《云南省志·烟草志》这样写道："明朝万历四十年至清朝乾隆元年（1612~1736）一百余年间，烟草由印度、缅甸传入云南的腾冲、梁河等地。"③ 按：早在公元前4世纪前后，已有一条从四川成都经云南大理、保山、腾冲西去缅甸、印度，再入阿富汗、伊朗等国的古道，当时称为"蜀身毒道"，当代称为"南方丝绸之路"。烟草沿着这条古已有之的道路从印度、缅甸传入云南，这也是可能存在的路线。

四 古代云南烟草的用途

烟草自明代万历中期传入云南以后，长期作为药物使用。《滇南本草》原来成书于正统元年（1436），但"后人屡有增补"；关于"野烟"条最有可能为后人所"增补"。这一条，首先写烟草的药性，"性温，味辛麻，有大毒"；接着写烟草的药用功效，即可以治疗"一切热毒疮""痈疽搭背""无名肿毒"和因吃了死牛烂马的肉所中之"恶毒"等。"野烟"条48字，只字未提烟草还可吸食的作用。可见，烟草传入云南后，在一段时期内，人们主要将它当成可以治疗热毒或中毒的药物来使用。

到了万历末年和天启初年，云南人逐渐认识烟草还可以用来吸食，而吸烟能"疗百疾"。对此，成书于天启四年（1624）的《景岳全书》作了十

---

① 刘杰主编《烟草史话》，第12页。
② 周钟岳主纂《新纂云南通志》卷63"物产考六"，云南人民出版社，2007，第128页。
③ 《云南省志·烟草志》，第10页。

分详细的记载。前面已作全文引述，兹不赘。简单地说，该书认为：吸烟，治表可以驱寒避瘴，治里可以暖胃止痛等。张介宾为了让人们接受吸烟具有治病功效，还在关于"烟"的后面写了他自己的体验："予初得此物亦其疑贰，及习服数次，乃悉其功用之捷如是者。"① 张氏的说教到底有多少影响姑不论之，但当时社会上吸烟之风已经颇为盛行，如张氏所言"今（指天启初年）则西南一方，无分老幼，朝夕不能间矣"。可见，迄于天启初年，烟草单纯的药用价值已逐渐淡化，而吸食的"功效"则被无端夸大。吸食烟草已成为云南社会一种普遍的生活习惯。

结　语

烟草原产于美洲大陆，15世纪末叶传到欧洲，16世纪传到亚洲，并从菲律宾传到中国，最初在福建、广东种植。16世纪末年（约当明代万历中期），从福建、广东沿海地区传入云南，从此，烟草便在云南落地生根。烟草入滇之初，主要作为药物使用。万历末年至天启初年，则被普遍用来吸食。入清以后，云南广泛种植烟草，乾隆时"滇省各郡，无处不植蔫（烟）"，甚至滇西边疆民族地区也都种植烟草。当时滇产的烟草称为"兰花烟"，俗称"土烟"，属于后来所谓的"晾晒烟"。

明末及清代前期，云南烟草广泛种植，吸食烟草成为一种社会风气，即为近代云南烟草的发展打下了基础。

附录　云南人吸烟的传统用具

明末及清代前期，吸烟已成为一部分云南人的生活习惯。云南一些少数民族的祖先发明和使用各种各样的烟具。兹介绍几种主要传统烟具。

烟锅：又称烟斗，由烟锅头、烟锅嘴和烟杆三部分组成。烟锅有竹制的、木制的、金属制的以及象骨制的等。彝、白、佤、哈尼、德昂、拉祜等民族都使用烟锅来吸烟。至于烟杆的长短、烟锅的装饰等，各族又有所不同。

---

① 张介宾撰《景岳全书》卷48，上海卫生出版社，1958，第926页。

近代篇　云南烟草的初步发展

　　1840年鸦片战争后，外国资本主义势力依据同清朝廷签订的不平等条约，将其商业资本和金融资本输入云南，其工商企业和各种商品源源不断进入云南。这种情况极大地刺激了云南民族工业的发展，其中纺织、矿冶、制糖、榨油、食品和烟草等手工业的发展更为迅速。

第一章　云南手工烟草业的产生与发展

第一节　云南土烟（晾晒烟）的种植与购销

近代，我国种植晾晒烟的省份不少，主要有福建、广东、江西、四川、山东、湖北等省。福建的永定烟、广东的南雄烟、江西的紫老烟、四川的索烟等都是名品晾晒烟。

云南也是近代种植晾晒烟的省份。云南的晾晒烟俗称旱烟、黄烟、刀烟以及老板烟、草烟、枇杷烟、柳叶烟、兰花烟、红花烟、黄花烟等，统称为"土烟"①。

一　土烟的种植与产量

晚清时期，有关云南土烟种植的情况，文献中鲜有记载。清咸丰元年（1851），蒙自县新安所开始大面积种植"晒黄烟"②。《蒙化县志》记载：光绪时每年土烟产量多达5万公斤，产品行销邻近各县。③ 又宣统《蒙化乡土志》"物产"条也载："草烟，每岁约十万余斤，销本境者约三万斤"，其余销下关、鹤庆、景东和耿马。④

民国年间，一些地方志书中多有土烟的记载。成书于民国10年（1921）的《云南产业志》二载："滇省烟草产地最为宽广。全省一百县十六行政区，栽培烟草之地，据有产量报告者，达六十县二行政区，将及全省区域二分之一；产量为五七六五五〇斤。"⑤ 产烟各县及其产量详见表1-1。

---

① 所谓"土烟"，"系指当地栽培已久而非近年输入之火管烤烟……追考其最初起源，仍系美洲输入之烟种，而非真正之土烟也"。褚守庄著《云南烟草事业》，第17页。
② 《红河州志》第2卷，生活·读书·新知三联书店，1994，第326页。
③ 转引自《云南省志·烟草志》，云南人民出版社，2000，第39页。
④ （清）梁友檍著《蒙化乡土志》"物产"。宣统间铅字排印本。按：蒙化，今巍山彝族回族自治县。
⑤ 《云南产业志》卷2，杭州图书馆整理、云南省图书馆审订，1992年印刷，第74页。

表 1-1　云南各县烟草产量

单位：斤

县别	产量	县别	产量	县别	产量	县别	产量	县别	产量	县别	产量
澄江	500000	牟定	200000	泸西	80000	安宁	50000	路南	50000	中甸（今香格里拉）	10500
黎县（今华宁）	410000	罗次（今禄丰）	120000	富民	52500	昆明	43800	陆良	43200	盐津	10000
通海	285000	师宗	100000	呈贡	48000	沾益	54000	大姚	40000	武定	6700
楚雄	206100	会泽	56000	永仁	45000	邓川	40000	禄劝	30200	祥云	5000
嵩明	165000	宾川	500000	宣威	41000	摩刍（今双柏）	35000	盐兴（今属禄丰）	28000	禄丰	10000
江川	100000	晋宁	288000	平彝（今富源）	38200	腾冲	28400	易门	21400	漾濞	9950
洱源	60000	永北（今永胜）	220000	景东	30000	龙陵	22500	鹤庆	20000	大关	5000
罗平	500000	玉溪	170000	顺宁（今凤庆）	25000	盐丰（今大姚）	20000	彝良	18500	鲁甸	10000
保山	325400	剑川	105000	河西（今属通海）	20800	缅宁（今临沧）	20000	墨江	16000	永善	8000
蒙化	253500	弥渡	95000	邱北	20000	云龙	14000	元谋	12000	姚安	5000

注：除表中60个县外，尚有泸水行政区（今泸水县），产烟草15000斤、威信行政区产烟草4000斤。

资料来源：《云南产业志》卷二，第74、75、76页。

由表1-1可知，民国初年，云南生产土烟的60个县中，澄江、罗平和宾川三县产量最多，均为50万斤；其次，产量在20万斤以上的也有8个县，即黎县（今华宁）、保山、晋宁、河西（今通海）、蒙化（今巍山）、楚雄、永北（今永胜）、牟定等。其余大多产1万至8万斤。全省共产烟草5765650斤。

民国 21 年（1932），"云南晾晒烟种植面积达 23.8 万亩，总产量 2195.4 万公斤，在全国 13 个重点产烟省中居第三位"。① 这一年的产量等于民国 10 年的 7.6 倍多，可知云南土烟生产在这 10 余年间有了很大的发展。

民国 30 年（1941），"云南地方土烟叶种植面积大约在 23 万亩，产量约 40 万担。如蒙自、通海、江川、嵩明、宾川、开远、玉溪等县所产烟叶，多供应本省吸烟者之需要"。② 所述"40 万担"即 4000 万斤。总产量较之 1932 年略有减少。

民国 35 年（1946），云南烟草改进所"为明了本省烟草生产事业以谋改进起见，特举行土烟调查，印就表格，函寄各县实地调查"③。调查表经填写后寄回者有昆明等 24 县。兹将各县土烟生产情况列表以观之（见表 1-2）。

表 1-2 云南各县土烟生产情况一览

单位：斤

县名	土烟名称	每亩产量	全县产量	县名	土烟名称	每亩产量	全县产量
昆明	草烟	120	7500	个旧	旱烟、刀烟	150	3500
嵩明	草烟	300	500000	蒙自	刀烟	140	560000
大姚	枇杷烟、柳叶烟、腊秘烟	80	15000	弥勒	黄烟、旱烟	100	200000
双柏	野牛厂烟、柳叶烟	50	45000	江川	黄烟	60	600000
牟定	土烟	50	5000	开远	刀烟	100	500000
盐丰（今大姚）	赵产冲土烟	100	30000	陆良	黄烟、旱烟	80	200000
永胜	柳叶烟、筲箕烟	200	650000	镇康	菜花烟、兰花烟、牛粪烟	60	25000
兰坪	大黄烟、兰花烟	40	10000	广通	草烟、黄烟	150	10000
漾濞	兰花烟、光杷柳叶烟	80	25000	澄江	黄烟	40	100000

---

① 《云南省志·烟草志》，第 39 页。
② 杨国安：《云南烤烟发展史述略》，《中国烟草》1992 年第 4 期。
③ 褚守庄著《云南烟草事业》，第 17 页。

续表

县名	土烟名称	每亩产量	全县产量	县名	土烟名称	每亩产量	全县产量
丽江	富尔烟、牛皮烟、吊耳烟、黄烟	200	25000	玉溪	黄烟	70	甚多
宣威	汗烟	35	150000	元谋	大哈烟、柳叶烟	80	8000
镇雄	枇杷烟、兰花烟、大叶烟、柳叶烟、大黑烟、小黑烟	150	2000000	龙陵	兰花烟、白花烟	40	15000
总产量							5693000

资料来源：褚守庄著《云南烟草事业》"云南各县土烟产销一览表"，第19、20、21、22页。

由表1-2可知，民国35年（1946），云南土烟种植县份从民国10年（1921）的62个县（行政区）减少为24个县，其主要原因是自1941年后，云南引进美国种烟（俗称"美烟"），并逐渐推广种植，一些原来种土烟的县，改种了美烟。随着土烟种植县份的大大减少，全省土烟产量从民国21年（1932）的4390多万斤锐减为民国35年（1946）的569万余斤，后者只及前者的12.9%。需要提及的是，这一年（即1946年），生产土烟最多的县是宣威，多达200万斤；其次是永胜（65万斤）、江川（60万斤）、蒙自（56万斤）、嵩明（50万斤）、开远（50万斤）；其他县都在20万斤以下，最少的县仅产5000斤。

以上所述，说明民国10年（1921）、21年（1932）、30年（1941）和35年（1946）4个年份云南土烟的生产情况。从中可以看出：民国初年及其中期，云南土烟生产发展较快，其中尤以民国21年（1932）土烟产量最高，多达4390余万斤，居全国第3位，这反映了当时烟草市场对土烟的需求颇高。民国35年（1946）全省土烟产量仅为民国21年（1932）的12.9%，这说明民国后期，土烟种植逐渐减少，而美烟种植不断扩大的趋势，已经凸显出来。

民国36年（1947），云南烟草总产量2.44万吨（4880万斤），其中土烟产量2.11万吨（4220万斤），占总产量的86.48%，居全国第9位。民国38年（1949），全省烟草总产量5393.4吨（1078.68万斤），其中土烟产量3186.8吨（627.36万斤），占总产量的58.20%。中华人民共和国成立后，云南土烟面积和产量基本稳定在10余万亩和5000吨（1000万斤）左右。① 可见，1947年云南土烟产量接近最高年份1932年的水平。然而，1949年云南土烟产量大大减少，只及1947年土烟产量的22.1%。究其原因，首先是政局动荡，社会混乱；其次是烤烟产量较前增加等。

关于当时土烟的种植方法，各县大致相同。惊蛰前后，先将种子拌于灰土中并撒在小型苗床内，盖以细土约二分厚；再用稻草覆盖，然后浇水。待发芽后，约到夏至，苗高六寸后，即可移植，行距约二尺五寸、株距约一尺五寸。成活后即中耕、除草、掘沟、壅土。其施肥，多于种前用火土、厩肥混合作基肥；又于成活后，施人粪液肥约四五次。待烟长至12片叶时，即摘除其顶芽，勿使开花。又随时除去腋生侧芽，勿生侧枝。待农历七月底，烟叶渐变黄绿色，即系成熟之象征，用镰刀割下；一般都连着甚长之叶柄，也有附着茎之一部分者。

至于土烟的调制方法，即旱烟割下后，用稻草系其叶柄，编成辫状，每串长约六尺，挂于墙上晾晒。待半干后，用手搓之成条，然后堆置屋角，令其发酵。待烟叶变黑后，复行打开晒晾。俟烟叶转成黑褐色时即为完工。这时烟叶即可挑至市场出售了。②

二 土烟的购销

在云南生产的土烟中，昆明的草烟、嵩明的旱烟、玉溪和江川的黄烟、蒙自的刀烟，都是比较有名的土烟。③ 这些土烟自然受到市场的青睐。

云南各地生产的土烟"每以自给为主"，外销（即销往本县之外）并不多。兹以民国35年（1946）的销售为例，当年云南省烟草改进所调查的24个县中，有12个县生产的土烟"全供本地自用，并无外销"。另外的12个县则"系有外销"，其中"蒙自、永胜、嵩明、江川、开远、玉溪等县有较多之输出"，永胜60万斤、蒙自50万斤、江川50万斤、开远15万斤、玉溪65000斤；而其他6个县之输出则"皆属小量"④。

当时土烟的价格，每百斤为国币3万元至20万元不等，平均价为8万

---

① 《云南省志·农业卷》编纂委员会编纂《云南省志·农业志》，云南人民出版社，1996，第233页。
② 俱引自褚守庄著《云南烟草事业》，第24、25页。
③ 徐天骝著《云南引种和栽培烤烟的史料》，《云南文史资料选辑》第十六辑，云南人民出版社，1982，第243页。
④ 褚守庄著《云南烟草事业》，第19、20、21、22、23页。另据《玉溪地区旧志丛刊》载：民国8年澄江县售出"黄烟二十余万斤"；民国10年黎县（今华宁县）售出"烟叶十余万斤"。

元。其中，丽江的牛皮烟、吊耳烟和黄烟每百斤的价格高达20万元，嵩明的旱烟15万元，江川的黄烟12万元，蒙自的刀烟（烟叶）10万元等。各地土烟价格相差悬殊，是因为"烟叶品质高低有别，再加内地物价不齐，运输全由马驮，运费昂贵"①。

当时土烟的征税，"就百分比论，（从价）最低为值百抽五，最高为值百抽四十"。就税款言，有每百斤最低纳税五百元者，最高则为二万五千元②。"从价百分之五"可能是当时云南土烟的基本税率。

关于外省晾晒烟的购入。民国初年，云南生产的土烟"犹不敷本省消费"，于是便从四川、福建、广东购入部分晾晒烟。"川烟输入值数十万元、闽烟输入值十余万元，近年更加粤烟之输入，足见消费量之伟大。"③

民国后期云南全省1500万人口中吸烟嗜好者占1/10，以每人每年消费10斤计算，则总消费量当在1500万斤，而全省的土烟产量不超过1000万斤。因此，还须从省外购入部分土烟，首先是色泽和香味均优于云南土烟的川烟，其次是广州的水烟、柳州的生切烟、福建的皮丝烟等。这些外省土烟的市价，普通每斤都在国币400元至1000元（民国35年价格），即以每斤800元计算，则全省每年消费总价多至12亿元之巨。④

第二节　家庭作坊手工烟丝业的产生与发展

众所周知，原料来自农业的轻工业，一般都经历了从农业中分离出来的家庭手工业及其向作坊手工业发展的过程。烟草工业的发展正是如此。我国何时出现家庭手工烟丝业不得而知，但烟丝手工作坊最早见于记载是明代天启年间，当时有山西曲沃的永兴和烟丝作坊、福建福州的王大盛烟丝作坊。入清后，全国烟丝手工作坊迅速地发展起来⑤。

一　晚清时期：家庭手工烟丝加工业和作坊烟丝手工业的出现与发展

云南最早出现家庭手工烟丝业的是临安府蒙自县。据《云南省志·烟

---

① 褚守庄著《云南烟草事业》，第23页。
② 褚守庄著《云南烟草事业》，第20、22、23页。
③ 《云南产业志》卷2，第74页。
④ 褚守庄著《云南烟草事业》，第24页。
⑤ 刘杰主编《烟草史话》，第26页。

草志》载："清同治八年（1869），蒙自新安所响水河村的周氏兄弟，用刀切烟叶，制成烟丝。这是云南制作烟丝的创始。次年，周氏兄弟以木制工具装入刀片，将去梗压紧的烟叶置于木凳上，压上扣板，用木制切烟刀上下推削成烟丝，这使烟丝加工工艺进了一步。清光绪三十二年（1906），新街镇杨二奶取石榴木作架的改制烟刀成功，一时成为妇女切烟丝能手。"①又，《续蒙自县志》卷二"物产·创造物"条载："烟丝，新安所多种烟叶，从前只切所出，烟丝无多；城市中用小榨推，仿广水烟制法，销行亦少。光绪间，樊安弟兄创始，仿通海二人推法，出烟丝较细，而多销行渐广。"②由此可知，早在1869年，蒙自新安所的周氏兄弟已经开始"用刀切烟叶，制成烟丝"，从而建立了云南省第一家家庭手工烟丝业。后来不断改进烟丝加工工艺。迄于光绪时，有樊安弟兄吸收"通海二人推法"，提高了工艺，扩展了销路等。这就是著名的"蒙自刀烟"的由来。蒙自刀烟的原料是枇杷烟、牛舌头烟和歪尾巴烟等土烟，主要产地是新安所镇，其次是红寨、文澜、雨过铺、草坝等乡镇。蒙自刀烟烟丝细润、味香醇和，不仅畅销本县境内，而且远销昆明、文山、思茅，而销往毗邻个旧矿区的数量则更多。③

临安府的另一个县——通海县，于清光绪二十二年（1896）"在切烟凳切制烟丝的基础上加以改进，成为麻绳木榨刨推成丝。这比切烟板凳制丝工效显著，烟丝更加匀细"④。由此可知，光绪时，通海县将手工制丝工艺提高了一步，将"切烟"变为"推烟"，不仅提高了工效，烟丝也更为匀细。这就是著名的"通海黄烟"（用黄花晾晒烟叶做原料）的由来。迄于清末，通海在全省率先出现了手工推烟作坊。⑤

晚清时期，除蒙自生产手工刀烟外，罗平县也出产刀烟。生产黄烟的县除通海外，还有保山和玉溪等。可见，当时手工烟丝业已逐渐有所扩大。

二 民国时期：手工烟丝业的更大发展

民国初年，滇南地区竹制水烟筒流行，吸烟者大增，刀烟销量随之增

---

① 《云南省志·烟草志》，第182页。
② 《续蒙自县志》卷2，上海古籍书店影印，1961，第38页。
③ 据文献记载，个旧锡矿的一些私营厂尖，每个月都发给矿工一定数量的刀烟或黄烟，整个矿区的消费量当不在少数。详见拙著《云南矿业开发史》，社会科学文献出版社，2014，第460页。
④ 《云南省志·烟草志》，第183页。
⑤ 李翠萍：《通海烤烟》，《通海文史资料》第十七辑，2004，第2页。

多，于是蒙自手工烟丝业获得了更大发展。民国17年（1928），全县切烟工具（刀架、烟榨、烟板凳）增至600余套。每逢街期，刀烟上市量不下万斤。①

民国年间，通海县"手工业以烟丝为主"，"黄烟丝"为其产品。② 全县烟丝作坊多达200处，有麻绳木榨580盘，工人1000多人，年加工烟丝198万公斤左右。民国8年至9年（1919~1920），年产烟丝14.25万公斤。民国23年（1934），全县有烟榨425盘，年产烟丝180万公斤。其产品大量销往红河、元阳、思普等地，并以马帮运输销往泰国、缅甸、越南等国家。③ 通海黄烟丝还销往昆明，"销售省会一带之黄烟丝，以通海县制出者为宗"。④ 直至民国后期，通海一直是滇南黄烟的加工、集散和销售中心。

除通海生产黄烟外，玉溪、澄江、江川、昆明和安宁等地也加工黄烟丝。据载，民国8年（1919），玉溪销往本县之外的"烟丝四十三万斤，每百斤值银三十元"。同年，澄江也销往外地"黄烟二十八万斤，每百斤平均价银一十元"⑤。"在手工业方面，玉溪与江川两县烟丝业极盛。昆明也有多家经营，全系一种小本经营，所产烟丝供给本地人吸用。"⑥ 安宁小龙潭生产黄烟，年产八万余斤，每百斤约二十五元。⑦

此外，还有一些县也生产手工烟丝。腾冲县"以草烟叶制造旱烟、水烟、切烟等……年出三万斤，每斤价六角"。邓川县之"右所、李家营村民以烟叶置于压榨器榨之成饼，取出以铁钜推切即成（烟丝），年可出二万斤，每斤价洋六角"。丘北县，"民国8年城内始创数家（制刀烟）……"梁河设治局"以烟叶晒干制成烟丝，年出数百斤"。建水县"民国初年，通海商人贸易至临，方始发轫制造（烟丝），迄今未替。嗣因制造获利丰厚，临民始购种播种。年出烟丝三万数千余斤，每斤价一元五角"⑧。又，"迤西则蒙化、永昌、腾越之烟丝亦著名"。⑨

---

① 见《云南省志·烟草志》第182页。
② 《通海备征志》第十一章第五节"工商·物产"，民国时修。
③ 《云南省志·烟草志》，第183页。
④ 梁耀武主编《玉溪地区旧志·民国地志十种》，云南人民出版社，1997，第39、146页。
⑤ 梁耀武主编《玉溪地区旧志·民国地志十种》，云南人民出版社，1997，第39、146页。
⑥ 张肖梅编《云南经济》第十五章，第十一节"烟草业"，中国国民经济研究所出版，1942。
⑦ 昆明市志编纂委员会《昆明市志长编》卷11，1983，第296页。
⑧ 云南省志编纂委员会办公室《续云南通志长编》卷73"工业·手工业"，第524页。
⑨ 周钟岳主纂《新纂云南通志》卷142"工业考"，云南人民出版社，2007，第84页。

民国时期，云南手工加工的烟丝除刀烟、黄烟以及一般烟丝外，还有毛烟（因烟丝轻柔，丝细如毛而得名）。毛烟盛产于腾冲、陇川、梁河等县，其中腾冲县的中和、和顺与陇川县的户撒所产毛烟颇为驰名。毛烟的加工技术，相传是在1902~1942年，由缅甸华人传入腾冲等地的。民国11年（1922），腾冲县生产的毛烟达1.5万公斤，其内销滇西，外销缅甸。[①]

由上所述，晚清与民国时期，云南家庭、作坊手工烟丝业已经出现，全省有10余个县生产手工烟丝，其中蒙自刀烟和通海黄烟已成为著名的烟丝产品。民国时期，通海县已出现不少烟丝作坊，民国23年（1934）生产烟丝达180万公斤。这反映了云南手工烟草业的发展，并为私营卷烟业的产生与发展打下了基础。

第三节　私营手工卷烟业的出现与发展

19世纪末20世纪初，中国社会处于激烈变动的时期。云南地处西南边陲，与英缅、法越交界，英法殖民势力凭借各种不平等条约迫使云南门户洞开，于是各种外洋货物纷纷直接倾销云南内地，云南固有的传统经济遭受巨大冲击，"利权外溢"日趋严重。鉴于此，一些开明绅商便积极协力开办实业，意在"渐次挽回利权，以塞本国漏卮（国家利益外溢的漏洞）"。清末民初云南私营手工卷烟业就是在此背景之下产生的。[②]

一　晚清时期：宣统时期先后出现两家手工卷烟企业

最先出现的手工卷烟企业是"荣兴（一作'鑫'）烟草公司"，"发起人蔡荣九（一作'久'）等。营业种类：卷烟，开办年月：宣统元年（1909），资金：六千元"，公司地址：省城昆明。[③]"荣兴烟草公司"是云南历史上第一家手工卷烟企业，也是1889~1911年中国民族资本开办的30

---

① 俱见《云南省志·烟草志》第183、184页。
② 卷烟是用各种配方将烟叶均匀混合，制成烟丝，以卷烟纸卷制而成的烟草制品。卷烟分为手工卷烟和机制卷烟（《云南省志·烟草志》，第185页）。本节论述的是手工卷烟。
③ 日本《支那省别全志》三卷，云南省第七编第一章第三节。转引自《昆明市志长编》卷七，第167页。

多家卷烟厂之一;① 虽然该公司后来的经营情况及其变化均不得而知，但它毕竟出现于清末，是云南省名副其实的首家手工卷烟企业。

宣统三年（1911）出现了云南省第二家手工卷烟企业"天森茂纸烟公司"。合伙者为李松茂、吴天宝、李寅生、李润之等。他们在呈报云南总商会的报告中，首先说明创办纸烟公司的原因，即"商等目击时艰，查外洋纸烟一种，滇省每岁流出金钱不下数十万元，漏卮诚大矣"，因此"惟有联结团体……造就纸烟……抵制外洋纸烟，渐次挽回利权，以塞本国漏卮"；接着说明该公司暂集股本五百圆（大龙元）为"优先股"，续集股本壹万圆为"普通股"；生产方面"拣选本地出产烟叶，仿外洋制法造就纸烟；并在其产品中，加入宽中利气之药，俾食者有益卫生，较之外洋纸烟含吗啡为害极烈，不啻霄壤之别"；卷烟工艺上"所有纸嘴纸匣，暂用土法制造，日后石印花板，出其装潢，比诸外洋尤臻美备"；公司"以松鹤为牌印"，研制了5个品牌的香烟，即"波寇香烟"、"肉桂香烟"、"玫瑰香烟"、"兰花香烟"和"金橘香烟"，均为500支一箱，其价格为大龙元贰元伍角不等。该报告通过省商务总会移送云南劝业道申请立案后，获准立案。天森茂纸烟公司获得了官方的认可。② "天森茂纸烟公司"虽然存在的时间不长，但它是云南出现于清末的第二家手工卷烟公司，其为股份制企业，有5个卷烟品牌，还在香烟中"加入宽中利气之药"以有益于卫生等，均已超过首家"荣兴烟草公司"。说明晚清时期，云南省手工卷烟企业虽然为数甚少，但已呈现出逐渐向前发展之势。

二　民国时期：中华民国建立后，云南手工卷烟业迅速发展起来

民国9年（1920），大理人王世西集资开办"苍洱仁智烟草公司"，利用本省生产的晾晒烟作主要原料，以小型木机手工制作卷烟，生产50支听装的太阳、月亮、星宿等牌号的纸烟。

民国18年（1929），范任之在昆明珠玑街开办"天香烟厂"，生产手工

---

① 刘杰主编《烟草史话》，第40~42页。
② 详见《云南商务总会有关天森茂纸烟公司禀》《云南劝业道为天森茂纸烟公司照会》，载《云南档案》增刊"云南档案史料"，1998，第102、103页。按：昆明市工商联存《各项公司立案全卷》中有李松茂、刘澄齐、李寅生、李润之、吴大（天）宝，张崇礼等构股合办"六合兴旺公司"的合同，"其招牌定名为天森茂松牌印"，立合同的时间为宣统二年（详见《昆明市志长编》卷7，第166、167页），"六合兴旺公司"即为后来的"天森茂纸烟公司"。

卷烟（后来又生产机制卷烟），牌号有天香、维纳斯。

民国31年（1942），先后有丁寿臣、陶仲浩、刘银洲等人，分别在昆明宝善街、启文街和南强街开办烟厂或烟草公司，生产小加力克、白宫、双五等牌号的手工卷烟。

民国33年（1944），云南扩大种植烤烟，卷烟销量增大，于是相继有华汉章、米均裕、藏永年、邓蔚华、刘勉哉等人，在昆明开办开罗、大宝光、庐阳、精精、天成等烟厂，生产手工卷烟，牌号有牯岭、鹏飞、宝星、五羊、国光、大宝光、珍珠港、四季春、正大、司令等。

民国35年（1946），昆明又先后开办了礼华、宜万、华增、兴昌4家烟厂，生产心美、皇宫、三鹿、马鹿、金手等牌号的手工卷烟。与此同时，手工卷烟生产已由省城昆明向县城发展，烟厂由几家发展至数十家。如昭通的陈仕万、李可迁等人合股集资，在昭通县西门外办起了光明烟厂，取当地烤烟和晾晒烟为原料，购入辅料香精，生产光明、丰收牌号的手工卷烟；翌年（1947）又有李占益在昭通城内开办利民烟厂，制作云鹰、翠柳牌号手工卷烟。同期，玉溪县的手工卷烟发展更为突出，仅玉溪州城就有泰宝信、朱家塘、乔泌贤等10多家手工卷烟作坊。这些作坊，一般自购烟叶制丝，在烟丝中拌入由肉桂、蜂蜜、糖酒、甘草等配制的浸泡液，然后用小型木推子卷制。烟盒自印，每包20支或50支，多为摆摊设点自销，也有售予他人串街叫卖。产品有僧帽、大雁、金马等牌号。[1]

据《云南概览》六"建设·手工业"载：民国26年（1937），昆明市手工业中"黄叶烟卷烟业，共四十余家。资本总额四万余元（新滇币），工人七百余名。所用原料如草烟、川烟、香料等，均属国产，每年出品卷烟四万包，值国币四万八千元。此项物品，多销本市及省内各地，营业尚佳"。[2]

又据《云南经济》载：民国30年（1941），昆明"有手工卷烟工厂九家，卷制川烟，资本总额约国币二万五千元，有工人五百四十余人。每年出品价值在国币十万元左右"[3]。

民国36年（1947）以后，随着云南机制卷烟有一定发展，加之沿海和

---

[1] 俱引自《云南省志·烟草志》第186、187页。
[2] 京滇公路周览筹备会云南分会编辑《云南概览》（建设），1937，第79页。
[3] 张肖梅编《云南经济》第十五章第十节"烟草业"，第79页。

内地卷烟逐渐输入云南，滇产手工卷烟日趋减少。迄于民国38年（1949），全省手工卷烟厂仅存14家。[①] 1949年以后，云南手工卷烟已逐渐被机制卷烟所取代（见表1-3）。

表1-3　民国时期云南私营手工卷烟部分厂家一览

厂家	厂址	办厂起讫时间	开办负责人	员工人数（人）	设备资产（银圆）	卷烟牌号	产量（箱）	性质
苍洱仁智烟草公司	大理	1920年	王世西			太阳、月亮		手工
天香烟厂	昆明珠玑街	1929~1945年	范任之	60	1000	天香、维纳斯	75	手工
兴业烟草公司	昆明启文街	1942~1945年	陶仲浩	75	1000	铁鸟、红骑士、金炮台、霸王	2800	手工机制
生生烟厂	昆明宝善街	1942~1945年	丁寿臣	30	1000	小加力克、白宫	1600	手工
利国烟厂	昆明南强街	1942~1944年	刘银洲、余荫民	20	300	双五	600	手工
开罗烟厂	昆明拓东路	1944~1947年	华汉章	20	1000	牯岭、鹏飞、宝星、五羊	450	手工机制
大宝光烟厂	昆明崇仁街	1944~1947年	米均裕	30	1000	国光、宝光	1260	手工机制
庐阳烟厂	昆明磨盘山	1944~1951年	藏永年	25	1000	德胜门、飞歌	1600	手工机制
精精烟厂	昆明崇仁街	1944~1951年	邓蔚华、金浩	25	3000	珍珠港、四季春	3030	手工机制
天成烟厂	昆明濂泉巷	1944~1951年	刘勉哉	25	3000	正大、司令	3150	手工机制
协和烟厂	昆明螺蜂街	1945~1949年	李仁根	15	2000	金鱼、黑寡妇	600	手工
礼华烟厂	昆明崇仁街	1946~1947年	杨智	8	500	三鹿	120	手工
宜万烟厂	昆明南强街	1946~1947年	顾云龙	10	200	皇宫	130	手工

[①] 《云南年鉴》编辑部：《云南年鉴》(1986)，1987，第329页。

续表

厂　家	厂址	办厂起讫时间	开办负责人	员工人数（人）	设备资产（银圆）	卷烟牌号	产量（箱）	性质
华增烟厂	昆明绥靖路	1946～1947年	陈林	10	500	三鹿	120	手工
兴昌烟厂	昆明庆云街	1946～1947年	徐兴昌	8	500	马鹿、金手	120	手工
光明烟厂	昭通西门街	1946～1949年	陈仕万			光明、丰收	2000	手工
金筑烟厂	昆明临江里	1947年	沈诚	10	500	金筑、洪钟	50	手工机制
利民烟厂	昭通	1947～1948年	李占益	15	200	云鹰、翠柳	200	手工

资料来源：《云南省志·烟草志》，第187、188页，"云南手工卷烟部分厂家一览表"。表1-3略有修改。

第二章　外国烟草制品与烟草公司入滇

清光绪元年（1875）"马嘉理事件"后，英国强迫清政府签订了《中英烟台条约》；光绪十年（1884）中法战争后，法国强迫清政府签订了《中法天津条约》。英法两国为了实施这两个不平等条约，扩大对中国的经济侵略，于光绪十五年（1889）至三十一年（1905），强迫清政府先后将蒙自、思茅、河口、腾越开放为通商口岸，并设立了海关。从此，英法等西方国家的工商企业和商品纷纷输入中国，其中包括烟草企业及烟丝、纸烟等烟草制品。

第一节　外国烟草制品输入云南

一　外国烟丝输入云南

据海关关册记载，外国烟丝最早输入云南的时间是光绪十五年（1889）即蒙自开关的当年。这一年输入的烟丝为 496 公担（1 公担＝100 公斤），价值 26000 元（国币）。此后，直至光绪三十年（1904）纸烟输入云南之前，烟丝输入数量一直"趋势上升"。如：光绪十六年（1890）增至 3578 公担，二十一年（1895）增至 6285 公担，二十七年（1901）更增至 7070 公担，较之输入之年（光绪十五年）分别增加 6 倍、近 12 倍、13 倍。从烟丝输入占进口总值的比例看，在纸烟尚未输入之前，一般都在 4% 以上，光绪十六年（1890）曾高达 21%；纸烟输入之后，则在 4% 以下；民国 6 年（1917）以后，所占比例更小，除民国 11 年（1922）外，其余各年份皆在 1% 以下。[①] 据统计，宣统二年（1910）至民国 26 年（1937）的 28 年间，烟丝进口总值为国币 20846000 元，仅占同期进口货物总值的 0.92%。[②]

[①] 钟崇敏著《云南之贸易》，云南经济研究报告之二十，民国 28 年（1939），油印本，第 138、139 页。

[②] 吴兴南著《云南对外贸易史》，云南大学出版社，2002，第 164 页。

进口云南的烟丝从何而来，《云南之贸易》说："至于烟丝来源地，据蒙自关光绪十八年与二十二年（1892、1896）说明，概来自广东。"又说："本省历年进口烟丝应为国产无疑"，"其实皆为国产也"。[①] 不过是从香港转口入滇罢了。

烟丝进口以蒙自海关为主体，约占全省历年进口烟丝的88%以上，其他腾越关和思茅关仅占12%左右。蒙自关历年进口的大宗货物，在滇越铁路通车（1909）以前，仅为棉纱、棉花、烟丝、煤油及纸张等，烟丝居第3位；滇越铁路通车（1910）以后，烟丝在输入的17种大宗商品中，已降至第12位（纸烟居第3位）。可见，烟丝在进口商品中的地位已经大大降低。

烟丝进口为何在1904年以后逐渐减少，特别是1910年以后，在输入商品中的地位大大下降呢？这有两方面的原因。首先是当时云南已经开始大面积种植土烟。如上述第一章第一节所言，从咸丰至光绪年间，蒙自、蒙化等县已经普遍种植土烟，而以土烟制作烟丝的家庭手工业也逐渐发展起来，烟丝市场上已经出现云南自产的烟丝。其次是从1904年以后纸烟开始进口，城市中吸烟者改吸纸烟者逐渐增多，烟丝消费市场日渐缩小。这一点，《云南之贸易》的著者钟崇敏说得更清楚："烟丝所用之吸具为旱烟袋和水烟筒，为一种旧式消费品。纸烟则携带与吸食皆便，为一种趋时物品。""因为社会一般习俗趋时，已吸烟丝而经济许可转吸纸烟者比比皆是……"[②] 简言之，云南自产烟丝的出现与吸食烟丝者追求时尚改吸纸烟，促使烟丝进口大大减少。

关于光绪十五年至民国26年间外国烟丝进口的数量与价值，详见表2-1。

表2-1 光绪十五年至民国26年（1889~1937）云南三关烟丝进口一览

单位：公担，国币千元

年　份	蒙自关		思茅关		腾越关		合　计	
	数量	价值	数量	价值	数量	价值	数量	价值
光绪十五年（1889）	496	26						
光绪十六年（1890）	3578	207						
光绪十七年（1891）	4033	234						

---

① 钟崇敏著《云南之贸易》，第142页。
② 钟崇敏著《云南之贸易》，第136页。

续表

年　份	蒙自关 数量	蒙自关 价值	思茅关 数量	思茅关 价值	腾越关 数量	腾越关 价值	合　计 数量	合　计 价值
光绪十八年（1892）	5286	336						
光绪十九年（1893）	3562	233						
光绪二十年（1894）	5411	321						
光绪二十一年（1895）	6285	366						
光绪二十二年（1896）	4899	278						
光绪二十三年（1897）	5062	313						
光绪二十四年（1898）	4935	285						
光绪二十五年（1899）	3467	206						
光绪二十六年（1900）	6795	429						
光绪二十七年（1901）	7070	483						
光绪二十八年（1902）	4338	293						
光绪二十九年（1903）	6398	435						
光绪三十年（1904）	4775	381						
光绪三十一年（1905）	4556	249	3	1	43	2	4602	252
光绪三十二年（1906）	4651	229	8	1	96	6	4755	334
光绪三十三年（1907）	4746	421	10		40	3	4796	424
光绪三十四年（1908）	4117	365	2		54	3	4233	368
宣统元年（1909）	3479	215	6		33	3	3518	218
宣统二年（1910）	3407	210	4		11	1	3422	211
宣统三年（1911）	1719	110	3		17	1	1739	111
民国元年（1912）	3927	324	7		16	1	3950	325
民国2年（1913）	4345	352	8		13		4366	352
民国3年（1914）	3932	320	5		10		3997	320
民国4年（1915）	3550	279	2		41	2	3593	281
民国5年（1916）	1629	120	2		15	1	1646	121
民国6年（1917）	1804	128			18	1	1822	129
民国7年（1918）	885	65	2		26	2	913	67
民国8年（1919）	1086	78	4		146	7	1236	85
民国9年（1920）	534	56	2		16	1	552	57
民国10年（1921）	1288	140	2		36	1	1326	141
民国11年（1922）	3476	371	2		8		3486	371

续表

年 份	蒙自关 数量	蒙自关 价值	思茅关 数量	思茅关 价值	腾越关 数量	腾越关 价值	合计 数量	合计 价值
民国 12 年（1923）	2370	282	2		3		2375	282
民国 13 年（1924）	2071	237	4		10	1	2305	238
民国 14 年（1925）	2391	260	3		8	1	2402	261
民国 15 年（1926）	3097	355			5	1	3102	355
民国 16 年（1927）	2518	281			7		2525	282
民国 17 年（1928）	2542	176			1		2543	176
民国 18 年（1929）	1994	140	1		6	3	2001	143
民国 19 年（1930）	1895	171	1				1896	171
民国 20 年（1931）	2482	259					2482	257
民国 21 年（1932）	2003	129					2003	129
民国 22 年（1933）	2196	142					2196	142
民国 23 年（1934）	1580	104					1580	104
民国 24 年（1935）	1183	111					1683	111
民国 25 年（1936）	1601	149					1601	149
民国 26 年（1937）	1743	192					1773	192

注：1 公担 = 100 千克。

资料来源：钟崇敏著《云南之贸易》，云南经济研究报告之二十，民国 28 年 12 月，云南大学图书馆藏，第 139、140 页。

由表 2-1 可知：1889～1937 年的 49 年间，经蒙自海关进口烟丝一直持续不断。[①] 其中：开始进口之年（1889）最少，仅为 496 公担；最多年份为 1895 年 6285 公担、1900 年 6795 公担、1901 年 7070 公担、1903 年 6398 公担；一般年份为 3000 公担左右。绝大部分进口烟丝都从蒙自关入境，其他思茅关和腾越关进口极少，前面已有说明，兹不赘述。

二 外国纸烟输入云南

据海关关册记载，纸烟正式输入云南始于光绪三十年（1904）。这

---

① 据统计：1889 年至 1937 年，云南三关进口烟丝的总货值为国币 11985000 元。见钟崇敏著《云南之贸易》，第 66 页"表十七"。

一年正值滇越铁路云南段动工兴建,外来大批民工中,有不少人嗜好吸食纸烟。当年纸烟进口并不多,其货值仅为国币四千元,翌年(1905)进口值也不过一万一千元。但此后即迅速增加。迨至民国17年(1928),纸烟入口值多达1542000元,超过1904年进口货值380多倍,创空前纪录。历年纸烟进口虽然呈上升趋势,但也互有升降。如民国7年、8年(1918、1919),进口值骤升至558000元和940000元,原因是进口纸烟除大部分自用外,有一部分转往缅甸。又如民国14年(1925),进口纸烟货值骤减为710000元,原因是当年本省对上等纸烟抽收捐税。

历年进口纸烟占进口总值的比例,清光绪三十一年(1905)为1%,至民国17年(1928)则增至5%。民国18年(1929)以后,虽有数年低落,然而落而复起。25至26年(1936~1937)又回到4%左右。

据海关关册记载,云南进口的纸烟,从进口初年(1904)至民国13年(1924),完全来自外洋。从民国14年(1925)起,始见国产纸烟转口入滇。自此以后,国产纸烟逐渐增加,而真正外洋纸烟则被摒斥于本省市场之外。进口云南的国产纸烟,主要有广东烟草公司的产品和分厂设在上海的英美烟公司以及南洋兄弟烟草公司的产品。① 民国26年至29年(1937~1940),昆明市场上销售的外洋与国产纸烟,有10支"老刀"、10支"五华"、10支"小美丽"、50支"白金龙"、50支"三炮台"、50支"大前门"、50支"红锡包"等牌号的香烟。②

纸烟进口以蒙自关为最多,其他两关即腾越关与思茅关较少。但腾越关纸烟进口最初几年总值曾占相当数量,如光绪三十一年(1905)占27%,34年(1908)占43%,宣统元年(1909)占36%。然而其他各年份输入最多时亦仅占5%,且进口或断或续,货值未再增加。③

关于光绪三十年至民国26年(1904~1937)云南三关纸烟进口货值详见表2-2。

---

① 钟崇敏著《云南之贸易》,第133、134、135页。
② 张肖梅编《云南经济》第十八章第十一节,第57、58页。
③ 钟崇敏著《云南之贸易》,第135页。按:徐天骝著《十年来之云南美烟事业发展纪实》谓:"纸卷烟初入云南,据可靠推测,约在1906年,系由腾冲输入,名'龙牌'、'孔雀牌'等。"1949,第71页。此说可供参考。

表 2-2 光绪三十年至民国 26 年（1904～1937）云南三关纸烟进口货值一览

年　份	纸烟货值（国币 1000 元）			
	蒙自关	思茅关	腾越关	合　计
光绪三十年（1904）	4			4
光绪三十一年（1905）	8		3	11
光绪三十二年（1906）	17		4	21
光绪三十三年（1907）	31		8	39
光绪三十四年（1908）	23		12	35
宣统元年（1909）	44		25	69
宣统二年（1910）	47		3	50
宣统三年（1911）	68		1	69
民国元年（1912）	113		1	114
民国 2 年（1913）	126		2	128
民国 3 年（1914）	117			117
民国 4 年（1915）	219			219
民国 5 年（1916）	261			261
民国 6 年（1917）	276			276
民国 7 年（1918）	555		3	558
民国 8 年（1919）	927		3	930
民国 9 年（1920）	657		33	690
民国 10 年（1921）	685			685
民国 11 年（1922）	1126			1126
民国 12 年（1923）	827		2	829
民国 13 年（1924）	846			846
民国 14 年（1925）	701		9	710
民国 15 年（1926）	672		1	673
民国 16 年（1927）	1034		4	1038
民国 17 年（1928）	1541		1	1542
民国 18 年（1929）	860			860
民国 19 年（1930）	338			338
民国 20 年（1931）	335	1	1	337
民国 21 年（1932）	457	1		458
民国 22 年（1933）	400	1		401
民国 23 年（1934）	531	1		532

续表

年 份	纸烟货值（国币 1000 元）			
	蒙自关	思茅关	腾越关	合 计
民国 24 年（1935）	965	2		967
民国 25 年（1936）	1204	1		1205
民国 26 年（1937）	1242			1242

资料来源：钟崇敏著《云南之贸易》，第 140 页。

由表 2-2 可知：光绪三十年至民国 26 年（1904~1937）的 34 年间，从蒙自海关进口纸烟一直持续不断，其他腾越、思茅两关进口极少。其中，民国 17 年（1928）、26 年（1937）、25 年（1936）、11 年（1922）和 16 年（1927）5 个年份进口纸烟较多，其货值分别为国币 154.2 万元、124.2 万元、120.5 万元、112.6 万元和 103.8 万元。其他年份进口纸烟不多，最少仅 4000 元，一般年份也才几万元或几十万元不等。1904~1937 年云南三关进口纸烟的总货值约为国币 1740 万元。[①]

第二节　外国烟草企业进入云南

晚清时期，外国资本主义势力为了攫取更大利润，利用中国廉价的劳动力和原料，纷纷在中国设厂制造卷烟。光绪十七年（1891），美商老晋隆洋行在天津率先开办卷烟厂，生产"品海"牌香烟；接着美商又在上海设立茂生烟厂、美国烟草公司和美国纸烟公司。此外，日本、英国、俄国、希腊的商人也先后在上海、天津、哈尔滨等地设立卷烟厂。其中以英美烟公司取得的成就最为令人瞩目。[②]

一　英美烟公司

光绪二十八年（1902），英国的帝国烟草公司与美国烟草公司合并成为英美烟公司，总公司设于伦敦。民国 8 年（1919）在上海设立驻华英美烟公司总部，民国 25 年（1936）将总部迁至香港，并于 23 年（1934）十一

[①] 钟崇敏著《云南之贸易》，第 66 页"表十七"。
[②] 刘杰主编《烟草史话》，社会科学文献出版社，2014，第 33、34 页。

月改组为英商颐中烟草公司。①

英美烟公司从光绪二十八年（1902）开始先后在香港、上海、汉口、沈阳等地设立卷烟厂，又在山东、河南、安徽设有占地数千亩的种烟场和烤烟厂，其产品的销售网络，伸向中国各地。②

英美烟公司于光绪三十年（1905）进入云南。首先在昆明市和蒙自县分别设立分公司，雇用华人为经理；并先后委托昆明同泰祥、宝兴号、东兴隆、鸿泰号、鸿盛祥、德茂源、云茂祥、福顺祥、裕兴号、售成号等10家商行为其卷烟经营代理商；蒙自的顺成号、腾冲的蔡玉斋、保山的马寿臣、下关的炳兴祥、大理的丁毓书、鹤庆的宝庆号等也组成其销售网；此外，还在昭通、曲靖、宜良、昆阳、澄江、晋宁、玉溪、安宁、武定、富民、禄丰、楚雄、大理、鹤庆、腾越、景谷、思茅、蒙自、个旧、临安（今建水）、石屏、开远等县设立其代理处等。③ 如此，不仅操控了省会卷烟市场，还操控了各县卷烟市场，基本垄断了云南省的卷烟市场。

英美烟公司通过其在云南设立的分公司、代理处、代理商在云南全省销售各种牌号的卷烟产品，计有：美国的红吉士、绿吉士、菲力普、骆驼、双箭、杜美那、吉而喜、白马力斯、金鸡，英国的三九、三五、三炮台、加利克、大海军、金片、水手、黑飞手、白金进、克来文，英美烟公司的黄雀、金花、弓箭、河边、红锡包、大炮台、绞盘、老刀（市面通称"强盗牌"）、哈德门、多福、哥福等。

英美烟公司在云南"以最低价推销"其产品，并采用送吸、附赠烟嘴、画片及发奖券等多种促销办法，鼓励人们多买香烟，从而促进了其产品在云南的销售。据1924年9月25日，英美烟公司云南负责人邦盖致上海英美烟公司董事的信函称：1920～1924年，云南府（今昆明市）、楚雄、蒙自、开化（今文山州）、思茅、大理府、鹤庆、永昌（今保山）、腾冲、昭通等"云南区各仓库销售"货值是：1920～1921年为国币638064元、1921～1922年为1012333元、1922～1923年为1179309元、1923～1924年为1425676元。④ 可见，1920～1924年的5年间，英美烟公司在滇的

---

① 祝慈寿著《中国近代工业史》，重庆出版社，1989，第352、353页。
② 祝慈寿著《中国近代工业史》，第353页。
③ 《续云南通志长编》卷73，下编第546页。
④ 上海社会科学院经济研究所编《英美烟公司在华企业资料汇编》第二册"颐中档案"，中华书局，1983，第440、441页。

营业额翻了一番多。该公司自进入云南以来,"垄断全省市场,吸食者众,获利极丰"。①

民国3年(1904),英美烟公司为降低生产成本,扩大倾销,曾向云南提供美国和土耳其的烟种及栽培技术,在通海、玉溪等地进行试验栽培。虽然未获结果,但从此云南开始引种美国烟种。②

英美烟公司还在云南收购滇产烟叶。据《颐中档案》载:民国36年(1947),上海颐中烟草公司在上海发现"云南省出产的弗吉尼亚烤烟,从样品看来,这种烟叶质量极好,比现在中国出产的其他类似烟叶都要好得多"。于是由英美烟公司属下的上海振兴烟叶公司致函云南兴远贸易公司,委托其在云南"购买烟叶并运往上海"。为此,上海振兴烟叶公司给云南兴远贸易提供最初贷款法币20亿元,利息按月7%的利率偿付。兴远公司在开远、澄江、玉溪、楚雄、易门设立了5个收购站,收购当地产的烟叶。兴远公司将所收购的烟叶,用卡车经贵阳、长沙运往上海,或通过飞机直接从昆明航运至上海或广州,再从广州用船运往上海。③

此外,民国37年(1948),上海颐中烟草公司与时任云南农矿厅厅长、人民企业公司总经理的缪云台多次协商,拟按股分为5∶5的比例,组成一个联合公司,称为"裕云烟草公司",使之成为一个"现代化的、按正规方式建设起来的烟叶厂和香烟工厂"。按照双方签订的协议,上海颐中烟草公司于1949年2月7日由上海装运机器107箱运往昆明。但因当时"局势已恶化"(指国民党的统治即将被推翻),在昆明设立卷烟厂和烤烟厂的计划,不得不宣告结束。④

二 南洋兄弟烟草公司

光绪二十八年(1902),新加坡华侨简照南、简玉阶兄弟创办南洋烟草公司。光绪三十二年(1906),该公司在香港注册,设卷烟制造厂,资本为港币10万元。出品"双喜牌""飞鸟牌"两种香烟,销路不旺,未及一年,资本告罄,加之连遭英美烟公司的打击,即宣布停业。宣统元年(1909),简氏兄弟在其叔父越南华侨简铭石的支持下,重新复业,易名南洋兄弟烟

---

① 《昆明市志长编》卷11,第385页。
② 云南省档案馆编《清末民初的云南社会》,云南人民出版社,2005,第140页。
③ 《英美烟公司在华企业资料汇编》第一册"颐中档案",第355、357页。
④ 《英美烟公司在华企业资料汇编》第一册"颐中档案",第203、205、206、208页。

草公司。复业后,对于原料的选择和卷烟的制造技术,均悉心改良。数年之间,营业蒸蒸日上。至宣统三年(1911)该公司即由亏损转向盈余。① 该公司后来经过扩股改组,添置机器,增加工人,扩大生产规模,1915年出产香烟多达19609箱,生产和销售均十分兴旺。②

民国4年(1915),南洋兄弟烟草公司进入云南。首先在昆明三市街设总销售处,接着委托昆明德茂源、云茂祥、同兴隆、景明号,下关永昌祥,腾冲杜兴恒等为代理商,推销其产品,计有:"爱国""白金龙""黄金龙""高塔""喜鹊""宝带""双玉"等牌号的卷烟。该公司曾在其"爱国"牌香烟壳上印有广告词:"香烟!香烟!利权外溢不堪言……请吸中国烟",从而激发了不少吸烟者的爱国热情。其产品销路逐渐拓开,打破了卷烟市场被英美烟公司垄断的局面。③

民国28年(1939)冬,南洋兄弟烟草公司为了寻求卷烟原料,通过时任国民政府财政部部长宋子文出面与云南省政府交涉,由曾任云南大学蚕桑系主任、时任农业部技正的常宗会携带美国烤烟籽种回云南,在昆明东郊试种并获得了成功。从此,云南省政府遂将烤烟作为新的农业资源扩大种植和开发。④

民国29年(1940),日本侵略军占领越南,滇越铁路中断,卷烟无法运入云南,于是英美烟公司和南洋兄弟烟草公司关闭了在云南的卷烟代销机构,其销售卷烟的业务亦随之结束。

---

① 祝慈寿著《中国近代工业史》,第435页。
② 刘杰主编《烟草史话》,第46页。
③ 《云南省志·烟草志》,第285页。
④ 《清末民初的云南社会》,第140页。

第三章　云南烤烟良种的引进、选育、推广、种植与初烤

我国引种烤烟始于清末民初。[①] 据载：光绪二十八年（1902），英美烟公司在上海开办了在华的第一家卷烟厂（即浦东烟厂），后来又相继在汉口、沈阳、哈尔滨、天津、营口和青岛设立卷烟厂。这些卷烟厂的原料即烟叶，因中国所产之晾晒烟叶色香味都不适宜，故大部分烟叶来自美国，国产烟叶只能少量搭配。英美烟公司为了解决其在华卷烟厂的原料问题，决定将美国烟种引进中国种植，以取代美烟进口、便于就地取材，节省成本。于是在1904～1914年，英美烟公司先后派出大批人员赴包括云南在内的10多个省、49个产烟最多的地区，对烟叶产量、质量、土壤、气候、地价、煤价、交通、运费等进行全面调查。继后，于宣统元年（1909）至民国2年（1913）在山东潍县（今潍坊市）、河南许昌、安徽凤阳等地引种美国烤烟种子。鲁豫皖引种成功之后，陆续扩大到其他地区。[②]

第一节　云南烤烟良种的引进

云南引进烤烟良种始于民国3年（1914）。是年2月，英美烟公司向云南省行政公署实业司赠送美国和土耳其的烟草籽种和烟草栽培技术资料。时任云南都督的唐继尧即责成省实业司组织、安排引种试验。实验场除安排在省农业实验场外，还安排在通海、新兴（今玉溪市）两县产本地烟草最多的地方。引种试验不久，云南发生反对袁世凯称帝的护国运动，之后又出现军阀连年混战，云南省当局对包括烟草引种试验的各项建设已无暇顾及；当时英美烟公司在鲁豫皖种植的烤烟已能满足其生产卷烟的需要，

[①] 所谓"烤烟"，即原产于美国弗吉尼亚州的烟叶，用火管在烤房内烘烤，使之变为金黄色，并散发香味，称为"烤烟"。

[②]《云南省志·烟草志》，第54页。

无须再在其他地方种植烤烟，因而停止了对云南引种试验的支持。此次引种试验虽然未获结果，但从此云南开始了烤烟良种的引进。

民国19年（1930），云南省实业厅恢复在大普吉省立第一农事实验场的美种烤烟试验。21年（1932）将试验情况和结果写成《省立第一农事实验场试验美国烟草成绩报告书》和《提倡种植美国烟草法》，上报南京国民政府实业部。11月实业部批复同意云南种植烤烟。

民国22至24年（1933~1935），云南省立第一农事实验场拨出土地20亩，在场长褚守庄的领导下，将省内著名烟草产地嵩明、蒙自、江川、玉溪等县的土烟和四川、福建等省的烟种，同美国的烟种再次进行品种间的观察对比试验。

民国28年（1939），香港南洋兄弟烟草公司因受抗日战争的影响，生产卷烟的原料来源受阻。为了解决原料问题，拟在大后方云南寻找出路，于是，便请时任国民政府财政部部长的宋子文出面与云南省政府交涉，要求在云南试验种植美国种烤烟。经云南省政府主席龙云同意后，派农业部技正常宗会等，携带美国烟种到云南试种。后来在昆明东郊定光寺蚕桑苗圃场进行试种，当年烟叶生长较好。烟叶收获后，将经过烘烤的烟叶寄往香港南洋兄弟烟草公司品评鉴定，结果烤烟质量完全符合卷制纸烟的要求。[①] 这标志着云南经过25年的不断努力，克服重重困难，烤烟引种试验终于获得成功。

第二节　云南烤烟良种的选育

从20世纪40年代起，国内外已培育出许多适合本地需要的优良烟叶品种。这些品种是否适应云南的自然环境和种植条件，引入后能否成为云南的优良品种，就需要反复试验，认真选育，择其最优者进行推广种植。

民国30年（1941），3月，云南省成立了专门从事烟草管理的机构"云南烟草改进所"，接着又建立昆明长坡改良烟草品种试验场。试验场对先后从山东、河南及法国引进的美国弗吉尼亚型烤烟品种进行试验。同时又在富民选地百亩，对以上引入烤烟品种进行试验。两地试验的结论是：1. 云南省许多地方，是可以种植烤烟的；2. 引进品种中，以南洋兄弟烟草公司

---

① 俱引自《云南省志·烟草志》，第54~57页。

在河南、山东等地推广的"金圆"品种表现较好，并决定暂用为推广品种。"金圆"烤烟品种成为云南经过实验选育并进行推广的第一个品种。从民国31至34年（1942~1945）的四年间，云南一直大面积推广"金圆"品种，并尽力保存种子纯度。"但因栽种多年，且推广区域辽阔，种子已发生蜕化现象。再输入原种或较新的品种，实为迫切需要"。①

民国34年（1945）年底，云南省政府主席龙云接受烟草改进所所长徐天骝的建议，委托当时在昆明的美国空军飞行大队（即"飞虎队"）队长陈纳德将军帮助，从美国购进了"大金圆""特字400""特字401"三个烤烟新品种。民国35年（1946）初，云南农林植物研究所负责人蔡希陶先生又通过在广州的植物学家陈焕镛购进美国弗吉尼亚州的名贵烤烟"大金圆"籽种。当年，烟草改进所和农林植物所合作，将"大金圆"品种与长坡1号（即长坡蚕桑试验场选育的品种）、美烟2—10号、美烟11号、美烟12号以及从印度引入的印烟1号、印烟2号、印烟3号等品种进行实验；同时还对云南出产的玉溪黄烟、布沼（在今开远县境内）土烟，枇杷叶烟，晋宁老板烟等进行杂交实验。同年，在平彝（今富源）等县新烟区试种的"大金圆"品种获得成功。在参试的10多个烤烟品种中，"大金圆""特字400""特字401"品质较好，而"大金圆"品质更优，成为当时推广的主要烤烟品种。② 此后，"大金圆"品种，逐渐代替了"金圆"成为云南省烤烟种植的主要品种。它使云南出产的烤烟具有"香气浓郁、色泽金黄、烟碱适中、厚薄均匀"等特点。农民把它叫作"红花大金圆"③。

第三节　云南烤烟良种的推广

云南烤烟良种的推广种植始于民国29年（1940）。是年4月，云南省政府主席龙云决定：（1）成立云南省改良烟草推广处，负责全省烤烟的推广工作；（2）派人前往香港同宋子文与南洋兄弟烟草公司商讨烤烟籽种、技术、经费、产品收购的有关事宜；（3）批准云南烟草推广处的组织、事业经费的实施方案；（4）为防范英美烟公司插手云南烟草生产，同意宋子

---

① 徐天骝著《云南引种和栽培烤烟的史料》，载《云南文史资料选辑》第十六辑，1982，第244页。按：徐天骝时任"云南烟草改进所"副所长。
② 《云南省志·烟草志》，第88页。
③ 徐天骝著《云南引种和栽培烤烟的史料》，载《云南文史资料选辑》第十六辑，第245页。

文的要求,在云南推广改良烟草之事对外暂不发表,以免对推广之事不利。① 与此同时,云南省建设厅也发布公告,"决定本年度在昆明富民、开远等县从事改良烟草之推广",并对推广烤烟种植规定了四项办法:(1)改良烟苗由省建设厅无偿分发农民栽种;(2)建设厅派员到各地指导农民种植及害虫之防治;(3)改良烟苗种户,每亩可贷肥料费国币二十元;(4)建盖烤棚烤烟,并介绍公司高价收买。② 同年,云南省购进烤烟籽种 20 磅,种植 500 亩,又请来山东、安徽两省技术人员指导种植;当年收购烤烟 350 担,其中上等烟占 70%~80%。③ 此为云南推广烤烟种植第一年取得的成绩。

民国 30 年 (1941) 3 月 1 日正式成立 "云南烟草改进所",同时撤销改良烟草推广处。"烟草改进所,负责技术研究,筹划烤烟的试种和推广工作。这个所,是云南引种美种弗吉尼亚品种烤烟的开创现场"。④ 这一年,推广面积 2000 亩,总产量 1540 担。

民国 31 年 (1942),大面积推广烤烟种植。在改进所的指导下,设立了两个种植区。第一个种植区包括富民、武定、禄劝、罗次(今属禄丰县),推广面积 945 亩,总产量 25630 公斤。第二个种植区包括昆明、玉溪、晋宁,推广面积 1701 亩,总产量 61195 公斤。两个种植区推广面积合计 2646 亩,共产烤烟 86825 公斤。⑤ 两个种植区的县都是晾晒烟(土烟)的老产区,土壤、气候都很适宜烟草的生长发育,烟农也具有丰富的栽烟知识和经验。其中江川、玉溪两地成为后来的"云烟之乡"。

民国 32 年 (1943),省政府成立"云南烟草生产事业管理处",并将种植区改为烟草改进分所,共 9 个,辖 12 个县。有昆明分所、玉溪分所、开远分所、晋宁分所、江川分所、易门分所、富罗(富民、罗次)分所、嵩寻(嵩明、寻甸)分所、禄武(禄劝、武定)分所。这一年,推广面积猛增为 14293 亩,烤烟总产量达 413784 公斤。⑥

民国 33 年 (1944),除上年的 9 个改进分所外,新增华弥(华宁、弥勒)分所、澄江分所,共 11 个分所。是年,推广面积又增为 23594 亩,总

---

① 《云南省志·烟草志》,第 57 页。
② 云南省档案馆编《建国前后的云南社会》,载何玉菲著《云南烟草产业初具规模》,云南人民出版社,2009,第 183 页。
③ 《云南省志·烟草志》,第 57 页。
④ 徐天骝著《云南引种和栽培烤烟的史料》,载《云南文史资料选辑》第十六辑,第 244 页。
⑤ 《云南省志·烟草志》,第 57、58 页。
⑥ 《云南省志·烟草志》,第 58 页。

产量为946549公斤。

民国34年（1945），除新增宜良、布沼、大庄（在开远县境内）三个分所外，还开辟了禄丰、蒙自、元江、路南、安宁、双柏等6个烤烟种植特约农场。种植面积共27552亩，烤烟总产量1194770公斤。特约农场接受烟草改进分所的指导和监督，享受免费供应籽种和传授技术，它是当时一种新的种烟形式。

民国35年（1946），抗日战争结束，大批来滇的军民返回内地，对卷烟的需求减少，卷烟销售困难。省政府决定撤销烟草生产事业管理处，并先后撤销昆明、富民、禄劝、武定、宜良、易门、大庄7个分所；又将玉溪、开远、晋宁、江川、澄江、华宁、嵩明、布沼8个分所改为工作站，但不久又将这些工作站撤销。由于烟草生产指导机构的变动和管理人员大批遣散，当年烤烟生产受到很大影响，种烟面积和烤烟产量分别减少为13184亩和659350公斤。

民国36年（1947），省政府通过《奖励种植烟草以裕民生》的提案。接着省主席卢汉签发训令，指定云南省企业局负责普遍推广改进美种烟叶之全责，并实行举办低利贷款、奖励自由贸易、由富滇银行为农民代办烟叶外销等措施。同年，省建设厅制定了《推广种植美烟的三年计划》。按照该计划，全省烤烟种植分为8个推广区，辖37个县。各个区县和烤烟推广种植面积及产量，详见表3-1。

表3-1 民国36年（1947）云南烤烟推广县区亩积与产量统计

区别	辖县	推广亩积（亩）预拟数	推广亩积（亩）登记数	烤烟产量（公斤）
昆明区	昆明、呈贡、嵩明、寻甸、安宁（5个）	4147	44443	304000
华宁区	华宁、路南、宜良（3个）	5150	5566	330000
开远区	开远、建水、蒙自、弥勒（4个）	12750	15468	402330
玉溪区	玉溪、澄江、峨山、江川、晋宁（5个）	7280	20000	1970800
武定区	武定、元谋、禄劝、罗次、富民（5个）	3750	1900	60000
弥度区	弥度、宾川、祥云、蒙化、镇南（今南华）、姚安、大姚（7个）	2418	2860	24000
沾益区	沾益、宣威、平彝（今富源）、马龙、陆良、曲靖（6个）	3200	2810	22750
楚雄区	楚雄、广通（今属禄丰县）（2个）	1500	1254	27500
合计	37县	40195	94301	3141380

资料来源：徐天骝著《十年来之云南美烟事业发展纪实》，1949，第20~23页。

民国37年（1948），省政府继续放弃对烟草的统制，提倡自由贸易，对种烟的农户进行贷款扶持等，大大刺激了农民种烟的积极性。这一年种烟县扩大为72个，按其所在地分为11区。由于种烟县猛增，种烟面积扩大为30余万亩，大大影响了粮食生产。因此，同年4月2日云南省主席卢汉签发关于《限制种美烟办法》的训令，规定：（1）将稻田改种美烟的强制改种稻谷或杂粮；（2）各农户以旱地种植美烟的不得超过其所种旱地面积的1/4；（3）开垦荒山种美烟的农户，由各地给予奖励，如为农贷区域，则给予农贷优选权。[①]

表3-2 民国37年（1948）云南烤烟推广县区亩积与产量统计

区别	辖县	推广亩积（亩）预拟数	推广亩积（亩）调查数	烤烟估计数（公斤）
昆明区	昆明、晋宁、安宁、呈贡、易门、禄丰、昆阳（7个）	15200	60700	1517500
武定区	武定、禄劝、罗次、富民、元谋、永仁、华坪、牟定（8个）	6680	16098	402450
祥云区	祥云、宾川、弥度、凤仪、剑川、大理、邓川、洱源（8个）	7200	12033	300826
玉溪区	玉溪、江川、澄江、峨山、通海、河西（今属通海）、新平、曲溪（今属建水）（8个）	15260	49940	1248500
开远区	开远、弥勒、建水、蒙自、文山、石屏、邱北、砚山、金平（9个）	28280	60402	1511550
宜良区	宜良、华宁、路南、泸西（4个）	8600	25050	623250
曲靖区	嵩明、寻甸、马龙、曲靖、沾益、宣威、平彝、陆良、罗平、师宗（10个）	44318	1107950	
顺宁区	蒙化（今巍山）、顺宁（今凤庆）、云县、景东（4个）	2160	3713	92825
楚雄区	楚雄、大姚、姚安、镇南（今华南）、广通（今属禄丰）（5个）	6500	16919	422975
保山区	保山、腾冲、龙陵（3个）	1200	3000	75000

---

① 《云南省志·烟草志》，第59页。

续表

区别	辖　县	推广亩积（亩） 预拟数	推广亩积（亩） 调查数	烤烟估计数（公斤）
昭通区	昭通、会泽、巧家、镇雄、彝良、威信（6个）	640	880	220000
合计（11区）	72县	136038	1356685	6414876

注：《十年来之云南美烟事业发展纪实》又将推广区划分为生产区、辅导区、推广区。种烟时间在2年以上的为烤烟生产区（有昆明等15县），种烟时间有一年以上的为烤烟辅导区（有安宁等23县），"当年新种烟的县为推广区（有禄丰等34县）"。详见该书第6页。此为另一种分区法，可供参考。

资料来源：徐天骝著《十年来之云南美烟事业发展纪实》，1949，第23~28页。

民国38年（1949），由于省政府强力限制美烟种植等原因，全省种植烤烟的县减少为45个，面积减为39000亩，总产量随之减为2135000公斤。①

综观上述烤烟推广种植的诸多政策措施，其中四项产生的效果尤为显著。兹分别详加说明之。

一　优选推广品种

经过民国30年（1941），多次实验，证明"金圆种"较为优良，可供推广之用。从民国31年至34年（1942~1945），即以"金圆种"为全省唯一推广的品种。民国32年（1945）年底，"大金圆种"引入后，经过试种，认定其品质最优，从民国35年（1946）以后，在全省广泛推广种植"大金圆"品种。

民国31年（1942）至34年（1945）四年间，"美烟籽种均系免费供给烟农。1946年，每四公分即敷栽培一亩烟株所需，酌收价款法币八百元。1947年，每四公分收四千元，后加为一万元。1948年每四公分二万元"。②

二　设立推广机构

民国29年（1940）成立"云南省改良烟草推广处"，负责全省烤烟推

---

① 《云南省志·烟草志》，第59页。
② 徐天骝著《十年来之云南美烟事业发展纪实》，第3、9页。

广工作。翌年（1941）成立"云南烟草改进所"，负责烤烟试种和推广工作。民国31年（1942），大范围推广开始后，"改进所"为便于指导推广，将7个种烟县分为两个种植区，每区设主任一员、技术员和事务员各若干员。民国32年（1943），由于"推广面积扩充"，"每区管理县数增加"，"为配合业务，便利辅导计，乃改分区制为分所制"，即"以一县或最多两县为一单位，定名为云南烟草改进所××县分所"。分所的职责是："办理推广之宣传计划实施，（推广）亩积之调查登记，烤房建筑之督促指导，烟农之组织训练，贷款之审核，发放、收回，烟草栽培、熏烤、分级储运及病虫害防治之技术指导告示事项。"可见，在省改进所之下设分所，大大有利于对烤烟推广的管理。当年有12个种烟县，划分为9个分所进行管理（详见上述，兹不赘述）。民国33年（1944）"仍行分所制"，种烟县增为15个，故共设11个分所。民国34年（1945），有13个县种烟，改组扩大化为15个分所；此外，增加了禄丰、蒙自、元江、安宁、路南、双柏6个"特约农场"，目的是"为谋求美烟普遍推广及管理便利"。民国35年（1946），美烟推广机构曾一度"奉令缩减"，但36年（1947）以后，又恢复分区制，直到38年（1949）。[①] 无论是实行分区制还是分所制，均旨在加强对烤烟推广的管理，都为全省的烤烟种植和推广发挥了积极作用。

三　发放推广贷款

民国31年至34年（1942~1945），贷款工作由省烟草改进所主办。贷款办法是：一无利息，二无抵押；每年所贷之款，俟该年烤烟上市时，照当时市价如数扣还。贷款种类及金额各年不同。如1942年，育苗贷款每亩法币60元、肥料贷款每亩250元、燃料贷款每亩200元、烤烟贷款每亩100元；又如1945年，烤房贷款每亩4000元、生产贷款每亩3000元。

民国35年（1946），因推广机构改组，未曾放贷。

民国36年（1947），旧推广区每亩贷1万元，新推广区每亩贷2万无，年终收回，月息四分三厘。在农民银行有业务的县份，由农民银行单独贷放；在农行无业务之县份，由种植美种烟草贷款银行团办理，此银行团系由富滇银行、兴文银行、劝业银行、矿业银行以及合作金库组成。

[①] 徐天骝著《十年来之云南美烟事业发展纪实》，第3~8页。

民国37年（1948），烤烟推广贷款由农民银行负责，并由烟草改进所协助办理。在农行有业务之县区，由该行直接贷放；该行无业务之县区，则委托合作金库办理。本年度贷款系分两次办理。第一次数额为法币875亿元，贷与昆明等34县。第二次为法币100亿元，贷放沾益等8县。

民国38年（1949），计划贷款仍由农民银行办理，并设法提高贷额，普遍贷放，简化手续，按期放出。①

关于1942～1948年6年间（其中1946年未曾放贷），发放推广贷款的情况见表3-3。

表3-3 历年发放推广贷款统计

年　度	区、所数	县数（个）	贷款数额（法币）
1942	第一、二种植区	7	1181543元
1943	9个分所	12	11976153元
1944	11个分所	15	28997000元
1945	15个分所	19	83272500元
1947	8个推广区	37	520030000元
1948	11个推广区	72	87500000000元
合　计		162	88145457196元

资料来源：徐天骝著《十年来之云南美烟事业发展纪实》，第28页。

四　训练推广员工

烤烟推广员工的训练开始于民国30年（1941）。员工训练分为四个层次进行。

一是高级指导人员训练：改进所所长、股长、各分所所长和各分所组长，多系国内外大学或专科学校毕业。为了"补充学识，加强工作之效能"，在其工作稍闲之时，即调到训练班受训。训练科目，"着重于问题检讨，意见交换，专题演讲"和总结交流等。

二是实地工作人员训练：凡技士、技术员、助理技术员，皆为实地工作人员，均为推广政策的执行者。民国31年（1942），云南烟草技术人员

---

① 徐天骝著《十年来之云南美烟事业发展纪实》，第9、12、14页。

训练班在昆明成立,招收初级农业学校或普通中学初中毕业生,施以 15 个月、3 个学期的训练,授以农学、农业推广、烟草种植、熏烤等基本知识,并轮流前往烟草改进所各分所、试验场、纸烟厂、烟叶复烤厂等参加实际工作等。训练结束后,考试成绩合格,颁发证书,并按照成绩,由烟草改进所以技术员或助理技术员委用。

三是地方技工训练:为了提高烟农栽培烤烟和熏烤烟叶的知识与技能,以培养当地的"地方技工",特在各个分所举办本地技工训练班。训练分为定期与不定期两种。定期训练,由分所办理,以每座烤房调训二名为原则。训练一月,其科目以实习为主,课堂讲授为辅。讲授内容为烤烟育苗、移栽、大田管理、病虫害防治、烤房建筑、装备、烤烟烘烤、分级、扎把、包装,以及土地选择和整理、肥料施用等基本知识。受训完毕,成绩合格者,由分所雇为见习技工,派回原地工作。不定期训练,也由各分所负责,不拘时间、地点、结合实际工作,专题讲授,并参加实地烤烟育苗等见习活动。

四是美烟产销合作人才训练:民国 36 年(1947),云南省合作事业管理处举办"美烟产销合作人才训练班",由各合管处各县办事处、改进所推广员、农行贷款员参加训练。科目为合作知识,美烟栽种与制烤,农贷意义、手续、用途等,训练时间为 15~21 个小时。成绩优良者,保送省讲习班训练。[①]

关于 1942~1948 年 6 年间(其中缺 1945 年、1946 年数据)训练推广员工的情况(见表 3-4)。

表 3-4　历年训练推广员工统计

年　份	训练员工		年　份	训练员工	
	技术员(员)	技工(员)		技术员(员)	技工(员)
1942	82	60	1947		108
1943	83	453	1948	100	216
1944		551			
1945			合　计	265	1388

资料来源:徐天骝著《十年来之云南美烟事业发展纪实》,第 28 页。

---

① 以上俱引自徐天骝著《十年来之云南美烟事业发展纪实》,第 14、15、16 页。

上述四项推广措施,涉及品种优选、机构设置、贷款发放和员工训练,不仅全面完整,而且切实可行;随着这些措施的落实,烤烟推广自然取得更多的实效和巨大的成绩。

为了从总体上直观地了解全省烤烟推广种植情况(见表3-5)。

表3-5 民国29年至38年(1940~1949)云南烤烟推广种植一览

年 份	推广种植县数	推广种植亩积(亩)	单产(公斤)	总产量(公斤)	备 注
民国29年(1940)	3	500	35	17500	
民国30年(1941)	4	2000	38.5	77000	《云南经济资料》:县数为2个,亩积为180亩,产量为1900公斤
民国31年(1942)	7	2727	32	87285	《云南经济资料》:产量为61816公斤
民国32年(1943)	12	14293	32	460748	《云南经济资料》:县数为13个
民国33年(1944)	15	23594	40	946549	
民国34年(1945)	22	27552	43	1194770	《云南经济资料》:县数为16个,产量为900000公斤
民国35年(1946)	推广机构撤销无统计	13184	50	659350	《云南经济资料》:无产量数
民国36年(1947)	37	54301	60	3260180	《云南经济资料》:产量为3250135公斤
民国37年(1948)	72	301033	25	7525825	《云南经济资料》:亩积为301336亩,产量为7727785公斤
民国38年(1949)	45	39000	54.7	2135000	《云南经济资料》:亩积为75000亩,产量为3750000公斤
合 计		478148	38.5	16364207	

注:云南省人民政府财政经济委员会编《云南经济资料》"历年(烟叶)产量统计表"。

资料来源:①徐天骝著《十年来之云南美烟事业发展纪实》,1950,第33页。其统计数字可供参考;②《云南省志·烟草志》,第66页"1940—1949年云南烤烟生产统计表"。

由表 3-5 可知，民国 29 年至 38 年（1940~1949）的 10 年间，云南烤烟推广种植取得了巨大成就。第一是烤烟种植的县份从 3 个增至 72 个。种植烤烟的县占当时全省 127 个县与设治局的 56.7%，即一半以上。第二是烤烟种植面积，从民国 29 年（1940）的 500 亩增至 37 年（1948）的 301033 亩，增长了 601 倍之多，增幅之巨大，由此可见。第三是烤烟单产从民国 29 年（1940）的 35 公斤增为 38 年（1949）的 54.7 公斤，说明烤烟种植技术不断有所改进。第四是烤烟总产量从民国 29 年的 17500 公斤增至 37 年（1948）的 7525825 公斤，猛增 429 倍，增幅实在惊人。烤烟推广种植的巨大成就，为云南烟草工业的发展打下了良好基础。

近代云南烤烟推广种植取得巨大成就的主要原因有下述四个方面。

第一，云南省地方当局的重视和支持。从云南省都督唐继尧到省主席龙云、卢汉，都努力设法引进美烟，大力支持试种，免费提供烟种，鼓励良种推广，实行自由贸易，发放无息贷款（包括育苗贷款、肥料贷款、燃料贷款、烤房贷款、垦荒贷款、生产贷款）等。[①] 这些政策措施，显而易见都有利于烤烟生产的发展。

第二，"云南烟草改进所"的重要作用。民国 30 年（1941）3 月 1 日成立的"云南烟草改进所"，积极开展烤烟的技术研究，筹划和进行烤烟的试种，努力推动烤烟的推广种植。在"改进所"的指导下，各县区分所大力推广烤烟种植，并切实加强管理。举办多期烟草技术人员训练班，培养了大批具有"推广烤烟种植、烘烤等基本知识"的专业技术人才。[②] 有学者称云南"烟草技术人员训练班……在我国历史上这是第一个烟草专门技术员训练班，有开创意义"[③]。"改进所"对近代云南烤烟事业发展发挥的重要作用是显而易见的，不愧是"云南引种弗吉尼亚品种烤烟的开创现场"。

第三，四位专家、学者的重大贡献。徐天骝（嘉锐）、常宗会、褚守

---

① 据徐天骝著《十年来之云南美烟事业发展纪实》载：仅从民国 31 年（1942）至 37 年（1948）的 6 年间，云南省政府为推广种植烤烟发放的无息贷款总数为 88146457196 元（国币）。详见该书第 28 页。
② "烟草技术人员训练班"：1942~1948 年，共训练技术员 265 名，技工 1388 名，详见徐天骝著《十年来之云南美烟事业发展纪实》，第 28 页。
③ 《昆明文史资料》第 39 辑，2003，第 84 页。

庄、蔡希陶四位烟草专家、学者，千方百计引入美烟，努力选育良种，精心开展试验，改良种烟技术，传授种烟知识，大力推广种植等。他们充分发挥才智，积极推动烤烟事业的发展，为云南近代烟草工业的发展作出了重大贡献。

第四，两个外国公司的促进作用。英美烟公司于光绪三十年（1905）进入云南，设立卷烟代销机构，扩大卷烟市场。民国3年（1914），英美烟公司向云南省赠送美国和土耳其出产的烟草籽种和烟草栽培技术资料，并在通海、玉溪等地进行试验种植。后来又与云南兴远贸易公司合作，购买云南烟叶等。新加坡南洋兄弟烟草公司于民国4年（1915）进入云南，在昆明等市县设立销售处，推销其卷烟。民国28年，该公司通过宋子文出面交涉，取得云南省政府同意后，将美国烤烟籽种托人带到云南试种，并在技术、资金、产品销路上给予支持，助推烤烟试种获得成功。两个外国烟草公司，在引进烟种、试验种植以及传递烤烟信息等方面，对云南烤烟事业发展所起的促进作用，是应该予以肯定的。

第四节　云南烤烟的种植技术

为了提高烤烟的质量，云南省烟草改进所总结和制定了一套种植技术，主要包括以下六个方面。

（一）轮作：轮作的作用除了能够调节地力，保护土壤，合理安排劳力，防治或减少病虫害之外，对烤烟而言，主要是预防或减轻病虫害，避免质量受到损失。

（二）肥料：反对过量施用人粪尿或厩肥，尤其是接近成熟期，严禁使用。大力提倡施用油枯（主要是菜籽饼）。

（三）种子：为维持种子的纯度，同时供应推广所需，每年由烟草改进所计划本年度全省种植所需的种子数量，委托试验场或研究所负责繁育，任何种户不得私自留种。

（四）合理密植：植株距离，视土质、肥料以及定植形式而不同，不得过密，也不得过稀。一般而言，在土质肥沃、施肥水平较高之处，株距2.5～3尺，行距3～4尺。土质瘠薄、施肥水平较低之处，应适当缩小株行距离。又单行定植者，行距要求较窄；株距要求较宽；双行定植者行距要求较单行定植者宽，株距可较窄。三角形定植者，株行距较双行定植者略窄。

（五）封顶打杈：适时进行封顶、打杈，能使烟株内部营养物质重新调整、分配，打破其向顶部输送的趋势，从而集中起来，供应有用叶片的营养，改善上部叶片的生育条件，并加重中、下叶片的重量。"叶重"，是决定烤烟品质的一个重要因素。

（六）病虫害：预防烤烟的病虫害，要求做到以下几点：①注意种子消毒；②更换苗床；③实施冬耕；④厉行轮作；⑤烟筋、烟屑不直接用作肥料或杀虫药剂；⑥苗床和大田，力求清洁；⑦苗床地，宜向阳、排水好；幼苗苗距只能在两平方寸左右，务使空气流通，阳光容易照到。[1]

上述烤烟种植技术，是广大烟农长期种烟的经验总结，在当时都是行之有效的技术，今天在玉溪等地种烟中仍在采用。

第五节　云南烤烟的烤制工艺

烤烟的烤制，又称熏烤或烘烤，即在烤房内运用适当的温度和湿度改变烟叶的外部形态与内含物质。换言之，即将烟叶内需要的物质巩固下来，加以发展，不需要的物质排除去掉，从而提高烤烟的品质，使其更好地符合纸卷烟的要求。为了能够烤制出优质烟叶，烟草改进所作了具体规定：适时采叶，分类编烟，排队装烟，看色转火……同时要抓好三个不落地，即采烟、编烟、出炉之时，烟叶不准落地；烟叶出炉时，还要抓好六不撞，即烟叶不撞人、不撞墙、不撞烟杆、不撞门、不撞地、不撞火龙，从而使烟叶避免污染，不受破损。[2]

烟叶烤制，严格论之，不过为农业初烤。经过初烤的烟叶，其主脉未必十分干燥，细胞未必全数死亡；留藏日久，或输往异地，遭遇潮湿空气，难免腐坏。因此，烟叶初烤之后，还需进行复烤。复烤不仅可以使烟叶久留不坏，而且储存越久，品质越高，醇和芳香之味也越浓。[3]

由上所述，云南引种烤烟虽然早在民国3年（1914），但真正获得成功，是在民国28年（1939）。此后经过不断选育、试验，最后认定了美种

---

[1] 徐天骝著《云南引种和栽培烤烟的史料》，载《云南文史资料选辑》第十六辑，1982，第252、253、254页。
[2] 徐天骝著《云南引种和栽培烤烟的史料》，载《云南文史资料选辑》第十六辑，254、255页。
[3] 徐天骝著《十年来之云南美烟事业发展纪实》，第66页。

"金圆"和"大金圆",并展开了大规模推广种植。烤烟产量历年大幅增加,民国37年(1948)达至752万多公斤。这为卷烟工业的发展打下了良好的基础。

附录　近代云南烟草事业的开拓者

常宗会(1898~1985):安徽省全椒县人。早年就读于安庆师范学校,1919年底赴法国勤工俭学,获法国南锡大学博士学位。

1925年回国,先后任东南大学、中央大学教授,又先后任中山大学和云南大学蚕桑系主任。

1939年,他受国民政府财政部长宋子文派遣,以农业部技正身份,携带宋子文交付的信函与美烟籽种来云南。征得龙云主席同意后,即在昆明东郊定光寺蚕桑苗圃场进行美种烤烟的试验。他亲自带领农场职工从育苗到采摘、烘烤全过程。秋季收获烟叶后,他将其寄到香港南洋兄弟烟草公司评定品质。经分析化验,符合生产卷烟的要求。他为云南烤烟的引种试验和推广做了开创性的工作。

1940~1945年,他先后担任云南省改良烟草推广处处长、云南省烟草改进所副所长兼长坡烟草试验农场场长、云南省烟草事业总管理处协理等职。他除了主要负责烤烟籽种的引进试验和良种选育外,还协助处长赵济等筹备建立云南纸烟厂和烟叶复烤厂。此外,他还研发并指导生产了"七七""重九""双十"等牌号的卷烟。[1]

徐嘉锐(1901~1989):字天骥,云南省昆明市人。早年就读于省立英语专科学校,1920年赴法国勤工俭学,获法国巴黎农学院农业工程师和农产品加工工程师职位。

1927年离法回国。离法前他向巴黎农学院的导师要了美国烤烟籽种,以带回国试种。他回到云南后,便在晋宁和昆明农村亲友家的地里试种。

1928~1940年,他曾任省农业厅技正兼视察员、省建设厅农业调查设计委员、昆明农事试验农场场长、省经济委员会常委、蒙自草坝开蒙垦殖局副局长兼农务课长等职;其间又多次对美种烤烟进行试验。

1940~1946年,他担任云南省烟草改进所副所长兼第二推广区(包括

---

[1] 《云南省志·烟草志》,第377、378页。

玉溪、江川、晋宁）及烟草改进所玉溪分所主任、云南省烟草事业总管理处协理，直接领导和亲自参与云南烤烟的引进试验和推广等。他是云南烟草事业的开拓者之一。

1946~1989年，他先后在云南大学农学院、云南农学院、云南农业大学任教授，从事烤烟等经济作物的教学与科研工作，培养了大批农业科技人才。

徐嘉锐先生毕生从事农业特别是烤烟生产的教学与科研，在科学种烟、引进与培育烤烟新品种、提高烟叶质量等方面进行了卓有成效的科学研究。主要著作有：《中国烟草栽培》《十年来之云南美烟事业发展纪实》《云南的烤烟栽培与烤制》《对云南烤烟优质产品的一些意见》等。这些著作成为研究云南烟草发展史的重要历史文献。[①]

褚守庄：生于清光绪二十九年（1904），卒年不详，云南省昆明市人。他早年就读云南省立高级中学农艺班，毕业后考入南京金陵大学。1920年金陵大学农科农艺系毕业后，曾任农矿部上海农产物检查所稽查员。1920年回云南省任省立昆华高级农校训育副主任。1922年任云南建设厅省立农场场长。1925年任省立开远农校校长兼民教馆长。1942年辞职任省烟草改进所技术专员。1943年起，任云南省烟草改进所副所长，1946年任所长。他是云南烟草特别是烤烟种植等方面的专家，是实际参与推进云南烟草事业发展的重要一员。他于1947年出版的代表作《云南烟草事业》，20余万言，记述了云南烟草产业兴起及发展的历史，涉及植物学中的烟草、云南土烟生产与运销、美种烤烟栽培与熏烤、提高烟叶品质、烟草的病虫害、烟草技术人员培训、云南倡种美烟概况以及云南的纸烟工业等，是记述云南烟草产业兴起发展第一书。[②] 褚守庄先生的《云南烟草事业》一书，是今天研究云南烟草发展史最重要的历史文献。

蔡希陶（1911~1981），浙江东阳人。上海华东大学毕业。1930年进入北京静生生物调查所工作。1932年赴云南考察，采集植物标本上万种。1938年创办云南农林植物研究所（即后来的中国科学院昆明植物研究所）。1950年以后，历任昆明植物研究所副所长、所长，兼任云南省科委副主任、中国科学院昆明分院副院长。

[①] 《云南省志·烟草志》，第378页。
[②] 陈静波：《〈云南烟草事业〉——记述云南烟草产业兴起发展第一书》，《云南档案》2012年第1期，第30、31页。

蔡希陶认为云南发展烟草很有前景。他在20世纪30年代末、40年代初参加发起成立云南烟草推广委员会，担任干事，此后，一直关注云南烟草的种植试验。1945年，当他看到金圆烟种退化日趋严重后，便恳托在广州的植物学家陈焕镛代为购进美国弗吉尼亚州名贵烤烟"大金圆"籽种，并由云南农林植物研究所与云南省烟草改进所合作试种"大金圆"新种。1947年，他们将试种面积从20亩扩大至80亩，深入进行"大金圆"等十余个品种的保纯育种、杂交育种等试验，最终获得了成功。此后，"大金圆"逐渐取代"金圆"成为云南烤烟种植的主要推广品种。[①] 蔡希陶先生为美烟"大金圆"的引进、筛选、驯育、保纯和推广作出了重要贡献。

[①] 旭文著《"大金圆"的引筛驯育人蔡希陶》，载《云南文史资料选辑》第四十九辑"云南老字号"，云南人民出版社，1996，第181~186页。

第四章 云南机制卷烟工业的出现与发展

我国机制卷烟工业产生于清光绪二十九年（1903）。是年，官商合办的"北洋烟草公司"在天津成立，随即从日本购入卷烟机开始进行卷烟生产，主要产品是龙球、双龙、地球等牌号的卷烟。辛亥革命和五四运动前后，波及全国的抵制日货风潮，推动了中国民族机制卷烟工业的发展。1911～1924年，仅在上海就先后开设了华成、振胜、兴业、瑞伦、华商等52家机制卷烟厂或烟草公司。[①]

云南机制卷烟工业产生于民国11年（1922）。是年，绅商庾晋侯独资开办"亚细亚烟草公司"，生产机制卷烟。此后，私营机制卷烟企业不断出现，成为云南卷烟工业发展的主要趋势。民国19年（1930），云南出现首家公营机制卷烟企业即南华烟草公司，其后并无更大发展。兹将云南私营、公营机制卷烟工业的出现与发展以及卷烟制造工艺，分别阐述于下。

第一节 私营机制卷烟工业的出现与发展

自民国11年（1922）首家私营机制卷烟企业即亚细亚烟草公司产生以后，一些原来的手工卷烟厂也或多或少购置机器进行机制卷烟生产，如天香烟厂、兴业烟草公司、精精烟厂等即是。与此同时，一批完全或部分采用机器制造卷烟的烟草企业纷纷出现。其中，抗日战争期间，新开办的私营机制卷烟企业为数尤多，据"纸烟商业同业工会"等估计，仅"昆明市制烟工厂，最高纪录曾达至八十余家"[②]。民国后期，私营卷烟企业逐渐减少，至民国36年（1947）5月，全省私营"纸卷烟工厂"仅24家。民国38年（1949）6月，再减为17家（规模太小者，不及一一列

[①] 刘杰主编《烟草史话》，第43、47页。
[②] 徐天骝著《十年来之云南美烟事业发展纪实》，第73页。

人）。① 可见，在 1922~1949 年的 28 年间，云南的私营机制卷烟（当时俗称纸烟）企业，经历了从无到有，从少到多，又从多到少的发展变化过程。兹将几个生产规模较大的私营机制卷烟企业简介如下。

一 亚细亚烟草公司

民国 9 年（1920），墨江人庾恩锡（字晋侯）在上海民国路创办南方烟草公司，生产唐梅、金马、重九、护国门、翠湖、五九等 6 个牌号的卷烟。民国 11 年（1922），庾氏为振兴地方工业，离沪回昆，将南方烟草公司更名为亚细亚烟草公司，公司设营业部和生产部。营业部设在昆明登士街（今庆云街）三义铺，生产部设在崇仁街庾园住宅内。庾氏因购置制烟设备的财力不足，便将庾园西南隅部分地皮售给永昌祥商号，又以庾园全部房产作价抵押，向富滇银行贷款国币 15 万元，以此作为资本，独资创办亚细亚烟草公司。该公司先后从上海购置美国和日本所产大型卷烟机各一部，此外还有切丝机一部、压梗机一部、炮筒炒丝机一部、15 匹马力蒸汽机一台、30 匹马力煤气机一台、70 匹马力锅炉一座等。同时，从上海聘来张某、孙某为卷制技师，并购来压制包装锡纸小型机器一部；又聘宁波人阮某为设备技师。该公司就地招雇机械用男工 30 人，包装用女工 120 人。一切就绪之后，于民国 11 年（1922）9 月，正式开业。

该公司开办之初，卷烟原料采用本省所产土烟，因其味辛辣、香味欠佳，后改向上海采办河南许昌、山东青州烤烟，并向美国花旗洋行加购一部分美产烟叶，掺配使用。又从上海、香港购进盘纸、香精辅料。其所卷制的产品有"合群""射日""公园""大观楼""重九"等卷烟；为迎合吸众要求，还出产"如意"牌、"鹦鹉"牌 5 支装香烟；又出产一种金头"大观"牌 10 支装高级香烟，其装潢美观、全用手工卷制。同时，从四川金堂采购金堂晾晒烟，卷制"金堂""鹦鹉"等牌号的低档卷烟，以满足专嗜川烟吸众的需要。各类卷烟品质"精良软性"，每日产量 30 万支，全年产量达 9500 万支。② 民国 11 年（1922）产量为 2000 箱，15 年（1926）增到

---

① 徐天骝著《十年来之云南美烟事业发展纪实》，第 72、74 页。按：《云南省志·烟草志》谓："云南历史上先后有过 77 个卷烟厂家，到 1949 年 12 月仅存 16 家。"又谓："中华人民共和国成立时，云南前后曾有过 59 家机制卷烟厂。"（见该书第 193、188 页，可供参考。）

② 《昆明市志长编》卷 12，《云南实业公报》第十一期"云南省城各工厂调查一览表"（1923），1983，第 267、268 页。

3000箱。可见，其卷烟生产发展势头良好。该公司为了扩大产品销路，还与市场若干商号订约批发，悬挂"亚细亚烟草公司香烟"招牌进行营销。因此，销路逐渐打开，畅销时零售商纷纷临门争购。

亚细亚烟草公司经营的卷烟工业维持了六七年。迄于民国17年（1928），龙云取得云南地方统治政权之初，因云南省财政厅积欠教育经费过多，省政府会议决议，将财政厅统税范围内的卷烟税，完全划出作教育专款，名为"卷烟特捐"。于是教育厅执行决议，宣布取消亚细亚烟草公司全部产品的免税待遇（该公司初创时，经都督唐继尧批准，先行免税，后征5%），外来纸卷烟、本省手工卷烟（包括雪茄烟）都一律照章纳税。此乃保障云南教育经费征税定额的正常措施（据张肖梅所著《云南经济》一书统计，此项"卷烟特捐"年收国币120余万元，见该书第二十一章第三节，U39）。由于"卷烟特捐"的实施，亚细亚烟草公司照章纳税，其利润随之减少，加上外来卷烟卷土重来，难以与之竞争。民国18年（1929），庾晋侯蘧然以欠款过多，不能维持生产为由，申报停业。经省政府批准，亚细亚烟草公司除庾园住宅外的所有生产设备，具册移交给省教育厅接收，作为抵偿庾晋侯名下向富滇新银行所借贷之款项的本息。[①] 庾晋侯创办的云南首家机制卷烟工业遂宣告结束。

二 新华烟草公司

云南省教育厅接收亚细亚烟草公司生产设备后，将其名称取消，重新组织，于民国19年（1930）5月成立"南华烟草公司"（该公司系公营机制卷烟企业，详见下文）。迄于民国33年（1944），南华烟草公司因"业务不振，经营失败"，遂告停业。翌年（1945）春成立的"新华烟草公司"向教育厅以租赁方式将南华烟草公司所有的生产设备包括太和街厂址在内，全部接替过来，变公营为私营，成为股份有限公司。股份计有十大股，每大股为黄金1000两，总额为10000两。大股名下，又有附丽于各大股的若干小股。该公司初期出品有"红骑士""金炮台"（后改名为"金殿"）等牌号卷烟，曾畅销一时；工人也由100人增为300人，最高日产卷烟数十箱。后因税务机关刁难和产品质量下降，于民国35年（1946）3月，新华

[①] 以上除已注释者外，俱引自孙天霖著《昆明机制卷烟工业概述》，载《云南文史资料选辑》第九辑，云南人民出版社，1989，第135、136、137页。又见《云南省志·烟草志》，第188、189页。

即告结束。

新华烟草公司在酝酿结束时，一批不愿解散者，经与新华董事会协商，以承租方式接替新华生产设备，每月负担云南教育厅厂房租金，另付给新华董事会一份租金。民国35年（1946）3月之后，改称"新华合记烟厂"。该厂出品"金殿"与"红骑士"卷烟。"金殿"牌高级香烟销路甚好，曾销往缅甸以及四川会理、成都等地。新华合记仅维持了一年，因英美纸烟大量倾销，加之原新华董事会的压榨，于民国36年（1947）3月，交还新华董事会。新华董事会收回后，又先后租借给私人经营，最后于民国37年（1948）底结束。私营新华烟草公司由公营南华烟草公司演变而来，从1945年春开业，到1946年3月结束；后来又有新华合记烟厂和其他私人先后经营了两年，最后于1948年底彻底宣告结束，前后经历了4年[①]，它是云南继亚细亚烟草公司之后出现的一家由公营变私营的机制卷烟企业。

三　大运烟草公司

大运烟草公司创办于民国35年（1946）1月，位于昆明北郊岗头村。系由中国兴业烟草公司演变而来。

该公司拥有大型卷烟机4部、小型卷烟机2部、切烟机4部，还有压梗、炒丝以及锅炉等设备。开办时有职员45人、工人622人，民国36年（1947）职员增为150人、工人增为700人，是当时生产规模最大的私营卷烟企业。其产品有"鸿大运""小大运"及档次稍低的"僧帽""大公""三皮"等卷烟。正常年景，每月生产红大运360箱、小大运900箱、僧帽140箱。1947~1951年共产卷烟60546箱。卷烟质量较好，价格便宜，销往本省各县，有60%左右的市场占有额，"几与云南纸烟厂并驾争先"。

民国38年（1949），大运烟草公司官商勾结，偷税漏税，资金难以周转，仅靠订金维持。1952年由云南纸烟厂接管，大运烟草公司即告结束。[②]大运烟草公司是云南近代生产规模最大的私营机制卷烟企业，从1946年创

[①] 孙天霖著《昆明机制卷烟工业概述》，载《云南文史资料选辑》第九辑，第139、140、141页。

[②] 以上引自《云南省志·烟草志》，第190、191页；云南省人民政府财政经济委员会编《云南经济资料》，1950，第94页；《昆明机制卷烟工业概述》，载《云南文史资料选辑》第九辑，第142、144页。

办至1952年结束,共经历了6年。

四 华建烟草公司

抗日战争时期,云南卷烟紧缺,文山人石峰邀约他人集资国币10万元,于民国29年(1940)在昆明顺城街,开办华建烟草公司。该公司曾从上海购入国产"兴华牌"卷烟机1台、砂轮机1台、压梗机1台、水汀锅炉1台,并从香港购进美国加利福尼亚州烤烟14桶,又以弥勒虹溪、保山由旺以及行商中购买部分省产、川产晾晒烟,生产出"女英雄""鸿福来"两个牌号的卷烟。其产品质量好,销路畅通,年销量达2000余箱。

民国31年(1942),华建烟草公司因进口原料和辅料用完等原因,将其全部设备作价国币60万元转卖云南纸烟厂。这是一个开办于抗战期间、仅仅经营了3年的私营机制卷烟公司。

五 东陆烟厂

东陆烟厂开办于民国37年(1948),厂址在昆明复兴村1号。该厂拥有员工220人,大型卷烟机2部、切烟机2部、磨刀机1部、压烟机1部、烤烟器1个。生产"战士""红战士""闺秀"牌号卷烟,月产最高600箱,平常300箱。产品2/3销外县,1/3销本市,后来外销很少。各种原料均在本市购买。该厂于1950年停业。① 这是一个机械化程度比较高的私营卷烟企业。

六 鸿福制烟厂

鸿福制烟厂开办于民国35年(1946),厂址在昆明拓东路江西会馆。该厂拥有员工140人,大型卷烟机3部、切烟机2部、磨刀机1部、压锡纸机2部、烤烟器1个。生产"学府""金猴""奋飞""鸿雁""红双杯"等牌号卷烟。最高月产350箱,平常120箱。产品销路甚好,行销本省、四川和缅甸,后因漏税烟多而形成滞销。烟叶购于昆明市,香料、锡纸、盘纸向沪、渝采购。该厂于1951年停业。② 这也是一个机械化程度比较高的私营卷烟企业。

---

① 《云南经济资料》,第94页。
② 《云南经济资料》,第95页。

以上简要介绍了近代云南 6 家生产规模较大的机制卷烟企业。除此之外，还有一些生产规模较小的机制卷烟企业。《云南省志·烟草志》有一"云南早期机制卷烟工业一览表"，包括了公营和私营机制卷烟企业。兹略去公营企业，保留私营企业，并改变标题列表以观之（见表 4-1）。

表 4-1　民国时期云南私营机制卷烟企业一览

厂家名称	厂址	开办停办时间	创办人姓名	员工人数（人）	主要卷烟牌名	年产量（箱）
亚细亚烟草公司	昆明崇仁街	1922~1929 年	庾晋侯	150	合群、射日、大观楼、如意、公园、重九、金堂、鹦鹉	22000
名扬烟草公司	腾冲松园	1936~1938 年	王绍武		美女	
益华烟厂	昆明圆通街	1947~1948 年	谢本智	20	爱神、莲心、多喜	600
东陆烟草公司	昆明复新村	1948~1950 年	聂叙伦、舒子杰	220	红战士、闺秀	6800
大众烟厂	昆明交三桥	1948~1951 年	龙连园	20	大众、好运	700
东方烟厂	昆明临江里	1948~1951 年	王河清、杨恩聪	50	多米乐、洪钏、提神	2000
福安烟厂	昆明大厂村	1948~1954 年	孙福琪	30	酒吧、四季平安	1350
华南烟厂	昆明江西会馆	1948~1949 年	方觉悟、黄亮伟	90	KK、红桥	2400
乐群烟厂	昆明太和街	1949~1951 年	寇锡九	35	奇异	700
金碧烟厂	昆明三市街	1949~1953 年	丁寿臣	40	蓝爱斯、金碧、节约	500
鸿光烟厂		1949~1951 年	张芳桃	20	国庆、红大圣	600
大华烟厂		1949~1950 年	丁学浚	35	银宫	20

续表

厂家名称	厂址	开办停办时间	创办人姓名	员工人数（人）	主要卷烟牌名	年产量（箱）
西南纸烟厂	昭通西门街	1949~1949年	唐可能、杨霖	15	美廷、龙洞	2000
华建烟草公司	昆明顺城街	1940~1941年	石峰	100	女英雄、鸿福来	2000
华南烟草公司	昆明翠湖北路	1942~1944年	霍绍延、龚玉燧	30	双生	
桥联烟厂	昆明木行街	1942~1945年	陆秀轩、钟述静	85	携手、好机会	3300
新华烟草公司	昆明太和街	1945~1946年	胡瑛、王吉甫	130	红骑士、金炮台、金殿、霸王	3200
中国兴业烟草公司	昆明岗头村	1945~1946年	陶钟浩、李宾石	140	小大运、僧帽	4000
侨光烟厂	昆明云津市场	1945~1949年	钟术镇、钟术静	25	携手、好机会、真金	1500
孚和烟厂	昆明复兴村	1945~1947年	李剑秋	100	三羊、美庭、正义门	2460
利民烟厂	昆明南强街	1945~1951年	余荫民	30	蓝锡包、金兰港、宏福、鹿花	3650
时代烟厂	昆明石桥铺	1946~1947年	丁寿臣	65	金碧、小加力克、蓝爱斯	2100
永丰烟厂	昆明西坝	1946~1949年	藏永年、藏永富	36	将军、元帅、红华力士、德胜门、蓝华力士	1700
人和烟厂	昆明青云街	1946~1948年	张敬泰	25	三星、星球、大上海	1000
兴亚烟厂		1946~1948年	曹尚升	20	金钱	1100
鸿福烟厂	昆明拓东路	1946~1951年	孙粹亭、孙序九	150	金猴、鸿雁、奋飞、学府、红双杯	9500
福凤烟厂	昆明庆云街	1946~1949年	谢凤朝、王跃武	20	大益、五福	1800

续表

厂家名称	厂址	开办停办时间	创办人姓名	员工人数（人）	主要卷烟牌名	年产量（箱）
大运烟草公司	昆明岗头村	1947~1951年	李宾石、李青年	160	小大运、鸿大运、僧帽、大公、三皮	60546（5年合并）
新掼合记烟厂	昆明太和街	1947~1948年	易问耕、黄子衡	150	新华、金殿、霸王	900
福利普烟厂		1947年			福利普	
九福烟厂	昆明五福巷	1947年	范作云		美人鱼	
金鑫烟厂	昆明拓东路	1947~1948年	杨跃光	20	金币	300
云华烟厂	昆明靖国新村	1947~1948年	杨云臣	110	红吉喜、赐尔福、先锋	2200
金城烟厂	昆明靖国新村	1947~1948年	陶仲浩	45	万利、金鼎、天祥	600
国光烟厂	昆明潘家湾	1947~1950年	陈裕光、米均裕	110	国光、大宝光、健美	3400
建业烟厂					美人鱼	
永利烟厂					黑人、天平	
爱国烟厂	昆明万钟街				小三五	
建国烟厂					美人鱼	
越南烟厂	永胜、鹤庆				麒麟、地球、国光	
合计：40（家）						

注：《云南省志·烟草志》所列"云南早期机制卷烟厂一览表"中，1950年及以后开办的私营机制卷烟企业，均未列入该表之中，在本书当代篇中将会述及，详见下文。

资料来源：云南省烟草公司编撰《云南省志》卷二十"烟草卷"，云南人民出版社，2000，第195~199页。

表4-1列入民国11年至38年（1922~1949）28年间，云南先后开办的40家私营机制卷烟企业。对这些企业进行分析，即可对民国时期私营机制卷烟企业的特点获得认识。第一，生产规模不大。员工人数大多只有几十人，最少的才15人，最多的不过160人；机器设备方面，大多数企业仅拥有一两部小型卷烟机和切烟机，只有少数几家才拥有大型烟机、切烟机、

压烟机以及烤烟器等，说明大多数企业的机械化程度都比较低。第二，经营时间不长。大多数企业从开办到停办仅有两三年，最少者仅1年，最多者七八年。第三，开办时间大多在"二战"之后。40家企业中，仅有10家开办于抗战以前或"二战"之中，其余25家的开办时间都在1946年以后，另有5家开办时间不详。说明抗战胜利后，云南私营机制卷烟工业曾经一度发展较快。第四，卷烟产量不高。大多数企业年产卷烟两三千箱，最少的才20箱，只有少数几家上万箱，说明大多企业的生产能力都很低。第五，绝大多数私营烟企都在省会昆明，只有3家在腾冲、昭通、永胜、鹤庆等县，说明卷烟企业太过于集中。

第二节 公营机制卷烟工业的出现与发展

云南公营机制卷烟工业的出现晚于私营机制卷烟工业，而且前者系由后者演变而来。在近代云南历史上仅出现过两个公营机制卷烟企业，第一个是南华烟草公司，第二个是云南纸烟厂，此外还有一个烟叶复烤厂。兹分述于下。

一 南华烟草公司

如上所述，民国18年（1929）私营机制烟草企业亚细亚烟草公司因欠款过多、无法维持而停业，将其全部设备移交给云南省教育厅，以抵偿其所借贷款项。省教育厅接收之后，重新组织，改名为"南华烟草公司"，于民国19年（1930）5月开业，厂址移至昆明太和街。

公司开办之初，省教育厅新增投资国币5万元[①]，利用原来亚细亚公司的机器设备，招收员工40余人（后增为200人），生产"百寿""明珠""仙鹤""喜鹊""水车""鹦鹉"等牌号的卷烟，其原料除使用江川、玉溪等县土产烟叶外，还从河南、山东购买不少烤烟。

民国22年（1933）5月，又投资滇币54万元，实行简易改造，从上海购进卷烟原料和辅料，新增"合群""金狮""金叶"等牌号，日产卷烟高达10箱（50万支）。民国24、25年（1935、1936）两个年度均略有盈余

---

① 张肖梅编《云南经济》第十五章第十节"烟草业"载：南华烟草公司的"资本据云南概览载，系国币七万五千元；据昆明市政府调查，系国币五万元；但据省府审计公报，又系三万八千元"。

（分别为国币 8999.2 元、2583.47 元）。该公司"每年产量总值约国币五万元"，被称为当时"云南规模较大的烟草工业"①。

民国 29 年（1940），日本侵略军占领越南，滇越铁路中断，南华烟草公司从上海、香港采购的卷烟原料、辅料无法运入云南。由于缺乏原料，加上管理不善、产品质量不佳等原因，公司于下半年被迫停产。次年（1941）一度改机制为手工生产，但成效不著。民国 31 年（1942）公司将停工闲置的设备转借私营卷烟企业。民国 33 年（1944），云南省建设厅决定：将南华烟草公司全部设备和厂房，以每月 30 石大米的租金租借给私人经营。② 从此，这个由私营转变为公营的云南首家公营机制卷烟企业，经营了 15 年、生产卷烟共 29250 箱，又由公营企业转变成了私营企业。

二　云南纸烟厂

云南纸烟厂位于昆明北郊上庄。民国 31 年（1942）10 月建厂，32 年（1943）2 月投产。民国 36 年（1947）以前，属云南省企业局以及省烟草生产事业总管理处管理。民国 37 年（1948）改属云南省人民企业公司管理。它是近代云南规模最大的公营机制卷烟企业。

民国 31 年（1942）10 月，云南省企业局颁文成立云南纸烟厂筹备处，并投资国币 74.9 万元动工建厂。翌年（1943）2 月，厂房基建竣工后，先从腾冲名扬烟草公司购入手摇卷烟机 1 台、切丝机 1 台、背包锅炉 1 台，向华建烟草公司购买兴华卷烟机 1 台、切丝机 2 台、压梗机 1 台、平锅炒丝机 1 台、水汀锅炉 1 台、手摇钻床 1 台，又向重庆大川机器厂和重庆东方实业机器厂以 158 万元价格，购入卷烟机 2 台、切丝机 2 台等。先招员工 101 人，不久增至 310 人。烤烟原料由云南省烟草生产事业总管理处所属各烟草改进所直接向农户收购。盘纸、香精，由上海、香港购进。投产之后，出产"重九""七七"牌号卷烟，全年生产卷烟 587 箱。民国 33 年（1944）新增"安乐""胜利""双十"3 个牌号卷烟，年产量增为 7000 余箱。民国 35 年（1946）以后，省内私营卷烟厂纷纷出现，卷烟牌号增多，云南纸烟厂受到冲击，员工减为 250 人，卷烟产量下降为 5400 箱左右。民国 38 年（1949），仍在进行生产的卷烟机有 4 台（美式 3 台、中式 1 台）、切丝机 3

---

① 张肖梅编《云南经济》第十五章第十节"烟草业"，第 78 页。
② 孙天霖著《昆明机制卷烟工业概述》，载《云南文史资料选辑》第九辑，第 138、139 页。又见《云南省志·烟草志》，第 189 页。

台、炒丝机 2 台、压梗机 1 台，员工减为 204 人，年产量仅有 1151 箱，纸烟厂已面临亏损倒闭局面。民国 35 年（1946），对重九牌商标作了修改设计，正式更名为"大重九"，并由 10 支装改为 20 支装。"重九牌"卷烟自问世以来，以其烟味芳香、口感醇厚而声名远播，不仅畅销省内外，还远销港、澳。[①]

云南纸烟厂于 1950 年 3 月 4 日，由云南省军政委员会接管。1963 年正式更名为"昆明卷烟厂"。

三 云南烟叶复烤厂

云南烟叶复烤厂又称云南烤烟厂，位于昆明北郊上庄。该厂成立于民国 31 年（1942）3 月，次年（1943）2 月厂房土建及设备安装结束，5 月开工投产，并划归省企业局所属的云南全省烟草生产事业总管理处。民国 34 年（1945），复烤厂并入云南纸烟厂，成为烟厂的一个复烤车间。

云南烟叶复烤厂的机器设备有美国产复烤机 1 台、AW 水管锅炉 1 台、立式蒸汽发动机 1 台、动力用 15 马力电气马达 1 台等。一天 24 小时能烤烟叶二万五千磅（11.35 吨）至三万磅（13.62 吨）。[②] 复烤生产能力超过云南纸烟厂的实际需求。当时，云南烤烟厂"规模相当宏大，设备颇为充实，在西南各省首屈一指"[③]。

第三节 烟叶复烤与卷烟生产工艺

一 烟叶复烤工艺

第三章中已说过烟叶的烤制即初烤。烟叶卷制成卷烟之前，不仅需要初烤，还需要进行复烤。

复烤的目的，可概括为四个方面："（一）将烟叶内原来含有过量水分蒸发，使其相当干燥，即可久储不坏。（二）使叶片表面吸收湿气，俾包装

---

① 参见《云南省志·烟草志》，第 191、192、193 页；又见孙天霜著《昆明机制卷烟工业概述》，载《云南文史资料选辑》第九辑，第 142、143 页。
② 《云南省志·烟草志》，第 134 页；《云南文史资料选辑》第九辑，第 143 页。
③ 徐天骝著《十年来之云南美烟事业发展纪实》，第 66 页。

后可以继续发酵,将风味变醇,香气转佳,烟碱含量减少,腥辣味及青草味消除。(三)使初烤时因熏烤技术疏忽而未烤黄之叶变黄。(四)使分级标准工业化,适于制造之用。"①

复烤工序包括六个方面。

(1)返潮:先将复烤的烟叶移入潮房,使其烟叶返潮回软,达到需要的程度。

(2)分级:人工按工业分级法,视烟叶之色泽、大小、厚薄、叶脉之粗细及叶片的完整与否,分为甲、乙、丙、丁四等;每等再视高下,各分为一级或数级。

(3)扎把:已分级的烟叶,再由人工集十数叶,用烟筋扎为一把,挂于烟廉上。叶柄向外,叶尖向内。称重量后,送入潮房,以待入机。

(4)入机:烟叶从潮房运入,由人工担于木制的烟杆上,每杆视烟叶品质与大小,约担18把至22把,然后置于烤机链条上,其不完整及破碎叶片,即平铺于铁筛上。当链条及铁筛随齿轮转动后,烟叶即徐徐循序进入烤房。房内温度,自第一间起为华氏120度。经第二、第三间最高达到华氏180度至200度,到第四间复降至华氏120度。进入第五间凉房,温度再降。最后进入第六、第七间潮房,经返潮后出机。复烤机的运转,一个循环,约费时40分钟;每24小时,可烤4000公斤。

(5)出机:出机后,将烟把取下,或将叶烟切去,或连叶柄分别打包,或装入桶内。高级烟叶,多用桶装;低级者包装。每桶装250公斤,每包装100公斤。装毕送至压力机加压。

(6)包装:包装分为桶装和包装。将烟叶送至压桶机或压包机,加压至适当程度。桶装者用洋钉、铁皮,将盖封紧。包装者,用草席、草索捆紧。在桶、包上标名产地、等级、毛重、皮重、净重、烤制日期及编号,然后运入仓库存储。

经过上述6道工序复烤之后的烟叶,其细胞内残留的过量水分蒸散,仅保留10%至20%的适当含量,这对于保持烟叶的色泽、风味、香气、弹性和燃力极为重要。经过复烤,将烟叶内残余的有机物质,如糖、淀粉、蛋白质、有机酸等,排除于叶体之外。复烤后,烟叶细胞全数死亡,叶绿素组织被破坏,不再发生分解作用。烟叶复烤出机时,含有适当湿度和余热,

---

① 徐天骝著《十年来之云南美烟事业发展纪实》,第66页。

经加压后包装入仓，容易再行自然发酵，结果是腥辣刺激之味全消，香气醇和、芬芳醉人、色泽变黄，可用于卷制名烟了。①

以上复烤生产工艺显然具有实用性与一定的科学性。在当时，这种工艺应是很成熟的、水平亦应是很高的，不会落后于国内其他产烟之地。

二 卷烟生产工艺

近代云南卷烟生产工艺未见更多文献述及，仅见《十年来之云南美烟事业发展纪实》中所述云南纸烟厂的卷烟工艺。兹以其为例，略述于后。

云南纸烟厂卷烟生产工艺包括下列12道工序。

（1）选料：将已复烤过的烟叶，按其品质，配合其所制卷烟牌名分别选出。

（2）配叶：根据所配制卷烟牌名，将选出的各级烟叶按比例配合。

（3）蒸叶：将配就烟叶送入蒸叶室挂杆，通过铁管与气管传热蒸烤，并喷药料。药料以60~70度火酒为主要。

（4）返潮：已蒸烤过的烟叶送入返潮室，利用蒸汽使之返潮，并将其下杆，送入抽茎室。

（5）抽茎：又名"去骨""抽筋"，即用人工剥去烟叶主脉，其卷成的烟支品质即可提高；但在低级烟中，亦有掺入烟茎卷制者，唯烟茎须经过扎茎机方能配合使用，且掺入数量不能过多。

（6）配料：抽茎后即配料，所配之料以甘油、蜜糖为主。

（7）切丝：配料后的烟叶，移入切丝间，利用切丝机进行切细，每英寸长的烟叶切30刀，使之成为均匀细长之丝。

（8）炒丝：将切就的烟丝移至炒丝间，在双层钢板上或叠式滚筒、水汀炒锅中炒制。

（9）喷香：将各牌烟应配之香料，装入压下唧筒，喷于烟丝上，随喷随拌，务求均匀。以"重九"牌为例，其配合香料有吞格豆酊、香蕉精、菠萝精、橘子精、柠檬精、朗姆酒或佛兰地酒。

（10）卷支：将喷香、焙炒后的烟丝放入烘烟机中卷支，每部卷烟机每分钟可卷制600~800支卷烟。

---

① 徐天骝著《十年来之云南美烟事业发展纪实》，第69、70页。

（11）烘支：将卷制成支的卷烟移入烘支室，以蒸汽通过钢管进行烘烤。

（12）包装：分为4步，首先是糊壳，其次是包烟或装听，再次是贴证封口，最后是包大盒并封口贴商标。①

以上卷烟生产的12道工序并非云南纸烟厂一家采用，应是当时所有公营和私营机制卷烟企业普遍采用的一种生产工艺。显而易见，这种卷烟工艺既全面系统，又环环紧扣，充分反映了其成熟性和科学性的特点。

---

① 徐天骝著《十年来之云南美烟事业发展纪实》，第75、76页。

第五章 抗战时期云南烟草工业的迅速发展

抗战爆发后，随着上海、青岛、天津、武汉等重要卷烟产销地的相继沦陷，内陆卷烟货源中断，卷烟供应短缺。为满足市场需要，内地一些烟草企业迁至西南地区建厂，四川、广西、贵州等省的卷烟工业有了一定的发展。

抗战期间，云南成为大后方，昆明成为后方重镇。沿海和内地的许多机关、学校、工厂纷纷内迁来滇，加之军事单位和军队入驻云南，造成人口骤增、军需民用在在遑急的局面。市场对日常工业品的需求日益增多，而外国、外省的工业品来源则十要匮缺，其中卷烟来源日渐断绝，市场供应陷入困境。于是，"昆明一些学者商贾名流，鉴于香烟销路日盛，贸易前景大有可为，兼之云南气候温和，得天独厚，建议自己动手，试种烟叶，进行复烤，生产香烟"。[1]

以上即是抗战时期云南烟草工业迅速发展的社会经济背景。

第一节 云南烟草工业迅速发展的原因

抗战时期，云南烟草工业迅速发展的原因主要有下述三方面，兹分述之。

一 人口骤增，卷烟市场扩大

民国26年（1937），"七七"卢沟桥事变爆发后，日本侵略军不断侵占我国广大国土。沿海和内地的工商企业、金融机构、高等学校等纷纷内迁云南，一些军事机关和军队也不断进入云南。

---

[1] 张季直著《云南名烟创始记》，载《云南文史资料选辑》第四十九辑"云南老字号"，云南人民出版社，1996，第175页。

民国 26 年至 31 年（1937～1942），先后内迁来滇的工厂，有中央机器厂、中央电工器材厂、第 22 兵工厂、中央杭州飞机制造厂等数十家；先后迁入昆明的金融机构，有中央系统 6 家（4 行 2 局）、外省银行 15 家、外商银行（法国东方汇理银行）1 家，共 22 家。① 民国 27 年（1938）4 月，北京大学、清华大学和南开大学辗转迁至昆明，改称国立西南联合大学，8000 多师生从此生活学习在云南。民国 31 年（1942）2 月，中国远征军共 10 万人进入云南，并开赴缅甸对日军作战。民国 30 年（1941）8 月美国空军志愿队（即飞虎队）驾机抵昆抗击日本空军。民国 28 年（1939）2 月南洋华侨机工来滇参加抗战等。②

上述来滇的军民人数到底有多少，未见统计数字，唯云南《人口志》告诉我们：抗战前的民国 25 年（1936），云南全省人口为 12047157 人，而抗战后的第二年即民国 27 年（1938）即为 12390477 人，增加了 343320 人。③ 这 34 万多人不包括军人，除自然增加者外，均为从省外进入云南者；需要说明的是，此系不到两年时间进入云南的人数，此后仍然还有继续前来云南者。

抗战期间，数十万人涌入云南，极大地增加了对工业日用品的需求，其中包括卷烟产品。然而，当时由于内地和沿海地区一些卷烟产销之地如上海、天津等已相继沦陷，卷烟来源中断；特别是民国 29 年（1940），云南唯一通往国外的滇越铁路被迫停运之后，从省外、国外输入云南的卷烟来源基本断绝，云南卷烟市场陷入困境之中。市场对卷烟的更大需求，推动了云南卷烟工业的迅速发展。对此，作为当时云南烟草事业发展的积极推动者和见证者徐天骝也有准确的分析，他说："抗战军兴，后方之云南，人口激增，纸烟消耗量大加，然因交通梗阻，上海、越南等处出品，不易输入；湖南、贵州杂牌烟，虽有进口，惜气味恶劣，且数量又少，不能满足市场需要。于是，本省纸烟工厂，乃应运而生，有如雨后春笋，纷纷成立。"④

二 推广良种，卷烟原料充裕

如上所述，民国 28 年（1939）云南引进美国弗吉尼亚型烤烟品种（即

---

① 《云南省志》卷 8《经济综合志》，云南人民出版社，1995，第 207 页。
② 《云南百科全书》，中国大百科全书出版社，1999，第 309、311 页。
③ 《云南省志》卷 71《人口志》，云南人民出版社，1998，第 32 页。
④ 徐天骝著《十年来之云南美烟事业发展纪实》，第 71 页。

美烟）获得成功。民国 30 年（1941），又进行了区域试验，"证明金圆种较为优良，可供推广之用"。① 从民国 31 年（1942）开始，向全省推广种植烤烟，"金圆种"为唯一推广品种。推广县份不断增多，烤烟产量逐年提高。民国 34 年（1945）22 个县推广，生产烤烟多达 1194770 公斤。在推广种植过程中，"举凡播种、育苗、移植、施肥、田间管理等，完全按照科学方法"。② 因此，各县生产出来的烤烟，其品质良好。初烤后颜色淡黄，香味中等，完全适于制造卷烟。可见，自 1942 年以来，大面积推广种植良种"金圆"，年产烤烟达至 100 余万公斤，这当然为卷烟工业的迅速发展提供了充裕的良质原料。③

三　工艺成熟，卷烟生产能力提高

如上所述，经过多年摸索、试验，逐渐积累了关于烟叶初烤、复烤和卷制的丰富经验。迄于抗战时期，烟叶复烤和卷烟制造的工艺均臻于成熟。

复烤方面：经过返潮、分级、扎把、入机、出机和包装等六道工序，烟叶腥辣刺激之味全消，香气醇和、芬芳醉人、色泽变黄，可用于制造卷烟了。应当说，当时云南烟叶复烤的工艺水平，不会低于国内其他产烟各省。

卷烟方面：经过选料、配料、蒸叶、返潮、抽茎、配料、切丝、炒丝、喷香、卷支、烘支和包装等 12 道工序，各种牌号的卷烟即生产出来。这种卷烟工艺全面系统、环环紧扣，颇具科学性，也不会低于全国水平。

上述成熟的复烤和卷烟工艺，使卷烟生产能力大大提高，从而促进了抗战时期云南烟草工业的迅速发展。

第二节　云南烟草工业迅速发展的状况

一　烤烟产量迅速提高

民国 28 年（1939）美国弗吉尼亚型烤烟"金圆种"引进成功后，30 年

---

① 徐天骝著《十年来之云南美烟事业发展纪实》，第 3 页。
② 徐天骝著《云南引种和栽培烤烟的史料》，载《云南文史资料选辑》第十六辑，第 249 页。
③ 据《云南经济资料》第 34 页记载：抗战时期，云南纸烟厂每年烤烟需要量为 600000 市斤，侨光烟厂每年需要量为 75000 市斤，其他不详。

（1941）又进行试验并认定"金圆种"值得推广，次年（1942）开始在全省推广。迄于民国34年（1945）推广县数、种植面积和烤烟产量均逐年迅速增加（见表5-1）。

表5-1 民国29年至34年（1940~1945）烤烟生产一览

年 份	推广县数（个）	种植面积（亩）	烤烟产量（公斤）	备 注
民国29年（1940）	3	500	17500	
民国30年（1941）	4	2000	77000	《云南经济资料》：县数为2，亩积为180，产量为1900
民国31年（1942）	7	2727	87285	《云南经济资料》：产量为61816
民国32年（1943）	12	14293	460748	《云南经济资料》：县数为13
民国33年（1944）	15	23594	946549	
民国34年（1945）	22	27552	1194770	《云南经济资料》：县数为16，产量为900000

资料来源：①徐天骝著《十年来之云南美烟事业发展纪实》，第17~20页；
②《云南省志·烟草志》第66页"1940—1949年云南烤烟生产统计表"；
③云南省人民政府财政经济委员会编《云南经济资料》，1950，第33页。

由表5-1可知：民国29年至34年（1940~1945）的6年间，美烟推广县数从3个增为22个；种植面积从500亩锐增为27552亩，增加54倍；烤烟产量从17500公斤，猛增为1194770公斤，增加67倍。三个方面的增幅均为巨大。这说明抗战时期，云南烤烟良种引进获得成功，其种植面积也大大增加。褚守庄说："战时西南各省，因事实之需要，纷纷倡种美烟，但以云南为最成功。"①

二 卷烟企业及卷烟产量迅速增加

抗战爆发前夕，云南卷烟企业很少。据统计，民国25年（1936），昆

---

① 褚守庄著《云南烟草事业》，新云南丛书社出版，1947，第2页。

明市民营烟草厂仅有4家，资本29000元（新滇币），工人190人，卷烟原料来自本省、四川、山东、河南，产品销于本市及外县，每年出品价值133735元。①

抗战开始以后，云南卷烟企业迅速增加，"有如雨后春笋，纷纷成立"。褚守庄说：抗战期间，"因倡种美种烟叶之成功，便在云南境内的大小纸烟厂不下五百余家……"②徐天骕也写道："抗战期间，昆明市制烟工厂，最高纪录曾达至八十余家。赖制造纸烟为生者近四万人，省厂（产）烟销额占全市场百分之五十，外省烟占百分之三十，外国烟占百分之二十。"③《云南省志·烟草志》也谓：20世纪40年代初，"一些行商纷纷办厂生产卷烟，卷烟工业迅速发展。短短5年间，云南卷烟厂便发展到77家"。④可见，云南卷烟厂从战前的4家增为500多家、80家或77家，其发展是十分迅速的。

从上述文献记载来看，虽然这500多家、80家或77家卷烟企业的厂名不得其详，但从中也可查到一部分公营及私营卷烟企业的厂名，主要有11个。兹说明如下。

公营卷烟企业有2个。

南华烟草公司：1930年开业，1944年停产；有员工200人，15年间共计生产卷烟29250箱。

云南纸烟厂：1942年建厂，1963年更名为昆明卷烟厂，该厂出产"重九""七七""双十""安乐"等牌号的卷烟，其中"重九"牌卷烟质量好、口感佳，还作为"爱国"烟随同中国远征军将士们出征缅甸，成为东南亚各国最早认知的云南卷烟。它是近代云南最大的公营机制卷烟企业。

私营卷烟企业有9个。

名扬烟草公司：厂址在腾冲松园，开办于1936年，停业于1938年，有员工100人。

华建烟草公司：位于昆明顺城街，开办于1940年，停业于1941年，年产卷烟2000箱。

华南烟草公司：位于昆明翠湖北路，开办于1942年，停业于1944年，有员工30人。

---

① 张肖梅编《云南经济》第十五章，第2页。按：4家民营"烟草厂"厂名不详。
② 褚守庄著《云南烟草事业》，第3页。
③ 徐天骕著《十年来之云南美烟事业发展纪实》，第73页。
④ 《云南省志·烟草志》，第181页。

侨联烟厂：位于昆明木行街，开办于 1942 年，停业于 1945 年，有员工 85 人，年产卷烟 3300 箱。

新华烟草公司：位于昆明太和街，开办于 1945 年，停业于 1946 年，有员工 130 人，年产卷烟 3200 箱。

中国兴业烟草公司：位于昆明岗头村，开办于 1945 年，停业于 1946 年，有员工 40 人，年产卷烟 4000 箱。

侨光烟厂：位于昆明云津市场，开办于 1945 年，停业于 1949 年，有员工 25 人，年产卷烟 1500 箱。

孚和烟厂：位于昆明复兴村，开办于 1945 年，停业于 1947 年，有员工 100 人，年产卷烟 2460 箱。

利民烟厂：位于昆明南强街，开办于 1945 年，停业于 1951 年，有员工 30 人，年产卷烟 3650 箱。[①]

以上公营和私营卷烟企业，也许是抗战期间 500 多家、77 家、80 家卷烟企业中生产规模较大的卷烟厂或烟草公司，它们的"产品优良，在市场上颇有销路，每年营业总额在数十万元以上，而缴纳政府的税捐亦就可观"[②]。需要说明的是，这 11 个较大的卷烟企业，都拥有或多或少的机器设备，进行机械化或半机化生产，有的也可能是手工与机制相结合的生产。就生产规模和能力而论，抗战期间的卷烟企业与战前的"烟草厂"相比，已经是天壤之别，不可同日而语。这也是抗战期间，云南烟草工业迅速发展的又一体现。

此外，抗战期间，为了满足一般大众吸食烟丝和手工卷烟的需要，通海、蒙自、江川、玉溪等地的手工烟丝业也有一定的发展。玉溪与江川两县烟丝业极盛。迤南地区，除蒙自生产刀烟外，弥勒、开远、建水、泸西均有不少烟丝加工户。民国 30 年（1941），弥勒征获的烟丝税 1.0951 万元（国币）；33 年（1944），开远解缴的烟丝税 4.9173 万元；同年建水解纳的烟丝税多达 6.275 万元。[③] 从税金方面即可推测这三个县烟丝加工业的兴盛情况。

手工卷烟业也有所发展。昆明有手工卷烟作坊 9 家，卷制川烟，资本总

[①] 《云南省志·烟草志》，第 195、197 页。
[②] 褚守庄著《云南烟草事业》，第 3 页。
[③] 《红河州轻工业志》，第 78 页。

额 2.5 万元，工人 540 人，产值 10 万元。其所产烟丝供给本地人吸用。[①] 鹤庆县民国 33 年（1944）有妇孺手工卷烟点 3000 余个，月产卷烟 2000 万支左右，南销下关、大理，北至丽江、永胜，西达维西、碧江，成为当时最兴盛的一种手工业。[②] 20 世纪 40 年代，建水有 5 户 10 人用木卷机手工卷烟，销本县与邻县。开远有数家以手工卷烟，所产"阳光牌"卷烟，除供本地外，还销往越南。[③]

[①] 张肖梅编《云南经济》第十五章，第 79 页。
[②] 彭泽益编《中国近代工业史资料》第 4 卷，中华书局，1962，第 265 页。
[③] 《红河州轻工业志》，第 84 页。

第六章　民国后期云南烟草工业的盲目发展与衰落

抗战胜利后，云南烟草工业曾一度盲目发展。民国38年（1949）后，即迅速走向衰落。兹分述如下。

第一节　云南烟草工业的盲目发展

一　盲目大范围推广烤烟种植

民国31年至34年（1942～1945）的4年间，美烟推广区域渐次扩大，烤烟产量年有增加。

民国35年（1946），由于"过去推广县区农民曾因种植美烟获得利益"，而"一般烟农对于种植、熏烤已有相当经验，能自动经营，是以公家推广机构虽然紧缩，而民间栽种亩积则有增无减"[①]。

应当说，从1942年至1946年的5年间，由于省烟草改进所的指导，烤烟的推广、种植以及熏烤，都处于正常运行之中。

然而，从民国36年（1947）开始，美烟的推广种植走上了盲目发展的道路。这一年2月，云南省政府颁布"奖励种植美种烟叶办法"；紧接着省主席卢汉又颁发训令，放弃统制，提倡自由贸易，对种烟农户进行经济扶持等。与此同时，河南、山东、安徽产烟大省，因遭战争破坏，烤烟生产尚未恢复，而云南烤烟不唯产量丰富，而且品质优良。于是京、沪、汉、穗等地的卷烟厂，纷纷来滇收购烤烟，推高了云南烤烟的价格。1946年9月初上市的甲等烟每公斤不过法币1万元，迨1947年6月，竟涨至70余万元。[②] 省政府的鼓励和烤烟价格的暴涨，极大地刺激了农民种烟的积极

[①]　徐天骝著《十年来之云南美烟事业发展纪实》，第2页。
[②]　徐天骝著《十年来之云南美烟事业发展纪实》，第2页。

性，许多县区的农民纷纷种植烤烟。这一年（1947）有 37 个县种烟，比 1945 年增加了 15 个（无 1946 年种烟县份的统计）；种植面积猛增为 54301 亩，比 1946 年增加 4 倍多；烤烟产量从 1946 年的 659350 公斤猛增至 3260180 公斤，增加 3.9 倍多。① 可见，1947 年云南烤烟种植已经具有明显的盲目性。

民国 37 年（1948），烤烟推广种植的盲目性更加突出。这一年，烤烟推广范围更加扩大，共计 11 个推广区、72 个县（占全省 112 个县的一半以上），比 1947 年猛增 35 个；烤烟种植面积猛增至 301033 亩，比 1946 年增加 5.5 倍多；烤烟产量猛增为 7525825 公斤，比 1946 年又增加 2.3 倍。② 可见，1948 年烤烟推广种植的盲目性更加严重。这一年，由于种烟县区的猛增和种植面积的扩大，已严重影响了粮食生产。因此，同年 4 月 2 日省主席卢汉不得不签发关于"限制种美烟办法"的训令。其规定：（1）用稻田改种美烟的强制改种稻谷或杂粮；（2）各农户以旱地种植美烟的不得超过其耕种旱地面积的 1/4；（3）开垦荒山地栽种美烟之农户，由各地给予奖励，如为农贷区域则给予农贷优先权。12 月 31 日，卢汉又令建设厅重申前令，禁止良田种美烟，以保证粮食生产。③

其实，盲目大范围推广种植烤烟的不良后果，不止影响粮食生产，其影响是多方面的，也是更为严重的。对此，徐天骝作了这样的分析。他说："推广县区达七十余县，区域相当辽阔，惟技术人员有限，指导难周；是年参加种植者又缺乏经验，对熏烤一项，更觉茫然。加以战争（指解放战争）影响，交通阻滞，上海、南京、汉口等地纸烟工厂纷纷停业，因此外销不振，烟价惨落。……农民终岁所得之区区产品，不惟不能以合理价格出售，即使忍痛牺牲，亦难顺利变成现款。资本冻结，无法耕作，对于美烟已由歌颂而诅咒，而怨尤。此一新兴事业，遂遭受无情之打击。"徐天骝最后作出结论：云南烤烟"无计划生产，足以酿成意外恶果"④。徐天骝作为当时美烟推广种植的亲历者，其上述分析不唯切合实情，也颇有见地。

---

① 详见本书近代篇第三章第三节"民国 36 年（1947）云南烤烟推广区县亩积与产量统计"。
② 详见本书近代篇第三章第三节"民国 37 年（1948）云南烤烟推广区县亩积与产量统计"。
③ 《云南省志·烟草志》，第 59 页。
④ 徐天骝著《十年来之云南美烟事业发展纪实》，第 2、28 页。

二　盲目大规模开办卷烟企业

抗战胜利后的头两年即 1946 年和 1947 年，云南卷烟市场"销路畅旺"，而且卷烟原料烤烟"不惟产量丰富，而且品质优良"①，于是不少商人纷纷投资办厂，进行卷烟生产。当时私人开办了多少卷烟企业未见文献作专门统计，但在本书前面第四章第一节"民国时期云南私营机制卷烟企业一览"中，可以得知一个大概情形。列入这个表中的开办于 1922～1949 年 28 年间的卷烟厂共 40 家，其中开办于抗战以前的 10 家，开办时间不详的 5 家，其余 25 家都开办于抗战胜利之后，如果加上抗战前 10 家企业中有 5 家在战后仍然继续生产，再加上 1 家公营企业（云南纸烟厂），共 31 家。又据《十年来之云南美烟事业发展纪实》载：1947 年 5 月，仅就昆明区域调查，"有国光等二十四家，连云南（纸烟厂）、兴业、新华三厂计入，共二十七家"。② 可见，民国后期共计有私营、公营机制卷烟企业 31 家或 27 家。4 年间先后开办的卷烟企业多达 31 家或 27 家（不包括手工卷烟企业），显然反映了一定的盲目性。需要说明的是，以上数字并不全面，实际开办的卷烟企业也许还要更多一些。

第二节　云南烟草工业走向衰落

民国 38 年（1949），云南烟草工业走入"衰落之境"③。

首先是"全省种植烤烟已压缩为 45 个县，面积 3.9 万亩，总产 4.27 万担"④。种烟县份从 1948 年的 72 个骤减为 45 个，⑤ 减少 27 个之多；种植面

---

① 徐天骝著《十年来之云南美烟事业发展纪实》，第 2 页。
② 徐天骝著《十年来之云南美烟事业发展纪实》，第 72 页。28 个纸烟工厂为：云南（纸烟厂）、兴业、新华、益华、国光、金鑫、礼华、华曾、鸿福、孕和、大众、福凤、利民、兴昌、永丰、卢阳、侨光、精精、协和、兴亚、金城、人和、开罗、宜万、金筑、时代、天成、兴达联合烟厂或烟草公司。
③ 徐天骝著《十年来之云南美烟事业发展纪实》，第 73 页。
④ 《云南省志·烟草志》，第 59 页。
⑤ 据《云南经济资料》"云南省各专县物产调查统计表"统计，1949 年种植美烟（或烟叶、土烟、烟草、草烟等）的县实际有 46 个：永善、镇雄、彝良、玉溪、澄江、峨山、通海、晋宁、江川、新平、兰坪、永胜、中甸、腾冲、龙陵、江城、思茅、景谷、六顺（今普洱思茅镇）、车里（今景洪）、佛海（今勐海）、南侨、大姚、禄丰、牟定、广通（今属禄劝）、宜良、泸西、路南、弥勒、罗次（今属禄丰）、富民、禄劝、昆明、宾川、开远、石屏、建水、蒙自、嵩明、沾益、寻甸、广南、马关、西畴、邱北（见该书第 143～149 页）。

积从 1948 年的 30 余万亩骤减为 3.9 万亩，减少约 87%；烤烟产量从 1948 年的 752 万多公斤骤减为 213.5 万公斤，减少约 72%。三个数字的减幅都很大，表现出烤烟生产的衰落景象。

其次是"本省纸烟工厂，自抗战结束后，面临重大危机，挣扎至 1949 年春，继续出品者，只云南、大运等十八（实为十七）厂而已"。这 17 个纸烟厂是：云南纸烟厂、大运烟草公司、侨光烟厂、精精烟厂、金城烟厂、兴达烟厂、金筑烟厂、东方烟厂、国光烟厂、鸿福烟厂、大众烟厂、利民烟厂、永丰烟厂、卢阳烟厂、鸿光烟草厂、福利普烟厂、云华烟厂。[1] 1949 年初，云南卷烟企业从此前的 31 个（或 27 个）减少了 13 个（或 9 个），也反映了卷烟工业的衰落。

最后是从 1948 年起云南烟草市场出现衰颓景况。这一年，由于上海、南京、汉口等地的卷烟厂因内战影响而"纷纷停业，因此云南烤烟外销不振，烟价惨落。以是年 12 月底商情而言，甲等烟每六十公斤约值黄金二钱（1947 年每六十公斤约值黄金一两），且难脱手"。卷烟交易也大为削弱，一些经营卷烟的行店纷纷关闭。整个烟草工业都"面临重大危机"。

由上所述可知，迄于 1949 年，云南烤烟产量大幅减少，卷烟企业大批停业，烟草市场陷入衰落。

云南烟草工业如此迅速走向衰落，原因是多方面的。徐天骥认为其中"重要者不外下列四（应为六）端"。

（一）"受因战争（即解放战争）而使整个生产事业萎缩的影响"；

（二）"（抗战）胜利后外烟涌入"；

（三）"负担过重，烟税不断增加；包装纸、卷纸、甘油、香料等，又须仰给外来，底价过高"；

（四）"基础脆弱，有多数小厂设备简陋，资金短少，技术工人缺乏"；

（五）"无计划性生产；同业间各立门户，因自由竞争而互相妨碍"；

（六）"劳资不协调，工作情绪无法提高。"[2]

徐天骥的上述分析写于 1949 年 10 月，当时正值云南烟草工业走向衰落之际。当时人记当时事，亲历者写亲历事，真实可信，切中实质。因此，他的分析是全面而深入的，也是颇有见地的。于此无须再置一词。

---

[1] 徐天骥著《十年来之云南美烟事业发展纪实》，第 74 页。
[2] 徐天骥著《十年来之云南美烟事业发展纪实》，第 75 页。

第七章　云南烟草的国内外贸易

第一节　烟草的进出口贸易

一　烟丝和香烟的进口

前面第二章第一节已阐述了抗战前外国烟丝和纸烟输入云南的情况。

民国27年（1938），烟丝进口总额猛增，较上年（1937）实增6500公担，达至11052公担，其原因是"一方面因外汇高涨，国产香烟需要大增，二方面长江运输不通，川黔所需，亦须取道云南进来"。可见"其中大部转川黔，本省因利得税，故消费反而减少"[①]。

民国28年（1939）1~10月，进口香烟500件，价值为396450元（金单位）[②]。

抗战期间，香烟进口贸易受到很大影响，特别是1940年云南唯一通往国外的滇越铁路中断以后，从国外输入云南的香烟基本断绝。但是，一些"趁机发国难财的人，除买卖金银、棉纱、外币、矿产外，也着眼于香烟行业"，他们通过走私等渠道，从国外或省外将不少外烟运入云南销售。"当时昆明的香烟市场，为外烟所垄断，所有销售香烟尽是英、美、法的外国货。如美国的蓝吉士、绿吉士、红吉士、骆驼、剑牌等。英国高档烟有50支听装三炮台、三九、三五，50支装铁盒金片烟；中档有五华、红锡包、老刀牌（又称强盗牌）和法国的柯达等烟充斥整个市场。"[③] "又当时（昆

[①] 觉方：《最近五年（1934—1938年）云南对外贸易的新动向》，《云南档案史料》1983年第1期，第69页。

[②] 张肖梅编《云南经济》第十六章，"附表六"。按：1935年1金单位等于国币1.866元，未见1939年数据。

[③] 张季直：《云南名烟创始记》，载《云南文史资料选辑》第四十九辑"云南老字号"，云南人民出版社，1996，第174页。

明）香烟市场，有由越南走私运入的'柯达'烟；后来美国烟如'菲利浦'、'骆驼'、'红吉士'、'白吉士'、'杜美娥'等烟，都随美军大量在昆明倾销。"①

抗战胜利后，外国香烟进口有所恢复。民国 36 年（1947），从美国进口纸烟五百支装 90 听，法币 830000 元；从缅甸经腾冲海关进口英国纸烟五百支装 57 听，法币 409000 元，又雪茄烟五十支装 1 听，198000 元。民国 37 年（1948），从美国进口纸烟五百支装 111 听，金圆券 540 元。可见，此间进口的香烟已为数甚少，其原因是当时云南的卷烟生产有所发展，其产品已能满足市场的需求。

二　烟丝的出口

晚清和民国时期，云南的手工烟丝业有了较大发展，其制品烟丝除供本省需要之外，有部分烟丝出口国外。如：通海、蒙自、腾冲等地将其土烟加工成烟丝，用马帮运到缅甸、泰国、老挝、越南等国家销售。又如：民国 25 年（1936）、26 年（1937）、27 年（1938）经思茅关和腾越关出口烟丝，其货值分别为国币 113 万元、10.5 万元、17.7 万元。②

三　烟叶的出口

抗战前后，云南烤烟大范围推广种植，其产量逐年增加，除供本省和其他省卷烟业需要，还有少量烤烟出口国外。民国 36 年（1947）开始烤烟外销；37 年（1948）外销 6922408 斤，38 年（1949）外销 5095819 斤，其中大部分销往上海、广州等地，少部分销往中国香港和越南，销往这两地者共计 178631 斤，占总外销数的 3.5%。③

由上所述，抗战期间及其以后，云南烟丝及香烟的进口数量都不大，这说明在此期间云南烟草工业已有较快发展，所生产的烟丝及香烟已基本能满足本省市场的需要。

---

① 孙天霖：《昆明机制卷烟工业概述》，载《云南文史资料选辑》第九辑，云南人民出版社，1989，第 146 页。
② 张肖梅编《云南经济》第十六章，"乙出口"。
③ 《云南省志·烟草志》，第 296 页。

第二节　烟草的省际贸易

一　云南与两广的烟草贸易

在纸烟进口之前，烟丝是云南烟民唯一吸食的烟草。晚清和民国初年，云南所产烟丝甚少，尚不能完全满足本省烟民的需要，必须从国外和省外购入部分烟丝。其中从广东和广西两省购买不少。

光绪十六年（1890），从广东输入云南的烟丝"五千九百余担"，"估价十三万三千余两，即占广东共来之货价十分之八"。①

光绪十八、二十二年（1892、1896），从蒙自关进口云南的烟丝分别为5286公担、4899公担，货值为国币33.6万元、37.8万元，其来源地"概来自广东"②。光绪三十年（1904），从广东进口烟丝一万担以上，估价"关平银三十万两左右"③。其实，1889~1937年，从香港转口蒙自关输入云南的烟丝，大部分也应是来自广东省。

此外，光绪二十五年至三十年（1899~1904），也有大量烟丝从广西输入云南。据《云南之贸易》记载："每年大量烟丝溯广西西江而上，经广西各关输入本省者，力量不容忽视。兹据光绪三十年（1904）以前，经过梧州关凭子口单输入本省烟丝之量（单位：公担）、价（单位：国币元）如下：1899年2867公担、132991元，1900年1286公担、59650元，1901年1724公担、81754元，1902年数微未录入，1903年660公担、30624元，1904年601公担、58383元。"④

由上述可知，光绪中期至民国初年，云南与广东、广西两省的烟草贸易较为密切，从两广输入云南的烟丝为数不少。

二　云南与四川的烟草贸易

"川烟"，四川成都金堂一带所产的"旱烟"，上市称为"川烟"⑤。

---

① 中国海关总署办公厅编《中国旧海关史料》，第十六册，京华出版社，2001年影印。转引自林文勋、马琦著《近代云南省际贸易研究》，《中国边疆史地研究》2011年第4期。
② 钟崇敏编《云南之贸易》，第142页。
③ 中国海关总署办公厅编《中国旧海关史料》，第四十册，京华出版社，2001年影印。转引自林文勋、马琦著《近代云南省际贸易研究》，《中国边疆史地研究》2011年第4期。
④ 钟崇敏编《云南之贸易》，第142页。
⑤ 《四川近代省际贸易》，《四川商业志通讯》1986年第4期。

川烟输入云南的时间，大约是光绪二十七年（1901）。当年，云南商务总会"公订条规"中有"川烟行"的条规，其中一条是"办烟叶来省……（须）每驮烟叶收行用五分，免其投行"。光绪三十三年（1907），"川土烟行"和"迤东川烟杂货帮"成为昆明59个商业行帮中的两个。光绪三十四年（1908）烟叶行具报呈："缘商号等历年以来，由川贩运烟叶，自行收售者，居其半；归行代卖者，居其半。彼此交往，并无异议。"① 可见，川烟自1901年贩运入滇后，被纳入"川烟行"，成为光绪后期昆明商业行帮的成员，说明川烟输入云南的数量不少。

据成书于宣统二年（1910）的《云南全省财政说明书》记载："查川叶烟产于四川什邡、金堂等处，质厚香烈，价亦相宜，滇人多喜食之，为消耗之一大品"，"惟向于云南府及东川、昭通等府各厘局运销最旺，每年约在三十万斤上下"。② 可见，宣统时川烟输入云南的数量也不少。

民国时期，川烟仍然是滇川两省贸易的主要商品。据《云南产业志》载："滇省烟草……犹不敷本省消费，每年纸烟输入值关银二百万元，川烟输入值数十万元……"③ 又，《新纂云南通志》卷144载："由四川输入之物品为生丝、绸缎、川烟、贡川纸、药材等；由云南输出之物品为茶、火腿等。"④ 可惜输入云南的川烟详情未予说明。但当时输入云南的川烟可能为数较多。又，在民国26年（1937）"昆明市商业铺店统计表"中有"川烟业"一栏，并说其铺店有29家。⑤

三　云南与福建、湖南、贵州以及上海、汉口等的烟草贸易

据载：早在民国10年，福建烟草已输入云南，当时"闽烟输入值十余万元"⑥。

云南与湖南、贵州两省的烟草贸易主要发生在抗战时期。当时，云南由于人口激增，对香烟的需求随之增大，外省出产的一些香烟纷纷输入云

---

① 转引自《昆明市志长编》卷7，第185、206、213页。
② 转引自林文勋、马琦《近代云南省际贸易研究》，《中国边疆史地研究》2011年第4期。
③ 《云南产业志》二，杭州图书馆整理、云南图书馆审订，1992，第74页。按：该书记民国10年云南产业状况。
④ 周钟岳等纂《新纂云南通志》卷144"商号二·进出口贸易"，民国38年铅印。
⑤ 《云南概览》（建设），第83页。
⑥ 《云南产业志》二，第74页。

南。如《昆明机制卷烟工业概述》载："又当时（昆明的）香烟市场……还有湖南某某烟厂运来的'海鸥'、'醒狮'、'红桥'等牌烟，负责人名戴康亭；有由贵阳运来的'三飞'、'玉兰地'、'维多利亚'等牌烟，负责人名刘醒华；又有贵阳一中烟厂出品的'三中'、'沪光'等烟，负责人名盛世杰；他们三人都住在护国路俊丰货仓从事推销。此外，还有贵州企业局出品的'企鹅'和'斑马'、'鸵鸟'等牌，都有人运来昆明销售。"①

由上所述，抗战以前及抗战期间，云南烟草的省际贸易主要涉及广东、广西、四川、福建、湖南、贵州等六省，其中与广东、广西、四川三省的贸易较为重要，其延续时间较长，数额亦较大。

抗战结束后，云南继续大力推广烤烟种植，并取得巨大成就。民国36年（1947）全省有37个县，5.4万多亩土地种烟，烤烟产量多达326万多公斤。上海颐中烟草公司认为，云南烤烟"质量极好，比现在中国产的其他类似烟叶都要好得多"。因此，颐中公司决定在云南"购买烟叶并运往上海"②。此举影响了上海等地的其他烟草企业。翌年（1948），上海、汉口、广州、贵州等地的烟厂或烟草公司纷纷来昆明抢购烤烟，使云南烤烟售价猛涨，并刺激了烤烟的种植。③据《云南经济资料》载：云南烤烟外销始于1947年。1948年外销6922408斤，1949年外销5095918斤。行销之地"以上海、广州、汉口为最多，重庆、贵州次之，香港较少，越南仅系试销"④。可见，民国后期，云南烤烟已开始销往外省，且数量多达500余万斤以上。

第三节 烟草的省内贸易

近代云南烟草的贸易，虽然有上述国际贸易和省际贸易，但最主要的贸易还是在省内。

---

① 孙天霖著《昆明机制卷烟工业概述》，载《云南文史资料选辑》第九辑，云南人民出版社，1989，第146页。
② 《英美烟公司在华企业资料汇编》"颐中档案"第一册，第355页。
③ 徐天骝著《云南引种和栽培烤烟的史料》，载《云南文史资料选辑》第十六辑，1982，第247页。
④ 《云南经济资料》，第34页。

一 抗战以前的省内贸易

烟草的省内贸易从各县输入与输出的货值可得到具体说明。兹据成书于民国 26 年（1937）的《云南概览》记载制成表 7-1 以明之。

表 7-1 云南各县烟草输入与输出货值概况

单位：新滇币元

县别	输入货值	输出货值	县别	输入货值	输出货值
昆明	纸烟 1820000		景东	烟 4500	
澄江		烟叶 400000	宁洱	烟 21600	
江川		烟 6000	蒙化（今巍山）		烟叶 15000、烟丝 7000
玉溪		烟叶 40000	大理	烟 1000	
河西		烟丝 3500	永平	烟 6000	
通海	烟叶 180000	烟丝 200000	永北（今永胜）		烟叶 30000
黎县（今华宁）		烟丝 24000	宾川		烟 50000
弥勒		烟丝 1200	姚安	纸烟 3000	
泸西		烟 3000	楚雄	烟 8400	
路南		烟丝 4400	盐兴（今属禄丰）	烟 1000	
曲靖	纸烟 30000		广通（今属禄丰）	烟 2100	
蒙自		烟 20000	嵩明		烟 7800
个旧	烟 126000		寻甸	烟 16000	
嶍峨（今峨山）	烟丝 10800	烟叶 1500	保山	纸烟 14000	烟 50000
墨江	烟 4500		文山		烟 105000
镇沅	烟 1000				

资料来源：京滇公路周览筹备会云南分会编辑《云南概览》（建设），民国 26 年，第 85~98 页。

由表 7-1 可知，民国 26 年（1937）以前，云南省内烟草贸易涉及 31 个县市，占全省县份近 1/4；其中需要购入纸烟或烟叶或烟丝的县市共 18

个，需要售出烟叶或烟丝的共 16 个；既购入又售出者 3 个。购入货值最多的是昆明市（1820000 元），其次是通海（180000 元）和个旧（126000 元）；售出货值最多的是澄江县（400000 元）、通海（200000 元）。可见，省会昆明市、黄烟主要产地通海县、锡矿所在地个旧县和土烟主要产地澄江县等 4 个县市，是当时省内烟草贸易比较集中、交易货值亦比较大的地方。又据《云南概览》记载：仅昆明市经营纸卷烟业的铺店就有 51 家之多。①

二 抗战以后的省内贸易

民国 30 年（1941）推广美烟种植以后，土烟产量逐渐减少，烤烟产量则日渐增加，于是省内烟草管理及贸易随之发生变化。关于土烟的省内贸易，在前面第一章第一节中已有阐述。这里仅就烤烟的省内贸易展开论述。

民国 29 年（1940），云南省政府成立全省纸烟统销处，对纸烟实行统制销售。翌年（1941）成立"云南烟草改进所"，该所除负责烤烟引种、试验、推广外，还负责烤烟的统一收购和销售。民国 32 年（1943），云南烟草改进所、云南纸烟厂、云南烟叶复烤厂三个单位奉命合并，成立云南烟草生产事业总管理处，其目的在于统一行政，使种植、复烤、制造、售卖冶为一炉，换句话说，就是农、工、商三位一体。同时，在各烤烟推广县成立相应的办事处与烟草改进分所，负责烤烟推广和"烟叶收购运输"等事宜。民国 35 年（1946），云南烟草生产事业总管理处和各县烟草办事处、烟草改进分所先后裁撤，但仍保留云南烟草改进所，直属省企业局。②

省烟草改进所及其属下分所，对所收购的烤烟进行分级定价。分级标准包括：烟叶的原生地、生长部位、品质、颜色、大小和成熟度。据此分为特等、甲等、乙等、丙等和不列等共 5 级，然后依等级确定每公斤的价格。③ 民国 31 年（1942）至 34 年（1945）收购美烟的各级价格见表 7-2。

---

① 《云南概览》（建设），第 83 页。
② 褚守庄著《云南烟草事业》，第 182、213 页。
③ 徐天骝著《十年来之云南美烟事业发展纪实》，第 63、64 页。

表 7-2　云南烟草改进所历年收购美烟各级价格

单位：国币元/公斤

年　份	特　等	甲　等	乙　等	丙　等	不列等
1942	100	90.6	83.3	73	67
1943		233	200	166	117
1944		1000	800	665	465
1945		2500	1800	1300	500

资料来源：褚守庄著《云南烟草事业》，第 216、217 页。

由表 7-2 可知：1942～1945 年 4 年间，同一等级的烟价相差很大，如甲等烟，从每公斤 90.6 元增至 2500 元，增长了 26 倍之多。其主要原因是当时国币贬值所致。

关于民国 31 年至 34 年（1942～1945）省烟草改进所及其属下分所收购烤烟的情况详见表 7-3。

表 7-3　云南烟草改进所各分所收购烤烟数量统计

时　间	县区分所	收购烤烟数量（公斤）
民国 31 年（1942）	第一种植推广区：富民、禄劝、武定、罗次 第二种植推广区：昆明、玉溪、晋宁	61816.55
民国 32 年（1943）	玉溪、富罗（富民与罗次）、开远、晋宁、昆明、江川、易门、禄武（禄丰、武定）、嵩寻（嵩明、寻甸）等分所	460751.70
民国 33 年（1944）	玉溪、昆明、开远、武禄罗（武定、禄丰、罗次）、晋宁、澄江、江川、嵩寻（嵩明、寻甸）、富民、华弥（华宁、弥勒）、易门等分所	946553.70
民国 34 年（1945）	玉溪、昆明、开远、晋宁、江川、澄江、华弥、易门、富民、武定、禄劝、嵩明、宜良、布沼、大庄	141388.82
		合计：1610510.77

资料来源：褚守庄：《云南烟草事业》，第 219～226 页。

由表 7-3 可知：民国 31 年至 34 年（1942～1945）4 年间，省烟草改进所及其属下分所共收购烤烟 161 万余公斤，其中民国 33 年（1944）收购最多，达到 94 万余公斤；民国 31 年（1942）大范围推广之年，仅收购 6 万多公斤。

如前已述，民国 35 年（1946）生产烤烟 1318700 斤、36 年（1947）为 6520360 斤、37 年（1948）为 15455270 斤、38 年（1949）为 7500000 斤。省烟草改进所在此 5 年间的收烟数量不详，但比上述 4 年收购情况来看，收烟数几乎与产烟数相等。如此看来，民国后期，省烟草改进所历年收购的烤烟数量最多年份（1948）约为 1545 余万斤，远远多于 1942～1945 年 4 年的总和。

三 省内贸易市场

民国后期，省内烟草交易的总集散市场在昆明。民国 33 年（1944），昆明市庆云街成为烟草专业市场和全省烤烟与卷烟的交易中心。这里每天熙熙攘攘，省内外客商在此买卖卷烟和其他烟草制品以及卷烟辅料，省内各烟厂 70%～80% 的产品在此销售，每日成交量多达四五百箱。当时，在昆明市做烟草生意的商号多至 200 余家，市区内烟店数量多于粮店。[1] 昆明市烤烟交易数量巨大，以民国 37 年（1948）为例，烤烟交易额多达 12000000 斤，占当年全省烤烟总产量的 77.64%。

1949 年，昆明市的香烟批发商号有华胜、庆兴隆等 87 家，另有零售商号永源、聚祥等 80 家。[2] 除昆明市外，"玉溪、澄江、开远也有少量集中贸易（即也是较小的烟草交易市场）"，[3] 但其交易详情未见记载。

---

[1] 何玉菲：《云南烟草产业初具规模》，载《建国前后的云南社会》，云南人民出版社，2009，第 183 页。
[2] 《云南省志·烟草志》，第 286 页。
[3] 《云南经济资料》，第 34 页。

第八章　民国时期烟草产品的专营管理

烟草产品是特殊商品，历来政府均采取控制政策，设立专门机构，实行专营管理。

民国4年（1915），北京政府公布《全国烟酒公卖暂行简章》，并特设全国烟酒公卖总局，又按区域设立公卖局或分局，采取官督商销办法，招商组织设公卖分栈或支栈，统一征收公卖费。云南于同年十月成立云南省烟酒公卖局。公卖费的征收，低者按价值百抽十，高者按价值百抽三十。当时，公卖的范围仅限于国产烟酒，不包括"洋酒洋烟"。

民国14年（1925），云南成立纸烟特捐局，征收纸烟特捐及印花税。民国18年（1929），省政府决定，将纸烟特捐全部拨作教育经费，由教育厅设"教育经费管理局"管理。

民国29年（1940），成立云南纸烟统销处，又在下关、河口、碧色寨、昭通、平彝（今富源）5处设立分处。凡省内所产卷烟和从省外、国外购进的卷烟，均由统销处或其分处收买，实行统制销售。"统销处"设检查员，持"纸烟统销检查证"，履行检查职责。

民国31年（1942）11月，经省政府批准公布的《云南烟草改进所推广各县农户种植烤烟暂行管理简则》第十一条规定，种烟农户收获云烟叶，无论青烟、干烟，概归烟草改进所收购，不得私相买卖；否则一经查出，除没收烟叶外，买卖双方均送政府严加惩处。

民国32年（1943）6月，云南省纸烟统销处奉命撤销。接着，国民政府财政部在云南设立云南区烟类专卖局，并公布《统一卷烟分级贴证验收专卖利益法》，对卷烟实行统一征税。同年，全省烤烟实行统一的收购价格，即省烟草生产事业总管理处根据种烟成本、现时物价、土烟市价及主要农产品上涨百分率制订烤烟价格。当年收购价格为：甲等烤烟每斤140元国币、乙等120元、丙等100元、不列等70元。

民国34年（1945）8月，云南省政府再次训令各种烟县，重申烤烟由政府收购的政策。对有意妨碍收购者查实后从严追究；并布告全省严禁私售、私运烤烟，违者必究。

民国36年（1947）2月7日，云南省政府第980次委员会讨论并通过了《奖励种植美烟以裕民生》的决议案。决定放弃对烤烟的统制，允许烤烟自由贸易，政府对烤烟产销不再限制。

民国37年（1948）2月，云南省外销烟叶检查委员会成立。规定：凡外销（出国、出省）的烟叶，均需委员会检查，贴上合格标签，发给证明书后，始得外运。目的在于防止掺杂掺假，损害云南烤烟声誉。[①]

上述从民国4年成立烟酒公卖局，到民国32年设立烟类专卖局，实际上都只是对烟草产品实行专营管理，并不是完全意义上的烟草专卖。换言之，民国时期实行的烟草专营管理与后来实行的国家烟草专卖是不完全相同的（详见本书当代篇第三章第一节）。

结　语

近代云南烟草事业的一件大事就是引种"美烟"获得成功。从此，来自美国弗吉尼亚州的烤烟良种"金圆"和"大金圆"先后在三迤大地落土生根。各地烤烟种植不断推广扩大，烤烟产量逐渐提高，为卷烟工业的发展创造了条件。抗战爆发后，内地军民纷纷涌入云南，烟草消费需求大增。于是，一大批卷烟企业应运而生。其中主要是私营卷烟厂或公司，也有少数公营烟厂；而且大多采用机器进行生产，标志着云南烟草工业已向近代化迈进。卷烟产量逐年增加，基本满足了市场的需求。"重九"（"大重九"）、"七七"以及"红大运"等牌号的纸烟，因色香味都相当考究而享誉省内外。烟草工业成为云南近代化工业的一支生力军。

[①] 《云南省志·烟草志》，第279、280、306页。

当代篇　云南烟草产业的大发展

　　1949年12月9日，云南省政府主席卢汉宣布和平起义，云南迎来了解放，从此进入一个新的历史时期。

　　1950年至2000年的50年间，云南工农业生产都有了巨大发展。烟草工业经历了由小变大、由弱变强、由近代化走向现代化的进程；当然，也经历了十多年的曲折发展过程。自20世纪80年代以后，云南烟草工业在改革开放中昂首阔步，又快又好地迈向了辉煌。

第一章　云南烟草产业的恢复与发展

第一节　云南烟草产业的恢复（1950～1953年）

1950年初，云南全省共留存卷烟厂16家，其中除公营的云南纸烟厂、军队经营的泰康烟（皂）厂和公安局经营的西南烟厂（1952年停业）外，其余13家均属私营企业。① 这16家卷烟厂或公司，仅有卷烟机41台、机制卷烟工人2200人、手工卷烟工人150人，当年生产60个牌号的机制卷烟27000箱、手工卷烟700箱。当时，由于烟厂管理方面的种种弊端，加上设备陈旧、烤烟原料缺乏、卷烟品质低下以及资金缺乏等原因，烟草工业处于荒疏颓废状态，以致连最大的云南纸烟厂也面临停产的境地。②

1950年3月4日，云南省军政委员会接管了云南纸烟厂，并按照中央人民政府的部署，逐步将卷烟的产销纳入计划管理。于是，云南烟草工业逐渐获得恢复。

一　烤烟生产的恢复

1950年10月20日，云南省人民政府在昆明召开全省第一次农业生产会议。这次会议制定了粮食、棉花和烟草等农业建设草案。当年全省种烟3.9万亩，生产烤烟0.21万吨。次年（1951年）3月，省人民政府又确定了增产粮食和工业原料的方针，其中以增产棉、烟为重点。③ 这一年烤烟面积增为7.5万亩，烤烟产量增为0.5万吨。烤烟生产明显恢复。

---

① 这13家私营卷烟企业是：东方烟厂、大陆烟厂、鸿福烟厂、利民烟厂、东陆烟厂、福安烟厂、天成烟厂、庐阳烟厂、华南协记烟厂、农工烟厂、大业烟厂、大运烟草公司和侨光新记烟厂。
② 云南经济四十年编纂委员会：《云南经济四十年》（1949—1989），《云南年鉴》杂志社，1989，第122页。
③ 《云南省志》卷22《农业志》，云南人民出版社，1996，第6页。

1952 年，云南省人民政府根据中央关于恢复老烟区、发展新烟区的指示，结合云南实际，将烤烟种植安排在交通方便、自然条件适宜、有种植经验的江川、玉溪等 22 个县①；同时，将烟草纳入国家种植计划，产品购销由政府控制。此外，云南省人民政府还调整了粮烟比价，由 1950 年的 7.81∶1 调为 1952 年的 13∶1，以调动烟农种烟的积极性。当年全省种烟 7.54 万亩，生产烤烟共 0.57 吨，分别是 1949 年的 1.9 倍和 2.6 倍。

1953 年，国家在河南许昌召开全国第一次烟草工作会。会上对全国各地生产的烤烟进行评级比较，认为云南烟叶质量较好，其中江川、玉溪和弥勒虹溪种植的烤烟获得了最高分，超出了此前号称中国最优的河南烤烟，得到了"中国烤烟第一"的美誉。②从而为云南烤烟、卷烟开拓了国内市场，也为打入国际市场创造了条件。当年，全省种植烤烟 8.08 万亩，生产烤烟比上年（1952 年）增加了 1100 吨。至此，云南生产的烤烟除供本省需要外，还开始调供省外。

由上述可知，经过三年多的努力，烤烟生产已有明显的恢复和发展。

二 卷烟生产的恢复

1951 年，云南纸烟厂隶属云南省工业厅领导，全厂有职工 321 人，卷烟生产全面恢复，当年出产卷烟 6129 箱。1952 年，云南省人民政府决定将私营大运烟草公司并入云南纸烟厂。全厂职工增为 665 人，年产卷烟 15030 箱。1953 年，云南军区后勤部将所属泰康烟皂厂移交并入云南纸烟厂，全厂职工又增为 1036 人，年产卷烟增至 28212 箱。至此，属于全民所有制的云南纸烟厂的规模较新中国成立前有了明显扩大。

私营卷烟企业方面：1952 年，云南省军政委员会对部分难以维持生产即将倒闭的私营厂家主动提出合作生产并愿意向公营过渡、向国营企业靠拢的要求，给予积极支持，吸收部分厂家联合生产，入股分红；公私双方从合作生产开始，转入共同协商，清产核资，明确股份（私股占 10%），"四马分肥"（公积、公益、公股、私股共分利益）。对私营卷烟企业的接管

---

① 这 22 个县是：玉溪、江川、澄江、华宁、峨山、新平、易门、陆良、师宗、罗平、宜良、路南、嵩明、寻甸、开远、弥勒、泸西、蒙自、建水、双柏、南华、禄丰。
② 何玉菲：《云南烟草产业初具规模》，载《建国前后的云南社会》，云南人民出版社，2009，第 184 页。

改造，分为奉命接管、公私合营、纳为一统三个步骤。①

由上述可知，经过三年多的工作，作为全民所有制的云南纸烟厂不仅已经得到全面恢复，而且还不断有所扩大。私营卷烟企业实行联合生产，并逐渐走向公私合营。

第二节　云南烟草产业的缓慢发展（1954～1957年）

一　对私营卷烟企业的社会主义改造

1952年，中国共产党制定了过渡时期的总路线，提出"逐步实现国家的社会主义工业化"，实现对农业、手工业和资本主义工商业的社会主义改造。对私营工商业的社会主义改造采取由统购定销、加工订货到公私合营的方式；公私合营，则是公有成分同私有成分在企业内部的合作，虽然双方共同经营企业，但公有股占较大比重，公方代表居于领导地位。公私合营分两个阶段进行：第一阶段为单个企业的公私合营（1955年前），第二阶段为全行业公私合营（1955年后）。在实行公私合营中，国家对资本家采取"赎买"政策，即资本家将其生产资料交给国家，国家核定股金，据此付给资本家利息。从1953年开始至1956年，全国全行业公私合营基本完成。②

云南省因解放较晚，对手工业和资本主义工商业的社会主义改造也晚于内地，对私营卷烟企业的社会主义改造，延至1954年才开始进行。

1954年10月，私营卷烟企业东方烟厂、大陆烟厂、鸿福烟厂、利民烟厂、东陆烟厂、福安烟厂6个厂家自愿联合，组成公私合营的昆明市卷烟厂。同年11月，私营烟企天成烟厂、庐阳烟厂、华南烟厂、精精烟厂、农工烟厂、大业烟厂6个厂家自愿联合，组成私营华南联合烟厂；翌年（1955年），私营侨光烟厂与华南联合烟厂合并为公私合营华南烟厂。1956年6月，公私合营昆明市纸烟厂与公私合营华南烟厂达成联合协议，两厂联合，共同组建公私合营昆明市纸烟厂。至此，加上先前大运烟厂已并入国营云南纸烟厂，13个私营卷烟企业已全部公私合营，实现了全行业的公私合营。

---

① 《云南省志·烟草志》，第193页。
② 曾培炎主编《新中国经济50年》（1949—1999），中国计划出版社，1999，第34、36、37页。

1957 年 4 月，公私合营昆明市纸烟厂自愿加入云南纸烟厂。云南纸烟厂成为云南唯一的国营企业。①

二 烤烟生产的发展

1954～1957 年，烤烟生产迅速发展。1955 年全省种烟面积为 23.52 万亩、生产烤烟 20960 吨，比 1954 年的 8.61 万亩、5995 吨分别增长 1.7 倍和近 2.5 倍。同年，全国烟叶市场紧缺，促使云南大力发展烤烟生产②，并对收购烟叶实行粮食奖售。于是，1956 年全省种烟面积增至 108 万亩，烤烟产量达到 57350 吨，比 1955 年分别增长近 3.6 倍和 1.7 倍。但是，因为种烟新区面大、烤房及烤烟技术跟不上，低次烟叶多，质量普遍下降。1957 年强调稳定发展，主攻质量，于是全省种烟面积调整到 71 万亩。当年烤烟产量虽减少为 28150 吨，但仍多于 1954 年和 1955 年。③ 1956 年，烤烟除供本省卷烟厂使用外，还销往省外烟叶 30270 吨，占当年收购 47300 吨的 64%，并且于 1957 年第一次出口苏联、越南等国。④ 徐天骝说：1957 年，"云南烤烟，不仅支援国内市场及工业原料的需要，而且成为重要的外销物资。我国北至吉林、天津，东至上海、杭州，南至广州，还有武汉等地，都调入了优良的云南烤烟，国内用我省烤烟的省市达到 18 个。同时还要向苏联、越南和其他民主国家出口"。⑤

三 卷烟生产的发展

1954～1957 年，卷烟生产也有所发展。1954 年，云南省工业厅将 11 台卷烟机、7 台切丝机、12 台抽梗机、10 台简易包装机和 2 台炒丝机调给云南纸烟厂。简易包装机又经上海卷烟机械厂帮助改造为 20 支装的联合包装机，取代了简陋的模糊模壳机具，使卷烟包装逐步实现机械化。上述机器设备的调入，大大提高了云南纸烟厂的生产能力。此

---

① 《云南省志·烟草志》，第 194 页。
② 云南积极扶持烤烟生产，解决烟农购买化肥、燃料和建盖烤房的困难，向烟农以无息贷款方式支付预购定金，按预购总额的 18% 不低于 12% 的比例支付（见《云南省志·烟草志》，第 14 页）。
③ 《云南省志·农业志》，第 234 页。
④ 《云南省志·烟草志》，第 3 页。
⑤ 徐天骝编著《云南烤烟的栽培与烤制》，云南人民出版社，1958，前言。

外，从 1952 年至 1957 年，云南纸烟厂先后接管了大运烟厂和泰康烟（皂）厂，特别是公私合营的昆明市纸烟厂的并入，大大增加了设备，扩大了厂房，全厂员工从 1949 年的 204 人增至 1217 人，从而更加提高了生产能力。1957 年云南纸烟厂生产的卷烟达到 75340 箱，是 1953 年的 2.67 倍、1950 年的 50 倍。同年，云南卷烟除供省内 60000 箱外，调省外 4700 箱。还需提及的是，1957 年云南纸烟厂投产了"红山茶"牌香烟，1958 年又投产了"云烟"牌香烟。① 这两个牌号都是甲级卷烟，也是当时全国的卷烟精品，并成为后来昆明卷烟厂的重要品牌，一直生产至今。

至于 1954~1957 年，私营卷烟企业的生产情况，从《云南省志·烟草志》"云南早期机制卷烟厂一览表"中可知道一个大概：福安烟厂，有员工 30 人，生产"酒吧""四季平安"牌号卷烟，年产量为 1350 箱；侨光新记烟厂，有员工 47 人，生产"乐乡""南燕"牌号卷烟，产量为 4925 箱；东陆烟厂，有员工 208 人，生产"红姑娘""蓝战士""红步兵""国庆"等牌号卷烟，产量为 13500 箱；昆明烟草联合股份有限公司，有员工 177 人，生产"学府""奋飞""金猴""鸿雁""红领巾""红双环""鸭绿江""天下一家"等牌号的卷烟，产量为 5240 箱；华南联合烟厂，有员工 313 人，生产"德胜门""飞哥""蓝喜色""红星""正大""司令""工光""珍珠港""绿双凯""金鹿""金象""秧歌""四季春""农工""红腰鼓"等牌号的卷烟，产量为 8538 箱等。② 这些私营卷烟企业，生产规模不大，有些烟厂曾一度联合生产、入股分红，后来分批实行公私合营。至 1956 年实现了全行业公私合营，并于 1957 年全部并入国营云南纸烟厂。

由上所述，中华人民共和国成立以后，云南烟草产业起初经历了三年多的恢复时期，烤烟和卷烟生产得到了全面恢复，其产量都比 1949 年有明显增加。从 1954 年开始，云南烟草产业经历了生产资料所有制的巨大变化，公有制的云南纸烟厂获得了巩固和扩大，而 16 家私营卷烟企业则逐步相继实现公私合营，最后全部并入了公私合营的云南纸烟厂。云南纸烟厂成为云南独一无二的全民所有制烟草企业。

---

① 《云南省志·烟草志》，第 193 页。
② 《云南省志·烟草志》，第 195、196、198、199 页。

表1-1　1949~1957年云南省烤烟和卷烟产量统计

年份	烤烟种植面积（万亩）	烤烟产量（万吨）	卷烟产量（箱）
1949	3.9	0.21	
1950	3.9	0.21	1480①
1951	7.50	0.50	8129
1952	7.54	0.57	14848.3②
1953	8.08	0.68	28212
1954	8.61	0.60	40403
1955	23.52	2.10	42821.9③
1956	108.35	5.73	53866④
1957	71.79	2.82	75466

注：

①《云南经济四十年》作21456箱；

②1952年卷烟产量似应为14848箱；

③1955年卷烟产量似应为42821箱；

④《云南经济四十年》作68000箱。

资料来源：《云南省志·烟草志》，第67、220页。

第二章　云南烟草产业的曲折发展
（1958～1978年）

1958～1978年，是当代中国灾难重重的时期。反右斗争刚刚结束，便开始了"大跃进"和"人民公社化运动"，导致农业生产受到严重破坏；"调整、巩固、充实、提高"全面调整的方针，使国民经济取得了一定成效，然而不久便开始了灾难深重的"文化大革命"，将国民经济推到了濒于崩溃的边缘。云南烟草工业就是在这样的政治环境之中，徘徊、曲折地发展。

第一节　"大跃进"、"人民公社化运动"和"文化大革命"对农业生产和经济建设的破坏

一　"大跃进"对农业生产的破坏

1958年2月2日，中国共产党中央委员会机关报《人民日报》发表社论，第一次提出了国民经济"全面大跃进"的口号。从此，开始了当代中国"大跃进"的时期。

同年2月15日，中共云南省委机关报《云南日报》发表社论，题目是《坚决地干，大胆地干，彻底地干》。社论称"大跃进的形式，就像奔驰在铁轨上的火车一样，显示出历史必然性；农业、地方工业的高速增产的可能性也像'赤壁鏖兵'的前夜一样，万事俱备了"。这标志着云南紧跟全国形势，迎来了"大跃进"。不久，中共云南省委提出"向地下要水，向田里要粮"的号召，又发动了以盲目追求过度密植为中心的"大面积高产运动"，还将"人有多大胆，地有多高产"视为最时髦的口号。① 又在广大农

---

① 《当代中国的云南》编纂委员会：《当代中国的云南》（上），当代中国出版社，1991，第139、140、141页。

村掀起了"大放粮食高产卫星"的高潮等。本来,当时中国农业是实行"以粮为纲,全面发展"的发展战略,但在实践中却迅速走上了"以粮为纲,其他砍光",片面追求粮食产量的发展战略。这一农业发展战略,严重违背了农业发展客观规律,把发展种植业与多种经营对立起来,以前者否定后者;把发展粮食生产与经济作物生产对立起来,并以前者排挤后者,从而破坏了农业内部正常的产业联系,给农业带来了严重的破坏。①

云南省在"大跃进"期间(即1958~1960年),粮食作物总产量不仅没有增加,反而逐年下降:1958年从上年(1957年)的583.20万吨降为543.95万吨,1959年又降为507.15万吨,1960年再降为489.35万吨。② 换言之,1958年全省粮食产量比1957年减产6.7%,1959年比1958年又减产6.8%,1960年比1959年再减产3.5%。烤烟产量也呈下降趋势(详见下文)。可见,"大跃进"对云南农业生产包括烤烟生产造成的严重破坏是显而易见的。

二 "人民公社化运动"对农业生产的破坏

1958年8月29日,中共中央北戴河会议通过了《关于在农村建立人民公社问题的决议》,要求各地尽快将小社并大社,并转为包括工、农、兵、学、商,"政社合一、一大二公"的人民公社。从此,"人民公社化运动"在全国展开。

同年,中共云南省委雷厉风行,要求在10月15日前全省实现公社化。于是,一些刚刚由初级社合并而成的高级社,迅速变成了人民公社;一些民族自治地方1958年才完成和平协商土地改革,办起的互助组很快就被初级社、高级社所代替,紧接着又变成了人民公社;就连原来处于原始社会末期的一些少数民族,也"一步登天"建立了人民公社。③

人民公社的特点是"一曰大,二曰公",所谓"大"就是规模大,一般一乡一社,也有数乡一社,甚至以县组成联社;所谓"公",就是公有化程度高,在公社范围内贫富队拉平,平均分配。人民公社化运动是在所有制改革方面的一次严重的失误。第一,它把原来农业合作社范围内的集体所有急剧地过渡到公社所有,在全公社范围内统一核算、统一分配,极度地超越了生产力发展水平;第二,取消了社员的自留地和自留畜,集市贸易

---

① 曾培炎主编《新中国经济50年》(1949—1999),中国计划出版社,1999,第243页。
② 《云南省志·农业志》,第446页。
③ 《当代中国的云南》,第143、144页。

也被关闭；第三，大办"公共食堂""吃饭不要钱"，带有明显的军事共产主义色彩；第四，"政社合一"，在组织上为侵犯集体所有制提供了条件。实践证明，在所有制问题上盲目追求"一大二公"，急于取消个体经济，急于"提升"集体经济，急于将集体所有制过渡到全民所有制，是违背客观经济规律的①，其结果必然是对农业生产的极大破坏。

云南省的人民公社化运动与全国一样对农业生产造成了严重破坏。公社化前的1957年，云南全省农业总产值（其中包括烤烟产值）为16.56亿元，公社化开始后，1958年下降为15.29亿元、1959年又降为14.42亿元、1960年更降为13.92亿元②，逐年下降的趋势显而易见。1958~1960年三年间，云南省农业总产值从16.56亿元减为13.92亿元，减少2.64亿元，减少比例为16%。这样的减幅显然是巨大的。可见，人民公社化运动对云南农业生产带来了破坏。

三 "文化大革命"对经济建设的破坏

1966年5月16日，中共中央政治局扩大会议通过了《中国共产党中央委员会通知》，即《五一六通知》，宣告"文化大革命"正式开始；同年8月，中共八届十一中全会通过《中国共产党中央委员会关于无产阶级文化大革命的决定》，于是一场疾风暴雨的"文化大革命"席卷全国。这一场史无前例的深重灾难也很快降临到了云南各族人民头上。

"文化大革命"期间（1966~1976年），云南全省陷入长达10年的动乱之中。先是自下而上地揪"走资派"；接着是"怀疑一切""打倒一切"，挑动派性、"全面内乱""文攻武卫"；再接着是"划线站队""清理阶级队伍"推行"政治边防""批林批孔""批邓、反击右倾翻案风"；等等。一直到1976年10月江青反革命集团被粉碎，这场政治动乱才告结束。

"十年动乱"期间，林彪、江青反革命集团及其在云南的帮派肆意制造思想混乱，鼓吹"政治可以冲击一切"，宣扬"宁要贫穷的社会主义，不要富裕的资本主义"，"宁要社会主义的草，不要资本主义的苗"等，以此破坏各项生产建设。在工商业领域，把抓生产批判为"唯生产力论"，把正常的对外经贸关系批判为"崇洋媚外"，严重干扰企业的正常生产和对外经贸

---

① 曾培炎主编《新中国经济50年》（1949—1999），第40~41页。
② 《云南省志·农业志》，第435页。以上数据按1957年不变价格计算。

关系，使工商管理机构基本上陷于瘫痪状态。在农业领域，继续坚持和强化人民公社体制，把"农业学大寨"演变为体制上的"穷过渡"，长期关闭城乡集贸市场，将农民家庭副业视为"资本主义尾巴"，一割再割，使广大农村干部和群众发展农业和农村经济的积极性受到严重抑制等。①

"文化大革命"，使云南经济发展进程全部被打乱，各项社会主义建设事业受到严重摧残。1967～1976 年的 10 年间，全省工农业生产不仅发展缓慢，而且年度之间大起大落，极不正常。从工业方面说，1966 年处于"文革"发动阶段，正常秩序尚未被打乱，生产仍有所增长。但 1967～1969 年，严重的政治动乱，导致生产大幅度下降；特别是 1968 年，动乱加剧，工业总产值比 1966 年下降 74%，完成数只相当于 1953 年的水平。1970～1973 年，局势相对稳定，工业生产有所发展。1974 年，"批林批孔"，生产再次下降。1975 年，贯彻省委 26 号文件后，生产有所回升。1976 年，"批邓、反击右倾翻案风"，生产又大幅度下降，与上年（1975 年）相比，工业总产值下降 24.9%。这种大起大落，与当时的整个政治形势密切联系，直到 1976 年 10 月粉碎"四人帮"才告结束。农业方面，1966～1970 年，农业生产缓慢发展，农业总产值每年递增 3%；1971～1975 年，平均每年递增 5.2%。在这 10 年间，虽然有所增长，但都低于 1960～1964 年全面调整期间平均递增 6.5%的水平。粮食产量在"文革"期间，年均增长率只有 2.39%。由于长期坚持"以阶级斗争为纲"，大割"资本主义尾巴"，推行所谓"政治工分"，实行高征购政策，以及农业生产上的瞎指挥等，农民的积极性受到严重抑制和挫伤，农村经济的活力日趋萎缩，农民的生活水平不断下降。②

至于本书所论述的烟草生产深受"文化大革命"破坏的详情，则见下文所述。

第二节　烤烟生产的曲折发展

1958～1978 年的 20 年间，由于遭受"大跃进"、"人民公社化运动"和"文化大革命"的严重破坏，云南烤烟生产经历了曲折发展的过程。

1958 年，国家第二个五年计划提出"以钢为纲，以粮为纲"的方针，

---

① 参见《当代中国的云南》（上），第 173～178 页；曾培炎主编《新中国经济 50 年》（1949—1999），第 246 页。

② 《当代中国的云南》（上），第 182、183 页。

因此云南忽视多种经营,大面积减少烤烟种植面积,从1956年的108万亩减为58万亩,减少50万亩;烤烟产量也从1956年的5.73万吨减至2.58万吨,减少一半多。1959~1965年,全省烤烟种植面积大约在三四十余万亩之内徘徊,烤烟产量在每年2万~4万吨徘徊;种烟面积和烤烟产量均未达到1956年的水平。

1966~1976年"文化大革命"期间,全省烤烟种植面积在40万~90万亩徘徊,其中大多数年份是四五十万亩,亦未达到1956年的水平。烤烟产量在3万~10万吨之间徘徊,平均年产5.79万吨,刚刚达到1956年的水平。1977~1978年,烤烟面积和产量均有所增加。需要述及的是,此期间,由于卷烟原料不足,在全省提倡搞多叶烟和留叉烟,培养再生烟,烤烟产量虽然有所上升,但质量却大大下降。1962~1972年,上等烟从总收购数的4.92%,下降到2.96%,其中1964年、1965年、1970年、1971年4个年份,上等烟仅占总收购数的1.35%~1.72%。1973年至1978年,烤烟质量也没有明显上升(见表2-1)。①

由上所述,1958~1978年,云南烤烟生产曲折发展,无论种植面积和产量,都是有的年份上升,有的年份下降;而上升或下降的幅度都不大。同期,云南烤烟的质量明显下降,已经影响了其在全国的良好声誉。

表2-1　1958~1978年云南烤烟种植面积与产量统计

年份	烤烟面积(万亩)	烤烟产量(万吨)	年份	烤烟面积(万亩)	烤烟产量(万吨)
1958	58.71	2.58	1969	46.72	4.03
1959	48.53	3.24	1970	44.57	3.25
1960	54.16	2.89	1971	48.45	3.98
1961	34.47	1.86	1972	56.16	5.52
1962	35.34	2.55	1973	62.77	7.34
1963	38.29	3.18	1974	69.70	6.32
1964	44.70	4.03	1975	80.50	9.72
1965	49.56	4.65	1976	90.07	10.10
1966	49.42	4.83	1977	92.62	10.63
1967	51.44	5.26	1978	94.84	12.26
1968	46.70	3.73			

资料来源:《云南省志·烟草志》,第67、68、69页。

---

① 参照《云南省志·烟草志》,第4、67、68、69页。

第三节　卷烟生产的曲折发展

1958～1978年的20年间，由于遭受"大跃进"、"人民公社化运动"和"文化大革命"的破坏，云南卷烟生产也经历了曲折发展的过程。

一　卷烟企业的新建与调整

1958年，国家调整沿海大城市重复企业，经上海市计划委员会与云南省计划委员会商定，将上海华美烟厂搬迁到云南。后经云南省人民政府批准，将上海华美烟厂的设备拨给玉溪，由玉溪在其烤烟厂的基础上投资兴修卷烟厂。1959年5月4日，卷烟设备安装完毕并正式试车生产，于是"云南省玉溪烤烟厂"正式更名为"云南省玉溪卷烟厂"。1963年，"云南省玉溪卷烟厂"又更名为"国营玉溪卷烟厂"。[①]

1964年1月1日，云南纸烟厂正式更名为"国营昆明卷烟厂"，其"云烟"和"红山茶"已畅销全国各地。

1966年，中国烟草工业公司决定在曲靖大坡寺建立烟叶复烤厂。

1970年，云南省轻工业厅批准在昭通建立卷烟厂。

1975年，云南省计划委员会和云南省建设委员会批准新建楚雄卷烟厂。[②]

上述曲靖、昭通、楚雄3个卷烟企业的新建，使云南烟草工业布局逐步趋向合理；尤其是"玉溪卷烟厂"的建立，为后来云南烟草工业的大发展奠定了良好基础。

二　卷烟设备的引进

1973年，昆明卷烟厂投资39.6万美元，从英国和联邦德国引进卷烟与包装机组等设备。

1975年，从英国进口的MK8D卷接机组一套，效率110～130包/分和从联邦德国进口包装机组一套，效率140～250包/分等运抵昆明并安装投产。[③]

[①] 红塔烟草（集团）有限责任公司编纂《红塔集团志》，云南人民出版社，2006，第12、26页。
[②] 《云南省志·烟草志》，第14、15页。
[③] 昆明卷烟厂志编纂委员会编纂《昆明卷烟厂志》，云南人民出版社，2008，第16、17页。

昆明卷烟厂率先引进西方国家先进卷烟设备之举，开创了我国烟草行业引进国外先进设备的先河，对后来我省以及其他有关各省烟草企业引进国外先进设备产生了颇大影响。

三 卷烟生产的曲折发展

1958～1960年"大跃进"期间，云南纸烟厂提出赶超英国"茄力克"牌卷烟的目标。经过大小数百次试验，终于研制出高规格、高品质的新产品。因为它是全国首创唯一使用云南烟叶、单一配方制造的甲级烟，故定名为"云烟"。1958年7月，"云烟"正式定型，据测定，无论在色、香、味等内在质量方面，还是在烟支的外观、包装质量方面，都达到甚至超过英国的"茄力克"的水平。"云烟"上市后，受到国内外市场好评；1959年初，还销往越南、蒙古国、捷克斯洛伐克、民主德国、缅甸以及我国香港、澳门等国家和地区。①

在此期间，卷烟产量有所增加。1958年生产卷烟107315箱，1959年和1960年分别为196740箱和263093箱，都远远超过了1957年。但是，由于深受"大跃进"的影响，盲目追求高指标、高速度，造成了产品质量下降，企业严重亏损。② 再加上当时由于贯彻"以粮为纲"的方针，导致烤烟种植减少和烤烟产量下降。云南纸烟厂由于卷烟原料紧缺，不得不使用烟梢，甚至荷叶作卷烟填充料，从而对卷烟质量更加带来不良影响。③

1966～1976年"文化大革命"期间，卷烟生产受到的冲击和破坏更加严重。

1966～1968年，昆明卷烟厂受"文化大革命"冲击，领导机构和管理制度瘫痪，全厂生产经营陷入困境，卷烟产量急剧下降。1965年生产卷烟为132791箱，1967年下降为69469箱，1968年更降至22044箱，仅为"文革"前（1965年）的16.6%，倒退到20世纪50年代初的水平。玉溪卷烟厂于1959年5月建成投产，当年生产卷烟5.37万箱，1960年增为12.23万箱，但1968年锐降至5.31万箱，只及1960年的43.3%，降幅之大显而易见。1968年，"文化大革命"进入高潮，不仅使昆明、玉溪两大卷烟厂产量大大下降，而且也使其卷烟质量大大下降。当时，昆明、玉溪两卷烟厂主

---

① 《昆明卷烟厂志》，第43页。
② 《昆明卷烟厂志》，第43页。
③ 《云南省志·烟草志》，第4页。

要统一生产乙级春城烟和金沙江烟，丙级红缨烟和钢花烟，丁级春耕烟，戊级经济烟。全年总产卷烟75132箱，其中甲级烟仅40箱，占总产量的0.05%，比1965年减少0.19%。丙级烟占47.99%，比1965年增加8.93%。① 可见，卷烟质量因受"文革"冲击而显著下降。

1969～1978年，卷烟产量有所回升。昆明卷烟厂建立和恢复领导机构和管理制度，研制开发新产品"田七""茶花"等牌号香烟；引进国外先进卷烟生产设备，开发云南过滤嘴香烟，从而迅速提高卷烟生产能力。1969年生产卷烟15万箱，比1968年的7.5万箱增加1倍。1970～1972年，猛增为30.22万箱。需要提及的是，1975年，昆明卷烟厂首次生产过滤嘴烟，从而结束了云南不能生产滤嘴香烟的历史。② 玉溪卷烟厂的卷烟生产回升也较快，1969年从上年（1968年）的5.31万箱增为12.37万箱，增长1.3倍。此后，从1970年的13.94万箱，增为1975年的20.84万箱；又从1976年的15.74万箱，增至1978年的27.50万箱。③ 其间显然有起有伏，但增长仍是较快的。

"文化大革命"期间新建的几个卷烟厂，其卷烟生产发展缓慢，产量远不如"昆烟"和"玉烟"两厂。曲靖烟叶复烤厂于1972年下半年生产了277箱"试制品"卷烟。1973年，该厂更名为"曲靖地区卷烟厂"，当年生产卷烟7323箱。1974年增为12012箱，1977年又增至61861箱，1978年下降为34608箱。④ 昭通卷烟厂于1971年1月正式投产，生产钢花、红缨、春耕等牌号香烟2195箱。1977年生产卷烟增为20601箱，1978年下降为8828箱。⑤ 楚雄卷烟厂于1976年7月试车投产，当年生产卷烟154箱。1977年增为11389箱，1978年又增为11513箱。⑥ 红河卷烟厂，成立于1975年。次年生产红河等牌号卷烟682箱，1978年增为1082箱；同年在国家整顿计划外卷烟厂时，被关闭。⑦ 此外，大理生产毛烟、斗烟丝和雪茄烟的企业，也生产少量卷烟。⑧

---

① 《昆明卷烟厂志》，第48页；《红塔集团志》，第134页；《云南省志·烟草志》，第219页。
② 《昆明卷烟厂志》，第48、49、130页。
③ 《红塔集团志》，第207、208页。
④ 《云南省志·烟草志》，第236、242页。
⑤ 《云南省志·烟草志》，第244、247页。
⑥ 《云南省志·烟草志》，第252、255页。
⑦ 《云南省志·烟草志》，第263页。
⑧ 《云南省志·烟草志》，第256页。

由上所述，1958~1978年，云南卷烟生产曲折发展，新建了几个烟厂，引进了一批外国先进卷烟设备，开发了几个新牌号，有一些年份卷烟产量有所增加。但是，在三年"大跃进"和十年"文革"期间，无论是卷烟的产量，还是卷烟的质量都大幅下降，导致烟厂严重亏损（见表2-2）。

表2-2　1958~1978年云南卷烟产量统计

单位：箱

年　份	卷烟产量	年　份	卷烟产量	年　份	卷烟产量
1958	107315	1965	228019	1972	302700
1959	196740	1966	235978	1973	352487
1960	263093	1967	172787	1974	415346
1961	224059	1968	75132	1975	435338
1962	225356	1969	273924	1976	359700
1963	218286	1970	271098	1977	623000
1964	225992	1971	263927	1978	633300

资料来源：《云南省志·烟草志》，第220、221、222页。

附录一　当代云南土烟（晾晒烟）的种植与购销

云南土烟（即一般所说的晾晒烟）在近代曾有较大发展，1932年全省种植土烟达23.8万亩，生产土烟多达2195.4万公斤，在全国13个重点产烟省中居于第三位（详见本书近代篇第一章第一节）。

自20世纪40年代以后，由于推广种植烤烟，市场上卷烟行销，民众吸烟嗜好发生变化，由吸土烟改吸卷烟，于是土烟市场日渐缩小，土烟种植面积因此逐渐减少。1949年土烟种植面积减为9.44万亩。

50年代以后，全省土烟种植面积稳定在10万~20万亩。1983年，全省土烟种植面积不足10万亩。1985年增至21.36万亩，也未超过1932年的面积。据统计，1950~1955年，全省土烟年均种植面积为16.48万亩；1970~1985年，年均种植11.52万亩。从1950年至1985年，前后三十余年，土烟种植面积已显著减少。虽然全省各地都有土烟种植，但主要产区在昭通、曲靖、玉溪、红河、大理、文山、保山和丽江等州市。据

20世纪80年代统计，种植面积在500~1000亩的有金平、镇源两县，1000~2000亩的有姚安、广南、孟连、巍山、镇康、盈江六县，2000~3000亩的有施甸县，5000~6000亩的有会泽、绥江两县，7000~8000亩有蒙自县，9000~10000亩以上的有宣威、腾冲两县。1985年统计显示：全省土烟种植面积21.36万亩，占烟草总面积的6.64%；土烟较集中的产区是保山、临沧、昭通和曲靖4个地区，其种植面积占全省土烟种植面积的60.4%。

云南种植的土烟名称众多，各具特色。比较著名的土烟有：罗平八大河烟、师宗五洛河烟、会泽乐业烟、蒙自新安所晒黄烟、富源大河烟、大姚赵户冲烟、云龙天登烟、宾川白塔烟、巍山南门烟、南涧乐居烟、腾冲绮罗生切烟、陇川户撒烟、瑞丽弄岛烟、永胜上川烟、丽江阿喜烟、双柏野牛场烟、绥江花铁杆烟等。经评级和化验分析，这些土烟有的香气充足，有的香气较好，有的产生焦油少，有的具有较好的填充性。如蒙自晒黄烟、腾冲生切烟、巍山晒红烟是各卷烟厂生产混合型卷烟不可缺少的原料，会泽乐业柳叶烟、绥江花铁杆烟成为生产雪茄烟的重要原料。

云南土烟产量不断减少。据统计，1949年全省生产土烟3186.8吨，占当年烟草产量的59.09%。1950~1955年，全省年均生产土烟5033吨，占同期烟草总产量的39.27%；1970~1985年，年均生产土烟7093.8吨，占同期烟草总产量的5.03%。可见，土烟产量日渐减少，而烤烟则逐渐占据烟草产量的主导地位。[①]

云南生产的土烟，有一部分是农民自产自吸，投入市场销售的只是其中一部分。全省土烟购销归口由供销社系统经营。云南省供销社曾经先后实行过购留政策、奖励政策和分等论价政策；1980年以后，土烟市场开放，议购议销，取消奖售。从此，农民和个体商贩经营量增多，供销社收购量则不断减少。此外，省供销社为使土烟调剂余缺，既调供省外，如1983年调供北京、天津；又从省外调入，如从四川调入川烟、金堂烟。[②] 至于云南历年土烟购销情况（见表2-3）。

[①] 《云南省志·烟草志》，第39页；《云南省志·农业志》，第232、233页。
[②] 云南省供销合作社编纂《云南省志》卷17《供销合作社志》，云南人民出版社，1992，第144、145、146页。

表 2-3　1955~1984 年云南土烟购销情况

单位：吨

年　份	省内收购	省外调入	销　售	调　出	备　注
1955	1963.40		675.70		
1956	1737.00		157.00		
1957	1580.00		1178.45		
1958	902.30		1070.10	14.75	
1959	710.95		908.10		
1960	515.10		396.20		
1961	409.35	3.10	379.25	1.10	
1962	478.76		518.90	60.10	
1963	1054.65		553.70	25.30	
1964	1049.40	3.35	1011.00	9.90	
1965	1452.90	123.05	930.65	18.80	
1966	1530.45	936.60	1003.15	0.10	
1967	975.20	41.45	438.30		
1968	684.00	154.30	654.30		
1969	925.50		459.40		年末库存数不计
1970	838.00	55.30	791.30		
1971	718.65		623.75	12.90	
1972	788.75	12.85	607.55	7.58	
1973	1080.75	64.40	650.55	0.80	
1974	917.40	46.85	748.20	0.75	
1975	1438.80	38.95	860.70	74.75	
1976	1249.00	62.25	1057.00	79.60	
1977	1288.90	163.30	1150.45	47.00	
1978	1249.45	258.65	1221.75	97.45	
1979	860.85	321.45	1084.55	220.85	
1980	434.40	160.40	814.90	39.20	
1981	1243.65	263.35	1259.80	28.05	
1982	1609.05	185.65	753.30	55.25	
1983	482.40	95.70	1320.05		
1984	350.60	35.25	612.20		

资料来源：《云南省志·烟草志》，第 49、50 页。

由表 2-3 可知：1955~1984 年的 30 年间，云南省供销社在省内收购的土烟，只有 5 个年份在 1500 吨以上，即 1955 年为 1963.40 吨、1956 年为 1737 吨、1957 年为 1580 吨、1966 年为 1530.45 吨、1982 年为 1609.05 吨，其余年份大多在 1000 吨左右，最少为 1980 年 434.40 吨、1983 年为 482.40 吨、1984 年少至 350.60 吨。可见，土烟收购的趋势是逐渐减少，从 1955 年的 1900 余吨，减至 1984 年的 350 吨。省外调入最多是 1966 年，达到 936.60 吨，而大多数年份才是几十吨。可见云南土烟基本上能自给自足。销售数大多年份为 1000 吨左右，最多是 1983 年销售了 1320 吨，最少是 1956 年仅销售 157 吨。至于调出省外的部分，则为数甚少，最多是 1962 年为 60.10 吨、1975 年为 74.75 吨、1976 年为 79.60 吨、1978 年为 97.45 吨、1979 年为 220.85 吨；有的年份仅仅是几吨，甚至不足 1 吨。总之，云南土烟购销随其产量下降而不断减少。

附录二　当代云南烟丝加工业的发展与衰落

在近代篇第一章第二节中，我们已经知道云南的烟丝加工始于清同治八年（1869）。晚清与民国时期，烟丝加工业迅速发展起来，蒙自刀烟和通海黄烟颇享盛名。

新中国建立后，云南烟丝加工工业有一定发展。当时，各地政府为加强烟丝生产管理，便将个体切烟户组织成烟丝社或烟丝厂。这些烟丝社（厂），有的生产刀烟或黄烟，有的还生产斗烟。

蒙自县，于 1954 年建起了刀烟工艺社。1963 年，研制出电动切丝机 12 台，并将其推广到通海、江川等县。1968 年，蒙自刀烟工艺社年产烟丝达 51480 公斤。迄于 1984 年，红河州的蒙自、弥勒、石屏、泸西和建水 5 个县，均生产烟丝，有手工和机械切烟机具 2279 台，年产烟丝 100 万公斤。此外，罗平、玉溪和通海等县也生产刀烟。其原料讲究，制作精巧，色泽好，味香醇，与蒙自刀烟一样享有盛誉。

通海县是生产烟丝最多的县，1989 年，出产的黄烟多达 286.36 吨。该县还多次为思茅、丽江、东川等地代加工烟丝。

昆明市也生产烟丝。1956 年，由 18 家个体手工业切烟户组成"五华烟丝生产合作社"，主要生产和销售手推刀烟和斗烟丝。1956~1961 年，其产品畅销，产量逐年提高。1965 年"盘龙区烟丝"并入，成立"昆明市烟丝合作社"。1970年，除生产刀烟丝和斗烟丝外，开始生产雪茄烟。1971～1977年，因纸烟供应紧缺，其生产的烟丝畅销，产量、产值上升。1978年，因盲目追求产量，品种不求改进，造成畅销不佳，斗烟丝积压，霉坏变质。1979年出现半停产状态。1980年，更新设备，添置新中国卷烟机，次年停止生产刀烟丝，转入生产雪茄烟和中低档卷烟，更名为"昆明雪茄烟厂"。1988年并入昆明卷烟厂，更名为"昆明卷烟厂分厂"，为独立核算、自负盈亏的集体所有制企业。

从20世纪70年代以后，云南烟丝加工工业逐渐走向衰落。当时，由于有了电动切烟机，烟榨便逐步被电动切烟机所取代，更主要的是不少吸用烟丝的人改为吸用卷烟，于是烟丝产量日趋下降。迄于1989年，全省尚存的烟丝加工厂以及私人作坊仅有302个，其生产的烟丝合计不过1500吨，还不及民国23年（1934）通海一县生产烟丝（180万公斤）的水平。[①]

[①] 《云南省志·烟草志》，第182、183、260、261页；张季直：《云南名烟创始记》，载《云南文史资料选辑》第四十七辑，云南人民出版社，1996，第179页。

第三章　云南烟草产业的大发展
(1979~2000年)

1978年12月18日至22日，中国共产党召开第十一届中央委员会第三次全体会议。这次会议是我国历史上一个伟大的转折点，是一个新的历史发展阶段的开端，是中国经济走向新的振兴的起点。这次全会提出要把全党工作重点从"以阶级斗争为纲"转到以经济建设为中心的轨道上来。全会在总结1949年后经济建设经验和教训的基础上，明确提出了改革与开放的任务。① 从此，改革开放成为中国经济建设和实现现代化的根本方针。

1979年至2000年，云南烟草产业在改革开放方针的指引下，在改革中发展，在深化改革中大发展，一步一步地迈向辉煌。

第一节　管理体制的改革

一　设立集中统一的管理机构

20世纪70年代末80年代初，云南省的烟草产业与全国一样处于分散管理的状态，农业部门管烤烟种植，供销社管烤烟购、销、调、存，轻工业部门管卷烟生产，商业部门管烤烟销售。这种分散经营的体制，常常发生相互制约的矛盾，非常不利于烟草产业的向前发展。

1981年5月，国务院同意并批转轻工业部《关于实行烟草专营的报告》的通知，称"为了加强对烟草行业的集中管理，改善市场卷烟供应，增加国家财政收入，决定对烟草行业实行国家专营，成立中国烟草总公司，并授予一定的行政权力"；"总公司对烟草行业实行产供销、人财物的集中管理"，并要求"河南、山东、云南、贵州等烟叶集中生产的省，应尽快成立

---

① 赵德馨：《中华人民共和国经济史》(1967—1984)，河南人民出版社，1989，第411页。

省公司……"①

1982年3月27日，云南省人民政府根据国务院的上述通知，正式成立云南省烟草公司，并要求该公司"对所属经济单位实行产供销、人财物集中统一管理，在国家计划指导下，组织全省烟叶的复烤、分配、调拨、出口货源和卷烟生产、调拨批发等业务。烟草的种植和县以下的收购业务，仍维持原来的经营管理体制，分别由农业部门和供销社负责……"②

1983年10月5日，云南省人民政府同意批转省烟草公司《关于进一步建立健全我省烟草单位机构的报告》，决定"先把七个地州市和四十五个重点产烟县的烟草公司建立健全起来……"同年11月22日，云南省人民政府又同意并批转省烟草公司《关于我省全面执行烟草专卖条例加速烟草机构建设的报告》，称"逐步建立健全各级烟草机构，是烟草行业实行集中统一管理、专营专卖的一项必要措施，望各地在进行机构改革时，抓紧将这些地、州、市、县公司、专卖机构于今年十二月底以前建立起来……"③ 至此，在先前已经批准成立的7个地州市和45个重点县烟草分公司的基础上，又增加了8个地州市和18个县（市）烟草分公司。全省共计15个地州市和63个县（市）都先后成立了烟草分公司。

至1983年12月底，已成立烟草分公司的15个地州市是：曲靖、玉溪、楚雄、昭通、昆明、红河、大理、东川、文山、思茅、西双版纳、临沧、保山、德宏、丽江。此外，迪庆州和怒江州，因卷烟销售业务工作量较小，不成立州分公司，卷烟销售业务分别委托丽江、保山地区分公司代管。各地州市的烟草分公司，接受各地的市人民政府和省烟草公司的双重领导，业务以省烟草公司为主管理。地州市烟草公司实行独立核算、自负盈亏。④

至1983年12月底，已成立烟草分公司的63个县（市）是：第一批45个重点产烟县（市）有：路南、宜良、禄劝、嵩明、玉溪、江川、澄江、通海、华宁、峨山、易门、新平、元江、楚雄、牟定、南华、姚安、大姚、永仁、元谋、屋顶、陆丰、曲靖、马龙、富源、宣威、罗平、寻甸、会泽、

---

① 《云南省志·烟草志》第413页附录《国务院批转轻工业部〈关于实行烟草专营的报告〉的通知》。
② 《云南省志·烟草志》附录《省人民政府关于成立云南省烟草公司的通知》，第417、418页。
③ 《云南省志·烟草志》，第421、422、425、426页。
④ 《云南省志·烟草志》，第426页。

陆良、弥渡、宾川、弥勒、泸西、建水、开远、昭通、鲁甸、巧家、永善、盐津、大关、镇雄、彝良、威信。第二批18个县（市），包括种烟在2000亩以上，并有一定卷烟销售量的9个，即呈贡、晋宁、富民、安宁、巍山、砚山、广南、石屏、绥江；卷烟销售量每年在3000箱以上的也是9个，即蒙自、个旧、水富、富宁、洱源、鹤庆、永胜、云县、大理。全省其余55个县（市），因年销售量不到3000箱，故不成立或暂缓成立烟草公司。各县（市）烟草分公司，受各县（市）人民政府及上级烟草公司的双重领导，业务以上一级烟草公司为主管理。各县（市）烟草公司实行独立核算、自负盈亏。①

1985年1月13日，云南省人民政府和中国烟草总公司就云南省烟草公司上划交接事宜达成协议。主要内容是："省公司所属烟叶复烤厂、卷烟厂、雪茄烟厂、烟草分、县公司及其基层单位（包括烟叶收购站、点和土复烤）和省公司直属企业、事业单位，以及今后继续组建的烟草分、县公司等企事业单位，从1985年1月1日起上划总公司，实行由总公司和地方政府双重领导，以总公司为主的管理体制。上划后企业的产供销、人财物、内外贸，由总公司统一管理；党的关系仍由地方负责管理，省公司既是总公司的直属企业，又是云南省人民政府赋予厅级管理烟草事业的职能部门……"②

由上所述，从云南省烟草公司成立，到15个地州市成立烟草分公司和63个县（市）成立烟草公司，再到云南省烟草公司及其所属企事业单位与烟草分、县公司等"上划"中国烟草总公司，逐步建立起对烟草行业实行高度集中统一的管理体制，从而结束了以前多头管理、分散经营的状态。实行国家专营专卖，主要目的在于增加并保证国家从烟草产业所获得的巨大财政收入。这种高度集中的统一管理体制，对于烟草产业有计划地发展生产、提高质量、调节消费和增加积累等，具有一定的积极作用。

二 建立国家烟草专卖制度

前面已述，1981年5月，国务院同意并批转的轻工业部《关于实行烟

---

① 《云南省志·烟草志》，第426页。
② 《云南省志·烟草志》附录《关于云南省烟草公司上划交接协议书》，第427、428、429页。

草专营的报告》中，提出了"对烟草行业实行国家专营"的决定。① 这为建立国家烟草专卖制度做了前期准备。

1983年9月23日，国务院发布《烟草专卖条例》。"条例"共有8章。在第一章总则第一条中称，"为了对全国范围的烟草行业实行高度集中的统一管理，建立国家烟草专卖制度"，"有计划地发展生产，提高质量，改善供应，调节消费，增加积累"；第二条规定了烟草专卖的范围，包括卷烟、雪茄烟、烟丝、烤烟、名晾（晒）烟、卷烟盘纸、过滤嘴、卷烟专用机械；第三条明确提出"设立国家烟草专卖局，对烟草专卖进行全面的管理"，并规定"省级、县级人民政府，设立烟草专卖的行政、管理、业务经营机构，其工作分别受上一级烟草专卖局、烟草公司和当地人民政府双重领导，以上一级烟草专卖局、烟草公司为主"。其他第二章至第八章分别阐述烟草种植和收购，卷烟生产和销售，价格、商标和运输，卷烟盘纸、过滤嘴、卷烟专用机械的生产和分配，进出口贸易和对外经济合作，奖励和处罚。在附则中规定"本条例自1983年11月1日起施行"。② "条例"内容丰富，各项规定明确，成为全国各有关省区市实施烟草专卖的指导方针，并为后来"烟草专卖"立法，奠定了基础。

云南省人民政府根据《烟草专卖条例》的规定，于1983年11月2日正式成立"云南省烟草专卖局"，对全省烟草实行专卖管理。此后，各地、州、市、县的烟草专卖机构相继成立。

云南省烟草专卖局根据《烟草专卖条例》，并结合云南省烟草管理的实际情况，于1988年2月制定了《关于加强烟草专卖管理的暂行规定》，并经云南省人民政府批准，印发全省各有关单位和部门，要求"认真贯彻执行"，该"暂行规定"共8款14条。主要内容有5个方面：（1）烤烟收购和调拨必须实行计划管理和集中管理的原则；（2）卷烟生产必须实行计划管理，接受专卖部门的监督；（3）在专卖体制和计划监督下，烟草系统内要搞活卷烟流通；（4）进口卷烟必须有进口卷烟许可证；（5）坚决打击违法活动等。③ 该"暂行条例"成为云南贯彻国家《烟草专卖条例》的"实施细则"。

云南省实施烟草专卖后，除了宏观的专卖管理外，还做了许多颇有成

---

① 《云南省志·烟草志》，第413页。
② 《云南省志·烟草志》，第434、435、436、437页。
③ 《云南省志·烟草志》，第437、438页。

效的工作，其中主要有 4 个方面。一是颁发烟草专卖许可证。从 1984 年开始至 1989 年初，共颁发烤烟收购许可证 2384 个，其中烟草系统 2300 个，系统外 84 个；颁发卷烟零售许可证 65026 个，其中国营 2574 个，集体 8177 个，个体 54275 个；颁发卷烟调拨许可证 7 个。二是实行烟草准运证，即将烟草运输也纳入专卖范围，实行卷烟、雪茄烟、烟丝由铁路整车运输出省，而由专卖管理部门发给准运证。1990 年 6 月，云南省烟草专卖局根据国家烟草专卖局《烟草准运证使用管理办法》，强化了云南关于烟草准运证的使用与管理。三是关停计划外烟草和烟机企业。1978～1987 年，先后关停了计划外的红河卷烟厂、祥云卷烟厂、昭通市低档烟车间；关闭了无生产许可证的江川机械厂和农机厂的切烟丝机车间；红河州烟草专卖局还征收了无证经营烟丝的切烟丝机 453 台等。四是加强市场管理。首先是取缔无证经营和黑市交易；其次是打击假冒卷烟；再次是加强商标印制管理；最后是加强边境烟草市场和进口外烟的管理等。①

云南省在实施烟草专卖的过程中，不断建立健全各级烟草专卖机构。截至 1990 年底，全省有 14 个地州市和 66 个县（市）成立了烟草专卖局，并配备了专职专卖管理人员。

成立烟草专卖局的 14 个地州市是：昆明、玉溪、曲靖、楚雄、昭通、红河、大理、文山、临沧、丽江、东川、保山、德宏、怒江。

成立烟草专卖局的 66 个县（市）是：宜良、嵩明、路南、禄劝、晋宁、昭通、鲁甸、巧家、盐津、大关、绥江、镇雄、彝良、威信、水富、曲靖、马龙、宣威、富源、罗平、师宗、陆良、会泽、寻甸、楚雄、双柏、牟定、南华、姚安、大姚、永仁、武定、禄丰、玉溪、江川、澄江、通海、华宁、易门、峨山、新平、元江、个旧、蒙自、建水、石屏、弥勒、泸西、大理、祥云、宾川、弥渡、巍山、永胜、华坪、宁蒗、云县、永善、开远、元谋、洱源、文山、砚山、西畴、广南、邱北。

上述地州市县的烟草专卖局，与所在地的同级烟草公司实行一个机构两块牌子，受同级人民政府与上级烟草公司及专卖局双重领导，业务上以上一级烟草公司与专卖局为主管理。②

1991 年 6 月 29 日第七届全国人民代表大会常务委员会第二十次会议通

---

① 《云南省志·烟草志》，第 281～284 页。
② 《云南省志·烟草志》，第 281、426 页。

过《中华人民共和国烟草专卖法》。这是我国有史以来第一部烟草法典,把国家烟草专卖制度和管理体制用法律的形式加以确立和巩固。这部《烟草专卖法》,以1983年的《烟草专卖条例》为基础,并结合其实施近八年来的实际情况,做了不少必要的修改。整部《烟草专卖法》,共8章46条。在第一章总则中,开宗明义指出国家实行烟草专卖管理的目的,是"有计划地组织烟草专卖品的生产和经营,提高烟草制品质量,维护消费者利益,保证国家财政收入"。第三条说明"国家对烟草专卖品的生产、销售、进出口依法实行专卖管理,并实行烟草专卖许可证制度"。其他第二章至第八章,分别涉及烟叶的种植、收购和调拨,烟草制品的生产、烟草制品的销售与运输,卷烟纸、滤嘴棒、烟用丝束、烟草专用机械的生产和销售,进出口贸易和对外经济技术合作,法律责任等。[1] 其内容全面系统,各项规定切实可行。《烟草专卖法》的颁布,使我国烟草行业从此走上了依法治烟的轨道。它是烟草行业进行管理体制改革的重大成果,同时也标志着我国烟草行业的改革又进入了一个新的历史阶段。

我国烟草专卖制度从1983年建立至今,已有30余年。这种"统一领导、垂直管理、专卖专营"的烟草管理制度,在一定程度上保证了烟草行业能够持续、稳定、健康地发展,其成效是显著的,主要有下述几个方面:基本上满足了居民的消费需求;烟草制品在结构、质量和技术方面都得到了很大提高;行业整体盈利能力和盈利水平都得到了极大提高;我国烟草企业把95%以上的国内市场份额牢牢地控制在自己手中,并且国内领先企业的经济效益还保持在相对较高的水平;有效地制止了重复建设和盲目发展,极大地减少了资源浪费和财政流失;打击了各种违法经营活动,有力地维护了国家和广大消费者的利益;烟叶生产稳定发展,烟叶质量稳步提高,全国烟叶良种化面积达到90%以上。[2]

需要指出的是,烟草专卖制度实行的是完全专卖、国家专卖的形式。专卖就是垄断,国家专卖就是国家垄断,即由国家直接控制、垄断经营,在"产供销、人财物、内外贸等方面实行统一领导、垂直管理和专营专卖"。在现阶段,烟草产业是国家重要的税收来源,对国家财政有举足轻重的作用。因此,为了保证财政收入,实行由国家直接专营专卖的烟草制度

---

[1] 《云南省志·烟草志》附录,第441、442、443、444、445页。
[2] 王家荣:《中国烟草体制历史、现状与问题》(专题报告一),2005年1月,XinXin100.com。

是必要的。但是，随着世界经济一体化的进程，尤其是我国加入 WTO 以后，受到越来越大的跨国公司所施加的压力，我国政府将逐渐放松对烟草等垄断行业的管制。经过一段较长时间，待我国财力更大增加、各项配套措施逐步到位之后，烟草专卖制度必将成为历史。

三 推进市场化改革

云南省烟草公司及其卷烟销售公司（前身为云南烟草公司销售经理部）在坚持国家烟草专卖的前提下，积极推进市场化改革，大力开拓多种形式的卷烟销售市场。它们的做法被称为"在专卖的笼子内搞活动"。

1. 指令性计划指导下的卷烟调拨、专卖与留成

卷烟是国家计划产品。在国家计划指令下，实行调拨、专供与政府留成。

（1）调拨

省内调拨：1982 年以前，省内各地州市县市场所需要的卷烟，由主管部门于头年冬向上级主管部门报送要货计划，经上级平衡后，按分配好的等级牌号及其数量调拨给全省地州市县。1982 年 4 月以后，采取一年召开两次或一次全省卷烟产销计划平衡会议的办法，衔接计划，签订合同，按照合同调拨卷烟。

省外调拨：云南卷烟调出省外始于 1953 年。此后省外调拨从未停止。1981 年调拨出省卷烟 62.08 万箱，占当年卷烟收购量的 61.7%。1987 年以后，执行计划分配与自由选购相结合、二级批发在全国放开、三级批发在省内放开的原则，全年全省卷烟调拨省外 185.93 万箱，是 1981 年的 3 倍。1989 年省外调拨 302.37 万箱，第三年（1990 年）增加为 317.75 万箱，逐年增加的趋势明显。云南卷烟调拨的省区市，1981 年以前主要是四川、北京、河北 3 个省市；1982 年以后，增加了辽宁、吉林、黑龙江、广东、广西、江苏、福建、内蒙古、山西、陕西、江西、新疆、青海、河南、湖北、山东、海南等省区；1990 年以后，除台湾省外，全国各省区市均调入云南卷烟销售。[①] 可见，云南卷烟省外调拨，几乎遍布全国。截止至 2000 年，云南省外调拨业务奉命停止。

（2）专供

旅游烟与侨汇烟：对外开放后，海外侨胞和香港、澳门、台湾同胞纷

---

① 《云南省志·烟草志》，第 286~289 页。

纷回国探亲、观光，各种对外交往逐年增多。为满足上述旅客对卷烟的需求，在各大宾馆和侨汇商店，开展了旅游烟、侨汇烟的云南专供服务。旅游烟与侨汇烟的主要牌号有云烟、红山茶、茶花、大重九、春城、石林、红河等优质产品；主销地区是广东、福建、北京、辽宁、吉林、黑龙江、广西和海南等省区市的友谊商店、旅游服务部门和侨汇商店、外轮供应公司、广州外贸中心等。①

零特专供：1982年以后，执行驻滇部队特殊用烟供应和省市部分宾馆、火车站、机场、干休所等87个单位的零特专供烟任务。每年划出一定数量的甲、乙级名优烟专供、特供集团消费、老干部用烟以及支前、救灾等用烟。②

特需供应：1990年开始，安排生产、供应北京人民大会堂、毛主席纪念堂等特供卷烟。③

物资串换：物资串换主要是为了解决烟草行业内部急需紧缺物资，划出一部分卷烟货源，以系统内调拨价供给提供物资的省、市烟草公司，并以浮价收益弥补物资供应单位的利润损失。在云南，物资串换既有烟草系统内，又有烟草系统外。系统内的滇粤联营点比例较大；系统外一般是由省政府经协议办牵头，使用省政府留成烟进行物资串换。从1984年起，云南省先后以其卷烟串换广东省的钢材、海南省的复合肥、河北省的粮食以及有关省的尿素、食油和高压聚乙烯等紧缺生产生活物资。1998年以后，云南省物资串换不再进行。④

（3）政府留成

从1982年开始，实行政府留成卷烟，主要用于串换粮食、成品油、紧缺生产资料和市场紧俏消费品。最先是省政府留成，后来昆明市政府、玉溪行署以及其他出产卷烟的地方政府也相继留成。留成数额先是按生产比例提留，1990年改为按卷烟绝对数提留。1991年又改为按生产提留，省级留成为10%，昆明与玉溪留成为5%。1992年，全省各级政府留成卷烟的数量严格按照其生产计划的15%提留。1993年，全省各级政府留成按生产

---

① 《云南省志·烟草志》，第299页。
② 云南省卷烟销售公司志编纂委员会编纂《云南省卷烟销售公司志》，云南人民出版社，2008，第106页。
③ 《云南省志·烟草志》，第123页。
④ 《云南省卷烟销售公司志》，第121、122、123页。

计划的产量10%提留。烟厂所在地、州、市政府则按当地卷烟生产计划的5%提留。此后政府留成比例未作改变。1982~1993年,省政府的一部分留成烟由省卷烟销售公司按市场浮动价销售。销售后的价差收入,在缴纳税收和扣除合理费用后,全部上缴省财政厅,统筹安排使用。1984~1997年间,省级留成烟中的一部分用作物资串换。1993~1997年,省政府决定其"留成烟基本上进入卷烟交易市场"销售,地州市政府的留成烟参照省级留成烟进入交易市场,销往全省和全国市场,销售后所产生的价差,分别由各级政府决定。1998年,省级留成烟由省财政厅负责直接进入交易市场销售,差价收入全额上交省财政。1999年,全省政府留成烟的销售,大部分由各卷烟企业自主确定买方单位,少部分由省"两烟"交易市场直接向省外会员单位销售。①

由上所述,云南省卷烟的省内省外调拨、各种专供与特供、物资串换与政府留成,都是在国家的指令性计划之下进行的,体现了国家烟草专卖的特质。这是烟草行业区别于其他行业的一个显著特点。

2. 市场化改革中的卷烟销售与交易

卷烟是一种特殊商品,它与市场有着必然的内在联系。云南卷烟在市场化改革中,大力开拓省内外和境外市场,以多种方式进行销售与交易。

(1) 开拓省内外多种形式的卷烟销售市场

省内市场:1949年后,随着人们生活水平的逐渐提高,其卷烟消费水平也逐渐有所提高。1952年全省卷烟销售1.23万箱,人均年消费0.29条,1959年增为1.31条,至1990年更增至6.85条。1990年的消费水平是1952年的23.6倍、1959年的5倍多。卷烟消费等级也逐渐提高,城市消费等级向中高档烟转化;农村开始转向中档烟,少数富裕农村也向高档烟发展。省内吸烟者大多数选取昆明烟厂和玉溪烟厂的卷烟。在省卷烟批发方面,1982年以前,先后由省商业厅的副食品、杂货店、贸易公司、糖烟酒蔬菜公司经营。1982年后,由省烟草公司及其下属公司直接经营;未成立烟草公司的地区,则委托当地的糖烟酒公司或贸易公司、民贸公司代理经营批发业务。② 省烟草公司卷烟经理部对昆明、玉溪卷烟厂生产的卷烟实行统购包销,即将其卷烟分配给各地州市的卷烟分公司,分公司又分配给县烟草

---

① 《云南省卷烟销售公司志》,第102~105页。
② 《云南省志·烟草志》,第292页。

公司。所在地有卷烟厂的地州市分公司,则从总计划安排中调拨给烟厂所在地的烟草分公司卷烟批发站或经理部。在对地、州、县、市的卷烟市场供应方面,省烟草公司每年组织一次销售供销会,以衔接、协调各烟厂与各分、县烟草公司的供求安排。主要是提高拼盘销售,即根据省内市场的消费习惯及生产状况、各地的经济状况和人口情况,将昆明、玉溪卷烟厂及其他厂生产的卷烟,按一定比例,衔接平衡后,再按季、按月分配到各地、州、市;再由各地、州、市分配到下面的县级单位销售。[①] 在卷烟零售方面,1978年以后,在省内城乡都发展了一批个体卷烟零售网点,卷烟批发部门对个体卷烟经营者放宽进货渠道,保证其品种数量的正常供应。[②] 此外,省烟草公司经理部还在昆明市开展了多项联营业务,发展与五华区民族贸易公司等,建立联合经营卷烟零售业务关系。[③] 可见,在省内市场的卷烟零售方面,市场化改革已经有所成效。1994年,云南省烟草公司根据国家烟草专卖局"以农村网建工作为突破口,搞好城乡网络建设"的整体部署,提出"合理下伸批发网点"的工作要求。从此,全省城乡卷烟销售网络建设进入起步阶段。经过5年努力,至1998年9月,全省16个地州市、128个县(市)和1583个城镇自设卷烟批发零售网点的数量达到全部批发零售网点的90%以上;截至12月底,全省共建批发网店1109个,平均每个网点覆盖1.43个乡镇,近1000个零售营业户。1990年,在保证合理网点数量的基础上,进一步调整布局,融"管、销、控"于一体,全省形成了城乡紧密结合、功能完善、运作机制健全、以烟草公司为主体的卷烟批发经营体系。[④] 可见,在省内农村卷烟销售网络建设方面取得了明显成效。在城市卷烟销售网络建设方面,省内5万~8万人设一个批发点,分片分层次对大、中、小型零售商店和商户进行供货与管理,从而形成批发与零售骨干网络。1997年,在全国范围内建立了2000个左右云南卷烟批发点。[⑤]

省外市场:云南卷烟中大约有2/3要调出省外销售。如上所述,从1953年开始,通过计划调拨方式,云南卷烟调往除台湾以外的各省区市进行销售,除此以外,还采用联营联销的方式,与全国部分地区建立卷烟联

[①] 《云南省卷烟销售公司志》,第77、78页。
[②] 《云南省志·烟草志》,第292、293页。
[③] 《云南省卷烟销售公司志》,第101、102页。
[④] 《云南省卷烟销售公司志》,第142~145页。
[⑤] 《云南省卷烟销售公司志》,第149页。

营合作关系。1982 年成立"北京云南联合供销公司",后又改名为"北京云南联营经销公司",主要经销云南卷烟。1984 年,成立"滇粤烟草联营公司",开展云南卷烟联销业务。1985 年,云南省烟草公司贸易中心与上海烟草贸易中心签订联营协议,开展云南卷烟联销业务。至 1987 年,云南先后分别与常熟、苏州、太仓、常州、江浦、丹阳、张家港、南通、溧阳、杭州、温州等市县的烟草公司建立联营关系,开展云南卷烟在当地的销售业务。1988~1998 年,云南烟草公司又先后与福建、山西、四川、辽宁、新疆、内蒙古、海南以及深圳等地的烟草公司联营联销云南卷烟。[①] 这种与省外联营联销的方式,拓展了卷烟销售市场,提高了卷烟销售效果,从而取得了良好的经济效益。

(2) 建立全国首家卷烟销售市场

1993 年 1 月,省卷烟销售公司在昆明圆通大厦正式成立"云南省卷烟烤烟批发市场"。该交易市场的管理章程与实施细则规定:它是省烟草公司直属的企业,具有独立的法人地位,实行独立核算、自负盈亏;市场内的交易程序为买卖双方协商议价,按云南省卷烟公司提供的货量和品牌,销售价格随行就市;实行公平、公正、公开的交易原则。"两烟"交易市场的成立,形成了一个融市场交易、计划调拨、联营联销、边贸出口为一体的多元化销售格局,使云南"两烟"营销走上了一个新台阶,开创了"两烟"销售的新局面。据统计:1996 年,云南卷烟交易市场已拥有会员 2100 多户,累计成交卷烟 150 多万箱,金额达到 160 亿元。"云南两烟交易市场"成为全国成立最早、规模最大、会员最多、成交量最大的烟草交易市场。同年,云南省卷烟销售公司将"两烟"交易市场移交市场自行经营。[②]

(3) 开展卷烟边贸经营

从 1992 年开始,云南卷烟销售公司通过有关烟草分公司、县公司、各商号边境口岸开展卷烟边境贸易业务,当年销往越南、老挝、缅甸边贸烟 5.65 万箱。1993 年,省卷烟销售公司在省内分别与文山、德宏、西双版纳、临沧、怒江、保山等州市的 26 家商号及边贸公司建立业务联系,开展对越南、缅甸和老挝的卷烟边贸业务,继后又在河口、景洪、瑞丽、文山等地组建云南烟草金元边境贸易公司,经营烟草边贸业务。在省外,则依托边

[①] 《云南省卷烟销售公司志》,第 116~120 页。
[②] 《云南省卷烟销售公司志》,第 127、128、129、132 页。

疆30余家省市烟草公司开展对朝鲜、俄罗斯、尼泊尔等国的卷烟边境贸易。这一年（1993年），边境贸易实现销售17.67万箱，其中省内边贸销售12.02万箱，省外边贸完成5.65万箱。1995年，销售边贸烟达139万箱。1996年，国家烟草专卖局取消边贸烟指标，云南停止边贸卷烟销售。①

（4）开拓境外烟草销售市场

首先是烤烟出口市场。云南烤烟品质优良，在国内独占鳌头，在国外知名度颇高，获得业界烟草客商的认可和青睐。从1957年开始，云南烤烟出口苏联、民主德国、捷克斯洛伐克和波兰等国。1975年以后又出口联邦德国、摩洛哥、伊拉克、比利时、印度尼西亚和中国香港等国家和地区。②1985年，云南省烟草进出口公司成立以后，大力开拓云南烟草的境外销售市场。弥勒的烟叶、保山的香料烟、宾川的白肋烟、曲靖的烟叶等，先后大批量出口。经过10多年的努力开拓，迄于2000年，云南烟叶出口已稳居全国首位。云南烤烟建立了一个较为合理的国际市场网络，并逐渐在世界烟叶贸易领域中树立了云南烤烟名牌。云南烤烟出口涉及20多个国家和地区，即美国、英国、德国、比利时、奥地利、瑞士、芬兰、希腊、法国、日本、澳大利亚、印度尼西亚、越南、泰国、缅甸、菲律宾、韩国及中国香港等。世界上最大的环球和联一两家烟草经销商甚至将在中国的采购重点转移到云南。国际市场对云南烟叶的需求量也不断增长。③

其次是卷烟出口市场。云南卷烟出口起步较晚。1979年，茶花牌卷烟试销香港，至1982年共销香港卷烟990.4箱。后因香港当局对卷烟进口采取高关税政策，云南卷烟无利可图，于1983年退出香港。1987年，国家对卷烟出口实行鼓励政策，云南卷烟出口市场有所扩大，出口数量也有所增加。迄于2000年，云南卷烟出口涉及的国家和地区有16个，即缅甸、菲律宾、泰国、马来西亚、印度尼西亚、韩国、日本、美国、澳大利亚、巴拿马、柬埔寨、新加坡、塞浦路斯和中国台湾、香港及澳门。出口卷烟品牌为：红塔山、阿诗玛、玉溪、新兴、极品云烟、红云烟、醇香云烟、大重九、三七、春城、鸿大运、特醇"福"、精品"福"、石林、吉庆、红河、钓鱼台、三塔、美登、国宾、环球、昆湖、小熊猫、精品小熊猫、NEW、

---

① 《云南省卷烟销售公司志》，第140、141页。
② 《云南省志·烟草志》，第296页。
③ 云南烟草进出口公司志编纂委员会编纂《云南烟草进出口公司志》，云南人民出版社，2008，第140页。

HORSE、WIN. IN、MARBLE、DIAMONO、WINBODY、LUCKY、BIRD 等 32 个品牌。①

由上所述,云南省烟草公司及其下属的相关部门,积极推进市场化改革,大力开拓云南烟草的销售市场,省内、省外以及境外市场均不断扩大,烤烟和卷烟的销售量不断增加,从而极大地推动了云南烟草工业的迅速发展。云南烟草产业的市场化改革,特别是"两烟"市场营销方式的改革,成为云南烟草产业获得成功的主要因素之一。

四 实施烟草产业的改革

1. 烤烟产业的改革

(1) 建立优质烤烟生产基地——"第一车间"

加快烟草产业的发展,首先要重视烤烟生产,要有充足的优质烤烟做原料。基于此,玉溪卷烟厂在全省率先提出建立"第一车间"的改革理念。他们认为"企业的生产要素要从原材料生产抓起,推倒工厂的'围墙',把企业的第一车间建到田野去"。具体而言,就是卷烟企业要直接与农业挂钩,先投入农业、再从农业获取,工农结合发展原材料生产,保证优质烟叶的供给。为实施"第一车间"的改革思路,玉溪卷烟厂实行"三合一"的管理体制,对农工商产供销实行一体化的垄断管理经营。以卷烟企业为龙头,安排烤烟和卷烟的产供销,这就打破了传统体制下的条块分割,极大地解放了生产力。卷烟厂投资建立优质烤烟生产基地,实行"烟厂加基地农户"的经营方式,从栽种到收购统一管理,并给予技术扶持,从而形成了"以工养农,以农促工"的工农业良性循环。由于烟厂对烟叶生产进行资金投入和技术扶持,实施了烟叶种植的良种化和烟叶采摘烘烤技术的不断提高,从而使烟草种植业实现了由传统、经验农业向现代化农业的转变。由于"第一车间"的科技含量大大增加,烟叶质量随之大大提高:烟叶叶片由小而薄变为大而适中至较厚,叶片含青变为叶片成熟、叶色好,尼古丁含量较协调,上等烟叶比例大幅增加。随着烟叶质量的提高,卷烟的质量也得到了改善,其烟味浓度、劲头逐步适应消费者要求,从而进一步提高了云南烤烟在国际上的信任度,促进了云南烤烟大步走入国际市场的步伐。从 1986 年起,云南各烟厂都紧随玉溪烟厂之后建设其

---

① 《云南烟草进出口公司志》,第 141、143、144 页。

"第一车间"。"第一车间"的诞生,标志着云南"两烟"生产翻开了新的篇章。①

(2) 缓解粮烟争地矛盾——"烤烟上山"

20世纪80年代后,由于人口不断增加,各种建设用地越来越多,全省人均耕地逐渐减少;在种植业中,经济作物的比重增加,种粮用地相对减少。烟草成为经济发展的战略重点后,烤烟种植面积大幅增加,粮烟争地的矛盾日益突出。为了扩大种粮面积,兼顾烟草发展,云南省政府决定让出坝区种植粮食,实施烤烟上山(即在山地种烟)的改革措施。1986年,玉溪烟厂投资9.6万元在澄江县干旱山地种烟,新建提水配套工程,扩大水浇地1200亩;同时实行规范化栽培,当年上等烟增加7.5%。1988年,省政府在澄江县召开水浇地现场会,向全省推广澄江县"烤烟上山"的经验。并决定从1989年起,用5年时间建成150万亩水浇地,所需经费由省财政每年补助600万元,其余由烟草公司系统和各地、县政府集资。会后,全省各地大搞水浇地建设,纷纷推行"烤烟上山"。1990年底,已建成华宁县等一批山地烟优质高产基地,全省地烟、山地烟种植面积占全部烤烟面积的80%以上。"烤烟上山",缓解了粮烟争地的矛盾,对优化全省农业、促进粮食生产、实施粮烟丰收均起了积极作用。②

2. 卷烟企业的改革

(1) 经营管理体制的改革

1986年7月,云南省烟草公司昭通分公司、昭通地区烟草专卖局、昭通卷烟厂行政机构合并,组建昭通地区烟草企业。同年10月9日,经云南省烟草公司批准,玉溪卷烟厂、玉溪烟草分公司、玉溪地区烟草专卖局正式合并,三块牌子、一套班子。此后,楚雄州于1992年6月25日、昆明市于同年10月11日、大理州于同年11月、曲靖地区于1993年2月9日、红河州于同年7月28日,也先后实现了烟草专卖局、烟草分公司和卷烟厂的合并。③ 至1993年,云南烤烟7大主产地州均实现"三合一"经营管理体制。"三合一"经营管理体制的建立,是云南烟草工业的一次重大改革,它突破了传统体制的制约,改变了部门分割的僵化管理体制,从

---

① 张宝三主编《云南支柱产业论》,云南人民出版社,1997,第59、60页。
② 《云南省志·烟草志》"概述",第6页。
③ 《云南烟草志》(下卷),第421、422页。

组织上把产、供、销有机地联结起来。这一改革,极大地提高了烟草产业的生产效益。

(2) 企业内部的配套改革

一是实行承包经营。按照"包死基数、确保上交、超收多留、歉收自保"的原则,对全省国营烟草企业实行经营利润承包。这种自上而下的逐级承包,迫使企业挖掘潜力,强化内部配套改革,向改革要积极性,向改革要生产力。此外,针对各地、州、市烤烟生产、收购、调拨情况,实行"坚持专卖、包死基数、超收分成、确保上调、留成自处"的调拨基数包干政策,使上调部分和地方留作自处部分,都随烟叶的产量、收购量一起浮动。这种垂直包干办法,较好地理顺了各方面的利益关系,调动了各方面的积极性,使烤烟产量超额52.73%完成任务,从而保证了省内各卷烟厂用烟和国家任务的完成。二是改革企业管理机构。对工厂管理机构的设置和部门的职能重新进行调整与分工,实行5定(定机构、定编制、定人员、定岗位、定当年目标),加强调查研究、信息、工业配套、企业管理工作。从而克服了职责不清、相互推诿、效率不高、官僚主义、多头领导状况,理顺了机关内部关系,更好地起到了决策、协调和服务作用。三是改革人事制度。实行经理助理和干部逐级聘任制,建立干部岗位责任制,对新干部实行一年试用期,并严格考核制度,从而增强了干部的使命感、责任感、紧迫感,打破了干部终身制。同时,为了调动技术人员的积极性,充分发挥其作用,进行了技术职称的改革,在全系统评定高级职称、中级职称和初级职称。四是实行多种形式的企业工资总额同经济效益挂钩。首先是实行质量有否决权的单箱工资或吨工资含量包干。全省5个卷烟厂与卷烟产量挂钩;复烤厂与复烤量和销售量挂钩;分公司、县公司与烤烟收购量挂钩。其次是实行与税利挂钩,即按税利增长情况决定工资的增长数。从而打破了"大锅饭",体现了多劳多得的分配原则,职工的生产主动性、积极性、创造性都得到了极大发挥。

(3) 烟草企业的整合

1987年12月,云南省烟草公司决定,昆明复烤一厂与昆明卷烟厂合并。1988年,省政府决定昆明雪茄烟厂并入昆明卷烟厂,作为其分厂;同年,国家烟草专卖局批准下关雪茄烟厂改名为大理卷烟厂;又同年,曲靖卷烟厂批发站与曲靖卷烟厂合并等。经过整合,使单纯生产型或单纯经营型的企业变为生产经营型企业，从而增强了企业的活力和经营自主权。①

（4）组建"云南红塔集团"

1995年9月19日，经国家烟草专卖局、云南省人民政府批准，"云南红塔集团"正式成立。

成立"云南红塔集团"的目的是：通过资产联结纽带，发挥集团群体优势，优化产业组织结构，促进资产合理配置，增强企业市场竞争能力；形成多元化、跨行业、跨地区经营，提高企业的整体经济效益，进而为国家财政增收、为地方经济发展作出应有贡献。

"云南红塔集团"隶属云南省烟草专卖局。集团实行以"玉溪红塔烟草（集团）有限责任公司"为核心企业，以玉溪地区烟草公司、曲靖卷烟厂、曲靖地区烟草公司、红河卷烟厂、红河烟草公司、大理卷烟厂、大理烟草公司，以及尚待等级注册的云南红塔烟叶分公司、云南红塔物资有限责任公司、云南红塔实业有限责任公司、云南红塔进出口公司等11家企业为紧密层企业，建立子公司或分公司的集团管理体制。

"云南红塔集团"的成立，是云南烟草工业发展的客观需要，是烟草行业深化改革的重大举措，同时也是云南经济生活中的一件大事，是云南省适应市场经济发展的一项重大改革。它标志着云南烟草工业发展到一个新的阶段。"云南红塔集团"将步入中国大型企业集团的行列，参加国际烟草市场的竞争，并在云南省的经济建设中进一步发挥骨干带头作用。②

五　实施烟草价格改革

1. 烤烟收购价格的改革

1979年，经国务院批准，云南调整了烤烟的收购价格，扩大等级价差，实行优质价政策。在总价格水平不变的前提下，从当年起，上等烟提价20%以上，中等烟提价2%以上，下低质等烟则降价10%左右。

1981年，云南省按照国家物价总局等联合通知的精神，提高烤烟收购价格，将标准级（中黄四级）的收购价由每50千克72.23元提为88元，平

---

① 云南经济四十年编纂委员会《云南经济四十年》，1989，第124页。
② 《云南年鉴》（1995），云南年鉴杂志社，1996，第177、178页。

均提高幅度为 21.8%。[1]

1987 年，云南省根据国家物价总局、国家烟草专卖局的通知精神，又调整了烤烟的收购价格，并将全省烤烟收购价格分为两个价格区，以分别进行调整。一区为昆明、楚雄、大理、玉溪、曲靖、红河、东川 7 个地州市；二区为昭通及其他产烟地、州。上等烟一区调高 16%，二区调高 14.9%；中等烟一区调高 6.9%，二区调高 5.6%；下低等烟一区调低 8.2%，二区调低 7.3%。

1990 年，云南省根据国家物价局、国家烟草专卖局的通知精神，对全省烤烟收购价格以及生产扶持费做了调整。烤烟收购价格平均每 50 千克提价 10 元，对部分烟叶平均每 50 克补扶持费 16 元。收购价格按两个价格区安排，以中黄四级为标准，每 50 千克一价区由 92 元调为 107 元，加扶持费补贴后为 133 元；二价区由 91 元调为 106 元，加扶持费补贴为 132 元。

1992 年，国家烟草专卖法规定："烟叶应当按国家规定的标准分等定价，全部收购，不得压级压价……"

1993 年，根据国务院《关于进一步加强烟草专卖管理的通知》，云南省烟草专卖局将上、中等烟叶的生产扶持费并入现行收购价格。调整后的价格平均每 50 千克为 193.2 元，较以前提高 26.9%。

1995 年，国家调整烤烟收购价格，提高 15 级标准中的 8 个等级的价格。云南省 8 个等级的平均价格由每 50 千克 198.3 元提高到 250.49 元，提高 26.32%。又提高 40 级标准中的上等和部分中下等烟叶的 27 个等级的价格，平均每 50 千克 194.27 元提至 243.48 元，提高 25.33%。

1999 年，根据国务院的有关规定，云南上调烤烟收购价格，实行分价区定价，并规定了分价区的中准价格。一价区为昆明市、玉溪市、红河州；二价区为曲靖市、楚雄州、大理州、昭通市、文山州、保山市；三价区为丽江市、思茅市、临沧市。一价区中准级收购价格每 50 千克 425 元。二价区 410 元，三价区 380 元。[2]

---

[1] 1966 年，云南省物价委员会决定：全省实行 17 级制烤烟收购标准，中黄一级、中黄二级、中黄三级、中黄四级、中黄五级、中黄六级、中青一级、中青二级、中青三级、上黄一级、上黄二级、上黄三级、上黄四级、上黄五级、上青二级、上青三级、末级、片烟、枯烟、碎片烟。后来规定：中黄一级、二级和上黄一级为上等烟；中黄三四级，上黄二、三级和中青一级为中等烟；中黄四、五级，中青二级为下等烟；中黄六级、上黄五级、中青三级、末级为低等烟，片烟、枯烟、碎片烟为次等烟。

[2] 《云南省志·烟草志》，第 309～312 页；《云南烟草志》（下卷），第 223、224、225 页。

此外，为了解决和扭转因烟叶收购价格偏低而导致其产量、质量下降的问题，云南省还实施了价外补贴（包括各种扶持费、奖励费、补助费等）的政策。

由上所述，从1979年起，云南省根据国家的相关规定，多次对烤烟收购价格进行调整。总的调整趋势是不断提高烤烟收购价格（见表3-1、表3-2）。

表3-1 1979~1990年云南省烤烟平均收购价格

单位：元/50千克

年　份	平均收购价	年　份	平均收购价	年　份	平均收购价
1979	59.86	1983	86.49	1987	139.00
1980	65.56	1984	89.65	1988	156.00
1981	85.84	1985	90.00	1989	—
1982	78.00	1986	97.00	1990	162.65

资料来源：《云南省志·烟草志》，第312页。

表3-2 1990~2000年云南烤烟平均收购价格

单位：元/千克

年　份	平均收购价	年　份	平均收购价	年　份	平均收购价
1990	3.253	1994	6.238	1998	7.696
1991	3.134	1995	8.786	1999	8.764
1992	3.345	1996	10.85	2000	9.064
1993	3.234	1997	9.098		

资料来源：《云南烟草志》下卷，第222页。

从表3-1、表3-2可知：1979~2000年的20年间，云南烤烟的平均收购价格，从每50千克59.86元增至453.20元（9.064元/千克×50千克=453.20元），增长6.6倍，其中1996年、1997年更增为542.50元、454.90元，分别是1979年的9倍、7.6倍。可见，烤烟价格的提高幅度是很大的，其原因主要是卷烟工业迅猛发展的需要。

烤烟收购价格的不断调整和改革，一方面激发了广大烟农的生产积极性，不断增加烤烟的产量，提高烤烟的质量；另一方面是大力推动了卷烟产业的迅速发展。

2. 卷烟销售价格的改革

1988年以前，全国实行高度集中的计划价格体制，卷烟出厂价格、调拨价格、批发价格，直至零售价格，都执行国家定价，即由国家烟草专卖局按牌号、规格逐一审批、确定价格。

1979 年，烤烟收购价格提高后，加大了卷烟生产成本。因此，1981 年 11 月，云南省物价委员会根据国家物价局关于调整卷烟销售价格的通知，报经云南省政府批准，调整了全省卷烟的销售价格。甲级烟上调幅度 30%，乙级烟为 20%。1985 年，云南为执行全国统一的批零差率和进销差率，决定在零售价不动的情况下，适当扩大低档卷烟的批零差价和各等级卷烟的进销差价。① 这是卷烟价格改革前仅有的两次烟价调整。

1988 年 7 月 28 日，经国务院批准，国家物价局、国家烟草专卖局下发《关于放开名烟价格和提高部分高中档卷烟价格方案》，规定除卷烟的出厂价格外，从即日起放开 13 种全国名优卷烟价格。这 13 种名烟是："中华"（包括金"中华"）、"云烟"、"玉溪"、"红塔山"、"红山茶"、"茶花"、"牡丹"（包括上海"牡丹"、金"牡丹"、北京"牡丹"）、"阿诗玛"、"大重九"、"恭贺新禧"、"石林"、上海"红双喜"、"黄人参"等。全国 13 种名烟中，云南占 9 种，即"云烟"、"玉溪"、"红塔山"、"红山茶"、"茶花"、"阿诗玛"、"大重九"、"恭贺新禧"和"石林"。

同年 11 月，云南省烟草公司根据上述放开名烟价格方案，作了如下规定。①云南产的 9 种名烟供应省内外市场部分，出厂价按征税基础出厂价格执行，零售价格放开，随行就市；二级、三级批发实行批量浮动作价。②放开品种二级批发部门对省内外调拨的价格，以浮动价格作为基础价；根据市场情况，对不同的调入地区、不同的品种，实行批量协商浮动，上浮不限，下浮必须报省烟草公司批准。③9 个放开牌号以外的其他高中档卷烟价格一律按统一规定的价格执行。④9 种名优烟价格，根据市场行情，本着略低于自由市场价的原则，零售企业自行作价销售。②

云南 9 种名优卷烟价格放开后，卷烟企业即以市场销售量、产品知名度、各品种牌号的产量与质量、市场销售的淡旺季等综合因素为依据，迅速调整、浮动了卷烟价格（见表 3-3）。

---

① 《云南省志·烟草志》，第 320、325 页。
② 《云南省志·烟草志》，第 326、327 页。

表 3-3 1988 年云南省名优卷烟浮动基价

单位：元

| 牌号 | 等级 | 产地市场价 ||| 调拨浮动基价（箱） ||
| | | 零售价（包） ||| | |
		现行价	征税基价	放开浮动价	放开批发浮动价（条）	省内	省外
云烟	甲一级	1.38	3.50	3.70	33.64	8150	8200
玉溪	甲一级	1.38	3.00	3.20	29.09	7054	7091
红山茶	甲二级	1.22	2.05	2.50	22.73	5512	5540
大重九	甲二级	0.90	1.60	1.60	14.55	3528	3547
阿诗玛	甲二级	0.81	1.70	2.20	20.00	4850	4875
红塔山	甲二级	1.08	2.05	2.70	24.55	5958	5984
石林	甲二级	1.00	1.70	1.90	17.27	4188	4210
茶花	甲二级	1.06	2.00	2.00	18.18	4409	4231
恭贺新禧	甲二级	0.96	1.80	1.80	16.36	3967	3988

资料来源：《云南省志·烟草志》，第 327 页。

从表 3-3 可知，云南 9 种名烟的价格都上调了："云烟"为 268%、"玉溪"231%、"红山茶"205%、"大重九"177%、"阿诗玛"271%、"红塔山"250%、"石林"190%、"茶花"188%、"恭贺新禧"187%，其中"阿诗玛"、"云烟"、"红塔山"、"玉溪"和"红山茶"5 种名烟的上调幅度都在 2 倍以上，其余 4 种也在 1.5 倍以上。可见，此次云南名烟价格都有大幅度提高。

1989 年 3 月，"云烟""大重九""阿诗玛""红塔山"4 种名烟再次做了大幅度的上浮："云烟"每条从 1987 年的 37 元上浮为 69 元、"大重九"从 16 元上浮为 30 元、"阿诗玛"从 22 元上浮为 39 元、"红塔山"从 27 元上浮为 47 元，上浮幅度分别为 186%、187%、177%、174%，即均在 1.7 倍以上。倘若将 1989 年的浮价与名烟价格放开以前的 1985 年牌价相比，"云烟"每条零售价从 13.8 元浮至 65 元、"大重九"从 9 元浮至 30 元、"阿诗玛"从 8.1 元浮至 39 元、"红塔山"从 10.8 元浮至 47 元，上浮幅度分别为 471%、333%、481%、435%。除"大重九"为 3 倍多外，其他 3 种都在 4 倍以上。[①] 名烟价格放开前后的价差之大，显而可见。

---

① 《云南省卷烟销售公司志》，第 54 页"部分品牌价格对照表"。

从 1988 年 7 月 28 日至 1990 年，实行浮动价中，先后进行过 5 次大的调整，其中 3 次上浮，两次下浮。

1992 年 1 月 6 日起，在省烟草公司制定的中心批发指导价和规定的浮动价格幅度内，各地自行制定和调整本地区三级批发价格，国家不再控制差价率。除省产卷烟出厂价格仍按国家定价和调拨价暂不放开外，在全省范围内放开卷烟、雪茄烟的批发与零售价格。卷烟批发浮动中心价和浮动幅度，以市场供求变化情况为直接依据，以有利于企业搞活经营、促进烟厂生产、保证国家财政收入为目的。① 同年 12 月 10 日，经国务院批准，在放开卷烟三级批发价和零售价的基础上，全面放开国产卷烟的出厂价格和调拨价格，由生产企业自主定价。据此，云南省取消中心批发价指导价格以及省内卷烟三级批发价格幅度限制的决定。

1996 年 1 月 23 日，云南省针对卷烟价格低迷的态势，决定实行全省卷烟统一最低价，规定 9 种名优烟、"红梅"、"红河"（甲），实行全省最低批发价格管理调控措施，限低不限高。

1997 年，云南全省实行最低批发价格管理调控措施，限低不限高。②

2000 年 1 月 1 日起，省烟草专卖局决定在过去对重点品牌实行最低批发限价管理的基础上，全省统一最低批发限价，只能上浮，不能下浮。③

以上简述了全国以及云南改革卷烟销售价格的大致经过。从中可以看出：1988 年 7 月 28 日国家放开 13 种名烟的价格后，云南省除放开 9 种名烟价格外，还逐渐放开了其他多种卷烟价格。放开价格，即由国家定价改为由企业自主定价。这是国家烟草专卖制度下的一个重大突破，也是我国烟草工业的一项重大改革举措。这一重大改革，极大地刺激了烟草工业的发展，促进卷烟产量迅速增加，其工商税利也随之大幅提高。这在云南尤为突出。1988 年底，全省共生产 9 种名优卷烟 47.62 万箱，为年计划 37.9 万箱的 125.7%，占全国甲级名优卷烟计划 60 万箱的 79.37%。当年，云南"两烟"实现工商税利 429348.4 万元，比上年（1987 年）的 258360 万元增长 66.18%，为全国甲级名烟实际生产量 70.7 万箱的 67.36%，可见其增幅是巨大的。④ 1988 年后，云南卷烟产量不断迅速增加，也充分证明了此次卷

---

① 《云南卷烟销售公司志》，第 55、57 页。
② 《云南卷烟销售公司志》，第 62 页。
③ 《云南卷烟销售公司志》，第 65 页。
④ 《云南年鉴》(1988)，"烟草工业"，1989，第 385 页。

烟价格改革的巨大促进作用。

六 实施烟草税制改革

烟草产业能够为国家财政收入提供巨大的税收来源。因此，我国一直实行"寓禁于征"的重税政策。

1982年以前，全国实行工商税。卷烟产品分级计税，甲乙级税率合二为一，法定为66%；丙、丁、戊级税率分别为63%、60%、40%（丁戊级税率曾于1981年调为55%和35%）。

1983年，国家开始对烟草税制进行改革。在1983～1998年的15年间，先后进行了4次改革。第一次是1983年卷烟工商税上划为中央税。第二次是1992年进行烟草产品税率调整。国家调低了卷烟产品税率，甲、乙级卷烟税率由60%下调为52%，丙级从56%下调为48%，丁级从50%下调为42%，4个等级的卷烟都分别下调8个百分点；戊级卷烟32%的税率不变；雪茄烟由47%下调为40%。对烟叶征收的农业特产税税率调整为38%。第三次是1994年分税制财政体制改革。从当年1月1日起，改革原地方财政包干制，对各省、区、市以及计划单列市实行分税制财政管理体制，将税种统一划分为中央税、地方税、中央和地方共享税。国家对卷烟由征收产品税改为征收消费税、增值税。消费税是中央税，税率设置为：甲类卷烟、进口烟税率为45%，乙级及以下卷烟、雪茄烟为40%。增值税为中央和地方共享税，中央占75%，地方占25%，税率为17%。对烟叶征收的农业特产税税率下调为31%，属于地方税。这次税改后，向卷烟企业征收的消费税、增值税综合起来，税率达到50%～51%。第四次是1998年对烟叶价税和卷烟消费税税率进行调整。烟叶农业特产税税率由31%下调为20%。卷烟消费税税率由两档改为三档差别税率：一类烟调高至50%，二、三类烟保持40%，四、五类烟下调为25%。此次调整，主要是调低四、五类烟，目的是解决当时农村低档烟供应不足的问题。

经过历次烟草税制改革，我国烟草行业涉及的税费主要有10多种：卷烟消费税、增值税、营业税、城建税、教育费附加、烟叶农业特产税、房产税、车船税、土地使用税、印花税、企业所得税等。这些税费的具体征收情况如下。①消费税，在卷烟生产环节征收，首先按150元/箱从量征收，然后再根据核定调拨价格按45%或39%从价计征。消费税属中央税，由生产厂家就地缴入中央金库。②增值税，按增值额的17%征收，属中央与地方共享税，中央占75%，地方占25%。③农业特产税，对烟叶按收购价额的20%征收，属于地方税，在收购环节由烟草公司代扣代缴。④城建税和教育费附加，按实际缴纳的消费税、增值税、营业税三项税额之和为计税依据，其中城建税按7%（纳税人在市区的）或5%（纳税人在县城、镇的）征收；教育费附加，卷烟企业按1.5%征收。⑤企业所得税，按应税所得额的33%征收。⑥烟草商业专营利润，烟草商业企业按税后利润的15%缴纳。⑦房产税、车船使用税等，均为小额税费。①

云南烟草税制改革，除与全国统一进行外，有以下3个方面与全国不尽一致。①卷烟工业企业所得税税率一直为55%。②1992年云南省政府与财政部达成共识，将卷烟甲、乙、丙、丁四级税率降低的8个百分点纳入"地方专项收入"继续纳税。③从1983年开始，按卷烟企业所实现的利润，征收调节税，税率一般为25%。1985～1993年，昆明烟厂缴纳的调节税为38%、玉溪烟厂为36%、曲靖烟厂为34%、楚雄烟厂和昭通烟厂为23%。②云南烟草缴纳的税种比其他省区市更多，对国家和地方上交的税利也更多（见表3-4、表3-5）。

表3-4　1979～1990年云南烤烟税与卷烟税一览

年度	烤烟税（万元）	卷烟税（万元）	年度	烤烟税（万元）	卷烟税（万元）
1979	5033.5	25720	1985	25001	99886
1980	5334	29802	1986	18018	138867
1981	10946	43220	1987	33597	190058
1982	15131	49605	1988	49006	291570
1983	9724.5	61043	1989	45648	453216
1984	17660	71499	1990	43932	579783

资料来源：《云南省志·烟草志》，第358页。

表3-5　1991～2000年云南烤烟税与卷烟工业税利一览

年度	烤烟税（万元）	卷烟工业税利（万元）	"两烟"实现税利（万元）	云南"两烟"税利占全国烟草税利（%）
1991	61102	935300	1050100	24.85
1992	82566	1278900	1483600	27.08

---

① 见王家荣整理《中国烟草体制历史、现状与问题》，2005年1月，XinXin100.com。
② 《云南烟草志》（下卷），第461页。

续表

年度	烤烟税（万元）	卷烟工业税利（万元）	"两烟"实现税利（万元）	云南"两烟"税利占全国烟草税利（%）
1993	63806	1916000	2414800	44.44
1994	71728	2336800	2769000	49.87
1995	202730	2498900	3463200	49.04
1996	294480	2691300	3780000	45.63
1997	315655	2326800	3730000	43.07
1998	106279	3103300	3800000	39.66
1999	101654	2790900	3431100	34.67
2000	119764	1789600	3431700	32.68

资料来源：《云南烟草志》（下卷），第673页，附表四"1991—2005年云南烟草主要经济指标"。

由上所述，从1983年开始，国家对烟草产业的税制进行改革，至2000年先后进行了4次。因为烟草制品对人体健康有一定危害，所以在烟草税收政策上，国家一直实行"寓禁于征"的重税政策。在烟草税制改革中，征收了只对少数商品课征的消费税，且税率在所有应税商品中是最高的；对烟叶征收农业特产税，在应税农产品中适用税率最高；从综合税负水平看，我国卷烟工业企业实现的每100元销售收入中，有50元以上是作为税收上交给中央和地方政府。烟草产业提供的利税成为政府财政收入的重要来源。

烟草税制的改革，促进了烟草产业的快速发展。首先，在分税财政体制下，烟草行业税收的多少与地方财政收入紧密相关。地方政府为了在分税制下能够从中央财政得到更多的税收返还，不仅要确保税收返还基数的完成，而且希望烟草利税大幅增长。因此，地方政府都对烟草行业的发展给予大力支持，从而有利于烟草产业的迅速发展。[①] 其次，分税财政体制的实行，给烟草行业带来了发展机遇。一些烟草企业为了增加其利润和积累，不断努力扩大生产规模，改进技术和设备，提高管理水平，逐渐发展成为具有一定竞争实力的卷烟企业。1999年，全国生产规模达到60万箱以上的有10家，其中，云南就有3家，即玉溪卷烟厂达到195.64万箱，昆明卷烟

[①] 王家荣：《中国烟草体制改革历史、现状与问题》，2005年1月，XinXin100.com。

厂 102.30 万箱，曲靖卷烟厂 82.50 万箱。①

综上所述，1979~2000 年的 20 余年间，烟草产业的管理体制经历了一系列调整和改革，主要涉及管理机构、国家专卖制度、市场化、产业内部、价格和税制等 6 个方面。这些改革，大多是全国统一进行的，部分则是云南一省进行的。经过这些改革，调整了生产关系，激活了云南烟草产业的潜力与活力，并大大提高了管理水平，从而推动了烟草生产的发展。云南烟草产业正是在不断改革中逐渐向前发展，在深化改革中迈向了辉煌。

第二节　省政府的重视与扶持

1979~2000 年，云南省历届政府对烟草工业都高度重视，不断提升其发展地位，并从多方面予以大力扶持，主要包括下述诸方面。

一　不断提升烟草产业的地位

1979 年年底，云南省政府在研究全省经济社会发展战略时，就考虑到发展烟草事业的问题，明确提出烟草是云南的一大优势，应将其放到一定的位置上来发展。

1982 年 11 月，省政府召开专门讨论云南烟草事业发展问题的省长办公会（有 7 位副省长出席）。会议在听取了省烟草公司的汇报后，经过讨论决定：将"两烟"的发展作为云南社会经济发展的第一战略重点，把烟草产品作为第一位拳头产品来生产。同时决定，将烟草行业的设备引进和技术改造列入全省重点，优先予以保证，并以新增税还贷等。②

1984 年，云南省政府进一步明确："烤烟和卷烟是云南省的优势，是财政收入的主要支柱，对全国的卷烟生产和市场安排都有较大影响。"因此，希望中国烟草总公司在云南"烤烟种植和卷烟生产方面给予大力支持"③。

1986 年，省政府完成了云南经济发展战略的调整，将"两烟"作为优先发展的重点产业之一。为此省政府建立了烤烟发展基金，这是首次对一个行业建立的专项发展基金；同时决定改革烤烟调拨办法，实行基数包干、超收留用政策，又把烟厂的技术改造列为全省 16 项重点技改项目的第一个

---

① 《云南烟草志》（下卷），第 172、164、184 页。
② 《云南省志·烟草志》，第 5 页。
③ 《云南省志·烟草志》，第 428 页。

项目；此外，在全省范围内对"两烟"的发展实施了一系列扶持政策措施（详见下文）。①

1996年，中共云南省第六次党代会提出："力争到本世纪（即20世纪）末形成若干个年产数百亿元的新的支柱产业"的决策，其中有"两烟"产业、生物资源产业、矿产业和旅游业。以此为基础，后来形成了正式的决定，即《中共云南省委、云南省人民政府关于加快四大支柱产业建设的决定》。该"决定"将"两烟"产业、以食品为重点的生物资源开发产业、磷化工和有色金属为重点的矿产业、以自然风光和民族风情为特色的旅游业等四大支柱产业作为云南经济实现跨世纪发展的战略选择。"决定"提出建设四大支柱产业的基本原则是：市场导向原则，经济效益为中心的原则，高起点、规模化和集约化经营的原则，改革创新的原则，开放促开发的原则，区域协调发展的原则，可持续发展的原则和民主、科学决策的原则。"决定"规定"九五"期间四大支柱产业的发展目标，其中"两烟"保持年均增长10%以上，产值、税利分别达到400亿元以上、配套工业产值100亿元以上。"决定"对烟草产业发展重点提出了四个方面：一是烤烟生产要强化"第一车间"，抓好优质烤烟、香料烟、白肋烟基地建设，努力提高烤烟质量，增加优质烟叶的比例；二是卷烟生产要坚定不移地走"质量名牌科技效益型"的路子，强化品牌的结构调整，全面实施名牌工程和管理工程；三是实施多元化发展战略，依托烟草业，抓好专用肥、丝束、造纸、彩印、包装、烟机及其配件工业的发展，建设全国一流的烟草配套产业；四是市场开拓要注重发挥"两烟"的整体优势，巩固国内市场，开拓国际市场。"决定"在"培育和建设支柱产业对策措施"中，提出"烟草产业"要积极探索垄断性产业加速资本集中的新的企业组织形式，进一步推动云南烟草向集团化发展。继续抓好烟草产业的科技进步，积极实施科技兴烟战略；紧紧跟踪世界烟草科技的新发展，广泛开展烟草业的国际科技合作与交流；健全烟草技术推广网络，抓好烤烟良种化及工厂化育苗、降低卷烟焦油含量等几个重大课题的研究等。②

云南省提出建设"两烟"等四大支柱产业，是总结国内外经济发展的

---

① 和志强：《二十世纪八九十年代云南经济发展宏观决策回顾》，云南人民出版社，2006，第5、6页。
② 张宝三主编《云南支柱产业论》，云南人民出版社，1997，第281、284、285、286、287、288、292、294页。

趋势和经验，结合云南资源、区位、科技、人才和生产力发展水平的实际，运用现代经济思想反复思索的结果。显然这是一个切合云南实际的、具有重大意义的战略决策。

由上所述，云南省早在改革开放之初，即已将"两烟"产业视为"优势产业"，随后又将其作为云南经济发展的"第一战略重点"、云南"财政收入的主要支柱"和优先发展的"重点产业"之一，最后作为20世纪末要建成的四大支柱产业之一，并且是位居首位的支柱产业。这反映了云南省委和省政府对烟草产业重视程度的不断提高。当然这也是云南烟草工业快速发展带来的结果。

二　多方面扶持烤烟生产

云南省各级地方财政以及烟草公司投入大量资金，积极扶持烤烟生产，主要包括以下7个方面。

1. 设立烤烟生产扶持资金

1985年，云南省与山东省烟草公司、上海卷烟厂等建立烤烟生产、供应联营，对方除按国家规定结付货款外，另付给生产扶持费。此即烤烟生产发展资金的由来。从1986年开始，生产发展资金用来扶持全省的烤烟生产。此项烤烟生产扶持费逐年迅速增加：1986年投入的扶持费为5000万元，1987年增为8000万元，1988年猛增为2.63亿元，1989年再增为3亿元，1990年更增至5.2亿元；1987年、1988年、1989年、1990年分别比上年增长60%、228%、14%、73%，而1990年比1986年剧增9.4倍。①"七五"期间，扶持烤烟生产投入的资金共达15.03亿元。②

烤烟生产扶持资金按烤烟收购量提取，即按"烤烟实行上调基数包干，超基数自处"的办法执行。扶持资金上交云南省财政30%，留地县70%，实行专户存储，专款专用。资金使用范围：主要用于增加单产，提高质量，开发新烟区，发展地烟和山地烟，试种白肋烟、香料烟和冬（春）烟，改善地烟（即平地上种的烟）、山地烟的水利灌溉条件，烤房配套设施以及以烟补农等。③

---

① 《云南省志·烟草志》，第6页。
② 《云南省志·烟草志》，第255页。
③ 《云南省志·烟草志》，第80页。

2. 投资水浇地建设

1985年，玉溪地区为解决地烟、山地烟的灌溉问题，实施水浇地工程。后来，全省种烟县市也开展水浇地建设。1988年全省完成水浇地烟36.6万亩，共投资3577万元，其中省补助648万元。[1] 1985~1990年，全省各级地方财政发放的水浇地建设补贴，共计19400万元，其中1985年为500万元、1986年800万元、1987年300万元、1988年5000万元、1989年6000万元、1990年6800万元。[2]

3. 专供化肥

烤烟种植需要化肥（氮肥、钾肥、复合化肥）以及农膜、农药等。全省各级政府一方面多方设法保证化肥等农用物资的专项供应，另一方面对化肥购销差价给予补贴，并按烤烟等级实行化肥奖励。1982~1990年，各级地方财政发放的化肥农膜补贴共5759万元，其中1982年为300万元、1983年500万元、1984年689万元、1985年700万元、1986年720万元、1987年850万元、1989年900万元、1990年1100万元，即逐年均有所增加。[3]

4. 优质烟生产补贴

1986年，省政府决定全省发展优质烟10万亩，扶持费由省财政拨出800万元，以无息贷款有偿使用方式借给省烟草公司，按各地分配种植面积安排。此项费用主要用于购买化肥、良种培育、科技建设、技术培训及机器烘烤等项。1987年，全省安排优质烟示范面积20万亩，由省财政拨出扶持费600万元；到年度统计全省共61县安排优质烟示范面积70.5万亩，扶持费达2668.42万元，各地州市县自己安排的部分由各地财政解决。1989年，全省优质烟示范面积达到116万亩，投入扶持资金共5300万元，省财政补助600万元，省烟草公司300万元，各地州市县和所在地烟厂4400万元。1986~1990年间，云南省各级财政发放的优质烟综合示范区生产补贴共14500万元。其中1986年为2000万元、1987年3000万元、1988年3000万元、1989年3000万元、1990年3500万元。[4]

5. 煤价补贴

从20世纪60年代起，云南烟叶烘烤用煤代替原来的柴薪。因为煤价及

---

[1] 《云南省志·烟草志》，第351~352页。
[2] 《云南省志·烟草志》，第87页"云南省各级地方财政发放烤烟扶持资金统计表"。
[3] 《云南省志·烟草志》，第84、87页"云南省各级地方财政发放烤烟扶持资金统计表"。
[4] 《云南省志·烟草志》，第85、87页"云南省各级地方财政发放烤烟扶持资金统计表"。

其运费比柴薪高，为推广用煤起见，从 1963 年起，省政府对烤烟用煤实行补贴。先按超出烧柴成本给予补贴，1965 年改为按超过规定限价实行补助。超限补贴煤价的办法一直沿用到 1984 年。据统计：1981～1984 年云南省煤价补贴 1981 年为 149 万元、1982 年 239.12 万元、1983 年 74.83 万元、1984 年 16 万元。①

6. 修建烤房补贴

从 1986 年开始，云南省对各地烟农修建烟叶烤房实行补贴。1986～1990 年，全省地方财政发放的修建烤房补贴共 10000 万元，每年均为 2000 万元。②

7. 烤烟运价补贴

此项补贴始于 1963 年。1980 年，经省政府批准，财政厅按省下达计划调昆明复烤和地州之间调拨的烤烟，平均每 50 千克补贴 5 元，计入调拨价内。1985 年、1987 年又做了部分调整。1982～1990 年，全省各级地方财政发放的烤烟运价补贴共 3965 万元，其中 1982 年为 217 万元、1983 年 270 万元、1984 年 318 万元、1985 年 375 万元、1986 年 429 万元、1987 年 546 万元、1988 年 600 万元、1989 年 600 万元、1990 年 610 万元。③

关于省政府对烟草产业的大力支持，1985～1998 年间担任省长的和志强曾经这样写道：1986 年底，云南完成了发展战略的重大调整，决定将"两烟"作为优先发展的重点产业。为此，"省政府建立烤烟发展基金，这是首次对一个行业建立的专项发展基金。决定改革烤烟调拨办法，实行基数包干、超收留用的政策；把烟厂的技术改造列为全省 16 项重点技改项目的第一个项目等等。……再次，在全省范围内对'两烟'的发展实行了一系列的扶持政策：在外汇短缺的情况下，优先保证烟厂引进设备和辅料的外汇需要；在全省电力紧张的时候，架设专线保证烟厂开足马力生产；在资金紧张的情况下，每年都要多次协调金融财政部门，集中资金，确保烤烟收购不打白条；在铁路运力不足的情况下，铁路部门向省政府提出确保物资运输的清单，总是把'两烟'的外运列为第一位；有时出现化肥等农用物资短缺，也是千方百计保证烤烟的生产。总之，全省上下，各级党委和政府、各行各业集中人力物力，齐心协力，支持'两烟'发展，使'七五'期

---

① 《云南省志·烟草志》，第 78、79 页 "1981—1984 年云南省煤价补贴情况表"。按：表中补贴数额均属省补贴的部分，各地财政补贴未包括在内。
② 《云南省志·烟草志》，第 87 页 "云南省各级地方财政发放烤烟扶持资金统计表"。
③ 《云南省志·烟草志》，第 79、87 页 "云南省各级地方财政发放烤烟扶持资金统计表"。

间云南的烟草工业得到了快速发展"。① 这是决策者的回顾,虽无具体数字,但概述全面,清晰真实;省政府大力扶持烟草产业的方方面面由此可见。

由上所述,在云南烟草工业的快速发展中,历届省政府以及地州市县政府都十分重视,并从多方面给予大力扶持。正如和志强所说:"在 20 世纪八九十年代,全省形成了上下齐努力,共同抓'两烟'的生动局面,才有可能造就这一大产业,在云南的经济发展中留下辉煌的纪录。"②

第三节 科技进步、技术改造与技术人才培养

云南省烟草系统的领导者和广大职工不断加深对"科学技术是第一生产力"的认识。他们积极响应国家烟草公司"以科技进步为中心,实施'科教兴烟'的战略任务号召";③ 认真贯彻云南省政府"科技兴烟""科技创新"的烟草发展战略④,努力实现省长和志强提出的"八个一流"的要求。⑤ 为此,省烟草公司制定了《关于深化科技改革促进行业进步的实施意见》(1993 年)、《云南烟草行业"九五"科技计划和 2010 年远景目标纲要》(1995 年),并在依靠科技进步、开展技术改造和培养技术人才三个方面,做了大量卓有成效的工作。兹分别简述如下。

一 坚持依靠科技进步

1. 不断推行科学种烟

科学种烟是提高烟叶质量的根本措施。从 1982 年开始,各烟区积极推

---

① 和志强著《云南烟草工业发展中的战略决策》,载《二十世纪八九十年代云南经济发展宏观决策回顾》,云南人民出版社,2006,第 6 页。
② 和志强著《云南烟草工业发展中的战略决策》,载《二十世纪八九十年代云南经济发展宏观决策回顾》,第 2 页。
③ 转引自《云南烟草志》(下卷),第 445 页。
④ 云南省政府先后召开"全省科技兴烟工作会议"(1996 年)、"云南省 1997 年科技工作会议"(1997 年)、"云南烟草科技创新工作会议"(2000 年)等,详见《云南烟草志》(下卷),第 22、25、26 页。又于 1996 年 8 月 26 日作出《关于进一步加快科技兴烟步伐的决定》,详见《云南烟草志》(下卷),第 611~617 页。
⑤ 1996 年 5 月 21 日省长和志强在"云南省科技兴烟工作会"上,对云南烟草工业提出实现"八个一流"的要求,即为了使云南的"两烟"尽快达到国际先进水平,要用一流的种子、一流的工艺、一流的装备、一流的技术、一流的人员、一流的管理、创一流的产品,出一流的科技成果。并要求把争创"八个一流"作为云南"两烟"的奋斗目标[见《云南烟草志》(下卷),第 4 页]。

行科学种烟技术,主要包括以下 6 个方面。

合理布局:调整生产布局,坚持因地制宜、择优种植的原则。保证烤烟生产有适宜的、能够达到优质丰产的环境条件。

推广良种:全省主要以推广"红花大金圆"为主,因地制宜推广"斯佩特 G28",并提高种子质量,加强种子管理,发挥品种的优良特性。未经鉴定的种子,不宜推广。

培育稀秧壮苗,按节令播种,抗旱移栽,合理密植。苗田与大田比例对口,一般不超过 1∶18;保证在立夏、小满节令将烟苗大部分移栽到大田里。根据田地地力情况,每一标准亩以栽 1400~2000 株为宜,提高单叶重量。

科学施肥。根据烤烟质量要求、土地肥力、肥料种类,因地制宜确定总施肥量,按烤烟生产需要施用肥料;增施底肥,及早追肥,防止后期猛长恋青不褪色。此外,还增加农家肥和油枯施用量,减少氮素化肥和人粪尿;增加磷、钾肥,使肥料中含氮、磷、钾的比例达到 1∶1∶1 或 1∶2∶3。云南绝大多数烟区,还特别注意合理增施钾肥(草木灰)和复合化肥。

加强大田管理。及时移栽、补缺、中耕松土,做好防洪排涝工作,深堤沟,高培土,适时封顶打杈,加强后期管理。同时,重视防治病虫害。

切实抓好烘烤。各地根据烤烟生产计划,及时抓好烤房的改建和新建工作。抓紧烘烤技术人员的培训,建立和健全烘烤技术责任制,努力提高烘烤质量。[①]

为了切实推行科学种烟,从 1983 年开始,先后在罗平、鲁甸、玉溪、楚雄等县开展优质烟丰产示范试验。试验结果,烤烟质量有显著提高,1984 年上中等烟平均达到 71.19%,这为烟叶质量的提高提供了经验。1987 年,全省有 8 个地州市、61 个县开展优质烟综合示范区工作,种植面积 70.5 万亩,占全省烤烟面积的 27.8%。综合示范区共收购烟叶 10.93 万吨,占全省烟叶总收购量的 34.75%,其中上中等烟的比重达 84.62%,比大面积提高 11.84%。迄于 1989 年,全省优质烟综合示范区面积扩大至 329 万亩,上中等烟占 85.88%。科学种烟在更大范围内取得成功。2000 年,云南省优质烟综合示范区改名为云南省优质烟示范乡(镇),更扩大了科学种烟的示范区范围。

云南省推行科学种烟,实施烤烟品种的良种化、种植的区域化和栽培

[①] 《云南省志·烟草志》,第 415、416 页,云南省 1982 年《烤烟工作会议纪要》。

的规范化；在布局、选种、育苗、移栽、施肥、管理等各个生产环节，提高其技术含量，从而逐步提高了烤烟的质量。据统计：从改革开放的1979年至1981年的3年间，烤烟质量逐渐有所提高，上等烟的比重（即上等烟占全部烤烟收购总量的百分比）从1.44%增为3.95%又增至5.86%，分别提高了2.51个百分点和4.42个百分点；中等烟的比重从44.09%增为52.90%又增至56.37%，分别提高了8.81个百分点和12.28个百分点；上中烟的比重从45.30%增为56.85%又增到62.23%，分别提高了11.55个百分点和16.93个百分点。而推行科学种烟后，烤烟质量提高得更快。1982年至2000年的19年间，上等烟的比重从3.14%增至35.28%，提高了32.14个百分点，中等烟的比重从51.00%增至54.57%，提高了3.57个百分点；上中等烟的比重从53.37%增至89.85%，提高了36.48个百分点。在此期间，上等烟的比重，从1986年的8.48%猛增为1987年的26.15%，至2000年更增至35.28%，其中1988年、1991年、1994年、1995年等年度均高达30%以上；上中等烟的比重，从1982年的53.37%增为1983年的64.70%，至2000年更增至89.85%，其中1987年、1994年、1995年、1996年、1999年等年度均高达80%以上。这些统计数字充分证明：云南省从1982年开始推行和普及科学种烟，确实大大提高了烤烟的质量（详见下文）。云南生产的优质烤烟，不仅满足了本省卷烟产业的需要，还供给省外上海等地卷烟厂，还有部分用来出口贸易。

2. 不断提高卷烟工艺的科技含量

卷烟工艺包括烟叶发酵、制造烟丝、卷成烟支、包装成品4个工序。20世纪50年代以前，云南的卷烟工艺基本上是半手工半机械化生产。70年代中期，逐渐应用回潮机、打叶机、切丝机、卷烟机、包装机等新设备，使卷烟工艺基本上实现了机械化和连续化，卷烟产品质量较之五六十年代有了较大提高。但是总体上说，卷烟的技术装备及其工艺仍属国际40年代的水平。[①]

20世纪70年代末，云南卷烟企业先后开始更新部分卷烟设备。80年代以后，即"六五"（1981～1985）和"七五"（1986～1990）期间全省卷烟企业都大规模地更新设备和开展技术改造。除购置本省研制的少数设备以改进卷烟技术外，大多数烟厂都投入巨资从省外和国外大量引进先进设备和生产技术，从而大大提高了卷烟工艺的科技含量。

[①] 《云南省志·烟草志》，第199页。

(1) 烟叶发酵

1979 年，玉溪烟厂采用热敏电阻随温度升高而电阻值随之增大的原理，自制遥测器，监测发酵室内温湿度的变化，改善了工人的劳动条件。1984 年，曲靖、玉溪两卷烟厂推广应用云南冶金设计院研发的 TMC-80 微机控制烟叶发酵新技术。首先编制出发酵烟叶的温湿度计划，并将其输入微机；启动风机后，微机就按计划要求调整控制室内的温湿度，自动完成一个发酵周期升温—保温—降温的全过程。后来，云南烟叶发酵又进行了新的工艺改造，采用人工发酵与醇化相结合的办法，即在人工发酵的基础上，烟叶再贮存醇化，时间4个月至半年左右。此外，楚雄烟厂采用二次发酵法，即烟叶在发酵室经二次升温、保温、降温发酵，延长发酵醇化过程，有利于烟叶内多种酶的催化活动，促使烟叶成分进一步转化。高档烟叶趋于低温发酵，延长发酵周期。① 发酵工艺的科技含量不断增加，显然有利于卷烟质量的提高。

(2) 制造烟丝

制丝工艺流程为：回潮—去梗—润梗—润叶—贮叶—切丝—供丝—压梗—切梗—冷却加香—贮丝—送丝。

20 世纪 70 年代来，开始改进和提高制丝工艺。1978 年，昆明和玉溪两家烟厂开始采用打叶机，将烟梗从叶片中分离出来。80 年代初，利用国外先进设备，采用厚压薄切，再经高温高湿烘干膨胀办法，提高梗丝质量及填充能力。1982 年，昆明卷烟厂首次引进英国狄更斯公司的制丝生产线一套。1983 年，玉溪卷烟厂引进联邦德国豪尼公司设计能力为 5 吨的制丝设备 75 台（套）。这些现代化制丝生产线，能自动控制烟丝流量，自动调节温湿度，膨胀梗丝 20%～30%；比原有的切丝设备，制丝造碎少、切丝质量好、烟丝利用率高。此后，曲靖、楚雄、昭通卷烟厂也相继引进国外制丝设备。至 1990 年，全省先后引进制丝生产线 9 条。这些制丝生产线，技术先进，性能良好，大大提高了制丝工艺的效率。此外，1985 年，玉溪烟厂制成了第一台"辊压法烟草薄片直接成丝切丝机"，实现了烟草薄片生产、切丝的连续化，并使破碎减少，利用率提高了 12%。同年，曲靖卷烟厂开始试产烟草薄片。1987 年，楚雄卷烟厂也开始生产烟草薄片。截至 1990 年，玉溪、曲靖、楚雄 3 家卷烟厂共生产烟草薄片 854.9 吨，三家烟

---

① 《云南省志·烟草志》，第 199、200、201 页。

厂在一些卷烟牌号中,掺用烟草薄片的比例已达3%。[①]

(3) 卷成烟支

1977年,国内试制成功了较先进的YJ12型的2000支/分和YJ13型的1000支/分吸风式卷烟机,截至1990年底,云南全省各卷烟厂拥有国产各种机型的卷烟机413台,承担着70%的无嘴烟的生产任务。

1975年,昆明卷烟厂引进英国莫林斯公司MK8D卷接机1台,于翌年正式生产了滤嘴烟。1977年全省有滤嘴接装机2台,1982年增加到27台。1976~1978年,昆明和玉溪两家卷烟厂先后生产出过滤嘴卷烟。此后,曲靖、楚雄、昭通和下关等地卷烟厂也相继生产出过滤嘴卷烟。

1982~1984年,省烟草公司加速引进卷烟的卷接设备,先后从英国、日本、联邦德国引进具有20世纪70年代或80年代水平的卷接机组。截至1987年底,全省共引进卷接机组112台(套),其中翻新设备62台(套),卷接能力达到130万箱/年。从国外引进的卷接机,生产效率比国产卷烟机大大提高。英国莫林斯公司的MK8卷接机车速2000支/分、MK9卷接机车速高达5000支/分。联邦德国豪尼公司普洛托斯卷接机车速多达8000支/分。这些引进的卷接机,除大大提高卷烟产量外,还有诸多优点:技术先进,自动化程度高;生产的烟支造型美观,松紧适度;对不合格的烟丝、梗丝能自动剔出;对烟支漏气、空松、爆口能自动分拣;烟支重量稳定,耗丝较低,每箱可节约烟丝5%。1987年,玉溪卷烟厂还引进卷、接、包连接装置——"奥斯卡",使卷烟、接嘴、装盘、包装联机成组,加上高架输送装置,组成了现代化的卷、接、包生产线。截至1990年,全省共引进卷接机组222台(套)。1981年,玉溪卷烟厂购进浙江临海机械厂GLZ-9型滤嘴成型机2台。同年,昆明卷烟厂购进英国产PM5丝束成型机1台(套)。1982年,昆烟、玉溪两厂共生产滤嘴棒23353万支。此后,曲靖、楚雄、昭通、下关等卷烟厂也相继购置设备,自产滤嘴棒。截至1990年,全省拥有滤嘴棒成型机89台(套),其中进口的15台。[②]

(4) 包装成品

1978年,云南卷烟企业大量使用上海生产的4-5A型包装机,车速140包/分;20世纪80年代以后,陆续使用4-5B型、YB15型、YB84型以及

---

① 《云南省志·烟草志》,第201、202、203、204页。
② 《云南省志·烟草志》,第205、206页。

滤嘴烟包装机等各种型号的国产包装设备,其生产能力为140～160包/分,较20世纪60年代初期的包装设备效率提高将近一倍。

1984～1990年,云南烟草系统先后引进意大利3000型、6000型、8000型包装机以及英国、荷兰翻新的包装机,前者车速360～400包/分,后者为150包/分。1987年,玉溪烟厂引进英国的卷接包相连接的"奥斯卡"机组,使卷烟、接嘴、包装连续化。截至1990年,全省共引进国外先进包装设备151台(套),国产各种型号包装机210台。包装规格,由70年代末仅能包装70×27毫米粗支烟10包条包的单一品种,发展到有84、94、100×25毫米等过滤嘴精装、硬条盒、透明纸条包、小包硬壳翻盖、4包条包、10包条包,以及20支铝扁盒、50支铁盒听装等多种包装品种。包装款式齐全、新颖、美观,基本上实现了卷烟包装的连续化和现代化。①

以上是20世纪70年代至1990年期间,云南省烟草系统更新设备和开展技术改革,以提高卷烟工艺科技含量的大致情况。

"八五"(1991～1995年)期间,云南卷烟企业仍然以提高工艺技术装备,努力发展高档、名优、出口卷烟生产,以此作为固定资产投资的原则之一。在此期间,全省烟草系统共投资25亿元人民币,先后引进了18条打叶复烤线、17条制丝线、300台(套)的5000支/分钟以上卷接机和300包/分钟以上包装设备。1995年底,第三次技术改造基本完成。此轮技术改造极大地促进了制丝、卷、包工艺技术水平的提高。至此,云南卷烟工业技术整体装备水平具有20世纪80年代末的国际先进水平,处于全国领先地位,而昆明、玉溪卷烟厂已达到90年代国际先进水平。②

"九五"(1996～2000年)期间,云南卷烟企业开展技术改造的总体目标是:跟踪国际先进水平,大力推广、应用新工艺、新技术、新设备,提高固定资产投资的技术含量,增强企业的核心竞争力。此次技术改造的重点是:推广打叶复烤、烟叶自然醇化、膨胀梗丝、烟草薄片、激光打孔、高透气盘纸、多元组合嘴棒、计算机自动控制等新工艺、新技术、新材料在卷烟生产中的应用。在此期间,全省各卷烟企业大力进行卷烟配方改革;改进产品包装装潢;改进加香、加料技术;致力于烟草制品的高质量、低焦油、多品种;降低卷烟烟气中的有害成分,加大对低焦油、混合型卷烟

---

① 《云南省志·烟草志》,第206、207页。
② 《云南烟草志》(下卷),第120页。

的开发力度；加强对低焦油、混合型和超低焦油卷烟的产品设计和专用制丝工艺技术的研究；抓好烟用香精香料的研发；提高卷烟内在品质和加工质量以及卷烟吸食的安全性。从而使卷烟的吸食风味更加适应市场的需要，逐步形成云南卷烟清香型、高品位的风格，树立云产卷烟的全国声誉。①

经过20世纪70年代末至2000年20多年的不断努力，云南卷烟企业的卷烟工艺水平显著提高，高新科技含量大大增加。随着卷烟工艺科技含量的提高，全省卷烟质量显著提高。首先是卷烟检测合格率不断提高。至1990年，昆明、玉溪、曲靖、楚雄、照通5家烟厂卷烟抽检合格率均达到100%，其他烟厂也在80%以上。② 其次是上中等卷烟的比重不断提高。1990年全省上中等烟的比重（即上中等烟占卷烟总产量的百分比）从1979年的45.30%增至72.76%，提高了27.46个百分点；2000年上中等烟的比重又从1990年的72.76%增至89.85%，提高了17.09个百分点，比1979年更是提高了44.55个百分点（详见下文）。最后是优质卷烟比重不断提高。1990年云南优质卷烟产量占总产量的比重为55.62%，比1980年的20.73%提高了34.89个百分点。此后，云南名优卷烟品牌不断增加，所占比重也不断提高（详见下文）。

3. 不断加强"两烟"的科学研究

云南省烟草公司和有关地州市烟草分公司都十分重视烤烟生产和卷烟加工工艺的科学研究，旨在应用现代科学技术武装"两烟"产业，促进烟草工业的科学发展。

（1）烟草科技机构的设立

云南最先设立的烟草科技研究机构是"云南省烟草科学研究所"。它成立于1955年，原属省农业厅，1958年下放玉溪地区管理，1963年划归云南省农业科学院，1990年7月又划归云南省烟草公司。

1983年，"云南省烟草工业研究所"正式成立。它是省烟草公司属下的一个专门从事烟草工业研究的机构。③

1998年，在上述"云南省烟草科学研究所"与"云南省烟草工业研究所"的基础之上，组建了"云南烟草科学研究院"，旨在充分发挥省属烟草农业与烟草工业两大科研机构的学科优势，贯彻落实"科技兴烟"战略，

---

① 《云南卷烟志》（下卷），第125页。
② 《云南省志·烟草志》，第209页。
③ 《云南省志·烟草志》，第359、363页。

促进烟草工业与烟草农业、烟草科技与烟草经济的紧密结合。①

此外,9个烤烟主产区也先后成立了烟草科学研究所。它们是"楚雄烟草分公司烟草科学研究所"(成立于1980年)、"红河烟草分公司烟草科学研究所"(成立于1981年)、"大理烟草分公司烟草科学研究所"(成立于1984年)、"曲靖烟草分公司烟草科学研究所"(成立于1984年)、《昭通烟草分公司烟草科学研究所》(成立于1985年)、"玉溪烟草分公司烟草科学研究所"(成立于1985年)、"昆明烟草分公司烟草科学研究所"(1987年)、"保山市烟草科学研究所"(成立于1992年)、"文山壮族苗族自治州烟草科学研究所"(成立于1995年)。在5个大型卷烟企业(昆明、玉溪、曲靖、昭通、楚雄卷烟厂)内,还设立了新产品研究室、研究所或技术中心,如"昆明卷烟厂技术中心"(1996年)和"红塔集团技术中心"(1996年)等。②

为了加强对烟草科学研究的统一管理,省烟草公司设立了科技部,负责全省烟草科学研究机构的组织、协调和管理等。

(2)烟草科研课题与成果

全省烟草系统的科研单位承担中国烟草总公司、云南省科学技术委员会和云南省烟草公司下达的研究项目以及自选的研究项目。涉及烤烟与卷烟两个方面,包括诸多研究课题。

卷烟方面,主要研究课题有:新产品开发,降焦工艺技术,烟叶、辅料、香精、添加剂、香料合理搭配,制丝工艺技术,打叶复烤技术,加工设备改进,烟丝、梗丝填充值,膨胀烟丝与梗丝生产工艺,降低有害烟气,低焦油混合型及烤烟型卷烟调剂,高透气盘纸,烟草薄片以及"两烟"信息化管理等,③应该说涉及了卷烟生产的方方面面。

烤烟种植方面,主要研究课题有:品种资源,良种引进选育,种子技术,育苗技术,施肥技术,提高烟叶品质技术,轮作与可持续发展技术,病虫害普查与预测预报,虫害发生及防治技术,病害发生与防治技术,烟叶成熟度,烤房设计,烘烤技术等,也涉及了烤烟生产的方方面面。

上述烤烟和卷烟研究项目最后形成的科研成果,具有显著的应用性特点,大多都转化为现实生产力,产生了良好效果,从而推动了"两烟"的快速高效发展。

① 《云南烟草志》(下卷),第316、317页。
② 《云南省志·烟草志》,第360~364页;《云南烟草志》(下卷),第324页。
③ 《云南烟草志》(下卷),第330、331、332页。

云南烟草科学研究的不少成果，获得了中国烟草总公司和云南省政府的奖励（见表3-6、表3-7）。

表3-6 云南烤烟科学研究获奖成果统计

成果名称	完成单位	颁奖机构与等级
推广烤烟品种G28	云南省烟草公司科研所	1984年省政府三等奖
推广烤烟优质高产栽培技术	云南省烟草公司科研所	1986年省政府二等奖
主料烟栽培技术研究	云南省烟草公司科研所	1988年省政府二等奖
农用链霉素防治烟草野火病试验、示范推广	云南省烟草公司科研所等	1992年云南省科技进步三等奖
国产甲霜灵锰锌、甲霜灵福美双防治烟草黑胫病应用	云南省烟草公司科研所等	1992年云南省科技进步三等奖
地烟山地烟综合栽培技术开发	云南省烟草公司科研所等	1992年云南省科技进步三等奖
红河州地质背景研究	红河州烟草科学研究所	1993年云南省科技进步三等奖
烤烟上部烟叶一次采收实验示范与推广	玉溪烟草科学研究所	1994年云南省科技进步三等奖
云南烟草根结线虫病发生及防治研究	云南省烟草公司科研所等	1994年云南省科技进步三等奖
烤烟中微量元素普查及临界值和缺素症状研究	云南省烟草公司科研所等	1995年云南省科技进步三等奖
烟草侵染性病害调查研究	红河州烟草科学研究所	1995国家科技进步三等奖 1996年中国烟草总公司科技进步一等奖
植毒灵防治烟草花叶病	昭通烟草科学研究所	1996年云南省科技进步三等奖
烟草赤星病流行规律及防治研究	云南省烟草科学研究所	1996年云南省科技进步二等奖
烤烟新品种V-2引进选育及示范	云南省烟草公司科研所	1996年云南省科技进步二等奖
提高烟叶香味的主要栽培技术及生理生化研究	云南省烟草公司科研所等	1997年云南省科技进步三等奖
云南烟草昆虫调查研究	云南省烟草公司科研所等	1997年云南省科技进步三等奖
烤烟新品种云烟317的选育及示范	云南省烟草科学研究所	1997年云南省科技进步三等奖

续表

成果名称	完成单位	颁奖机构与等级
烟草根结线虫生物防治研究	云南省烟草科学研究所	1998年云南省科技进步三等奖
烤烟新品种云烟85的选育及示范	中国烟草育种研究南方中心等	1998年云南省科技进步一等奖
云南省烤烟主要推广良种提纯复壮研究	云南省烟草科学研究所	1998年云南省科技进步三等奖
文山州烤烟专用肥配方研究及示范推广	文山州烟草科学研究所	1999年云南省科技进步三等奖
VA病根在烟草上的应用研究	云南省烟草公司科研所	1999年云南省科技进步三等奖
烤烟经济合理施肥技术研究及应用	云南省烟草公司科研所等	1999年云南省科技进步三等奖
烟草夜蛾发生规律预测预报和防治技术研究	红河州烟草科学研究所	2000年云南省科技进步三等奖
烤烟雄性不育系直接利用及配套技术研究	玉溪烟草科学研究所	2000年云南省科技进步三等奖
烟草品种资源收集鉴定与利用	云南省烟草公司科研所	2000年云南省科技进步三等奖
利用核技术研究合理施用钾肥提高烟草产质	云南省烟草公司科研所	2000年云南省科技进步三等奖
立式炉热风室新型节能烤房的研究与应用	红塔集团	2000年云南省科技进步三等奖

资料来源：《云南烟草志》（下卷），第408～412页。按：烤烟科学研究成果获云南省"星火奖"者未列入本表。

表3-7　云南卷烟科学研究获奖成果统计

成果名称	完成单位	颁奖机构与等级
40毫米废嘴棒再生利用	玉溪卷烟厂	1991年中国烟草总公司科技进步三等奖
新混合型"三七"牌卷烟	昆明卷烟厂	1991年云南省科技进步三等奖
推行卷烟配方改革扩大原料使用范围的技术开发及应用	玉溪卷烟厂	1994年中国烟草总公司科技进步二等奖

续表

成果名称	完成单位	颁奖机构与等级
完成的 A 离子增塑剂研制项目	玉溪卷烟厂	1995 年云南省科技进步三等奖
《中国企业科技进步案例·玉溪卷烟厂卷》	玉溪卷烟厂	1995 年云南省科技进步三等奖
玉溪卷烟厂优质烤烟基地十年建设工程	玉溪卷烟厂	1995 年国家科技进步二等奖 1995 年云南省科技进步二等奖
玉烟新厂区动力系统工程总体设计及实施	红塔卷烟厂	1997 年云南省科技进步三等奖
玉烟新厂区计算机网络 FDDI 系统设计及运行	红塔卷烟厂	1997 年云南省科技进步三等奖
甲级红河卷烟产品研制开发及应用	红河卷烟厂	1997 年云南省科技进步二等奖
红烟 PDS 综合布线系统	红河卷烟厂	1997 年云南省科技进步三等奖
泸西、师宗、陆良打叶复烤工艺设计及工程技术组织管理	红塔集团	1998 年云南省科技进步三等奖
玉溪卷烟厂名优烟翻番技改	红塔集团	1998 年云南省科技进步三等奖
全自动集中配料生产线	昆明卷烟厂	1998 年云南省科技进步二等奖
柔和"茶花"牌卷烟的开发研究	昆明卷烟厂	1998 年云南省科技进步一等奖
红河卷烟厂信息管理系统	红河卷烟厂	1998 年云南省科技进步三等奖
进口烟机设备零部件计算机管理系统	红河卷烟厂	1998 年云南省科技进步三等奖
红河卷烟厂出口型 12000 千克/小时打叶复烤生产样线	红河卷烟厂	1999 年国家烟草专卖局科技进步二等奖
计算机实时监控技术在工厂供配电系统中的应用	红塔集团	1999 年云南省科技进步三等奖
昆明市立式炉平板式烤房改造与推广应用	昆明市烟草公司	1999 年云南省科技进步三等奖
改造 P2 热端冷却系统、提高膨胀品质	红塔集团	2000 年云南省科技进步三等奖
长城卷烟机滤嘴棒接收器改造技术	昆明卷烟厂	2001 年云南省科技进步三等奖
滤嘴棒及烟支在线圆周显示控制器研制	昆明卷烟厂	2001 年云南省科技进步三等奖
烟支圆周与卷烟相关物理指标内在关系研究	昆明卷烟厂	2001 年云南省科技进步三等奖
自动化物流系统	红河卷烟厂等	2001 年云南省科技进步一等奖 2003 年国家科技进步二等奖

资料来源：《云南烟草志》（下卷），第 401~404 页。按：卷烟科学研究成果获云南省"星火奖"者未列入本表。

除上述烟草科学研究的应用性成果之外，云南烟草系统的一些研究单位和学者，还先后向社会推出了一批烟草科学的著作，对烟草产业的发展具有一定的指导作用（见表3-8）。

表3-8　云南省烟草科学著作统计

名　　称	著者单位或姓名	出版社	出版时间（年）
云南烤烟品种及良种繁育	雷永和	云南人民出版社	1983
烤烟优质适产技术	云南省农业科学院烟草研究所	云南人民出版社	1983
烟草害虫及其防治	徐树云	云南科技出版社	1988
烤烟栽培与烘烤技术	云南省科委星火计划办公室等	云南科技出版社	1991
烟草害虫防治	徐树云	河南科技出版社	1992
烟草栽培学	云南省农业广播学校等	云南科技出版社	1993
烟草病虫害图册	云南省烟草科学研究所	中国财政经济出版社	1994
云南烘烤与分级	杨士福	云南科技出版社	1994
云南省烟草科学研究所论文集	云南省烟草科学研究所	云南科技出版社	1994
云南白肋烟栽培与调制	雷永和、施永超	云南科技出版社	1995
云南烟草中微肥营养与土壤管理	云南省烟草科学研究所等	云南科技出版社	1995
烤烟栽培与烘烤技术	雷永和等	云南科技出版社	1997
中国烟草育种研究（南方）中心、云南省烟草科学研究所论文集（1995—1997）	云南省烟草科学研究所	云南科技出版社	1998
烟用化肥与农药	云南省烟草科学研究所	云南科技出版社	1998
云南烟草品种志	中国烟草育种研究（南方）中心等	云南科技出版社	1999
烤烟经济合理施肥技术手册	云南省烟草公司科教处等	云南科技出版社	1999
优质烤烟栽培技术模式	雷永和、施永超	云南科技出版社	1999
张崇范烟草科技论文选	张崇范	云南科技出版社	2000

资料来源：《云南烟草志》（下卷），第397～400页。

由上所述，云南烟草系统坚持依靠科技进步，在科学种烟、提高卷烟科技含量和加强"两烟"科学研究三个方面都取得了重大成绩,从而有力地推动了烟草工业的科学发展与快速发展。有人测算,"从云南烟草业来看……科技进步对经济增长的贡献率已由'七五'时期的 38.12% 上升到'八五'时期的 42.74%,增长了 3.62 个百分点"。[①]"九五"期间,科技进步的贡献率又有一定提升,这是毋庸置疑的。

二 大力开展技术改造

1. 全省烟草行业技术改造概况

(1) "六五"与"七五"时期的技术改造

1982 年以前,云南烟草行业设备陈旧落后,工艺技术水平低,原材料消耗高、卷烟产品产量低、质量不稳定。当时,全省仅有卷烟设备 449 台,其中卷烟机 257 台、切丝机 58 台、包装机 104 台、滤嘴接装机 27 台、卷接机 3 台;除 3 台卷接机系进口外,其余全是国产老设备,年生产能力仅 100 万箱。

1982 年,云南烟草公司成立后,为了适应烟草工业发展的需要,提出分批引进国外先进卷烟设备来改造云南落后陈旧设备的规划和措施,经省政府批准后,纳入了云南省的"六五"(1981~1985 年)和"七五"(1986~1990 年)发展计划。至于烟草企业技术改造项目的资金来源,经云南省政府同意并取得地州市政府同意,主要是向银行申请贷款,而以烟草新增税利偿还,即所谓"以烟养烟求发展"。

"六五"和"七五"计划时期,即 1981~1990 年,云南烟草公司先后两次大批量引进国外以及省外先进的卷烟专用设备和技术,高起点、高水平地对全行业进行技术改造。

"六五"时期的 1982~1985 年,云南省第一次大批量引进国外卷烟专用设备。1982 年,昆明卷烟厂从英国莫林斯公司进口 14 台翻新 MK8/PATRO 型卷接机。1983 年,玉溪卷烟厂从日本进口翻新 MK8/MA3 型卷接机 8 台。1984 年,省烟草公司组织各烟厂共同与外国签订了 4766 万美元的烟机订货合同,以引进 MK9-5 卷接机组、意大利 GD 公司 X4 型和萨西伯公司 6000 型包装机为主。此外,昭通、大理两家卷烟厂又共同购买了美国弗吉尼亚州文森斯烟厂拍卖的旧设备格兰特 4 型卷、接、包机组 27 台

[①] 张宝三主编《云南支柱产业论》,云南人民出版社,1997,第 80 页。

（套）等。卷烟制丝设备方面，1983年，昆明卷烟厂引进英国迪更生公司年产40万箱的制丝线，此乃全省制丝线引进之始。1985年，玉溪卷烟厂引进联邦德国豪尼公司的制丝线；由于其效果显著，全省烟厂都先后引进该公司的制丝全套或主机设备。

"七五"时期的1987~1990年，云南第二次大批量引进国外先进卷烟专用设备。其间，1987年，昆明、玉溪、曲靖、楚雄、昭通5家卷烟厂，都相继引进20世纪80年代国际卷烟先进设备，以替换国产老设备。1988年，云南省政府提出实施"名优烟翻番"计划，决定再引进一批国外卷烟先进设备，以大力进行技术改造。1990年，经国务院批准，国家计划委员会下达了昆明、玉溪两家卷烟厂技术改造项目的批复，同意玉溪卷烟厂引进烟丝膨胀设备1套、卷接机8台、包装机13台、卷包连接机13台、装箱机2台，项目总投资为19323万元（其中外汇3005万美元）；同意昆明卷烟厂引进1条1500千克/小时制丝线的关键设备、卷接机14台、包装机15台、卷包连接设备2台、装箱机1台，项目总投资25972万元（其中外汇3800万美元）。以上设备，皆于1990年底大部分签约。昆明卷烟厂签约金额为4336万美元，玉溪卷烟厂签约金额为3464万美元。

迄于1990年，云南烟草行业经过两次大批量引进国外以及省外卷烟专用设备，其所拥有的各类设备已大大增加。

制丝生产线：全省共有19条，其中引进国外者8条：新机7条189台（套）、旧机1条17台（套），占42%；国产11条333台（套），消化吸收现代新技术制造的有13台（套），需要淘汰更新的有7条，占52%。

卷接设备：全省共有581台（套），其中引进国外者179台（套）：新机105台（套）、翻新机54台（套）、旧机20台（套），占30%；国产402台（套），消化吸收现代新技术制造的37台（套），占70%。

包装设备：全省共有536台（套），其中引进国外者120台（套）：新机61台（套）、翻新机37台（套）、旧机22台（套），占22%；国产416台（套）、消化吸收新技术制造的2台（套），占78%。

滤嘴成型设备：全省共91台，其中引进国外者17台；新机10台、翻新机2台、旧机3台，滤嘴棒输送机2台，占18%；国产74台，占82%。

"六五"与"七五"期间，全省开展了两次大批量引进国外以及省外先进设备与现代新技术，对原来的老旧卷烟设备进行了技术改造。从1982年至1990年，全省烟草行业投入技术改造的资金合计人民币166452万元、外汇2.5亿美元。经过这八九年的技术改造，云南卷烟综合能力从1982年以前的100万箱/年增至465万箱/年，增加3.65倍。[①]

（2）"八五"与"九五"时期的技术改造

1991~2000年，云南烟草行业继续推行以更新设备为中心的技术改造。

"八五"（1991~1995年）期间：

1991~1992年，玉溪、昆明两家烟厂实施"名优烟翻番"工程。玉溪卷烟厂投资2.28亿元，引进具有国际先进水平的卷接机8台、包装机13台、烟支存储器13台、装箱机2台，购置国产过滤嘴成型机6台、滤嘴输送机4台和配套设施12台，形成年产24万箱过滤嘴烟的生产能力。昆明卷烟厂也投资2.18亿元，引进800千克/小时烟草薄片主要设备及卷包连接机5套。

1993年，昆明、玉溪、曲靖、昭通、楚雄、大理6家卷烟厂共投资6.98亿元，引进卷烟设备60台。其中佛克包装机7台、GDX1包装机5台、GDX2包装机7台、普罗托斯与帕西姆卷烟机各6台、超9型卷烟机19台、B1包装机10台。同年，玉溪卷烟厂投资6050万元，引进一条12000千克/小时打叶复烤生产线。

1994年，由中国烟草总公司、云南烟草公司与美国塞拉利斯公司共同合资5000万美元兴建年产1.25万吨的昆明醋酸纤维有限公司宣告成立，从而打破了云南烟用丝束靠进口的局面。同年，昆明卷烟厂、玉溪卷烟厂、曲靖卷烟厂共投资6.7亿元实施10%重点技术改造项目。红河卷烟厂也投资4.06亿元，引进卷接包机组、制丝线等设备共22台（套）。

1993~1994年，云南省烟草公司组织昆明、玉溪、曲靖、昭通、楚雄5家卷烟厂通过补偿贸易，签订合同金额5.67亿美元，引进高速卷接组31台（套）、高速包装机组29台（套）。其间，昆明卷烟厂实施"八五二""八五三"技改工程；玉溪卷烟厂实施"关索坝工程"，工程完成后，都收到了明显成效。

1995年，昆明卷烟厂、玉溪卷烟厂共投资10.6亿元，再次进行填平补齐技术改造，引进高速卷烟机、包装机、过滤嘴成型机各5台（套）。

"八五"期间，云南烟草行业共投资70余亿元，先后引进打叶复烤线18条、制丝线17条、5000支/分钟以上卷接设备和300包/分钟以上包装设备共300台（套）。全省卷烟生产能力达至760万箱。卷烟工业技术整体装

[①]《云南省志·烟草志》，第6、7、276、277、278页。

备水平具有20世纪80年代末的国际先进水平，处于全国领先地位；其中，昆明、玉溪2家卷烟厂达到90年代国际先进水平。①

"九五"（1996~2000年）期间：

全省烟草行业有计划、有步骤、有重点地对卷烟厂进行总体技术改造，旨在跟踪国际先进水平，大力推广应用新工艺、新技术、新设备，提高固定资产投资的技术含量，增强企业的核心竞争力，用高新技术改造落后的传统产业，以信息化带动卷烟企业现代化。为此，全烟草系统投资65.13亿元进行技术改造。

1997年，玉溪红塔集团投资6.57亿元引进封箱机、卷烟机，以填平补齐技术改造。昆明卷烟厂投资4.04亿元引进细支包装机2套、1条1140千克/小时干冰膨胀烟丝线与辅料库物流设备。楚雄卷烟厂投资7600万元引进1条1440千克/小时干冰膨胀烟丝线。

1999年，曲靖卷烟厂投资1.04亿元引进包装机组、高速卷接机组、卷接包联合机组。

2000年，昆明卷烟厂建成高架自动化输送子系统。红河卷烟厂投资4132万元引进辅料库物流系统设备及配套设施等。

"九五"期间，云南烟草行业还在国家专卖局确定的10%重点企业技术改造规划的基础上，对9家工业企业进行了各有侧重的总体技术改造，总投资约53亿元。在此过程中，有选择地引进国外普鲁托斯、帕西姆、G·D等10000支/分钟以上的高速卷接包设备与豪尼等公司先进的制丝、干冰膨胀烟丝生产线，以装备企业，使主要卷烟企业的技术装备达到或接近国际先进水平，部分装备甚至具有国际领先水平，从而为调整产品结构、增强企业整体竞争力奠定坚实基础。

截至2000年底，全省形成打叶复烤线22条，生产能力达到1230万担/年；建成投产制丝线共21条，生产能力达到1250万箱/年；实施干冰法膨胀烟丝生产改造技术，淘汰了氟利昂膨胀烟丝生产设备。此外，玉溪、昆明、红河卷烟企业建成投产了不同特点的物流自动化系统；卷烟企业、打叶复烤和卷烟销售等逐步或基本实现了计算机管理，部分卷烟企业进行了MIS和GIMS系统的开发及应用。②

---

① 《云南烟草志》（下卷），第119、120页。
② 《云南烟草志》（下卷），第120、121页。

2. 各卷烟企业技术改造情况

(1) 昆明卷烟厂

1975年,从英国莫林斯公司进口 MK8D/RA8 卷烟机1台,又从联邦德国斯莫门德公司进口 I-ES 型包装机1台,开创了云南生产滤嘴烟的先例。1982年,从英国莫林斯公司进口14台翻新 MK8/RATRO 型卷接机。1983年,引进英国迪更生公司年产40万箱的制丝线1条,为全省制丝线引进改造之始。1985~1987年,引进制丝线1条、MK9-5 卷接机组18台(套)、MK8型20台(套)、MK8D 卷烟机1台、光嘴 MK8 卷烟机2台、600型包装机组13台(套)、联邦德国包装机组1台、YB70 包装机3台(套)、PM4型滤嘴成型机1台(套)等。① 1989年,经云南省政府同意,从联邦德国引进1条1500千克/小时制丝线的关键设备、卷接机14台、包装机15台、卷接包联机设备2台、装箱机1台。② "八五"期间,实施两期技术改进工程。1990~1993年为第一期。1991~1992年,引进10台(套)超9(长城)卷接机组和B1包装机组,并通过验收投入生产。1992年,引进5500千克/小时德国豪尼制丝线和1650千克/小时豪尼制丝线,并投产使用。1993年,引进美国麦克塔维奇公司12000千克/小时打叶复烤生产线,对挂杆复烤进行更新改造;同年,引进德国豪尼公司生产的4台普鲁托斯70型卷接机,并投产使用;又引进德国佛克公司1台佛克350S 硬壳包装机设备和意大利 G·D 公司生产的4台(套) G·DX1 型包装机组,均投产使用等。1993~1995年为技改工程第二期。其间,于1993年12月,引进第一条瑞士 TMCI 公司500千克/小时稠浆法烟草薄片生产线并投入生产;又以补偿贸易方式从德国豪尼公司引进6台普鲁托斯70型卷接机组和从德国佛克公司引进6台佛克350S 硬壳包装机组,均投产使用。1994~1995年,先后从美、德、意、瑞士等国引进多台(套)打叶复烤生产线、卷接包装机组、嘴棒成型机、稠浆法薄片生产线以及硬壳卷包生产线等。二期技改工程历时三年,共投资11.28亿元。二期工程的完成,使昆明卷烟厂的装备水平达到国内一流、国际先进的水平。1996~2000年实施第三期技改工程。其间,于1996年线进瑞士 OWLAG 公司生产的自动化仓储系统全套设备,包括高架库、机械设备、库存管理系统、激光导向小车等。同年,从英国

---

① 《云南省志·烟草志》,第225页。
② 《云南省志·烟草志》,第276、277、278页。

莫林斯公司进口1台APHISZS嘴棒输送机。1997年,从英国莫林斯公司进口1台帕西姆卷接设备。1998年,先后从英、德进口卷包连接设备和制丝线,均投入生产。1999年,从德、意进口10台(套)高速卷、包机组,陆续投入生产。2000年,从美、意分别引进2270千克/小时二氧化碳干冰膨胀烟丝生产线和打叶复烤生产线,并正式投产使用。[①] 至此,昆明卷烟厂的装备水平已进入国际先进行列。

(2) 玉溪卷烟厂

从1981年起,开展了以引进国外先进设备为主的技术改造。1981~1990年初,共投资2.5亿元,先后从英国、德国、意大利、日本、荷兰等国引进89台(套)具有国际先进水平的卷接包机组、滤嘴棒成型机以及两条制丝生产线等。[②] 其中主要有:1983年,从日本进口翻新MK8/MK3型卷接机8台。1985年,引进德国豪尼公司制丝生产线。1988年,引进烟丝膨胀设备一套、卷接机8台、包装机13台、卷包连接机13台、装箱机2台等。1990~1992年,实施"名优烟翻番工程"。1991年,名优烟翻番技改项目合同中引进设备陆续到厂。1992年底,从国外引进的37台(套)先进设备及国产的8台(套)配套设备全部到位,同时完成与之配套的除尘、空调等技改项目,提前一年实现名优烟翻番计划。1993~2000年,实施第二轮高起点技术改造工程——"红塔山翻番技术改造项目"工程。1993年,引进设备40余台,其中有20世纪90年代水平5台(套)帕西姆卷接机,当年投入生产。1995年,引进5000千克/小时的两条制丝线投料试车,第一套G·D121与G·DX2000型卷接包机组投入生产,又引进两条与卷接包生产线配套的自动物流系统安装调试;至年底,投资30亿元引进设备,包括卷接包机组72台(套)、德国豪尼公司12000千克/小时制丝线2条。1997年,继续引进配套设备25台(套)。1998年,从英国BAT公司引进具有20世纪90年代国际先进水平、设计效率为2270千克/的烟丝干冰膨胀线,并建成投产。1999年,为了开发新产品,更新了16台(套)卷接机组和31台(套)包装机组。2000年,更新嘴棒设备5台(套)。迄于20世纪末,玉溪卷烟厂的装备已达到90年代国际先进水平。

[①] 《云南烟草志》(下卷),第162、163页。
[②] 《云南省志·烟草志》,第231页。

(3) 红河卷烟厂

1985 年正式建厂后，购入国产打叶机、切丝机、卷烟机以及包装机等设备。[①] 1991~1992 年，开展第一次技术改造，从昆明船舶公司购进一条 3000 千克/小时仿豪尼制丝线，改善了制丝生产工艺。又先后引进和配置了卷烟机、包装机等先进设备。经过第一次技术改革，该厂生产工艺及装备达到国内先进水平。1993~1998 年，进行第二次技术改造。1995~1996 年，先后从德、美、英等国引进 8000 千克/小时豪尼制丝线、12000 千克/小时打叶复烤生产线、超 9 型（长城）卷烟机、帕西姆卷接机、佛克包装机、封箱机等多台（组），大大提高了卷烟工艺水平。1998 年，又从美国和比利时先后引进 1140 千克/小时干冰膨胀烟丝和空压机等。经过第二次技术改造，生产工艺与装备水平已跨入国际先进行列。此外，从 1999 年起进入全面技术改造时期。当年，从德国先后引进豪尼公司生产的 KDF3E 嘴棒成型机和嘴棒自动储存供给系统；又进口 3 条 G·D121/G·DX2000（600 包/分钟）高速卷包生产线，并经调试后投入生产。[②]

(4) 曲靖卷烟厂

1981 年，购置国产切丝机、烘丝机、卷烟机、包装机等。1983 年，先后从英国、荷兰、德国分别引进 MK8/PATRO 翻新横包机以及 3000 千克/小时制丝生产线等多台（条）设备。1985 年，引进英国莫林斯公司 MK9-5/PA8-5 卷接机 7 台、意大利萨西伯公司 AMF3-279/6000 型横包机 6 台。1988~1990 年，投资 4522 万元，引进长城卷接机 2 台、萨西伯 6000 型包装机 2 台、LOg 机 2 台、X2 硬壳翻盖包装机 1 台，又为国产制丝线配套引进豪尼梗丝膨胀线 1 条、KTC-8 切丝机 4 台、烘丝机 1 台。此外，投资 4806 万元购进昆明船舶公司制作的 5000 千克/小时制丝线 1 条、仿造 YJ-14 卷接机组 9 台（套）、3000 型包装机 3 台、YJ-23 接嘴机 11 台、透明小包机 9 台。1991 年，购置国产 6000 型包装机 1 台、滤嘴棒输送机 12 管 2 台。[③] 同年，引进 G·DX1-4350 包装机组 1 台，又建成 5000 千克/小时制丝线 1 条，1992~1993 年，先后引进 2 条意大利加比欧 12000 千克/小时打叶复烤生产线、1 条德国豪尼 9000 千克/小时制丝线；又通过与香港天利国际经贸有限公司的两批补偿贸易，引进超 9 型（长城）卷接机组 8 台

[①] 《云南省志·烟草志》，第 264 页。
[②] 《云南烟草志》（下卷），第 175、176 页。
[③] 《云南省志·烟草志》，第 237、238 页。

（套）、G·DX2翻盖包装机组1台（套）。1993~1994年，先后引进帕西姆7000型卷接机组17台（套）、G·DX1包装机组11台（套）、G·DX2硬壳包装机组7台（套）以及20套G·DS90中间连接设备及装封箱3台（套）等辅助生产设备。1994年，经国家烟草专卖局批准，曲靖卷烟厂列入全国第三批10%重点技术改造企业。于是投资18亿元，进行最大规模的技术改造。1996年，引进美国艾柯公司1140千克/小时干冰膨胀烟丝线一条，增加11台烟支贮存输送装置G·DS90、嘴棒输送发射系统3组、装封箱机2台以及提条机等设备。1999年，引进G·D121高速卷接机1台（套）、G·DX2翻盖包装机组2台（套），又开始引进普鲁托斯高速卷接机组1台（套）、G·DX3000高速包装机组1台（套）。至此，曲靖卷烟厂的技术装备达到了国际20世纪90年代初期的先进水平，居国内领先地位。[1]

(5) 昭通卷烟厂

1986年，从美国弗吉尼亚州文森斯烟厂购进其旧设备格兰特四型卷接包机23台（套）。1988~1990年，先后引进英国莫林斯公司MK8翻新卷接机9台、MK9-5检新卷接机2台，荷兰尼泊曼公司3000型旧包装机2台，意大利萨西伯公司6000型横包机2台，德国豪尼公司制丝生产线1条、斯慕门公司B1包装机1套，豪尼公司卷接包旧机1套，英国莫林斯公司硬壳包装旧机1套。三年中，还购置了国产切丝机、烘丝机、卷烟机、滤嘴成型机等多台设备。[2] 1991~1996年先后从英国、德国、意大利进口滤嘴成型机、打叶复烤生产线、包装机组、卷接机组等多台（组）设备。1997~1998年，又从德、英、意三国引进制丝生产线、包装机组、卷接机组等多台设备。2000年，引进美国艾柯公司1140千克/小时干冰膨胀生产线，并投入使用。[3] 至此，昭通卷烟厂的设备已达到当时国际先进水平。

(6) 楚雄卷烟厂

1983年开始从国外引进卷烟设备。至1987年，先后从英国、德国、意大利等国引进MK8、MK9-5型卷接机组、3000型和6000型包装机组、KDF2丝束成型机等先进设备共32台（套）。1988~1990年，又从国外分批进口卷烟设备42台（套）。[4] 1991~1992年，先后增添36台（套）新设

---

[1] 《云南烟草志》（下卷），第181、182页。
[2] 《云南省志·烟草志》，第245页。
[3] 《云南烟草志》（下卷），第188、189页。
[4] 《云南省志·烟草志》，第253页。

备。1994 年，引进 12000 千克/小时打叶复烤生产线，又从德国豪尼公司进口 1 条 8000 千克/小时制丝线。1996 年，配套技改的 3 套帕西姆与 3 套佛克卷接包装机组，相继到位投入使用。同年，由美国艾柯公司引进 1 条 1140 千克/小时二氧化碳干冰膨胀生产线项目开始实施，至 1998 年该项目完成验收，正式投入使用。[①] 该厂部分设备具有国际先进水平。

（7）大理卷烟厂

1986～1990 年实施"七五"技术改造。其间，购置国产制丝线 3000 千克/小时 1 套、引进捷克 AC11 卷接机 7 套、德国斯慕门 B1 型包装机 1 套以及美国旧 G4 卷接包机组 4 套等设备[②]，并建成昆明船舶公司制造的仿德国豪尼 5000 千克/小时制丝 1 条。1991～1995 年实施"八五"技术改造。其间，先后从意大利、德国、英国引进打叶复烤生产线、制丝线、包装机组、硬盒包装机组等多台（组）先进设备。1995 年，大理卷烟厂加入红塔集团后，调入部分国外进口的卷烟机、包装机等设备。1996～2000 年实施"九五"技术改造。其间，先后从英国、德国、意大利进口大批卷接机以及包装机、自动封箱机等先进设备，并相继到位投入生产。其中，于 1999 年完成了生产部集中除尘、储丝柜和卷烟机烟支检测系统的改造等，又于 2000 年投资 1200 万元实施计算机信息管理系统的改造。[③] 经过三个五年计划的技术改造，该厂的设备已达到国际先进水平。

（8）昆明卷烟厂分厂

1991～1996 年，先后从英国、德国和美国引进卷接机、包装机、制丝生产线、卷接包机组、嘴棒输送机、滤嘴棒成型机组等先进设备，边吸收边消化，形成了以引进国外先进设备、微机程控为主体的全自动化的现代化生产流水线，从而完成了从生产无过滤嘴卷烟向生产过滤嘴卷烟的技术改造。1997 年以后，又先后实施并完成了大小 20 个技术改造项目。[④]

（9）会泽卷烟厂

1986 年起，实施第一次技改扩建工程。其间，新增打叶机 1 台、切丝机 5 台、卷烟机 15 台、包装机 5 台。1987 年，从下关雪茄烟厂购进滤嘴接

[①] 《云南烟草志》（下卷），第 195 页。
[②] 《云南省志·烟草志》，第 257 页。
[③] 《云南烟草志》（下卷），第 201、202、203 页。
[④] 《云南烟草志》（下卷），第 208 页。

装机、包装机等。1990 年，又购置制丝、卷接包装等设备。① 1990～1993
年，实施第二次技改扩建工程。其间，改造复烤机，建成 1 条 5000
千克/小时双轨复烤生产线和 1 条仿豪尼 1500 千克/小时制丝生产线。此后，
从英国、德国引进卷接设备和包装机组，至 1995 年底，累计投入技术改造
资金达 3.08 亿元。1996～1998 年，实施第三次技改扩建工程。其间，先后
从英国、德国、比利时引进卷接机、包装机、卷包连接设备以及空压机等。
1999～2000 年，又先后从国外购进自动装封箱、输送设备、卷接机组、硬
盒包装机组以及辅助设备等。至此，该厂装备处于全国同行先进水平。②

（10）绥江卷烟厂

1988～1990 年，购置制丝线、卷接包设备和包装设备等。③ 1994 年，
引进德国斯慕门公司 B1 包装机 1 台（套）、卷接设备 76 台（套）、包装设
备 55 台（套）④，其中少数从国外进口，大多数为国产设备。

由上所述，1983～2000 年，云南烟草行业开展了高起点、高水平和高
投入的大规模技术改造。先后从英国、德国、美国、荷兰、瑞士、比利时、
捷克等国引进大批量烤烟和卷烟设备以及辅助设备。这些先进的设备，包
括烤烟复烤生产线、制丝生产线、卷接机、卷接包机组、嘴棒成型机、烟
丝膨胀设备、硬壳翻盖包装机以及自动化仓储、物流系统等。云南烟草行
业以引进国外先进设备与技术为主、购置部分国产设备为辅的技术改造，
取得了重大成就，不仅极大地提高了卷烟企业的生产能力，而且极大地提
高了卷烟生产的工艺水平和卷烟产品的质量。迄于 20 世纪末，云南烟草行
业的综合生产能力和卷烟质量，均居于全国领先地位，其设备与工艺已达
到 20 世纪 90 年代国际先进水平。

三 加强技术人才培养

烟草事业的发展，人才是关键。一直以来，云南省烟草公司十分重视
烟草专业技术人才的培养，重视烟草行业职工的培训。

1. 专业人才的培养

1984 年，正式设立"云南烟草工业干部学校"；1986 年，改名为"云

---

① 《云南省志·烟草志》，第 266 页。
② 《云南烟草志》（下卷），第 214、215 页。
③ 《云南省志·烟草志》，第 269 页。
④ 《云南烟草志》（下卷），第 218 页。

南烟草学校"，系全日制普通中等专业学校，从1989年起面向全省招生。该校设有烟草机械、烟草工艺等专业，主要培养烟草专业的中等专业人才。[1] 1991~1995年，该校扩大学科专业为卷烟设备、卷烟工艺、复烤工艺与设备、烟草机械维修技工等，其毕业生都能适应企业的需求，大多数成为其生产骨干。从1989年至1998年，共培养烟草专业的中专学生733人。[2]

1992年开始进行大专学历教育，与云南广播电视大学、昆明理工大学、云南大学、中国科技大学等高校联合办学，委托培养专业人才。开设的学科专业有企业管理、电算会计、卷烟工艺、烟草种植、农业技术推广等。截至2000年，共培养大专学生998人。[3]

2000年，云南烟草教育培训中心与中国科技大学、浙江大学联合举办研究生课程进修班，培养在职研究生45人。[4]

2. 技术人才的在职培训

从1983年开始，云南烟草行业举办多种形式的技工在职培训。1983~1987年，举办进口MK9-5卷接机操作维修培训班、烟叶发酵技术培训班、计算机应用培训班、初级和中级会计与统计专业培训班以及商情与信息培训班等。1986~1987年，在昆明开办6期进口MK9-5卷接机组培训班，为全国41家卷烟厂（包括云南省的5家）和5家烟机制造厂培训了188名机械、电气技术人员。除组织专业培训外，还抓好岗位技术培训。培训内容包括：新工人岗前的基本技能培训、操作技能表演、机械原理与机械制图、进口卷接机与包装机的操作与维修、锅炉工与电工技术、电子计算机操作技术、质量管理与质检人员培训等。[5] 据统计：1989~2006年，共举办各类培训班286期，培训人员2.04万人。[6] 通过在职培训提高了职工的技术业务能力和水平，为烟草企业的发展输送了一大批合格人才。

从1990年起，云南烟草行业进行技工学历教育，开设卷烟工艺、卷烟设备等专业。截至1998年，共有781人毕业。[7] 此外，昆明卷烟厂还自办了一所技工学校，每年招收1个班，学制3年。全省5家卷烟厂从1984年起

---

[1] 《云南省志·烟草志》，第364页。
[2] 《云南烟草志》（下卷），第448、449页。
[3] 《云南烟草志》（下卷），第448、449页。
[4] 《云南烟草志》（下卷），第449页。
[5] 《云南省志·烟草志》，第365、366页。
[6] 《云南烟草志》（下卷），第448页。
[7] 《云南烟草志》（下卷），第449页。

委托地、州、市的技工学校为其培养技术工人，至 1990 年共培养技工 1765 名。①

3. 云南烟草教育培训中心

1998 年，云南烟草学校实施"面向烟草，服务企业"的办学方针，办学体制由职前教育向在职岗位培训转型。2000 年，经云南省烟草专卖局批准，云南烟草学校更名为云南烟草教育培训中心。该中心成为云南中烟工业公司下属事业单位性质的集电大、中专、技工、干部职工教育培训为一体的多层次办学实体，成为云南烟草人才综合教育培训基地。1999~2001 年，三年间，培养大专学生 177 人；与中国科技大学合作，举办管理工程研究生课程进修班；又为烟草企业举办了各类培训班 92 期，培训人员达 5685 人次。②

由上所述，云南烟草系统通过中专、大专以及研究生等学历教育，培养了一批具有烟草专业知识的专业人才；又通过各类在职培训，提高了职工的业务能力和技术水平，从而为全省烟草行业培养了大批专业技术人才，推动了云南烟草工业的不断向前发展。

第四节　烤烟良种的选育与种植

云南省烟草行业历来十分重视烤烟籽种的选种、育苗及推广。从 1979 年起，贯彻全国烟草会议关于烤烟"四化一供"的精神，实施烤烟种植良种化、区域化、规范化、科学化以及统一供种（即烟农不得自行留种，须统一由国家供种）。

1984 年和 1985 年云南省烟草公司根据国家的相关条例，对本省烤烟良种的选育与推广，以及烟草子种管理等作了明确规定。

一　烤烟良种的选育

如前所述，1941 年，云南从美国引种"金圆"烟种；1946 年，又从美国引进"大金圆"品种，经试种获得成功。此后，"大金圆"等 10 余个品种成为全省推广种植的烤烟品种。

---

① 《云南省志·烟草志》，第 365 页。
② 《云南烟草志》（下卷），第 447 页。

"大金圆"作为良种在全省推广后,在生产过程中逐渐出现变异植株。1947年、1953年、1958年,有烟农从这种变异植株中分别选育出了"云南多叶烟"、"寸茎烟"和"58-1"等新品种。最值得大书特书的是,1962年,路南(今石林)县路美邑村的两位烟农普兴友和张大志,从"大金圆"变异烟株中选择和培育出了颜色深红的大金圆烤烟新品种。这个新品种比原来的"大金圆"耐肥、抗旱、适应性强、抗根茎病害、适合地烟与山地烟生产。由于其花色深红,便定名为路美邑"红花大金圆"。从20世纪60年代中期开始,"红花大金圆"作为良种在全省加以推广,种植面积超过"大金圆"。

20世纪70年代,先后对多个新的地方品种进行比较试验,一致认为路美邑品种较好。1974年,全省烤烟品种鉴定会上正式将路美邑烟定名为"红花大金圆"。1977年,云南省农业厅规定全省烤烟品种选育目标要以红花大金圆为标准种。1981年,云南省农作物品种审定委员会审定并批准"红花大金圆"为优良品种,并决定在全省大面积推广。

此外,1972年,云南从美国斯佩特种子公司进口G-28烤烟品种。经多年大面积试种及品种比较,其烟叶初烤后颜色橘黄、金黄,叶片厚薄适中、组织细致、香气质好、充足,有一定抗逆性。1981年,云南省农作物品种审定会审定为优良品种。1982年,云南从美国北卡罗来纳州引进"NG-82"烤烟品种。经在大理等地试种,获得成功。1989年经全国烟草品种审定委员会审定为全国推广良种。1985年,云南又从美国环球烟草有限公司引进K326、G80等15个烤烟品种。其中K326品种,1987~1988年在楚雄、路南、玉溪、昆明、大理、曲靖、红河等地连续大面积试种,结果证明:此品种的生物化学性状和化学成分协调,均优于"红花大金圆"和"G-28"品种。1989年,经全国烟草品种审定委员会审定,K326为全国推广优良烤烟品种。1986年,又从美国引进V-2新品种,于1996年通过全国烟草品种审定委员会审定。

在云南烤烟良种的选育过程中,有从国外或省外引入者,也有本省育成者,先后多达上百个品种。在这些品种中,有的当时确是优良品种,如"金圆""大金圆"等,后因有新的良种问世才逐渐被取代;有的品种,如云南多叶烟、寸茎烟等,因其只高产而质不优,随着对优质烤烟的需求提高而被淘汰。在20世纪80年代和90年代,"红花大金圆""G-28""K326"等品种,因其既优质高产,又具有抗逆性,故成为云南广泛推广的优良品种和当家品种。① 1997 年以前云南烤烟良种推广以 K326、红花大金圆、G-28 为主，NC-82 等为辅；1997 年后，则以 K326、云烟 85（1997 年通过全国烟草品种审定委员会审定）等为主，NC-82、红花大金圆、V-2（1986 年从美国引进）等为辅。② 据统计：1987 年，全省良种种植面积已占全部烤烟种植面积的 97%③；1990 年，良种化面积增为 97.49%④；1991 年，良种化面积又增至 99.1%。⑤ 可见，进入 20 世纪 90 年代后，云南烤烟种植已基本上实现了良种化。

1985~2000 年，云南推广的烤烟良种主要是"红花大金圆""G-28""K326""NC-82"。

红花大金圆：云南省路南（今石林）县路美邑村烟农普兴友和张大志从大金圆变异株中选出，1972~1974 年又经云南省烟草科学研究所和曲靖地区烟办进一步选择培育，并在全省不同类型地区建立品种试验点进行试种，最后加以筛选鉴定而成路美邑品种。1974 年定名为"红花大金圆"。

特征特性：株式塔形，株高 100~120 厘米，茎围 11 厘米左右。叶数 18~20 片，腰叶长椭圆形，叶尖渐尖，叶面较平，叶缘波浪状，叶色绿色，叶耳大，主脉较粗，叶肉组织细致，茎叶角度小。花序集中，花冠深红色。移栽至中心花开放 52~62 天，大田生育期 120 天左右。抗逆性强，适应性广，长势中等，腋芽生长势强，较抗旱，叶片较耐熟。中抗黑胫病。

一般亩产 160~175 千克，百叶重 580 克左右。品质优良，烤后叶色金黄或正黄，细润丰满。原烟评吸清香型，香气质好，香气量尚足，浓度中等，杂气有，劲头适中，刺激性有，余味尚舒适，燃烧性强，灰色白色。适宜在中等肥力地块种植。

G-28：它是美国斯佩特种子公司育成的烤烟品种。1969 年在美国推广，1972 年引进中国，1981 年开始在云南推广种植。

特征特性：株式塔形，株高 100~120 厘米，节距稍密，茎围约 8~9 厘米，茎叶角度中等，叶数 22~26 片，腰叶长 64 厘米，宽 29 厘米，椭圆形，叶色绿，叶面略皱，主脉细，叶耳大，叶缘波浪状。花序密集，花冠淡红

---

① 《云南省志·烟草志》，第 88、90、91、95、97、100 页。
② 《云南烟草志》（下卷），第 45 页。
③ 《云南年鉴》（1988），第 380 页。
④ 《云南年鉴》（1991），第 256 页。
⑤ 《云南年鉴》（1992），第 209、210 页。

色。大田生育期100~120天，栽后长势弱，发苗慢，腋芽生长势较强。耐肥、耐旱，易烘烤。高抗黑胫病、青枯病，耐赤星病，易感花叶病和气候性斑点病。

一般亩产150~175千克，百叶重550克左右。烤后叶色金黄或正黄，叶肉组织细致，出丝率高。原烟评吸香气质好，劲头稍大，略有刺激性，燃烧性强。适宜在土壤肥沃和水肥条件较好的地方种植。

K326：它是美国诺斯林-金种子公司育成的烤烟品种。1985年从美国引进云南，当年在楚雄试种；翌年在玉溪、昆明等地种植。1987年，在云南6个主产烟区示范种植1万亩。1988年，经云南省农作物品种审定委员会审定为推广品种。1989年，全国烟草品种审定委员会审定为全国推广良种。

特征特性：株式塔形，株高96~107厘米，节距4.6~5.47厘米，叶茎角度适中，成熟期叶茎角度明显增大，叶片下垂。有效叶20~21片，腰叶长58~69厘米，宽24~28厘米，呈长椭圆形，叶片较厚，叶色较绿，烟筋中等，叶面皱缩。

平均亩产204.15千克，中上等烟比例达78.63%，上等烟比例达28.3%。其香气足，劲头大，是优质卷烟的好原料。

全生长期180天左右，大田成熟100~140天，属中早熟作物，前期生长稍慢，后期生长势强。比较耐旱，易感黑胫病，耐赤星病。适宜在海拔1400~1800米、水肥条件较好的地方种植。

NC-82：它是美国北卡罗来纳州立大学育成的烤烟品种。1978年在美国推广。1980年引进中国。1982年引入云南后，在大理等地种植。1989年，经全国烟草品种审定委员会审定为全国推广良种。

特征特性：株式塔形，株高145厘米，茎围18.6厘米；叶数18片，腰叶长65厘米，宽29厘米，长椭圆形，叶色绿，叶面较皱，叶尖渐尖，叶片较厚；花序紧凑，花冠红色。大田生育期113天左右，比较耐肥，耐旱性较差，叶片含水少，容易烘烤。高抗黑胫病，易感赤星病与气候性斑点病。

一般亩产150千克，品质好，烤后叶色金黄，尚油润，组织细致。适宜在气温较高、水肥条件较好的地方种植。[1]

---

[1] 《云南省志·烟草志》，第104、105、106页；《云南烟草志》（下卷），第45、46页。

二 烤烟种植的区域

云南大部分地区，由于拥有得天独厚的良好自然条件，因此都适合种植烤烟。

一是气候：滇中、滇南和滇西的大部分地区基本属于亚热带气候。气候温和，无霜期在300天左右，3月中旬气温稳定在12℃以上，9月平均气温19℃左右，最高25℃~27℃，这是烤烟生长的最适宜的温度。日照较强，大部分地区日照率在50%~70%，有利于烟叶的光合作用。雨量充沛，降水量为800~1000毫米，5~10月占全年的85%左右，多数烟区的降水规律，基本符合烤烟生长各个阶段的需水要求。此外，云南有立体气候特点，海拔1400~2000米的地带，气候"四季如春"；烤烟区正好分布在1200~1900米的区域。

二是土壤：全省自然土壤有10余种，对烟草种植提供了丰富的土壤资源。栽烟多用红壤土、黄壤土、石灰岩土、紫色土和水稻土等。红壤土大部分分布在省内亚热带、温带、海拔600~2200米的地区。黄壤土分布在昭通、丽江、文山、红河等州市。石灰岩土在文山、红河、曲靖等州市分布较多。紫色土主要分布在楚雄州一带。水稻土在全省坝区均有分布。[①] 总之，云南的许多地方都是烤烟适宜生长的区域。

20世纪80年代，云南种植烤烟的区域划分为5个烤烟区。

1. 滇中烤烟区

包括最适宜区的有玉溪（红塔区）、江川、澄江、峨山、新平、易门、华宁、宜良、石林、富民、弥勒共11个县（市、区）；属适宜区的有通海、呈贡、晋宁、安宁、西山、官渡6个县（区），共17个县（市、区）。该区交通方便，土壤肥沃，耕作栽培水平较高，是全省烤烟的主产区，种植面积逐年扩大，达到40万亩，约占全省烤烟面积的25%。

2. 滇西烤烟区

包括楚雄州的全部和昆明、大理2州市的部分县。属最适宜区的有楚雄、牟定、永仁、禄丰、宾川、弥渡6个县（市）；属适宜区的有永平、南涧、巍山、大姚、姚安、武定、禄劝、南华8个县；属次适宜区的有双柏、元谋2个县，共16个县（市）。该区是20世纪70年代发展起来的新烟区，

---

① 《云南省志·烤烟志》，第20、21、22页。

其烤烟种植面积较大,与滇中烤烟区面积接近。

3. 滇东南烤烟区

包括最适宜区的有建水、蒙自、石屏、砚山、邱北、广南6个县;属适宜区的有个旧、开远、泸西3个县(市),共9个县(市)。泸西和开远两县(市)的烤烟种植起步早、发展快,其余各县(市)是20世纪80年代以后发展起来的新烟区,烤烟种植面积不大,烟叶质量也不高。

4. 滇东烤烟区

包括适宜区的有曲靖、富源、寻甸、罗平、嵩明、陆良6个县(市);次适宜区的师宗、马龙2个县,共8个县。烤烟主要分布在海拔2000米左右地区,其生长季节气温偏低,热量略低,品质不如滇中区。该区是云南重要的烤烟区,烤烟种植面积大于滇中区。

5. 滇东北烤烟区

包括昭通市和曲靖市部分县和东川区。属于适宜区的有昭阳(区)、威信、彝良、大关4个县区;属于次适宜区的有鲁甸、巧家、绥江、会泽、镇雄、永善、盐津、永善、水富、宣威、会泽和东川12个县(市、区),共16个县(市、区)。该烤烟区地理位置偏北,海拔偏高,气候冷凉,烤烟生长季节热量不足。推广营养袋育苗和地膜覆盖栽培后,烤烟生产有了较大发展。①

上述5个烤烟区涉及昆明等8个州市。以上8个州市占全省16个州市的一半,66个县(市区)占全省127个县(市区)的51.96%,即超过一半。换言之,从行政区划而言,云南省有一半以上的州市和县(区、市)都种植烤烟,均属于烤烟区。据统计:1989年,全省区域化集中连片烤烟种植面积占总栽烟面积的75%左右。②

20世纪90年代,云南种植烤烟的区域不断扩大。这是因为快速发展的卷烟工业对烤烟的需求量大大增加,烤烟生产加快了发展步伐。1990年以后,除了在上述8个州市扩大烤烟种植面积之外,又先后在普洱、保山、丽

---

① 《云南省志·农业志》,第165、166页。按:(1)烤烟区分为最适宜、适宜和次适宜三种生态类型,是根据烤烟生产的自然条件和社会经济条件基本一致;烟叶的品质和风味基本一致;烤烟生产存在的主要问题和发展方向基本一致;保持行政区的完整性等。(2)烤烟适宜类型的划分以县为单位。由于云南自然条件比较复杂,具有立体农业特点,因此在一个县内会有多种适宜的生态类型,即各个乡镇的适宜类型可能会有所不同。详见《云南省志·烟草志》,第24页。

② 《云南年鉴》(1990),第256页。

江、临沧、西双版纳等5个州市进行新烟区开发。[1]

迄于1994年,全省16个州市、127个县市区中,种植烤烟的有15个州市(仅怒江州未种烟)、88个县市区,种烟的农户达200多万户,计1000多万烟农。同年,曲靖地区种烟153万亩,收购烤烟298万担,其中上等烟达39%。曲靖地区成为中国最大的烤烟生产基地。[2] 云南烤烟的主产区从滇中烤烟区转至以曲靖为中心的滇东烤烟区。

三 优质烟叶种植的示范区

云南烟草产业历来重视烤烟质量,一直把提高烟叶质量作为中心任务。云南省政府也不断强调应高度重视提高烤烟质量。

1979年,国务院决定在全国60个县建350万亩优质高产烤烟基地。同年,云南省政府决定:将曲靖、沾益、马龙、宣威、富源、罗平、师宗、路南(今石林)、寻甸、嵩明、会泽、楚雄、祥云、弥渡、弥勒等15县,列为优质高产烤烟基地县。同时,要求各基地县加强领导,实行烟油配套,推广良种,合理密植,适时采收,贯彻优质优价、优质优奖等政策。1981年,省政府强调要在"保证面积"的同时,"主攻质量,优质高产"。1988年,省政府提出"合理布局,猛攻质量,提高效益,稳步发展"的方针。1999年,实施"双控"中,贯彻国家烟草专卖局"控制面积,稳定规模,提高质量"的方针。

云南省为了确保烤烟"稳产优质",从1981年到2000年一直重视烤烟种植的试验示范。

1981年,在省烟科所的配合下,楚雄县开展以科学施肥为重点的综合技术方面的试验示范。全县示范面积2.62万亩,平均亩产比上年提高12%,上中等烟从上年的46.9%提高到60.2%。

1983~1984年,省烟科所在罗平、昭通、鲁甸、玉溪、楚雄5个县开展优质烟丰产示范试验,面积3951亩。试验结果,中上等烟平均达71.9%。

1985年,大理州烟草公司在祥云县许家村进行优质适产综合技术示范,试验面积703亩,中上等烟达78.11%。同年,玉溪烟草公司在玉溪县赵桅

---

[1]《云南烟草志》(下卷),第42页。
[2] 何兆寿主编《云南烟草博览》,经济日报出版社,1995,第13页。

乡和通海县九街也进行主料烟试验示范，均取得良好效果。

1986年，云南省政府决定设立"全省烤烟综合示范区"，各主产烤烟的州市也建立相应机构。烤烟综合示范区原计划种植主料烟2万亩，以每亩主料烟带动优质烟4亩，并以主料烟、优质烟10万亩来带动全省大面积烤烟生产，以达到优质适产的目的。

1987年，全省有8个地州市、61个县开展优质烟综合示范区工作，种植面积70.5万亩，占全省烤烟面积的27.8%。综合示范区烤烟质量显著提高，中上等烟比重高达84.62%，为全省各烤烟区提供了经验。

1986~1989年，全省优质烟综合示范区面积共329万亩，平均亩产148.1千克、亩产值481.61元、上中等烟占85.88%；与大面积相比，亩产增加24.1%、亩产值增加171.89元、上中等烟提高15.26%。这为全面提高烤烟质量树立了榜样。

1990年，全省兴办优质烟综合示范区面积已达98.2389万亩，占栽烟总面积的29%。[1]

2000年，云南省优质烟综合示范区改为云南省优质烟示范乡（镇），并对其加大投入力度，以更高的目标、更新的内容、更严的要求、更好的榜样和更高的质量，办好优质烟示范乡。全省在曲靖、玉溪、昆明、大理、红河、楚雄、保山、文山、丽江、普洱、临沧11个州市，共安排了29个优质烟示范乡（镇）。[2]

由上所述，优质烤烟综合示范区和示范乡镇的设立，既是科学种烟的重要措施，也为全省各烤烟区种植优质烟提供了可贵经验。

附　录

一　晾晒烟的种植

20世纪三四十年代，云南晾晒烟（俗称"土烟"）曾盛极一时。后来，随着烤烟的大范围推广，加之广大烟民吸烟嗜好的改变（即从吸晾晒烟改为吸卷烟），晾晒烟的种植逐渐减少。据80年代初统计，当时种植晾晒烟500~1000亩的县仅有宣威、腾冲、蒙自、会泽、绥江、施甸、姚安、广

---

[1] 《云南年鉴》（1991年），第256页。
[2] 《云南烟草志》（下卷），第32~37、71、72页。

南、孟连、巍山、镇康、金平、镇源等13个，1983年全省晾晒烟种植面积已不足10万亩，收购晾晒烟仅482.4吨。但是，由于晾晒烟是各卷烟厂生产混合型卷烟不可缺少的原料，且一些烟民仍有吸食晾晒烟的需求，因此少数具有特色的著名晾晒烟产区仍然保留下来，其产品成为当地市场上的抢手货。如罗平八大河烟、师宗五洛河烟、会泽乐业烟、蒙自新安所烟、富源大河烟、大姚赵户冲烟、云龙天登烟、宾川白塔烟、巍山南门烟、南涧乐居烟、腾冲绮罗生切烟、陇川户撒烟、瑞丽弄岛烟、永胜上川烟、丽江阿喜烟、双柏野牛场烟、绥江花铁杆烟等。这些晾晒烟各有特点：有的香气充足，有的香气质好，有的产生焦油少，有的具有良好的填充性。会泽乐业柳叶烟、绥江花铁杆烟成为生产雪茄烟的重要原料。蒙自晒黄烟、腾冲生切黄烟、巍山晒红烟是玉溪卷烟厂、昆明卷烟厂等生产混合型卷烟的原料。①

20世纪90年代，云南晾晒烟的种植区域有所扩大。全省种植晾晒烟的州市有普洱、西双版纳、临沧、德宏、保山的全部，文山、红河、怒江、大理和丽江的大部分以及玉溪市的元江县，共有65个县。蒙自刀烟、罗平八大河烟、腾冲和户撒生切烟、永胜晒烟和施甸烟草均有一定名气，有的还远销泰国、缅甸。②

二　白肋烟、香料烟、马里兰烟的引种

1. 白肋烟

白肋烟原产于美国，含烟碱高，焦油低，香气浓郁，可在混合型卷烟中使用。1974年，云南省外贸局从美国购进白肋烟籽种，在陆良、曲靖、宣威、富源等县试种。1981~1984年，又先后在永善、会泽、罗平、师宗和宾川县试种。1986~1990年，云南省烟草科学研究所与玉溪卷烟厂合作，先后从美国、日本、韩国等国引进白肋烟品种21个，分别在红河、大理、昭通、普洱等8个州市的12个县（市）试种观察，并进行品种筛选、播栽期、种植密度、施肥等方面的研究。经过5年的努力，初步探索出云南白肋烟的栽培调制技术。1990年在蒙自、个旧、开远、新平等试点种植58亩，平均单产148.14千克。1991年经过中美专家鉴定，认为云南白肋烟的栽培

---

① 《云南省志·烟草志》，第39页。
② 《云南烟草志》（下卷），第42页。

是成功的、质量也较好；蒙自试种的白肋烟，颜色外观质量和香气，已达到美国中上等白肋烟的水平。1991～1992年，在红河、大理、昭通等地进行试验示范，在品种选育、调制和烟叶质量等方面都取得进展。1993～1994年，确定宾川、蒙自、昭通、永善为云南优质白肋烟种植开发区。1994年，中国烟草标准化质量检测中心以湖北白肋烟作为对照，对云南白肋烟进行检验。结果表明，云南生产的白肋烟整体内外质量与湖北生产的白肋烟无明显差距，于1995年1月通过鉴定验收。1996年，云南省烟草公司决定在试验成功的基础上，继续进行生产示范，并以宾川作为基地，逐渐建成云南优质白肋烟生产基地。同年，扩大了白肋烟种植面积。1999年，云南白肋烟种植面积又从1996年的356亩扩大到5880亩，总产量为655461千克；2000年又扩至12420亩，总产量增至1838516千克。[①] 这为云南各烟厂生产混合型卷烟，提供了充足原料。

2. 香料烟

香料烟原产于地中海和黑海沿岸，也是生产混合型卷烟的原料。1958年，建水羊街农场和峨山化念农场引进试种。1960～1962年，在楚雄、建水、曲靖、宣威等县扩大种植。1986年，云南省烟草科学研究所在蒙自云锡公司东方红农场开展香料烟的引种试种研究。1988年，在宾川、永胜2个县示范种植香料烟393亩；翌年，又在德宏、思茅、西双版纳、保山、昭通5个地州和农垦系统的5个单位试种1300亩香料烟。1990年，香料烟种植扩大为3302亩。1994年，在保山地区的怒江流域形成了香料烟的规模化生产基地。1996年，我国第一座年加工能力5000吨、具有国际香料烟分级和加工水平的现代化香料烟加工厂在保山建成投产，打破了我国无香料烟加工能力的局限，填补了国内空白。1997～2000年，保山产区的香料烟种植面积保持在3万亩左右。香料烟在保山地区试种成功后，形成了以保山隆阳区为中心的香料烟主产区，主要种植区还包括昌宁、龙陵、云县、耿马、镇康和沧源的一些乡镇。保山香料烟以芳香型为主，其香味浓度高、香气量足，余味干净、舒适。在国内不同香型风格的烟样中，芳香型烟叶以云南保山香料烟的质量最好；其烟叶总体质量超过泰国，低于希腊，达到土耳其香料烟的质量水平。[②]

[①] 《云南烟草志》（下卷），第98、99、100页。
[②] 《云南省志·烟草志》，第44、45页；《云南烟草志》（下卷），第101、102页。

3. 马里兰烟

马里兰烟原产于美国马里兰州，是混合型卷烟尤其是低焦油混合型卷烟的优质原料。1981 年，大理经济作物研究所从山东引入种植。1983 年在宾川牛井、宾居两区试种。同年，镇雄从美国引进在其南台区五谷乡试种，翌年种植 300 亩。1984 年，在昭通、鲁甸、威信 3 县扩种 3 万亩。1987~1988 年，又在宾川太和农场和昭通 15 个小区进行试种试验。2000 年后，在耿马、宾川和保山进行小面积试种等。云南种植的马里兰烟主要供应北京卷烟厂。[1]

按：自 1985 年以来，我省各卷烟厂都重视混合型卷烟的开发。1987年，已正式生产并投放国内外市场的混合型卷烟有四个牌子，即"三七""新兴""雄宝""猕猴桃"。这些甲级混合型卷烟受到烟民的欢迎。[2] 上述白肋烟、香料烟和马里兰烟的引种及生产，均为混合型卷烟提供了大量原料。

第五节　烤烟生产大发展

1981 年，云南全省实行农村经济体制改革，推行家庭联产承包责任制，放宽政策，扩大经营自主权。这为广大农民种植烤烟，发展烤烟生产开辟了广阔道路。

1981~2000 年间，国家和云南省政府先后实行了一系列鼓励栽种烤烟，保证烟农利益和促进烤烟生产发展的政策、措施。诸如：从多方面扶持烤烟生产，多次提高烤烟价格，实行烤烟奖售以及优质烟补贴等（前面已述及，兹不赘述）。1988 年，全省实施"在坚持烟草专卖的条件下，对烤烟实行上调基数包干、超基数留用的一定三年不变的调拨办法。……同时，投入烤烟生产的资金大幅度增加，改善了烤烟生产的基础条件，使全省烟叶种植量、生产量和收购量均创历史最高水平"。[3] 1991 年，"在全省各产烟区普遍推行集团承包和科技联产承包责任制，坚持责任到人，与种植面积、产量质量指标、技术、物资配套服务挂钩，使各项工作技术措施得到贯彻落实"。[4] 1998 年，全省烤烟产业"全面推行合同制，层层签订责

---

[1]《云南省志·烟草志》，第 48 页；《云南烟草志》（下卷），第 103 页。
[2]《云南年鉴》（1988），第 382 页。
[3]《云南年鉴》（1989），第 384 页。
[4]《云南年鉴》（1992），第 209 页。

任状"①；翌年，"全省在全面推行合同制，规范合同文本，严格按合同组织生产和收购工作（方面）有了明显进步。全年共与烟农签订烤烟收购合同184.65万份"。② 2000年，又与烟农签订烤烟种植合同190.63万份。③ 上述政策措施，正确处理了生产者、组织者和经营者的利益关系，激发了三方的积极性，特别是极大地调动了烟农的积极性，使烤烟生产得以快速发展。

一 烤烟种植技术

云南烤烟的种植技术，简单说就是推广"三化、两膜、一袋、双配套"。"三化"，即前面所说的品种良种化、种植区域化与栽培规范化；"两膜"，即薄膜凸架育苗、地膜覆盖栽培；"一袋"，即营养袋假植排苗；"双配套"，即烟肥配套与烟水配套。具体措施主要包括下述诸方面。

1. 调整烤烟生产布局

切实解决烤烟生产过分集中和过分分散以及连作问题，优化区域规划，稳定昆明、玉溪、曲靖、昭通、楚雄、大理、红河等老烟区，开发文山、普洱、临沧等新烟区，旨在使烤烟生产向生态环境好、烟叶质量佳、生产水平高的产区集中。推行以烟为主的耕作轮种制度，提倡田烟水旱轮作，地烟3~4年的轮作制，使全省的连作面积大幅度下降。④

2. 注重品种选育与布局

在品种选育上，推广K326、云烟85、云烟87等品种转育成不育系。在品种布局上，不断增加新选育的品种面积，普遍实现一乡一种或一个收购站种植一个品种的良种区域化局面。红花大金圆改分散种植为集中种植，玉溪市集中在元江县，大理州集中在南涧、弥渡和巍山3县。此外，还推广烟草品种提纯复壮改进技术、烟草不育系配制杂交种子技术、烟草包衣种子技术以及种子质量检测技术等。⑤

3. 推广营养袋假植育苗与漂浮育苗技术

1992年后，全省均采用营养袋假植育苗技术。首先按常规方法进行母

---

① 《云南年鉴》（1999），第207页。
② 《云南年鉴》（2000），第178页。
③ 《云南年鉴》（2001），第152页。
④ 雷丽萍、崔国民编著《优质烤烟栽培技术》，科学出版社，2006，第3页。
⑤ 雷丽萍、崔国民编著《优质烤烟栽培技术》，第3、4页。

床育苗，待幼苗长到 4~5 叶真叶时，就从母床上拔取大小均匀的幼苗假植到营养袋中；假植 20~25 天后再移栽到大田里。营养袋可用塑料薄膜或废旧书报做成，其营养土的配制方法是：将 300 千克细碎干净结构好的土壤，加入 100 千克细碎腐熟的厩肥，再加入 2 千克磷肥以及一些广谱的杀虫剂与杀菌剂。1998 年，全省推广"漂浮育苗法"，即采用质地很轻的泡沫塑料制成育苗盘，装入基质（人造土壤），种子播在基质内；然后将育苗盘移到育苗池中，漂浮在营养液表面，即完成整个育苗过程。基质一般采用腐熟秸秆、褐煤、腐殖土、草灰、膨胀珍珠岩、蛭石等，按一定比例配制而成。营养液的配制可采用育苗专用肥，也可直接使用烟用复合肥。氮磷钾比例以 1:0.5:1 为宜。不论采用全营养液还是复合肥，施肥深度原则上是营养液的总盐分不能超过 0.3%。"漂浮育苗法"的优点是：(1) 采用人工配制的基质代替常规育苗的土壤，可有效摆脱病虫害的影响；(2) 育苗在温室或育苗棚内进行，可减轻环境变化对烟苗生长的影响，还可提高烟苗的整齐度；(3) 可提高连片种植区内移栽速度和整齐度，并提高烟叶质量的均匀性；(4) 提高烤烟育苗的商品化、集约化程度。①

4. 移栽技术

在云南省烤烟区，一般移栽期为立夏、小满节令，烟农说"清明早，芒种迟，立夏、小满正合适"。移栽时，烟苗大小一致且无病虫，土壤水分不宜过多，塘肥与塘土拌匀，烟苗入塘后浇足定根水。不同育苗方式所育烟苗的移栽方式有所不同。营养袋育苗移栽，要求塘土应与基肥充分拌匀，烟苗不宜直接放在肥料上，用细土将烟苗根部盖严并轻轻压实，并浇足定根水。漂浮苗移栽，常用明水深栽或多次浇水的方法，少施或不施塘肥。②

5. 种植密度技术

以往栽烟提倡密植，曾先后栽过一畦双行的"丁字烟"和一畦 3 行的"梅花烟"。1980 年开始控制栽烟密度，从过去每亩植株 2000 棵甚至 3000 棵降低为每亩 1500~1700 株以内。1985 年又大幅度降为 800~1400 株间。后来调整为田烟和地烟的种植密度每亩 1000~1200 株，山地（坡地）烟每亩 1100~1300 株。在此期间从 1983 年开始推行"单垄条栽"（烟农称为

---

① 《云南烟草志》（下卷），第 67 页。
② 《云南烟草志》（下卷），第 68 页。

"通风一条龙")技术,即在畦面上只栽一行烟,烟株两边都是沟,烟株行距保持在1~1.1米。"单垄条栽"使烟株有充分营养,通风透光条件好,能最大限度地利用光能进行光合作用;能克服因种植过密而出现株行间叶片互相遮阴、通风差、光照弱、烟叶叶片薄、成熟不正常、易感染病虫害等毛病。①

6. 地膜覆盖技术

烤烟是喜温植物,移栽和成熟后期气温必须保持在17℃至20℃。因此,滇东北地区及一些较冷凉地带必须实行地膜覆盖栽培。如此,即可提高地温2~3℃,起到增温、保湿、保肥的作用,并使烟叶生长期缩短,提前成熟采烤。②

7. 施肥技术

20世纪40~50年代,云南栽烟主要用农家肥。60~70年代,提倡以农家肥为主、化肥为辅。80年代,继续完善肥料种类,主张减少农家肥,多用化学肥料,并注意肥料中氮磷钾的比例。各地总结了测土配方科学施肥的经验,认为一般中等肥力的地块施肥,氮磷钾的比例以1:1.5:2或3为宜。90年代末,全国推广"烟草平衡施肥",云南参与了该项目的试验、示范,并研发了"烤烟专用复混肥配方",其中除氮磷钾3种元素外,普遍增加了B、Zn、Mg等中微量元素。烤烟生产的平衡施肥原则是:控氮、降磷、稳钾;普遍补镁、硼;局部补锌、钼、铜。1997年以后,平衡施肥技术在云南烤烟生产中已逐渐推广应用。③

8. 病虫害防治技术

云南烤烟的病虫害种类较多。据不完全统计,病害大约有30余种,其中黑胫病、野火病、赤星病、普通花叶病、根结线虫病、缺钾病、炭疽病、青枯病、煤烟病和白粉病等为常见病害。烟草害虫大约有20余种,其中主要有烟蚜、地老虎、烟青虫、斜纹夜蛾、潜叶蛾、金龟甲、烟蓟马、野蛞蝓、蟋蟀等。这些病虫害对烤烟危害较大。预防措施包括:种子、苗床消毒,清除病株、病叶,提高烟株抗病虫能力等。药物防治措施包括:土法防治和化学药物防治两方面④,各烤烟区有专门机构负责防治,

---

① 《云南省志·烟草志》,第109、110页;《云南烟草志》(下卷),第69页。
② 《云南省志·烟草志》,第111页。
③ 《云南省志·烟草志》,第113页;《云南烟草志》(下卷),第68、69页。
④ 《云南省志·烟草志》,第116、117页。

兹下备述。

除上述所列几种技术规范外，尚有补塘（又称补苗）、中耕除草、提沟培土、封顶打杈等技术措施，《云南省志·烟草志》有详细记载，兹不赘述。

从上述可知，云南烤烟的种植技术涉及面广、内容丰富，具有一定的科学性和显著的适用性。它们是云南几代烟农的经验结晶，是云南省、州、市烟科所多年研究的科学成果。这些规范化的种植技术，已经摆脱了传统技术的束缚，形成了完备的具有云南特色的烤烟栽培技术体系，对云南烤烟生产发挥了巨大的推动作用。

二　烤烟种植面积

如上所述，20世纪80年代，烤烟区域包括5个烤烟区，涉及8个州市和66个县，烤烟种植面积在100多万至300多万亩。进入90年代以后，烤烟区域迅速扩大，除老烟区外又开发了新烟区，涉及的州市从8个增为17个，种烟县份从66个增为88个。随着种烟区域的扩大，烤烟种植面积从1979年的90万亩增至1991年后的400余万至700余万亩（见表3-9）。

表3-9　1979~2000年云南省烤烟种植面积一览

单位：万亩

年份	烤烟种植面积	备注	年份	烤烟种植面积	备注
1979	90.04		1985	298.73	
1980	79.03		1986	262.90	
1981	97.93		1987	262.44	《云南年鉴》（1988）第380页作265
1982	138.26		1988	346.06	《云南年鉴》（1989）第384页作324
1983	110.40		1989	330.87	《云南年鉴》（1990）第244页作331
1984	168.28		1990	338.76	《云南年鉴》（1991）第255页作339

续表

年份	烤烟种植面积	备注	年份	烤烟种植面积	备注
1991	420.29	《云南年鉴》（1992）第209页作386.75万亩	1996	674.00	
1992	556.60		1997	702.00	
1993	710.31	《云南年鉴》（1994）第217页作690万亩	1998	458.00	
1994	572.67	《云南年鉴》（1995）第215页作585万亩	1999	468.00	
1995	672.21	《云南年鉴》（1996）第176页作652万亩	2000	444.00	《云南烟草志》（下卷）第37页作459.60

注："备注"所列数字，可供参考。

资料来源：《云南省志·烟草志》，第69页"历年云南烤烟种植、产量、收购与全国对照统计表"；《云南烟草志》（下卷），第673、674页"1991—2005年云南烟草主要经济指标"。

从表3-9中可知，1979~2000年的22年间，全省烤烟种植从改革开放之初的90万亩增为444万亩，增长3.9倍。其间，"六五"（1981~1985年）年均种烟162.72万亩，"七五"（1986~1990年）年均308.2万亩，"八五"（1991~1995年）年均586.4万亩，"九五"（1996~2000年）年均549.2万亩；"八五"、"九五"比"六五"年均分别增长2.60倍和2.38倍，其原因是1991~2000年的10年间，高速发展的卷烟工业要求种植更多的烤烟。此外，1993年、1995年、1996年、1997年4个年度，种烟多达670余万亩甚至710余万亩，其原因是各烤烟区为追求经济效益而盲目扩大种植面积的结果。1998年，贯彻国务院"双控"（即严格控制种植面积和总产量）政策后，种烟面积降为458万亩，此后转入平稳种植阶段。

据《云南烟草志》记载，1985年云南烤烟种植面积猛增至298.73万亩，占全国烤烟总面积的18.49%；比上年（1984）增加130.45万亩、占比提高2.71个百分点。[1] 至此，云南成为在全国仅次于河南的烤烟种植大省。1988年，云南全省种植烤烟346.06万亩，首次超过位居全国第一的河南省[2]，成为全国烤烟种植面积最大的省份。

---

[1] 《云南省志·烟草志》，第69页"历年云南烤烟种植、产量、收购与全国对照统计表"。
[2] 《云南年鉴》（1989），第384页。

三 烤烟产量

随着烤烟种植面积的扩大和种植技术的提高,烤烟产量不断增加(见表 3-10)。

表 3-10　1979~2000 年云南省烤烟产量一览

单位:万担

年份	烤烟产量	备　注	年份	烤烟产量	备　注
1979	211.8		1990	876.0	《云南年鉴》(1991)第 255 页作 850
1980	207.6		1991	1163.1	《云南年鉴》(1992)第 209 页作 1163.6
1981	327.2		1992	1556.0	
1982	502.0		1993	1748.8	
1983	288.8		1994	1184.6	
1984	550.0		1995	1521.4	
1985	820.0		1996	1712.0	
1986	572.1		1997	2114.0	
1987	671.2	《云南年鉴》(1988)第 380 页作 680	1998	1010.0	
1988	1014.6	《云南年鉴》(1989)第 385 页作 972.56	1999	1181.8	
1989	913.4	《云南年鉴》(1990)第 244 页作 900	2000	1131.0	

资料来源:《云南省志·烟草志》,第 69 页"历年云南烤烟种植、产量、收购与全国对照统计表";《云南烟草志》(下卷),第 673、674 页"1991—2005 年云南烟草主要经济指标"。

从表 3-10 可知,1979~2000 年的 22 年间,全省烤烟产量逐年迅速增加。改革开放之初的 1979 年,烤烟产量仅为 211.8 万担,2000 年猛增至 1131 万担,增长 4.34 倍。"六五"时期(1981~1985 年)年均产量为 497.6 万担,"七五"时期(1986~1990 年)年均 626.79 万担,"八五"时期(1991~1995 年)年均 1434.77 万担,"九五"时期(1996~2000 年)年均 1429.76 万担。"七五"、"八五"和"九五"分别比"六五"增加

0.26 倍、1.88 倍和 1.87 倍，这样的增速显然是很快的；其中原因是"七五"以后，卷烟工业快速发展的势头已经形成，需要提供足够的烤烟原料。此外，1992 年、1993 年、1996 年，烤烟产量超过 1500 万担，1997 年甚至高达 2114 万担；这是烟农为了追求经济利益而盲目大量栽烟带来的结果。1998 年实施"双控"之后，烤烟产量恢复到 1000 多万担的平稳水平。

据相关文献记载：1985 年云南烤烟产量从上年（1984 年）的 550 万担猛增至 820 万担，在全国烤烟总产量中的占比也从 17.82% 增为 19.76%。至此，云南烤烟产量在全国排名第二位。[①] 1988 年，云南烤烟产量猛增为 1014.6 万担，其排名升至全国第一位。[②]

四 烤烟收购量

烤烟产量不断增加，其收购量也随之不断增加（见表 3-11）。

表 3-11 云南省 1979~2000 年烤烟收购量一览

单位：万担

年份	烤烟收购量	备注	年份	烤烟收购量	备注
1979	211.0		1985	750.6	
1980	204.8		1986	507.8	
1981	324.8		1987	636.8	《云南年鉴》(1988) 第 380 页作 635
1982	494.4		1988	976.2	《云南年鉴》(1989) 第 385 页作 972.56
1983	271.2		1989	858.0	《云南年鉴》(1990) 第 244 页作 900
1984	513.8		1990	815.2	《云南年鉴》(1991) 第 255 页作 815.06

---

① 《云南省志·烟草志》，第 69 页"历年云南烤烟种植、产量、收购与全国对照统计表"。
② 《云南年鉴》(1989)，第 384 页。

续表

年份	烤烟收购量	备注	年份	烤烟收购量	备注
1991	1120.2		1996	1712	
1992	1507.4		1997	2114	
1993	1591.4	《云南年鉴》（1994）第217页作1556万担	1998	1010	
1994	1055	《云南年鉴》（1995）第215页作1070万担	1999	1181.8	《云南年鉴》（2000）第178页作1163.2
1995	1443.2	《云南年鉴》（1996）第176页作1425万担	2000	1129.8	

资料来源：《云南省志·烟草志》，第69页"历年云南烤烟种植、产量、收购与全国对照统计表"；《云南烟草志》（下卷），第673、674页"1991—2005年云南烟草主要经济指标"。

从表3-11可知，1979～2000年的22年间，全省烤烟收购量随烤烟产量的不断增加而逐年迅速增加。2000年烤烟收购量达1129.8万担，比改革开放之初的1979年收购量211万担，增长4.35倍。其间，"六五"（1981～1985年）期间，年均收购量为470.96万担；"七五"（1986～1990年）期间，年均收购量增为758.8万担；"八五"（1991～1995年）期间，年均收购量又增为1343.44万担；"九五"（1996～2000年）期间，年均收购量更增至1429.52万担。"七五"、"八五"和"九五"时期，分别比"六五"时期增加0.6倍、1.86倍和2.03倍。可见收购量的逐年增加也是明显的。由于与上述相同的原因，1992年、1993年、1996年、1997年等4个年度，烤烟收购量多达1500余万担，甚而达至2114万担。1998年实施"双控"后，回复到1000多万担的平稳水平。

据相关文献记载：1985年云南烤烟收购量从1984年的513.8万担猛增为750.6万担，在全国烤烟收购中的占比也从17.27%增为21.10%。在全国排名第二位。[①] 1988年云南烤烟收购量从1987年的636.8万担增为976.2万担，在全国的占比从22.78%升至23.13%。[②] 至此，云南首次超过此前一

---

① 《云南年鉴》（1986），第200页。
② 《云南省志·烟草志》，第69页。

直居于全国第一位的河南省,全国排名第一位。[1]

五 烤烟质量

如上所述,云南省历来重视提高烤烟的质量,并采取多种技术措施来生产优质烟叶,不断提高中上等烟叶的比重(见表3-12)。

表3-12 1979~2000年云南省中上等烟叶比重一览

年份	上等烟(%)	中等烟(%)	中上等烟(%)	年份	上等烟(%)	中等烟(%)	中上等烟(%)
1979	1.44	44.09	45.53	1990	29.03	48.29	77.32
1980	3.95	52.90	56.85	1991	31.86	47.14	79.00
1981	5.86	56.37	62.23	1992	30.00	57.95	87.95
1982	3.14	51.00	54.14	1993	14.48	64.09	78.57
1983	4.29	49.08	53.37	1994	34.63	47.37	82.00
1984	5.58	59.12	64.70	1995	36.20	47.20	83.40
1985	5.30	56.85	62.15	1996			86.55
1986	8.48	58.48	66.96	1997			76.70
1987	26.15	52.25	78.40	1998	23.42	52.12	75.54
1988	35.37	45.00	80.37	1999	35.28	43.41	78.69
1989	24.47	51.22	75.69	2000			89.84

注:1996年、1997年、2000年3个年份的上等、中等烟叶的比重不详。
资料来源:《云南省志·烟草志》,第69页"历年云南烤烟种植、产量、收购与全国对照统计表";《云南烟草志》(下卷),第673、674页"1991—2000年云南烟草主要经济指标";《云南年鉴》(1992)、(1995)、(1996)、(2000)。

从表3-12可得知,1979~2000年的22年间,上等烟叶的比重从改革开放之初的1979年的1.44%,提升至1995年的36.2%和1999年的35.28%,分别增加24倍和23.5倍;中上等烟叶的比重从1979年的45.53%提升至2000年的89.84%,增长0.97倍。可见,上等烟增加的幅度很大,中上等烟的增加也颇为显著。在这22年间(其中3年上等烟和中等烟比重不详),上等烟比重达到30%及其以上者,有6个年度,即1988年(35.37%)、1991年(31.86%)、1992年(30%)、1994年(34.63%)、1995年(36.2%)、1999年(35.28%);中上等烟比重达到80%以上者,也有6个年度,即1988年

---

[1] 《云南年鉴》(1989),第384页。

(80.37%)、1992 年（87.95%）、1994 年（82%）、1995 年（83.40%）、1996 年（86.55%）、2000 年（89.84%）；这说明，在此期间，有差不多 1/3 的年份上等烟占三成及以上，中上等烟占至八成以上。此外，1993 年，上等烟和中上等烟的比重分别降至 14.48% 和 78.57%。寻其原因，原来当年进入 8 月中旬以后，全省约 500 多万亩烤烟受灾，烟叶收购量比预计减少了 400 万担，而质量也严重下降。①

六　烟叶初烤

1. 烟叶成熟采收

成熟采收对提高烟叶质量十分重要。关于烟叶成熟度的鉴别标准，烟农的经验是"脚叶采收绿黄色，腰叶采收浅黄色，顶叶采收淡黄色"，"脚叶要扫，腰叶要保，顶叶要老"。1986 年，根据卷烟工业和国际市场的需要，对烟叶成熟度的鉴别标准提出了新的要求。在烟叶收购中，把成熟度规定为"完熟""成熟""尚熟"等档次，力求改变"七成收，八成丢"的旧观念。

1995 年以后，云南省烟草科学研究所等经过研究认为：把握烟叶成熟度标准时，主要看烟叶的变化及主脉变白发亮的程度，并结合叶龄全面考虑。对叶色变黄，应分清是脱肥早衰，还是成熟落黄；若是成熟落黄，还要看落黄程度，同时应注意烟叶正面与背面、叶尖、叶缘、叶基部等各部分落黄程度的差异。对叶脉变白发亮，要分清主脉与支脉各变白多少。此外，烟叶采摘，还应结合含水量、茸毛脱落程度等进行具体分析等。②

2. 烟叶初烤

（1）烤房

1978 年云南推广密集烤房（又称堆积烤房）。1981 年推广巷道式连续化烤房。至 1987 年，全省共有烤房 60 万座，其中小烤房占 70%~80%。这种小烤房结构简单，投资少，技术要求不高，适应农村家庭联产承包。同年，在通海等县推广 5AJ－50 型和 6YW－50 型两种型号的烘干机。1990 年，在全省推广 88－Ⅱ型管道式节能烤烟炉。1993 年，开始推广使用"云烟 92 型烤房"；至 1994 年底，全省推广上万座，取得较好的社会经济效益。

---

① 《云南年鉴》（1994），第 217 页。
② 《云南省志·烟草志》，第 121、122 页；《云南烟草志》（下卷），第 82 页。

1998年，又开始示范推广立式炉烤房，后来在全省普遍推广。立式炉烤房，是在传统普通烤房的基础上，把原烤房的卧式燃烧炉膛改为圆锥体立式炉膛；把原烤房四面墙脚进风或地下风槽进风方式改为从火门两旁或灰洞两旁进风，将立式炉堂四周砌成热风室；把原风槽式地下热风道改为地上火管下设热风道，在热风道两侧均匀开口出风。这种炉房的技术进步集中体现在供热系统和进风系统方面。供热系统包括火炉、火管和烟囱3个部分；进风系统包括进风洞、热风室、分风口、热风道及出风口。1998年云南全省实有烤房1985762座，1999年为1944372座，2000年增为1502998座。①

（2）工艺

云南烟叶初烤工艺从多渠道引入。烤烟处在试种阶段，最先使用英美烟草公司提供的烘烤方法；烤烟进入大面积推广时期，陆续采用了南洋兄弟烟草公司的烘烤技术。从20世纪50年代开始，在原有的基础上不断改进和创新，逐渐研发出具有云南特色的烘烤工艺。20世纪80年代以前，云南烟叶烘烤最先采用的工艺是明火烘烤，包括熏烤法和火力干燥法，这是一种加入了现代烘烤的新工艺，是土"洋"方法的结合，这是云南烘烤工艺的雏形阶段。从80年代开始，采用火管烘烤法，分为常规烘烤（又称高温高湿烘烤）和新法烘烤（又称低温低湿烘烤）。高温高湿烘烤法是美国式的烘烤法，世界多数国家采用的是这种方法。低温低湿烘烤法是苏联及东欧式的烘烤法。1981年，云南省农科院烟草科学研究所在苏联式烘烤法的基础上，结合云南实际加以改进，于1986年制定出了一种新的烘烤工艺，经多点试验，其效果较好，后来在全省大力推广。这种烘烤工艺的优点是：①各阶段（即变黄期、定色期和干筋期）目标明确，容易掌握；②由于采用低温变黄，不易烤坏烟叶；③容易烤好常规老法难以烤好的下二棚叶和叶片较厚的上部烟。从1990年开始，在全省推广使用省烟科所研究总结的"简易烘烤法"。这种烘烤法的优点是：①烘烤阶段少，各阶段烟叶变化特征简单明了，易学、易懂、易操作；②适应烘烤种植区域化、品种良种化、栽培规范化生长的优质鲜烟叶；③适当延长了变黄期后期和定色期后期（干叶），缩短了干筋期，烟叶内含物质分解转化较充分，烟叶化学成分比例较协调，香气质好，香气充足，杂气少，烘烤质量高。1996~1999年，云南烤烟区的指导烘烤工艺，以中国烟叶生产购销公司和河南农业大学研制的三段（即变黄期、干

---

① 《云南省志·烟草志》，第121、122页；《云南烟草志》（下卷），第84、85、90页。

叶期、干筋期）式烟叶烘烤工艺为主。1999 年以后，云南省烟草科学研究所从事烘烤研究的研究人员提出并着手研制"提质增香烟叶烘烤工艺"。2000 年，这种工艺技术在楚雄州进行较大面积的试验示范，取得了较好的社会经济效益。后来，提质增香烟叶烘烤工艺逐渐形成较为完善的烘烤方法和烘烤操作技术，并已自成体系。①

七 烟叶复烤

经过初烤的烟叶（称为初烤烟或原烟），来自千家万户的烟农，受烘烤设备、技术、气候、储存等条件的限制，水分均在 15% ~ 22%，且初烤烟带有杂味、尘土和杂物等。这样的烟叶含霉菌较多，吸湿性较强，容易发生霉变，既不利于长期储存，又不适合卷烟工业的需要。因此，必须对初烤烟进行第二次调制，将其水分降到 10% ~ 13%。这第二次调制过程称为复烤，烤出的烟叶称复烤烟。

云南的烟叶复烤始于 20 世纪 40 年代初叶。1943 年建立全省第一家复烤厂——云南烟叶复烤厂。此后，烟叶复烤企业不断增加。1974 ~ 1996 年，全省先后建立的复烤企业达 43 家，其中生产规模较大的有 18 家（详见下文）。这些复烤企业主要分布在 8 个烤烟主产州市，布局大致合理，基本上满足了生产的需要。

云南烟叶复烤先后采用了挂竿复烤、土复烤、微波复烤和打叶复烤 4 种工艺。

挂竿复烤：借助加热设备提供的热源——蒸气或热风，对烟叶进行强化干燥，以排出烟叶中多余的水分，同时排出部分青杂气味，改善品质，以利卷烟的需要。目前使用的是单机传动双杆式挂竿烟叶复烤机。

土复烤：用人工操作，利用自然压风、管道传热的方式复烤，能降低初烤烟叶中的一部分水分。滇东北主产烤烟县大多采用土复烤。1958 年开始使用土复烤，1962 年、1968 年、1982 年和 1987 年先后进行了多次改造，其复烤合格率达 90% 左右。

微波复烤：运用微波原理，通过微波设备，将烟叶置于微波场上，脱去烟叶中的一部分水分。1973 年，昆明复烤厂与昆明电子管厂合作研制微波机成功。后来，经多次试验鉴定，认为微波复烤的烟叶质量不理想，仅

---

① 《云南省志·烟草志》，第 125、127 页；《云南烟草志》（下卷），第 85、86、87 页。

能处理水分过重的烟叶，故不宜推广应用。

打叶复烤：这是 20 世纪 80 年代世界上较为先进的烟叶复烤新工艺。其主要设备由真空回潮机、切尖机、加热加湿筒、喂料机、打叶机、混合喂料柜、复烤机 7 个部分组成。单品种打叶复烤比常规多种混合复烤能提高叶片的大片率，降低叶带梗和梗带叶，增加长丝率；同时，能为卷烟厂提供叶片纯净、烟叶包装重量偏小的优质原料，还能减少烟叶浪费，改善复烤厂和卷烟厂工人的劳动条件。1983 年，云南省烟草公司经过考察、研究后，向中国烟草总公司申请在云南建厂。1984 年，国家烟草总公司批准在楚雄卷烟厂建一条打叶复烤生产线，翌年建成投产。1987 年，楚雄州烟草分公司在原挂竿复烤厂的基础上，又新建了一条每小时生产能力为 2.5 吨的打叶复烤生产线。同年，昆明复烤一厂也投资 600 万元建设年打叶复烤能力为 1.5 万吨的生产线。昭通市投资 400 万元建设年产 1 万吨的打叶复烤生产线。"九五"（1996~2000 年）期间，全国复烤行业通过技术改造，复烤方式已由先进的打叶复烤逐步取代了传统的挂竿复烤；打叶复烤的新工艺、新技术和新设备得到了广泛应用，推动了全国打叶复烤工业的完善和发展。其间，云南省经过布局调整，全省共建有打叶复烤生产线 26 条，年设计加工能力 1410 万担。全省主要的产烟区基本上都拥有打叶复烤生产线，满足了其原烟交接、就地就近委托加工的要求。①

复烤企业：云南省烟叶复烤企业主要有 18 家，兹分别简介如下。

昆明复烤一厂。1942 年云南烟叶复烤厂正式成立。1945 年复烤厂并入云南纸烟厂，为烟厂的一个车间。1955 年复烤机改为上下两台挂竿复烤，台时产量由 2.5 吨提高到 4 吨。1956 年，在云南纸烟厂复烤车间的基础上，成立昆明烟叶复烤厂。1964 年后，复烤厂进行了全面改建和扩建，将原来上下挂竿改为并列两排挂竿，提高了产量。1982 年，昆明烟叶复烤厂在昆明北郊上庄与沙沟的复烤车间改名为昆明复烤一厂。1986 年底，复烤一厂已拥有双链式挂竿复烤机 1 台，年复烤能力为 17820 吨。1987 年，该厂投资 1600 万元建设年打叶复烤能力为 1.5 万吨的一条生产线。1990 年复烤烟叶达 27197 吨。1987 年 12 月，昆明复烤一厂与昆明卷烟厂合并。

昆明复烤二厂。该厂原为昆明复烤一厂的一个复烤车间，位于昆明西邑村，1979 年筹建，1980 年建成投产。1982 年正式成立，独立建制。该厂

---

① 《云南省志·烟草志》，第 130、131、132 页；《云南烟草志》（下卷），第 90、91 页。

拥有复烤机2台，打包机6台，年设计复烤能力38016吨。

玉溪复烤厂。1956年由国家农产品采购局投资294.7万元拟在玉溪建一个烟叶复烤厂。1957年1月成立云南省复烤厂筹备处。主要设备有双链条平行式复烤机2台、单室式回潮机2台、螺旋式打包机2台。当年复烤烟叶3497吨。同年9月设备安装调试完毕，"玉溪复烤厂筹备处"改为"玉溪烤烟厂"。11月1日玉溪卷烟厂正式投产。1959年，玉溪烤烟厂改为玉溪烟厂复烤车间。1983年，从玉溪卷烟厂中划出复烤车间恢复玉溪烤烟厂，归玉溪烟草公司领导。1986年10月，玉溪烟草公司与玉溪烟厂合并，玉溪复烤厂改名为玉溪烟厂复烤一车间，实行分别核算，共负盈亏。玉溪复烤厂曾于1982年由玉溪地区投资330.5万元建了两套复烤生产线，当年复烤烟叶11428.44吨。1990年复烤烟叶增为22261吨。

曲靖复烤厂。1969年建成投产，1986年进行扩建，更新和改造了原有的机器设备，提高了复烤能力。后来有复烤机2台，605吨锅炉2台，职工350人。1989年产量达47434吨。

楚雄卷烟厂复烤车间。1980年建成投产，有台时产量4吨的双行烟叶挂杆复烤机1台，当年复烤烟叶2207吨。1984年5月，中国烟草总公司与云南烟草公司签订协议，决定由楚雄卷烟厂承担打叶复烤工业性试验的任务。1985年12月竣工试车，总投资854.95万元，年处理原烟1.5万吨，复烤叶片1万吨。1986年3月，楚雄卷烟厂新建成的打叶复烤生产线的工业性实验工程顺利通过鉴定验收。楚雄卷烟厂有了挂杆复烤两个车间。1990年复烤烟叶产量为24789吨。

楚雄复烤厂。1985年建成投产。主要生产设备有挂杆复烤机组一套，台时产量4吨，另有4吨的蒸气锅炉两台，至1988年共得复烤烟叶35663.95吨。1987年，新建了一条打叶复烤生产线，台时产量2.5吨。同年，在中国烟草总公司召开的南京打叶复烤机鉴定会上通过鉴定，确认此生产线是当时我国具有先进代表性的外向型打叶设备，各项经济指标均达到或超过设计标准。

宣威复烤厂。1977年建成土复烤厂。1984年，在土复烤厂基础上兴建挂杆机复烤厂。翌年建成投产，台时生产能力4吨。1989年烟叶复烤量24495吨。

镇雄复烤厂。1981年建厂，从贵州凯里引入微波复烤机1台，年生产能力1.5万吨，但因复烤质量达不到规定要求，从1984年起一直闲置未用。1985年，新建挂杆复烤生产线，台时生产能力2.5吨。1990年烟叶复烤量31103吨。

大理州复烤厂。1984年，由祥云、宾川、弥渡3县在原祥云卷烟厂的基础上合资兴办复烤厂，次年建成投产。1986年复烤厂划归下关雪茄烟厂，为其一个车间。1987年又从下关雪茄烟厂划出，成立大理州复烤厂。1990年烟叶复烤量为20050吨。

弥勒复烤厂。1982年建成投产。主要设备有复烤机2台，年复烤能力为1.97万吨。此外，有网式回潮机和4吨快速锅炉各1台、打包机7台。1990年烟叶复烤量为13578吨。

路南复烤厂。1986年建成投产。有复烤机1台、打包机3台，年复烤能力为1.27万吨。1990年复烤13379吨。该厂实行独立核算自负盈亏。

玉溪复烤厂二车间，1986年建成投产，主要设备有复烤机2台、打包机6台，年复烤能力为1.96万吨。1987年划归玉溪烟草分公司为玉溪复烤厂第二分厂，后改为该厂二车间。1990年烟叶复烤量21162吨。

泸西复烤厂。1988年建成投产。有复烤机1台、打包机3台，年复烤能力为1.55万吨。1990年烟叶复烤量10924吨。

马龙复烤厂。1986年建成投产。主要设备有复烤机1台，每年复烤能力为8720吨。1990年烟叶复烤量7361吨。

威信复烤厂。1984年建成投产。主要设备有复烤机2台，台时生产能力为5吨。1990年烟叶复烤量13590吨。

大关复烤厂。1975年建成"土复烤厂"。1986年在"土复烤厂"基础上建成"机复烤厂"，有复烤机1台，台时产量2.5吨。1990年复烤烟叶4303吨。

彝良复烤厂。1979年建成"土复烤厂"。1984年在"土复烤厂"基础上建成"机复烤厂"，翌年建成投产。有复烤机1台，台时产量2.5吨。1990年复烤烟叶6744吨。

保山复烤厂。1989年建成投产。年复烤能力为1.2万吨。1990年复烤烟叶2464吨。[①]

第六节 卷烟的生产大发展

如上所述，在20世纪70年代末至2000年的20余年间，云南卷烟企业

[①] 《云南省志·烟草志》，第134~147页。

不断进行技术改造，特别是1981年、1987年和1993年先后开展了三次高起点、高水平和大规模的技术改造，投入资金多达200亿元，大批量引进国外先进技术和设备，从而使其技术装备已达到20世纪八九十年代的先进水平。与此同时，云南的烤烟生产，由于实施科学种烟，采用"三化、两膜、一袋、双配套"的技术措施，不仅大大提高了烟叶的产量，而且大大增加了中上等优质烟叶的数量。这就为卷烟生产的快速发展打下了良好基础，使卷烟产量不断提高，卷烟质量迅速提升，并向市场推出了一大批名优卷烟产品。

一　卷烟产量不断提高

1979～2000年，国家计划内的云南卷烟企业有10家。这10家卷烟企业依靠从国外引进的先进技术和设备，依靠本省充足的烤烟资源，大大提高了卷烟工艺水平，增强了其生产能力。此外，从1986年起，昆明、玉溪、楚雄、昭通4家卷烟厂还大力开发烤烟型卷烟之外的烟草制品即混合型卷烟，有"三七""雄宝""猕猴桃"等牌号；[1] 再者，会泽卷烟厂引进国外先进设备，提高原来雪茄烟的生产能力等。[2] 基于以上几个方面的原因，全省卷烟生产呈现出快速发展的趋势，突出表现为卷烟产量不断提高（见表3-13）。

表3-13　1979～2000年云南卷烟总产量一览

单位：箱

年　份	总产量	年　份	总产量
1979	708300	1990	4482457
1980	888515	1991	4374920
1981	1005369	1992	4661619
1982	1154114	1993	5320280
1983	1413216	1994	6098880
1984	1654983	1995	6804506
1985	1913003	1996	6563746
1986	2357277	1997	6242416
1987	3002380	1998	6329892
1988	3549113	1999	6039665
1989	4073613	2000	6127680

资料来源：《云南省志·烟草志》，第222、223页"云南省卷烟分等级产量表"。《云南烟草志》（下卷），第673、674页"1991～2005年云南烟草主要经济指标"。

---

[1] 《云南省志·烟草志》，第211、212页。
[2] 《云南省志·烟草志》，第194页。

从表 3-13 可知，1979~2000 年，云南卷烟总产量从改革开放之初的 1979 年的 708300 箱猛增至 2000 年的 6127680 箱，增长 7.65 倍之多，这是十分惊人的发展。在此期间，"六五"（1981~1985 年）时期，卷烟产量在 100 万~190 万箱；"七五"（1986~1990 年）时期，卷烟产量在 200 万~400 万箱；"八五"（1991~1995 年）时期，卷烟产量从 400 余万增至 600 余万箱；"九五"（1996~2000 年）时期，卷烟产量一直为 600 余万箱。可见在 4 个五年计划期间，云南卷烟产量一直在持续快速地增加，其增幅分别为 1 至 2 倍。此外，1981 年卷烟产量从 1980 年的 888515 箱增为 1005369 箱，增长 13%；1987 年卷烟产量从 1986 年的 2357277 箱增为 3002380 箱，增长 27%；1993 年卷烟产量从 1992 年的 4661619 箱增为 5320280 箱，增长 14%。显而易见，这与 1981 年、1987 年和 1993 年 3 次大规模的技术改造密切相关。1994~2000 年的 7 年间，云南卷烟产量每年都在 600 万箱以上，最高是 1995 年达到了 680 多万箱，其次是 1996 年也达到了 656 余万箱。这是改革开放以来，云南卷烟生产发展最快的时期。

据载：1988 年，云南 "生产卷烟 357.2 万箱，为 1978 年的 5.6 倍，占全国总产量的 11.6%"，已升至全国第一的地位。[①] 此后，云南卷烟不断增产。1989 年增为 4073613 箱，1990~1992 年也都生产 400 多万箱。至 1993 年增为 5320280 箱，占全国总产量的 1/6 以上，成为当年云南烟草在全国同行业中 "六项第一" 之一。[②] 1994~2000 年全省卷烟产量都在 600 万箱以上，无疑稳居全国第一位（详见下文）。

二 卷烟质量不断上升

云南卷烟企业历来十分重视提高卷烟的质量。为此，它们除充分利用优质烤烟资源外，还采取了下述一系列技术措施。主要包括：（1）大力推广烟叶自然醇化、膨胀梗丝、烟草薄片、激光打孔、高透气盘纸、多元组合嘴棒计算机自动控制等新技术、新工艺、新材料在卷烟生产中的应用。（2）大力调整卷烟产品结构，使云南卷烟以少牌号、多规格、高质量、高市场占有率，在市场竞争中取得显著成绩。同时，逐步淘汰低质、低价的

[①] 何永照：《云南烟草概述》，载何兆寿主编《云南烟草博览》，第 9 页。按：《云南省志·烟草志》，第 222 页：1988 年云南卷烟总产量为 3549113 箱，较《云南烟草概述》少 3 万余箱，似不影响其 "全国第一" 的地位。

[②] 何兆寿主编《云南烟草博览》，第 56 页。

无过滤嘴卷烟，大力增产过滤嘴卷烟、名优烟和高档烟。①（3）大力进行配方改革。（4）大力改进加香、加料技术，努力提高卷烟产品的香气量和香气质，使卷烟的风格吸味更加适应市场需要，逐步形成云南卷烟清香型、高品位的风格，树立云产卷烟的全国声誉。（5）致力于卷烟产品的高质量、低焦油，降低卷烟烟气中的有害成分；加大对低焦油、混合型卷烟的开发力度，加强对低焦油、混合型和超低焦油卷烟产品的设计与开发。②（6）大力改进卷烟产品的包装装潢。引进新设备，使用新工艺，使包装规格和式样有明显改变，逐步向高档化、多规格、系列化、礼品化方向发展。在商标设计上，逐步向华贵、明朗、高雅、美观方向发展。③此外，1990年，云南最大的两个卷烟厂——昆明卷烟厂和玉溪卷烟厂开始实施"名优烟翻番计划"，极大地推动了高质量卷烟的生产。

基于充足的优质烤烟资源和推行一系列技术措施，加之实施"名优烟翻番计划"，大大提高了卷烟产品的质量，在卷烟产品中优质烟和甲级烟的比例不断增加（见表3-14）。

表3-14　1980~1990年云南优质卷烟产量一览

单位：箱,%

年份	卷烟总产量	优质烟产量	优质烟占总产量比重	昆明卷烟厂	玉溪卷烟厂	曲靖卷烟厂	楚雄卷烟厂	昭通卷烟厂	大理卷烟厂
1980	888515	184222.2	20.73	79848	104374.2				
1981	1005369	209304.8	20.82	117184.6	92120.2				
1982	1154114	168341.8	14.58	84137.4	81094.2	700.8		2409.4	
1983	1413216	460055	32.6	105021	195549.8	51007.2	5918	9300.8	
1984	1654983	559188	33.8	35704.6	348337	70900.8	28207	10187.8	
1985	1913003	780066	40.8	69631.2	467737	87128.8	33504	5620	
1986	2357277	1063454	45.1	112429	610734	129490	33176		
1987	3002380	1466129	48.8	218169	829211	162133	128136		
1988	3549113	1308996	36.88	267031	914627		141177		
1989	4073613	2007851	49.28	728656	914627	170110	76621	117787	
1990	4482457	2493039	55.62	777621	1045799	229278	177086	223116	40139

资料来源：《云南省志·烟草志》，第209、210页"云南优质卷烟产量表（1980—1990年）"。

---

① 《云南烟草志》（下卷），第134页。
② 《云南烟草志》（下卷），第125页。
③ 《云南省志·烟草志》，第19页。

从表3-14可知，1980~1990年的11年间，云南卷烟的质量有很大提升。1980年优质卷烟产量占卷烟总产量20.73%，十年后的1990年占到55.62%，增长1.68倍，增幅之大，令人惊叹。其间，1985年为40.8%、1986年为45.1%、1987年为48.8%、1989年为49.28%，这4个年份优质卷烟的占比也很高，都在四成以上，同样令人赞叹。此外，表3-14十分鲜明地显示：云南生产优质卷烟的主要厂家第一是玉溪卷烟厂，第二是昆明卷烟厂。这两个厂生产的优质卷烟占全省优质烟的比重，大约在80%以上。此外，生产优质烟的其他厂家依次为曲靖卷烟厂、楚雄卷烟厂、昭通卷烟厂和大理卷烟厂。

我国生产的卷烟按质量优劣分为5级，即甲级、乙级、丙级、丁级和戊级。1979年以后，云南省生产的甲级卷烟不断增加（见表3-15、表3-16）。

表3-15 1979~1990年云南省卷烟分等级产量

单位：箱,%

年份	卷烟总产量	甲级烟 产量	比重	乙级烟 产量	比重	丙级烟 产量	比重	丁级烟 产量	比重	戊级烟 产量	比重
1979	708300	14400	2.03	462100	65.24	149700	21.13	41700	5.88	40200	5.67
1980	888515	18302	2.05	447501	50.37	229035	25.78	122384	13.77	71293	8.02
1981	1005369	40838	4.06	617828	61.45	253043	25.16	57142	5.68	36518	3.63
1982	1154114	53884.2	4.67	692164	59.98	277291.8	24.02	108731.2	9.42	22043.2	1.90
1983	1413216	80993	5.73	803632	56.98	273129	19.33	225034	15.92	30428	2.15
1984	1654983	122365	7.39	945010	57.10	257593	15.65	313328	18.93	16687	1.0
1985	1913003	189380.7	9.90	1094369	57.20	265189.4	13.86	361046.2	18.81	3018	0.16
1986	2357277	287239	12.18	1508433	64.0	173434	7.35	27590	1.17	360581	15.3
1987	3002380	465540	15.51	1859544	61.93	179064	5.96	36533	1.20	461699	15.4
1988	3549113	743287	20.90	2115401	59.60	260681	7.30	36409	1.00	393335	11.0
1989	4073613	1023221	25.10	2421964	59.40	199572	4.90	34329	0.80	394527	9.60
1990	4482457	1462636	32.50	2520728	56.20	127278	2.80	50488	1.10	321327	7.20

资料来源：《云南省志·烟草志》，第222页"云南省卷烟分等级产量表"。

表 3－16 1991～2000 年云南省卷烟分等级产量

单位：万箱，%

年份	卷烟总产量	甲级烟 产量	甲级烟 比重	乙级烟 产量	乙级烟 比重	丙、丁、戊级烟 产量	丙、丁、戊级烟 比重	备 注
1991	437.5	170.77	39.0	233.69	53.4	33.04	7.55	《云南年鉴》（1992）第 209 页
1992	466.16	217.2	46.59	229.69	49.27	19.2766	4.10	《云南年鉴》（1993）第 202 页
1993	532.0	278.43	52.3	238.5	44.8	不详		《云南年鉴》（1994）第 217 页
1994	609	354	58.0	250.0		不详		《云南年鉴》（1995）第 216 页
1995	674	415.79	61.69	不详		不详		《云南年鉴》（1996）第 176 页
1996	655	不详		不详		不详		《云南年鉴》（1997）第 174 页
1997	624.2	不详		不详		不详		《云南年鉴》（1998）第 168 页
1998	632.98	不详		不详		不详		《云南年鉴》（1999）第 207 页
1999	603	141.28	23.43	233.36	38.7	228.36	37.87	《云南年鉴》（2001）第 153 页
2000	612.77	不详		不详		不详		《云南年鉴》（1992）第 209 页

注：表 3－16 中《云南年鉴》所载历年卷烟总产量之数，与上述《云南烟草志》（下卷）所载之数略有出入。特此注明。

从表 3－15、表 3－16 可知：云南生产的甲级卷烟，总体上呈现不断增加的态势。1979～1990 年逐年增加，从 2.03% 增为 32.50%，增长 15 倍，增幅巨大。1991～2000 年，《云南年鉴》仅记载了其中 6 年的情况，1995 年甲级占比高至 61.69%，1994 年和 1993 年也分别为 58% 和 52.3%，这 3 个年份甲级烟比重之大都是令人惊叹的。1999 年，甲级烟占比降为 23.43%。不知是记载有误，抑或另有原因。

三 卷烟名优产品大批涌现

1979~2000年,云南生产的卷烟中,名优产品层出不穷,在全国连续获得骄人的声誉。

1985年,全国评出18个名牌卷烟,昆明卷烟厂生产的"云烟""茶花""大重九",玉溪卷烟厂生产的"红塔山""恭贺新禧""阿诗玛"等6个品牌的卷烟榜上有名,占全国名牌卷烟的三分之一。

1987年,在全国行业评优中,昆明卷烟厂的"云烟""大重九",玉溪卷烟厂的"红塔山""恭贺新禧""阿诗玛""嘴红梅",曲靖卷烟厂的"石林"等7个牌号的卷烟,被评为行优产品,占全国25个行优产品的28%。

1988年,玉溪卷烟厂的"红塔山"牌卷烟,被评为国优产品,获银质奖。同年,全国放开13种名优烟价格,其中云南生产的卷烟占9种,接近四分之三,分别是昆明卷烟厂的"云烟""红山茶""茶花""大重九",玉溪卷烟厂的"红塔山""玉溪""恭贺新禧""阿诗玛",曲靖卷烟厂的"石林"等。

1990年,全国评出卷烟优质产品9种,云南有3种,占1/3,即"雄宝"、"猕猴桃"和"三七"。

1991年,全国评出烟草行优牌号22个,云南有8个,占36%,即"红塔山""阿诗玛""云烟""大重九""蝴蝶泉""桂花""石林""红梅"。同年,全国有3个牌号的卷烟荣获全国金质奖,其中云南有2个,即"云烟"和"红塔山"(另一个为上海卷烟厂的"中华"牌号)。当年全国还评出名优卷烟牌号49个,云南有9个,占18%,即"云烟""茶花""大重九""红山茶""红塔山""阿诗玛""恭贺新禧""玉溪""石林"。

1994年,全国评出首批优等品卷烟牌号26个,云南有10个,占38%,即全包装云烟、全包装茶花、全包装红山茶、全包装红塔山、全包装阿诗玛、全包装红梅、全包装石林、全包装蝴蝶泉、全包装画苑、全包装红河。同年,还规定1995~1996年度全国生产的49个牌号名优卷烟,云南占14个,即"红塔山""阿诗玛""黄红梅""云烟""红山茶""茶花""大重九""石林""蝴蝶泉""(特)桂花""(特)画苑""硬(特)龙泉""三塔""红河"。

1995年,评定1996~1997年度全国生产49个牌号的名优卷烟,云南占14个，即"红塔山""阿诗玛""（黄）红梅""云烟""红山茶""茶花""大重九""石林""蝴蝶泉""（特）桂花""（特）画苑""（特）龙泉""三塔""红河"。

1996年，评出全国卷烟优等品16个，云南占3个，即"（硬）玉溪"、全包装三塔、全包装画苑。

1997年，1997~1998年度全国生产49个名优卷烟牌号，云南占14个，即"红塔山""阿诗玛""（黄）红梅""云烟""红山茶""茶花""大重九""石林""（硬）吉祥""蝴蝶泉""（特）桂花""（硬特）龙泉""三塔""红河"。同年，评出全国卷烟优等品25个，云南占3个，即"（硬）红河""（硬）吉祥""（硬）蝴蝶泉"。又评出1996年度卷烟一等品26个，云南占2个，即"（软）五朵金花""（软）玉笛"。再，评出全国首批卷烟名牌产品78个，云南占16个，即"红山茶""云烟""红梅""阿诗玛""石林""红山茶""红河""茶花""蝴蝶泉""画苑""三塔""吉庆""小熊猫""桂花""龙泉""大重九"。

1999年，评出1998年度全国卷烟优等品（规格）牌号57个，云南占20个，即"（硬红）云烟""软红河""软红梅""硬特红山茶""软石林""硬醇香云烟""硬石林""硬阿诗玛""硬特桂花""硬红塔山""软红塔山""软阿诗玛""16毫克硬阿诗玛""硬红梅""硬红山茶""硬茶花（柔和）""软五朵金花（新）""硬龙泉""硬美登""硬三塔"。同年，又评出1999年度全国名优卷烟牌号（规格）69个，云南占21个，即"94毫米硬红塔山""软红塔山""硬红塔山""硬玉溪""软阿诗玛""硬阿诗玛""16毫克硬阿诗玛""硬红梅""软红梅""硬红云烟""硬醇香云烟""硬红山茶""硬特红山茶""硬石林""软石林""硬红河""软红河""硬三塔""软三塔""硬龙泉""硬特桂花"。再，评出第四批（1999年度）全国卷烟名牌产品牌号43个，云南占2个，即"玉溪"系列、"恭贺新禧"系列。

2000年，评出全国首批（1999年度）卷烟名牌产品续展68个，云南占15个，即"红塔山""红梅""阿诗玛""云烟""红山茶""大重九""石林""吉庆""红河""桂花""蝴蝶泉""画苑""龙泉""三塔""小熊猫"。同年，评出1999年度全国卷烟优等品牌号52个，云南占8个，即"硬玉溪""硬恭贺新禧""硬红河""硬吉庆""全包装吉庆""硬特蝴蝶泉""全包装三塔""全包装特画苑"。又，2001年评出2000年度全国卷烟优等品牌号 29 个，云南生产的"硬精品福"名列其中。①

由上所述，1985～2000 年间，全国烟草行业多次举行卷烟评比，分别评出了不少名优卷烟、名牌卷烟、优质卷烟、优等卷烟和一等品卷烟等，云南各卷烟企业生产的卷烟大批名列其中，且所占比重较大，如 1985 年占 1/3、1987 年占 28%、1988 年占 3/4、1991 年占 36%、1994 年占 38%、1995～1998 年 4 个年度均占 28.6% 以上、1999 年占 35% 等，概而言之占三分之一左右。尤其有必要记入史册的是，1991 年，昆明卷烟厂出产的"云烟"和玉溪卷烟厂出产的"红塔山"被评为"国优金奖牌号"，这是全国至高无上的荣誉。由此可见，云南卷烟以其质量上乘，获得诸多殊荣，而誉满全国。

云南生产的卷烟以其"清香醇和、劲头适中、余味舒适"的特质而著称于世，赢得广大烟民的青睐。20 世纪 80 年代中期至 90 年代末，由于云南卷烟产量的快速提高，大批优质卷烟纷纷投放市场，从而彻底改变了中国卷烟市场的格局。70 年代，中国的卷烟市场是"上青天"，即上海、青海和天津的卷烟主宰市场。继后，又是"一豫二鲁三贵"的格局，即河南、山东和贵州的卷烟，占有卷烟市场的最大份额。② 然而，从 1988 年开始，云南"两烟"（烤烟、卷烟）的产量、质量和销售量均跃居全国第一。当年，云南卷烟的销量多达 350 余万箱，占全国总销量的 12.66%，超过多年位居第一的河南省。从此，云南卷烟一直位居于全国卷烟市场之首位，在全国市场掀起的"云烟旋风"经久而不衰。

四 闻名于世的云南卷烟品牌

改革开放以来，中国烟草工业异军突起。短短十几年，全国计划内卷烟厂发展到 180 多家，卷烟产量上升至 3000 万箱，各种卷烟牌号也有上千个之多。云南十大卷烟厂生产的卷烟先后采用了 100 多个牌号，其中有 36 个牌号的卷烟在全国具有一定影响③，其中获得荣誉最多、最负盛名的品牌有 9 个。兹分别简述于下。

---

① 《云南烟草志》（下卷），第 136、137 页。
② 张宝三主编《云南支柱产业论》，第 62、63 页。
③ 这 36 个卷烟品牌是：云烟、红山茶、大重九、春城、红塔山、鸿大运、皓牌、阿诗玛、红梅、玉溪、宝石、翡翠、紫云、新兴、恭贺新禧、石林、吉庆、五朵金花、画苑、猕猴桃、龙泉、蝴蝶泉、雄宝、桂花、三塔、美登、红河、金沙江、红樱、三七、天平、春耕、福牌、小熊猫、玉笛、吉祥鸟。

"红塔山"。1958年,位于红塔山下的玉溪卷烟厂用最好的原料,以"红塔山"为品牌生产了5.24万箱甲级卷烟。从创牌开始,只有云南烟草中最上乘的烟叶,才能成为"红塔山"产品的主料。20世纪90年代以后,玉溪卷烟厂又配以从世界各地精选的上乘烟叶,采用一系列独有的精细加工工艺,应用能吸附烟气中有害成分的过滤嘴,以及能使烟气更加柔和舒适、以麻为原料生产的卷烟纸,从而使"红塔山"具有醇和、细腻、自然丰满、回味甘甜的烟草本香,并做到了低焦油、低烟碱、低一氧化碳,极大地降低了烟草对人体健康的不良影响。1988年,"红塔山"被评为国优产品,获银质奖;1991年10月荣获国家优质产品金奖;1997年被国家工商局认定为中国驰名商标;1999年94毫米硬盒、84米软盒、84毫米硬盒3种规格的"红塔山"卷烟被评为全国名优卷烟。1995~2001年,"红塔山"作为中国最有价值的品牌连续7年位居榜首,深受消费者青睐。"红塔山"销量最多的1996年达89.58万箱。

"云烟"。1958年,"云烟"创牌,它是昆明卷烟厂拥有的名牌产品。"云烟"作为云南烟草的龙头产品,以其高品位、高科技的品牌理念,经典、时尚的品牌形象,在广大消费者心中享有颇高的声誉和广泛的知名度。"云烟"商标设计图案象征"吉祥如意,志向高远",既符合中国传统习俗,又富有时代气息,明快而不失精美,鲜明而不失典雅,突出了喜庆传统与现代审美艺术。1991年10月荣获国家质量审定委员会颁发的"国家金奖"称号。1996年在"中国最有价值品牌"评估中,以52.05亿元品牌价值,名列中国国有企业品牌第四位。2000年9月27日,被国家工商局认定为"中国驰名商标"。2002年9月12日,"云烟"又获"中国名牌产品"称号,成为中国烟草三个获得三项桂冠的品牌之一。

"红山茶"。1957年创牌,其产品商标特征是一束云南省省花红山茶。该产品吸味醇正、香气清新、协调性强、烟气细腻、口感舒适、余味干净、津甜,体现出飘逸醇和的卷烟风格。商标主色调和图案以紫色和金色搭配,显现出典雅、华贵。特制"红山茶",采用上等云南优质烟叶,纯天然的国内外高等香精香料配制而成,香气丰满、烟气芬芳流长、口感愉悦舒适。包装装潢以绸缎为底纹,中国红为主色调,喜庆、大方。1994年被国家烟草专卖局评为全国优等香烟,1997年被云南省政府公布为云南名牌产品。

"红河"。1988年,红河卷烟厂正式生产"红河"牌香烟。"红河"烟具有醇厚、自然的高品位特点。独特的清香型风格,香气高雅柔和,烟香丰满、协调，底气厚实，带有成熟烟叶的酸甜香。"红河"商标设计以红、棕、黄条块和太阳、牌名组成商标画面，紧扣"红河"主题，形象地表现河流的流畅感特征，使外观设计独特并富有个性，易令人产生联想。由于不断受到消费者青睐，产品规模迅速扩大。1988年仅为2.3万箱，1992年增为10万箱，1995年又增为32万箱，1999年达到56万箱，2002年增至86万箱。"红河"卷烟，1992年被列为"云南省二名优烟"。1994年，评为国家烟草专卖局公布的全国26个"优等品"之一。1995年和1996年，连续被国家烟草专卖局评为"中国名优卷烟"牌号。1997年，被云南省政府公布为"首批云南省名牌产品"，1999年，再次被公布为"云南省名牌产品"；同年，第三次被国家烟草专卖局评为"中国名优卷烟"牌号。

"玉溪"。这是1969年试制、1982年正式投产的烤烟型一类卷烟。"玉溪"牌卷烟从一开始就定位于高档产品，对品质的追求始终以最好为目标。该产品具有独特的烤烟清香风格。采用无害生物肥料及生物治虫技术打造出的"绿色品牌烟叶"，经过两年半以上自然醇化，再从优质上等烟叶中选择最精华的部分为主要原料；经科学的成分搭配，通过现代化加工，各种高科技减害降焦技术和加长过滤嘴技术的应用，使"玉溪"牌卷烟真正做到低焦油、低烟碱和低一氧化碳。各项理化指标协调。经权威机构分析检定，其有害成分亚硝胺低于国际品牌。1996年度，全国卷烟优等奖16个，"玉溪"牌卷烟名列其中。1999年度，全国名优卷烟牌（规格）69个，"玉溪"是云南21个之一。同年，又被公布为第四批（1999年度）云南省名牌产品。

"红梅"。1972年，"红梅"牌卷烟开始生产，属我国典型的清香型卷烟，是红塔集团的主销品牌之一，为烤烟型二类卷烟。"红梅"以两年以上自然醇化的玉溪优质上等烟叶为主要原料，采用多品种、多地区、多年份、小比例科学配方，以现代化加工工艺精制而成。各项理化指标协调。经权威机构分析检定，有害成分亚硝低于国际品牌。"红梅"产品的烟丝光泽油润，香气丰满、细腻，刺激性轻，劲头适中，余味纯净；其糖碱比、氮碱比、焦油量与烟气烟碱比等各项化学指标协调，符合中低焦油卷烟安全。烟支造型完美大方，商标设计精美。从1991年开始，多次被评为全国名优卷烟品牌之一。2000年，"红梅"品牌卷烟产销100.5万箱，成为20世纪，我国烟草行业唯一年产销量超过100万箱的品牌。

"石林"。1974年创牌。"石林"系列卷烟用料考究，采用自然醇化两年以上曲靖生产的优质烟叶，辅之以进口原料，进行叶组配方。该产品香味醇和，劲头适中，以物美价廉的品牌形象赢得消费者的欢迎，成为曲靖卷烟厂当家主打的中档名牌产品。该产品先后获得多项殊荣：1982年评为省优产品，1987年列为全国首批价格放开的13种名优卷烟之一，1991年被国家烟草公司评为行优产品，1994年被国家烟草专卖局评为1994年度质量等级优等品，1997年被评为云南省首批名牌产品，1999年被评为1998～1999年度全国名优卷烟牌号，2001年被国家烟草专卖局评为名优卷烟，获中国消费品市场同行业十大主导品牌称号。①

"阿诗玛"。玉溪卷烟生产的烤烟型卷烟产品，系该厂的主打当家产品之一。"阿诗玛"投入市场后，深受消费者青睐。从1985年至2000年，"阿诗玛"牌卷烟多次荣获全国"名优卷烟牌号"等称号（详见上文）。

"大重九"。1922年创建"重九"卷烟牌号。1949年更名"大重九"牌号。该产品一直是昆明卷烟厂的当家产品之一。自创牌以来的90余年间，深受消费者喜爱。1985年至2000年间，"大重九"卷烟多次荣获"名优卷烟牌号"等称号（详见上文）。

此外，"茶花""恭贺新禧""蝴蝶泉""龙泉""三塔""画苑""小熊猫"等品牌的卷烟，在全国烟草行业评比中也屡次荣获"名优卷烟牌号"等称号，有的被云南省政府公布为"云南省名牌产品"（详见上文）。

总而言之，从20世纪80年代以来，云南生产的许多牌号的卷烟，均以优良的品质深受广大消费者青睐和赞誉。有人这样写道："在中国烟草百花园中，云南风景独好：'红塔山'巍然屹立，'玉溪'清澈明秀，'阿诗玛'妍然伫立，'红梅'暗香浮动，'石林'奇石峥嵘，'恭贺新禧'爆竹响春，'茶花'朵朵争艳，'红山茶'火红烂漫，'云烟'香飘四十载，'大重九'芬芳七十年。"② 这些赞美之辞，切实而形象地体现了这些闻名于世的云南优质卷烟的特质。

附录　当代云南卷烟产品品牌名录

从1950年以来，云南各卷烟厂沿用或新开发了一系列卷烟产品牌号。

---

① 《云南烟草志》（下卷），第150、151、152、153、154页。
② 张宝三主编《云南支柱产业论》，第63页。

兹汇录于下。

昆明卷烟厂：

大重九、云烟、香格里拉、IF、海洋、澳烟、红山茶、三七、春城、版纳情、钻石、ROOFER、LVKYBIRL、茶花、鸿大运、皓、WIN、宫灯、钓鱼台、ATEEL、NICE–11（共21个品牌）。

玉溪卷烟厂：

玉溪、阿诗玛、紫云、翡翠、玉人、蝴蝶泉、威斯、红塔山、新兴、红梅、金沙江、MARBL、国宾、恭贺新禧、仙草、宝石、人和、PLAZA、ESTON（共19个品牌）。

曲靖卷烟厂：

石林、佳美、金石滩、红缨、十八怪、红山塔、吉庆、旅友、福牌、宝石、翡翠、五朵金花、云烟、金苑、云宝、丰登、神丹、春城、特富意、晨曦、慧中、新马（共22个品牌）。

昭通卷烟厂：

龙泉、芳草、春耕、钓鱼台、金沙江、宇拓桥、猕猴桃、画苑、花雨、春城、金鹰、雪域、红河、云光、云健、望海楼、先锋、云烟（共18个品牌）。

楚雄卷烟厂：

蝴蝶泉、雄宝、金版纳、南鸽、国宾、红山茶、桂花、玉笛、月琴、宝石、金龙凤、云烟、丽云、马缨花、CIASSICS、红梅、春城（共17个品牌）。

红河卷烟厂：

红河、铁马、吉祥鸟、金沙江、锡都、野草、翡翠（共7个品牌）。

大理卷烟厂：

三塔、云凤、腾达、天平、金沙江、宝石、红梅、云喜、美登、春城、便马蹄莲、翡翠、传人（共13个品牌）。

春城卷烟厂：

昆湖、天平、大公、金沙江、国色天香、红河、军正、滇牌、红缨、五华山、环球、兄弟、红山茶、茶花、春城、春耕、曼飞龙、翡翠、喜力、昆明、云烟、treel、大重九、钓鱼台（共24个品牌）。

会泽卷烟厂：

以里河、春城、天平、红金鱼、微开三七、小熊猫、揽月、福牌、红缨、翡翠、富绅（共 11 个品牌）。

绥江卷烟厂：

红缨、金沙江、金银山、天王、相思草、男士、宝石、春耕、飞天、雅士、灵猫、云怡、云松（共 13 个品牌）。

云南烟草研究院：

迅、苹果香王、版纳情、红云天、钓鱼台、WIN（共 6 个品牌）。[①]

第七节　云南十大卷烟企业

改革开放以来，我国烟草工业迅速发展，短短几年，全国计划内卷烟厂就发展到 180 多家。云南省政府防止了"一哄而上""遍地开花"的影响，发挥宏观调控作用，将卷烟企业始终控制在 10 家。

在云南的十家卷烟企业中，有历史悠久、誉满神州、国优金奖得主的昆明卷烟厂，有敢为人先、盛名远播、国优金奖得主的玉溪卷烟厂，还有后起之秀的红河卷烟厂、曲靖卷烟厂、昭通卷烟厂、楚雄卷烟厂、大理卷烟厂以及昆明卷烟厂分厂、会泽卷烟厂和绥江卷烟厂。兹将这十家卷烟厂的历史沿革、企业管理、工厂扩建、技术改造、经济效益以及产品牌号，分别简述如下。

一　昆明卷烟厂

1. 历史沿革

1942 年，昆明卷烟厂的前身云南纸烟厂建于昆明北郊上庄，1943 年建成投产。1947 以前，云南纸烟厂隶属云南省企业局和省烟草副业总管理处管理。1948 年改属云南省人民企业公司管理。1950 年云南省人民政府接管，仍用原名，由省工业厅管理。1964 年改为国营昆明卷烟厂，划归轻工部中国烟草公司领导，由贵阳分公司管理。1965 年转由中国烟草公司昆明分公司领导。1968 年隶属昆明市革命委员会。1979 年，恢复原来建制，上划为省属企业，隶属省轻工业厅，改称"云南省昆明卷烟厂"。1982 年云南省烟草公司成立后，由云南省轻工业厅划转，隶属云南省烟草公司，改称为

[①] 《云南烟草志》（下卷），第 157、158 页 "1990～2005 年云南省内生产卷烟牌号目录"。按：上述"当代云南卷烟牌号名录"的时限为 1950～2005 年。"名录"包括 171 个牌号，其中有"红缨"等几个牌号系几个卷烟厂共同采用，即联营生产。

"云南省烟草公司昆明卷烟厂"。1985年，云南省烟草公司上划中国烟草总公司后，昆明卷烟厂隶属于中国烟草总公司云南省公司。1992年，昆明烟草专卖局、昆明市烟草公司、昆明卷烟厂合并成立"三合一"企业。2003年，昆明市烟草企业正式分设为昆明卷烟厂和昆明市烟草专卖局（公司）两个独立经济实体。

2. 企业管理

1981~1985年，对企业进行全面整顿。从1987年开始，以争取企业上等级为中心，建立健全各项管理制度。主要包括5个方面。①建立标准化工作体系：编制技术、管理、工作标准三大系列40项，形成标准体系，理顺企业各项标准之间的关系。②完善定额管理：编制定额目录，将全厂8类210项671个具体定额层层分解到科室、车间和班组。③建立计量管理工作网络：投资30万元，建立了长、热、力、电4类9项24台（件）的企业计量标准器，全面开发厂内质量传递和检定技术工作。④抓班组建设：建立班组考评制度，定期进行考评。⑤完善经济责任制：1989年推行生产车间浮动计件工资制、吨复烤与吨销售工资含量浮动制、科室与部门实行联产系数考核制、运输实行超工时奖励制等，并强化考核职能，体现按劳分配原则。1990年9月，昆明烟厂被评为省一级先进企业。

1991~1995年，昆明卷烟厂进行企业内部管理改革，不断完善企业内部分配制度，促进企业向质量效益型发展。1991年调整了企业管理结构，设立6个政工科室、29个行政科室、13个车间。当年，昆明卷烟厂顺利通过了中国烟草总公司国家级企业现场评审：11项经济技术指标、安全生产、现场管理、专业管理和基础工作，符合国家二级标准，被正式认定为国家二级企业。1992~1995年，先后对车间质管人员实行聘任制，实行中层管理人员的任期考核制和管理业务人员的年度考核制。1996~2000年，重点实施人事、工资、劳动三项制度的改革。首先是完善劳动定员定编管理。其次是进一步调整管理体制：生产车间实行部级管理制，成立4个生产部、组建技术中心，设动力部、品质管理部、标准化管理办公、动力车间、综合经营部、销售部等。最后是1998年组织技术工人参加技能培训鉴定，对中层干部进行民主测评等。同年，昆明卷烟厂被国家质量技术监督局授予"全国质量先进企业"称号。

3. 工厂扩建

1942年建厂之始，仅有砖木结构房屋45间，面积2251平方米，其中生产面积925平方米，仓库面积466平方米，生活、办公面积845平方米，其他15平方米。1952~1957年，烟草系统完成公私合营后，云南烟厂进行厂房改建与扩建。1956年，厂房面积扩大为6202平方米。1961~1963年，投资100万元，扩建主车间5100平方米，新建锅炉房、自备电厂和发酵车间共1926平方米，仓库及辅助车间5100平方米。1973年，在厂址西南征用山坡地33亩，新建厂房及辅助设施，总建筑面积12450平方米。1985~1987年，新建生产用房4.29万平方米、仓库1.93万平方米、办公用房0.75万平方米、住宅7.99万平方米、生产设施2.81万平方米，总建筑面积为17.78万平方米。1978年，新征土地50亩，建仓库、滤嘴烟生产车间、发酵室等辅助工程，总建筑面积为8795平方米。1988~1990年，征地306亩，投资1.4亿元，新建生产车间3.4万平方米、仓库3万平方米、人工发酵室1.2万平方米、住宅2万平方米。1992~1993年，兴建综合厂房、科技大楼、打叶复烤房，总建筑面积6万平方米。1995年，新建打叶复烤厂3.5万平方米，2座面积为4000平方米的35吨锅炉房，土建面积合计3.9万平方米等。由上述可见，昆明卷烟厂的扩建速度快、规模大，历时50余年，从建筑面积仅为2000多平方米的一个小小的纸烟厂，扩大成为30多万平方米的规模宏大的现代化卷烟厂。

4. 技术改造

1973年，昆明卷烟厂首次从英国引进莫林斯公司一套MK8D卷接机组。因此，昆明卷烟厂成为中国烟草工业率先大胆引进和使用国外先进技术设备的厂家。

1975年，昆明卷烟厂引进英国莫林斯公司滤嘴烟卷接机MK8D1套、德国联合包装机1套。翌年建成投产，正式生产84毫米滤嘴茶花牌卷烟，出口香港，从而开创了云南生产滤嘴卷烟和出口创汇的历史。

1978年，投资150万美元，进口MK9-5型卷接机1台、PM5丝束成型机1台、硬壳小包装机1台（套）。另投资534万元添置国产卷烟包装设备。

1983年，从英国迪更生公司引进年产40万箱制丝生产线1条，投资4536万元，其中外汇600万美元。这是当时全国卷烟行业首次引进的第一条制丝线。1983~1984年，引进翻新设备。1985年以后重点引进全新设备。截至1987年底，先后引进的国外先进设备有：制丝线1条、MK9-5卷接机18台（套）、MK8型20台（套）、ML8D卷烟机1台、光嘴MK8型卷烟机2台、6000型包装机组13台（套）、德国包装机组1台（套）、PM5滤嘴成型机3台（套）、PM4型滤嘴成型机1台（套）。此外，还购置了国内生产的设备，有新中国卷烟机94台，YB70包装机50台等。至此，卷烟生产能力可达80万箱/年。

1988~1989年，对原有旧设备进行技术改造，同时继续引进国外设备。其间，引进德国豪尼制丝线年产40万箱主机（5000千克/小时）1条、MK9-5卷接机7台、长城牌卷接机4台、B1包装机6台、福克包装机1台。至1990年，全厂拥有制丝生产线3条，无嘴烟卷制设备91台、包装设备36台，年生产能力46.5万箱。滤嘴烟生产设备有卷制设备40台、包装设备21台，年生产能力42万箱。综合生产能力达88.5万箱/年。

1990年，投资25972万元，其中外汇800万美元，引进1条5000千克/小时制丝生产线的关键设备和卷接机14台、包装机15台、卷包连接设备2台、装箱机1台。至此，生产规模为年产卷烟100万箱。

1991~2000年，昆明卷烟厂为追赶世界先进技术，制定并实施了三期技改项目。1991~1993年为一期工程（即"名优烟翻番"工程）时期。主要技改项目是：从国外进口1条1650千克/小时制线生产线、10台（套）超9（长城）卷接机组、10台（套）B1包装机组、4台（套）普罗托斯70型卷接机组、4台（套）GDX1型包装机组、1台（套）FOCKE350S硬壳包装机、6台（套）KDF2嘴棒成型机组、1条烟草薄片生产线、添置2台20吨锅炉、改造管道系统与电气工程。这些技改项目，经过两年多的实施，大部分设备成功引进，并安装、投入生产。一期技改即告完成。1993~1995年为二期工程时期。主要技改目是：引进1条豪尼5500千克/小时制丝生产线、50万箱硬壳卷烟生产线、1条12000千克/小时打叶复烤生产线。这三个项目，分别于1994年和1995年顺利引进投产。此外，还于1993年从瑞士TMC1公司引进第一条稠浆法烟草薄片生产线并投入生产。1994年引进8台英国莫林斯公司奥斯卡卷包连接设备，用于连接超9（长城）卷接机组和B1包装机组。1995年，又引进美国麦克塔维奇12000千克/小时打叶复烤生产线交付使用。同年，从瑞士TMC1公司引进的又一条500千克/小时稠浆法烟草薄片生产线投入生产。至此，二期技改工程全面完成。二期技改工程的完成，使昆明卷烟厂的装备水平达到国内一流、20世纪90年代国际先进水平。1996~2000年，实施第三期技改工程。其主要项目为：建立一条标准、完整、拥有国际现代高水平的50万箱嘴烟生产线。其中豪尼12000

千克/小时制丝线的关键设备已于 1995 年 12 月到厂。1996 年，从英国莫林斯公司进口 1 台 APH1S2S 嘴棒输送机投产。1997 年，从英国莫林斯公司进口 1 台帕西姆 10K 卷按设备也投入生产。1998 年，从英国莫林斯公司进口 14 台 MATCHFS2 卷接包连接设备也投产。从德国豪尼公司进口 4 台（套）KDF3E 嘴棒成型机组投产。从德国豪尼公司进口的 1 条 12000 千克/小时制丝投产。1999 年，从德国、意大利进口的 10 台（套）高速卷、包机组陆续投入生产。从瑞士 OWLAG 公司进口的自动化仓储、物料输送系统投入使用。2000 年，从美国艾柯公司引进的 2270 千克/小时二氧化碳干冰膨胀烟丝生产线、通过验收并投入生产等。昆明卷烟厂的整体装备水平又提高了一步。

5. 经济效益

1950～2000 年的 50 年间，昆明卷烟厂随着工厂的扩建、管理制度的改革和技术改革的推进，其生产能力逐渐提高，卷烟产量不断增加；加之努力开拓营销市场，在全国 31 个省区市先后建立卷烟专卖店、专营点 1000 多个，扩大卷烟销售网络。从而大大提高了卷烟的销量，使经济效益显著增长。1985 年，云南省政府授予昆明卷烟厂经济效益先进单位称号。据《云南烟草志》记载：1991 年以前，昆明卷烟厂的"产量与实现税利在中国 500 家最佳经济效益工业企业评批排序中，名列中国烟草行业第一位"[①]（见表 3-17）。

表 3-17　1950～2000 年昆明卷烟厂经济效益一览

年　份	产量（万箱）	销售税金（万元）	销售利润（万元）
1950	0.148	30.64	10.51
1951	0.6219		7.23
1952	1.5030		47.98
1953	2.8212	40.04	90.68
1954	4.0403	2.66	123.17
1955	4.2820	15.22	181.91
1956	5.3974		238.23
1957	7.5340	94.24	222.32

---

① 昆明卷烟厂志编纂委员会编纂《昆明卷烟厂志》，云南人民出版社，2008，第 39、42 页；《云南省志·烟草志》，第 224～227 页；《云南烟草志》（下卷），第 158～164 页。

续表

年 份	产量（万箱）	销售税金（万元）	销售利润（万元）
1958	10.6908	1659.00	310.08
1959	14.3043	3433.45	567.00
1960	14.0829	3631.00	696.00
1961	13.6056	4406.75	777.00
1962	12.6103	3827.82	673.00
1963	12.4687	2716.42	432.00
1964	12.8618	3736.00	328.00
1965	13.2832	3468.00	336.00
1966	13.3087	3721.00	365.00
1967	7.0209	1938.00	106.00
1968	2.2054	765.00	-59.00
1969	15.0193	4258.00	235.00
1970	13.1669	3617.00	220.00
1971	14.8021	4352	73
1972	16.2360	4989	211
1973	18.3088	5971	305
1974	21.5474	8370	372
1975	19.3426	7473	381
1976	15.5803	5998	73
1977	26.5307	10975	390
1978	30.2662	11971	204
1979	32.5653	13078	554
1980	35.7995	12896	950
1981	38.2753	16257	1042
1982	41.0863	20863	1048
1983	45.3305	24471	1507
1984	48.4000	27388	2226
1985	55.4750	34566	5281
1986	62.0295	42303	5400
1987	68.5049	48074	4509
1988	79.8956	81578	5146
1989	88.2593	123189	7598

续表

年　　份	产量（万箱）	销售税金（万元）	销售利润（万元）
1990	90.1119	150277	6753
1991	98.7100	192300	9700
1992	102.9200	214400	9800
1993	116.1300	301000	31400
1994	111.2780	325600	43200
1995	123.1500	353700	164200
1996	109.8000	342200	100600
1997	101.6200	311500	100600
1998	104.8000	362100	87000
1999	102.3000	375400	35000
2000	105.3200	368600	14900

资料来源：《云南省志·烟草志》，第 227、228、229 页"昆明卷烟厂主要经济指标一览表"；《云南烟草志》（下卷），第 164 页"1991—2005 年昆明卷烟厂经济效益一览表"。

由表 3-17 可知，1950～2000 年的 50 年间，昆明卷烟厂的卷烟产量从 1950 年的 1480 箱增至 2000 年的 1053200 箱，锐增 711.6 倍，平均每年增加 14 倍。其中年产 100 万箱以上的年份有 9 年，即 1992 年、1993 年、1994 年、1995 年、1996 年、1997 年、1998 年、1999 年和 2000 年；年产量最多的是 1995 年（1231500 箱）、1993 年（1161300 箱）和 1994 年（1112780 箱）。该厂的卷烟产量从 1988 年以后，在云南次于玉溪卷烟厂，在全国则仍然名列前茅。50 年间，昆明卷烟厂实现的税金和利润，从 1950 年的 41.15 万元增为 2000 年的 38.35 亿元。其中每年实现税利 33 亿元以上的年份有 8 年，即 1993 年、1994 年、1995 年、1996 年、1997 年、1998 年、1999 年和 2000 年；实现税利最多的是 1998 年（44.9 亿元），其次是 1996 年（44.28 亿元），复次是 1997 年（41.21 亿元）。可见，无论是卷烟产量的迅猛增加，或是税金利润的大幅提高，都是非常令人惊讶的。

6. 产品牌号

昆明卷烟厂生产的卷烟产品有 21 个牌号，即云烟、大重九、红山茶、茶花、鸿大运、春城、香格里拉、版纳情、海洋、澳烟、钻石、三七、宫灯、钓鱼台、皓牌、IF、ROOFER、LUKYBIRD、WIN、ATEEL、NCE-11。

其中"云烟"有 15 个规格产品，即 70 毫米平嘴"云烟"、81 毫米"云烟"、84 毫米直包"云烟"、84 毫米横包"云烟"、84 毫米硬包"云烟"、极品"云烟"、红"云烟"、醇香"云烟"、金牌"云烟"、珍品"云烟"、e 时代"云烟"、龙腾"云烟"、精品"云烟"、"云烟·印象"、"云烟·如意"。"云烟"牌号的卷烟是该厂最主要的当家产品，也是云南卷烟的龙头产品之一。

昆明卷烟厂生产的上述牌号的卷烟产品中，云烟、大重九、茶花、红山茶和三七等历来都是甲级烟和优质烟，多次在全国卷烟评比中获得荣誉。

1985 年，云烟、茶花和大重九被列为全国 18 个名牌卷烟之中。

1987 年，云烟、大重九在全国行业评比中，榜上有名。

1988 年，全国有 13 种名优烟放开价格，云烟、红山茶、茶花、大重九名列其中。

1990 年，三七牌混合型卷烟被评为全国卷烟优质产品之一。

1991 年 10 月，云烟荣获国家质量奖审定委员会颁发的"国优金奖"称号，此乃至高无上的荣誉。同年，云烟、大重九名列全国烟草行优 22 个牌号之中；又云烟、茶花、大重九和红山茶名列全国名优卷烟 49 个牌号之中。

1994 年，全包装规格的云烟、茶花、红山茶被评为全国首批优等品卷烟 26 个牌号之中。

1995～1996 年度，全国 49 个牌号的名优烟中，有云烟、红山茶、茶花和大重九。

1996 年，在"中国最有价值品牌"的评估中，云烟以 52.05 亿元的品牌价值，名列中国国有企业品牌第四位。

1996～1997 年度，全国 49 个牌号的名优烟中，有云烟、红山茶、茶花、大重九。

1997 年，全国首批名牌产品共 78 个，其中有云烟、红山茶、茶花、三七和大重九。

1997～1998 年度，全国 49 个名优卷烟品牌中，有云烟、红山茶、茶花和大重九。1997 年，全国首批名牌产品共 78 个，其中有云烟、红山茶、茶花、三七和大重九。

1998 年，全国评出卷烟优等品牌号 57 个，硬红云烟、硬特红山茶、硬醇香云烟、硬红山茶、硬茶花 5 个牌号名列其中。

1999 年，全国评出名优卷烟牌号 69 个，其中有硬红云烟、硬醇香云烟、硬红山茶、硬特红山茶4个牌号。

2000年，全国评出卷烟名牌产品牌号68个，云烟、大重九、红山茶名列其中。同年，国家工商行政管理局将"云烟"卷烟牌号认定为"中国驰名商标"。

2002年，"云烟"获中国名牌产品称号，成为中国烟草行业三个获得三项桂冠（即国优金奖、中国驰名商标、中国名牌产品）的品牌之一。[①]

由上所述，昆明卷烟厂建于20世纪40年代初，是云南最早成立的卷烟厂，也是全国成立较早的卷烟厂之一。悠久的历史，为其后来的发展奠定了深厚的基础。改革开放以来，昆明卷烟厂迅速扩大生产规模，加强企业内部管理改革；大力开展技术改革，在全省率先引进滤嘴烟机并生产滤嘴卷烟，在全国首先引进卷烟制丝生产线；其装备水平达到20世纪90年代世界先进水平；生产能力不断提高，使卷烟产量迅猛增加，税金利润也大幅提高，产品销往全国31个省区市，卷烟牌号在全国屡屡获得各种荣誉称号；尤其是其主打产品"云烟"，先后荣获"国优金奖"、"中国驰名商标"和"中国名牌产品"三项桂冠，将昆明卷烟厂推到了全国烟草行业的前列，成为誉满神州的卷烟企业。

二　玉溪卷烟厂（红塔集团）

1. 历史沿革

玉溪卷烟厂的前身是1956年1月建立的玉溪烟叶复烤厂筹备处。同年5月，复烤厂破土动工，经过近一年的工期，完成了土建工程。复烤厂的主要设备，是轻工部食品局从上海调拨给云南的两台美国制造的旧式复烤机。1957年9月，设备安装调试完毕后，玉溪复烤厂筹备处改名为"玉溪烤烟厂"。1958年正式投产。

1958年3月，根据中共中央《关于发展地方工业问题的意见》中，关于地方轻工业"就地生产、就地加工、就地销售、服从国家工业化生产发展的需要"的精神，玉溪烤烟厂向玉溪专署、云南省政府和省轻业厅提出在玉溪建立卷烟厂的报告，理由是玉溪专区种植烤烟30万亩、年收购烟叶60万担左右，适合就地生产加工卷烟。同年10月，云南省政府正式批准在玉溪建立卷烟厂的报告，并决定将上海华美烟厂调往云南的卷烟设备拨给

---

① 《云南烟草志》（下卷），第157、136、137、151页。

玉溪，由玉溪投资兴建卷烟厂。

1959年5月4日，设备安装完毕并正式试车生产，玉溪烤烟厂也更名为"云南省玉溪卷烟厂"隶属于云南省供销合作社。至此，一个从烟叶复烤、发酵、切丝到卷制的烟草综合加工企业，在玉溪红塔山下正式建成。

1963年7月，中国烟草工业总公司成立，玉溪卷烟厂成为中国烟草工业总公司贵阳分公司的直属企业，名称改为"国营玉溪卷烟厂"。

1965年3月，中国烟草工业公司昆明分公司成立；6月1日，国营玉溪卷烟厂划归中国烟草工业公司昆明分公司。

1979年，"国营玉溪卷烟厂"划为省属企业，隶属于云南省轻工业厅，改称"云南省玉溪卷烟厂"。

1982年3月，云南省烟草公司成立后，由云南省轻工业厅划转到云南省烟草公司，改称为"云南省烟草公司玉溪卷烟厂"。

1986年10月，玉溪卷烟厂、玉溪烟草分公司、玉溪地区烟草专卖局实行"三合一"管理体制。名称为"玉溪烟草分公司·玉溪卷烟厂"，简称"玉烟企业"。不久，又恢复"玉溪卷烟厂"名称。

1995年9月19日，云南红塔集团、玉溪红塔烟草（集团）有限责任公司同时成立，隶属云南省烟草专卖局（公司）。玉溪红塔烟草（集团）有限责任公司为云南红塔集团的核心企业，简称"红塔集团"。玉溪卷烟厂为玉溪红塔烟草（集团）有限责任公司的直属厂，全称为"玉溪红塔烟草（集团）有限责任公司玉溪卷烟厂"。

由上述可知，玉溪卷烟厂从1956年筹建的玉溪烟叶复烤厂发展演变而来，至2000年已有44年的历史。在此期间，玉溪卷烟厂的隶属关系出现过多次变化，这说明该厂的发展一直受到多方面的重视和看好。

2. 企业管理

从1983年开始至2000年，玉溪卷烟厂先后进行了一系列企业管理体制与方式的改革，主要包括下述5方面。

一是改革领导体制：1985年5月，根据《国营工业企业法》，将党委领导下的厂长负责制，改为厂长负责制。经过3年多的调整、完善，至1989年形成了"一长"负责的多层次、窄幅度、直线控制监督和参谋的管理系统结构。在此管理系统结构中，企业的生产、技术、计划、劳动、供销、质量、后勤、财务等子系统，进入有序和高效的运行中。

二是实行经济责任制，1982年，玉溪卷烟厂在云南烟草行业中，率先实行"单箱工资奖金含量包干"的分配制度。1989年，实行工资总额与实现税利挂钩，从而理顺了企业与国家的经济关系。又全面设计了企业内部的分配结构，突出了对质量、消耗、效益、安全和管理基础工作的要求，并实行层层包保。卷烟车间实行单箱工资含量包干，按生产卷烟成品入库数计算工资总额；复烤车间实行吨复烤烟叶计件工资；科室实行岗位奖金。这种以定额管理为基础、以生产效益为标准的分配制度的改革，大大调动了职工特别是一线职工的生产积极性。

三是推行现代化管理：在备件购储、仓库管理、设备管理中，运行ABC管理法；在成本分析中，运用矩阵法；在计量、设备、基建、质检、配件、财会、仓储、机修等车间，逐步使用计算机辅助管理和数据采集。

四是实施全面质量管理：从1988年开始，以全面质量管理为重点，强化各项管理基础工作和现场管理工作，逐渐建立起由规模速度型向集约效益型转变的管理机制。1991~1992年，生产经营坚持"抓管理、上等级、全面提高素质"的方针。标准化、定额、计量、信息、职工培训和企业各种规章制度的建立等管理基础工作达到全国较高水平。1991年，中国烟草总公司授予玉溪卷烟厂"质量管理奖"。1993~1996年，按照"争创国际一流烟草企业"的思路，继续以全面质量管理为中心，积极开发新产品，逐步降低卷烟焦油含量，扩大低焦油卷烟产量比例；做好引进设备的消化、吸收工作，提高设备作业率；学习和借鉴国外科学管理经验，构建现代化大生产基础管理体系。1995年，组建红塔集团后，在企业管理方面，仍坚持以产品质量为中心。1996年，国家烟草专卖局授予玉溪红塔集团"全国烟草行业质量效益型先进企业"。1997年，玉溪红塔集团的质量管理与国际接轨，通过了ISO9000质量体系认证。同年，面对国内外禁烟呼声高涨的挑战，玉溪卷烟厂选择了主动应对的对策，致力于产品"降焦减害"工程的科技创新，不断提高卷烟工艺的科技水平，有效地控制和降低烟草有害物质对人体的危害。2000年，卷烟焦油含量降到15毫克/支以下，提前两年实现国家烟草专卖局规定的降焦目标。同年，先后获得国家烟草专卖局授予的"全国烟草行业质量技术监督先进单位"称号、国家质量技术监督局授予的"2000年全国质量管理先进企业"称号。可见，玉溪卷烟厂从1988年开始，一直实施的全面质量管理取得了巨大的骄人成绩。

五是组建红塔集团：1995年9月19日，玉烟企业改制为"玉溪红塔烟草（集团）有限责任公司"，玉溪卷烟厂为其核心企业。这是玉溪卷烟厂企业管理改革的一项重大举措，也是云南烟草工业发展的一个里程碑。

玉溪卷烟厂和玉溪地区烟草公司在其"组建云南红塔集团可行性报告"中，阐述了组建红塔集团的理由："第一是建立社会主义市场经济体制的需要"；"第二是市场竞争的必然要求"；"第三是规模效益的客观要求"；"第四是玉烟企业危房异地搬迁改造工程顺利实施的需要"。"报告"中认为玉烟企业具有组建红塔集团的优势条件：第一玉烟企业实力雄厚；第二玉烟企业已初步奠定了经济联合的基础；第三"三合一"体制为组建集团创造了条件。"报告"还展望了集团的前景："第一整体规模扩大……给国家带来更多的财政收入"；"第二云南烟叶资源的优势可以得到充分开发和合理利用"；"第三有利于推动现代企业制度建设和加强企业管理，推动烟草工业与国际水准接轨"；"第四有利于人才的开发和培养"等。

1995年3月23日，玉溪卷烟厂和玉溪地区烟草公司正式上报《关于组建云南红塔集团及玉溪红塔集团有限责任公司的申请》。1995年7月17日，国家烟草专卖局、云南省人民政府联发《关于组建云南红塔集团和玉溪红塔烟草（集团）有限责任公司的批复》。"批复"同意对玉溪卷烟厂进行改制，组建玉溪红塔烟草（集团）有限公司和组建云南红塔集团。1995年9月19日，云南红塔集团、玉溪红塔烟草（集团）有限公司正式宣告成立。

云南红塔集团组建后，建立了全新的现代企业管理体制。它是一个由多个企业法人和事业法人通过资产、计划、生产、技术、投资、服务为联结纽带组成的国有独资公司，隶属于云南省烟草专卖局（公司公司）领导。"集团"通过资产连接纽带，形成多元化、跨行业、跨地区经营，实现规模经营，提高整体经济效益。"集团"以玉溪红塔烟草（集团）有限责任公司为核心企业，吸收曲靖、红河、大理卷烟厂和曲靖地区、红河州、大理州烟草公司为云南红塔集团成员，并保留其法人资格，享有法人财产权；由云南红塔集团统一管理所属企业的国有资产，承担保值增值责任。云南红塔集团董事由云南省烟草专卖局（公司）委派，董事长由玉溪红塔集团董事长兼任。

玉溪红塔烟草（集团）有限责任公司简称"玉溪红塔集团"。它是一个依法自主经营、自负盈亏、具有独立法人资格的国有独资有限公司。公司以其全部法人财产对其债务承担有限责任，隶属云南省烟草专卖局（公司）领导，以玉溪烟草"三合一"实体为核心企业。集团公司实行分公司、子公司、直属厂管理体制。分公司不具有企业法人资格；子公司和直属厂具有企业法人资格。集团公司根据控股份额向子公司和直属厂委派董事、经理、厂长。玉溪红塔集团不设股东会，只设董事会。董事会为公司的权力机构，设董事长1人、副董事长若干人，董事长为公司的法定代表人。公司设总裁（经理），对董事会负责；建立职工代表大会制度，通过职工代表大会，实行民主管理。

玉溪卷烟厂的管理体制与方式经过以上不断改革和调整，特别是整合相关资源和生产要素组建红塔集团，企业管理水平大大提高，卷烟产量和质量随之快速提高，经济效益显著增加。1987年进入省一级企业，1988年在中国烟草行业中率先晋升为国家二级企业，1991年经国务院企业管理指导委员会批准晋升为国家一级企业。1992年，在中国500家最大工业企业中名列第34位，实现税利总额名列第8位。迄于世纪之交，云南红塔集团已成为以烟草加工为主，多元化经营的跨地区、跨行业、跨所有制和跨国的大型企业集团。其排名中国烟草行业第一，位居世界同行前列。

3. 工厂扩建

玉溪卷烟厂的扩建始于1958年，当年在玉溪烤烟厂内建成了卷烟车间和烟叶发酵车间。

1959年，投资180万元，在玉溪烤烟厂的基础上建设卷烟厂的主厂房6164.13平方米，随后又建成1948平方米的发酵室等配套房屋。

1974年投资315万元征用瓦窑大队土地6亩、新建主厂房10399平方米、双层发酵室等3700平方米。

1978年，新增滤嘴烟车间面积2967平方米、机修车间640平方米、10吨锅炉房781平方米、发酵室1842平方米、辅料仓库5062平方米。年末，玉溪卷烟厂占地面积扩大为8.75万平方米，建筑面积达6.41万平方米。

1981~1985年，投资1196万元，扩建制丝、发酵厂房。这次扩建，新增建筑面积9.90万平方米，其中生产用建筑面积7.26万平方米，包括新建制丝生产房1幢、烟叶醇化仓库4.82万平方米等。1986年，玉溪卷烟厂占地面积达28.15万平方米。

1994~2000年，投资1.46亿元，征地66.09公顷，实施"关索坝改造工程"，建设"玉溪红塔集团关索坝新厂区"。其间，1995年，完成工业厂房建设21.76平方米、配套行政用房6.59平方米，完成配套公路、厂区道路约10千米；建成65米长、18米宽钢索塔斜拉大桥1座等。同年，红塔集团自筹资金2亿元，在关索坝厂区建设膨胀烟丝车间及其配套的油库、叉车房、道路、管沟等工程,总建筑面积为 18 万平方米。1996 年,建筑面积为 3.96 万平方米的科技大楼及行政办公大楼落成。历时一年半,建成了一座由生产一部卷接包及制丝工房、生产二部卷接包及制丝工房、动力部生产厂房、行政办公楼、科技大楼以及近 30 万平方米绿化区组成的花园式工厂。1998 年,兴建国家级技术中心,其中中试车间建筑面积 1.34 万平方米,2000 年 4 月竣工。至此,玉溪红塔集团关索坝厂区基建任务全部完成。关索坝新厂区总建筑面积达 25.88 万平方米。

1993～1997 年,实施关索坝厂区外厂房建设,将老厂区厂房改造为杂品、物资仓库和办公用房,平整研和火车站物资转运库场地,新建机修车间锻工房、打叶复烤车间修理房等。

由上所述,玉溪卷烟厂经过 1958～2000 年 42 年的改建和扩建,特别是 20 世纪 90 年代新建关索坝厂区,迄于世纪之交,业已建成一座占地面积 30 余万平方米、规模宏大、中国一流的现代化大型烟草企业。

4. 技术改造

玉溪卷烟厂以提高卷烟生产能力为标准,先后实施了 6 大技术改造工程。兹简述如下。

一是"12 万箱技改工程":1958 年,上海华美卷烟厂生产于 1926 年的 30 台卷烟机,调拨给玉溪烤烟厂;此外,上海第三机床厂调拨的配属设备有各式切丝机 21 台等。这就是玉溪卷烟厂最初的卷烟设备。1959 年,玉溪卷烟厂正式投产。1961 年,自制商业式铁木结构简易包装机 4 台。1962 年,先后购置 1-5 型包装机 11 台,同时新增切丝机 1 台、润叶机 1 台,自制抽梗机 15 台,第一次实现了烟叶抽梗、包装机械化。1972 年,开始对原有设备进行技改和革新。1973 年,卷烟主要生产设备有制丝设备 43 台、"新中国"卷烟机 30 台,国产包装机 40 台。年生产卷烟设计能力 12 万箱,当年实际生产了 15 万箱。

二是"25 万箱技改工程":1974～1976 年,新增卷烟生产设备 115 台(套),其中有回潮机 1 台、切梗机 2 台、切丝机 114 台、卷烟机 31 台、过滤嘴接装机 1 台、4-5A 型包装机 12 台、4-5B 型过滤嘴包装机 1 台、YB64 简易条包机 36 台、自制设备 22 台(套)等。1977～1978 年,该厂试制成功卷烟机的烟枪。拥有制丝设备 12 台、卷烟设备 68 台、包装设备 35 台。年生产卷烟设计能力 25 万箱,1978 年实际生产 27.5 万箱。

三是"40 万箱技改工程":1979 年,新建了一条年产烟草薄片 300 顿的生产线和一条年产 3 亿支过滤嘴棒的嘴棒成型生产线。1981 年, 由国家贷款 60 万美元, 从英国莫林斯公司购入 MK9-5 卷烟联合机组一套。这是玉溪卷烟厂首次引进国外先进设备。1983 年, 引进英国原产经日本翻新改进的 MK8 卷接机 3 台; 1984 年再次引进日本翻新改进的 MK8 卷烟机 10 台。同年, 引进西德豪尼公司 KDF2 型过滤棒成型机 1 台、引进意大利 G·D3000 型横包包装机组一套。1984 年, 卷烟生产主要设备, 包括国产和进口设备共 160 台（套）。年生产能力已达 40 万箱, 其中滤嘴烟为 10 万箱。

四是"百万箱技改工程": 1985 年, 引进英国 MK9-5 型卷接机 2 台。1986 年, 引进德国豪尼公司 5000 千克/小时制丝 1 条及 45 台（套）相关设备。其中包括英国莫林斯公司 MK9-5 型卷接机 15 台、意大利 G·D400 包/分的 X1 软包机 9 台（套）、X2 硬包装机 1 台（套）、德国豪尼公司 400 米/分的 KDF2 嘴棒成型机 3 台、嘴棒输送机 2 台、英国莫林斯公司的 OSCAR 卷接包连接设备 10 台。1988 年, 引进第二条制丝生产线。至 1989 年, 已拥有具有当时国际先进水平的卷接包设备共 93 台（套）, 成为全国同行业第一个具有年产 100 万箱能力的卷烟厂。当年, 生产卷烟 113.09 万箱, 其中滤嘴烟多达 72.5 万箱, 实现税利 23.14 亿元, 均排名全国同行业榜首。

五是"名优烟翻番技改工程": 1990~1992 年, 玉溪卷烟厂实施"名优烟翻番工程", 计划到 1993 年名优烟从 1989 年的 30 万箱增加到 60 万箱。为此, 1990 年, 投资 3005 万美元, 向德国、意大利、英国订购烟机设备 37 台（套）。主要包括: 膨胀烟丝设备 1 台（套）、长城超 9 卷接机 7 台、奥斯卡机组 13 台、康巴斯 500 型包装机 10 台、465 型装箱机 2 台、G·D 卷包联想合机组一套。1991 年, 上述引进设备陆续到厂, 安装调试后投入生产。1992 年底, "名优烟翻番技改工程"基本完成。1993~1996 年实施"150 万箱技改工程": 1993 年, 与德、美、英、意等国共签订设备引进合同 22 份, 其设备包括 5000 千克/小时的德国豪尼公司制丝线 2 条, 美国 2000 千克/小时的白肋烟生产线 1 条, 英、意、德的卷接机组 49 组、包装机组 25 组、卷包连接设备 16 台。当年, 引进设备到货 40 多台（套）, 其中具有 20 世纪 90 年代水平的 5 台（套）帕西姆卷接机投入了生产。1995 年, 5000 千克/小时的两条制丝已投料试车; 第一套卷接机组 G·D121 和 G·DX2000 型也即将投入生产。1996 年 10 月, 整个工程竣工投产, 总投资达 30 亿元, 引进的设备有: 卷接包设备 72 台、12000 千克/小时制丝线 2 条等, 已具有年产卷烟 250 万箱的生产能力。

六是"降焦技改工程"：为了降低卷烟焦油对人体的危害，从1997年开始实施"降焦技改工程"。当年投资1300万美元，从英国BAT公司引进2270千克/小时的烟丝干冰膨胀线。同年，进口设备25台（套）。1998年，烟丝干冰膨胀生产线通过验收正式投入生产。1999年，玉溪卷烟厂所有名牌产品提前两年实现国家烟草专卖局关于2000年卷烟焦油含量降到15毫克/支以下的目标。

从上述可知，玉溪卷烟厂从1961年开始至1998年先后实施了六大技术改造工程。1980年以前，主要是购置国产烟机设备和自制部分烟机，进行技术改造。从1981年开始引进国外先进设备，并逐步扩大引进规模、提高引进水平。迄于世纪之交，玉溪红塔集团的装备水平已经达到90年代国际先进水平，其技术装备居于全国烟草行业首位。

5. 经济效益

玉溪卷烟厂从1958年正式投产至2000年的40多年间，随着企业管理体制改革的不断深入、工厂规模的逐渐扩大和技术改造的大规模、高水平的推进，卷烟产品的数量和质量迅速提高。加之积极推行"大市场、大品牌、大企业"的发展战略，大力拓展国内外卷烟营销市场，即在全国各省、市、自治区的城市中，先后建立许多卷烟特约经销点、卷烟批零网点，又与四川等10个省区建立卷烟联营销售协议等；同时积极开拓国际市场，使卷烟产品纷纷销往东南亚、东欧、非洲各国以及我国台湾地区，从而大大促进了卷烟销售，增加了卷烟销售收入，使经济效益大幅增加。从1996年开始，玉溪卷烟厂的经济效益连年突破全国烟草行业纪录。2000年末，玉溪红塔集团上榜国家统计局当年营业收入、利润总额最大的10家企业（见表3-18）。

表3-18　1958~2000年玉溪卷烟厂经济效益一览

年　份	产量（万箱）	销售税金（万元）	销售利润（万元）
1958	0.0407	1.91	52.64
1959	5.3697	935.66	134.67
1960	12.2264	2892.95	435.00
1961	8.8003	1896.05	406.12
1962	9.9253	2398.31	434.06
1963	9.3699	1988.43	395.77

续表

年　份	产量（万箱）	销售税金（万元）	销售利润（万元）
1964	9.7374	2422.38	359.78
1965	9.5187	2381.09	266.17
1966	10.2891	2600.39	364.20
1967	10.2577	2829.27	297.33
1968	5.3077	1551.07	133.28
1969	12.3730	3502.18	345.17
1970	13.9429	4209.78	308.09
1971	11.3710	3117.87	129.88
1972	13.6569	4108.11	130.89
1973	15.5211	5287.64	337.19
1974	18.0442	6577.22	469.44
1975	20.8375	7245.51	561.20
1976	15.7436	5757.84	412.90
1977	26.2064	9340.01	723.00
1978	27.4985	9648.12	145.25
1979	30.7283	10564.86	287.67
1980	34.3848	11039.98	804.12
1981	35.0713	14649.88	822.99
1982	38.7537	17138.37	1103.01
1983	46.4501	21592.48	1363.55
1984	53.7068	27390.00	2559.00
1985	63.7714	36723.82	4059.12
1986	72.5804	46901	4078.00
1987	92.2976	69393	6873.00
1988	107.7574	102077.8	11238
1989	113.0917	149695	7496
1990	113.0354	183774	5922
1991	106.8200	197000	13500
1992	110.7000	218200	8800
1993	131.0000	323000	59300
1994	167.9000	655400	605900
1995	188.7500	657200	717000

续表

年　份	产量（万箱）	销售税金（万元）	销售利润（万元）
1996	221.9200	806600	675200
1997	218.3000	826000	634300
1998	221.7600	915700	569200
1999	195.6400	887900	369300
2000	201.1700	882900	320600

资料来源：《云南省志·烟草志》，第234、235页"玉溪卷烟厂主要经济指标一览表"；《云南烟草志》（下卷），第172页"1991—2005年玉溪卷烟厂经济效益一览表"。

由表3-18可知，1958~2000年的42年间，玉溪卷烟厂的卷烟产量从407箱猛增为2011700箱，增长4941.75倍，年均增长117.66倍，这当然令人不胜惊讶。在此期间，产品销售税金，从1.91万元剧增为882900万元，增加462250.3倍，年均增长11005.96倍；销售利润，从52.64万元剧增为320600万元，增长6089.43倍，年均增加145倍，这同样令人不胜惊讶。1988年，生产卷烟107.7574万箱，首次突破百万箱；实现税利11.33亿元，第一次实现超10亿元的目标。从这一年开始，到2000年的13年间，卷烟产量都在100多万箱至200多万箱；而从1996年到2000年的5年间，有4年（1996年、1997年、1998年、2000年）卷烟产量增至200万箱以上，最高为1996年221.92万箱、1998年221.76万箱。1988年以后，每年实现税利都在11亿元以上，尤其是从1994年开始每年实现税利都在120亿以上：1994年126.13亿元、1995年为137.42亿元、1996年为148.18亿元、1997年为146.03亿元、1998年为148.49亿元、1999年为125.72亿元、2000年为120.35亿元。1988年以后，玉溪卷烟厂的卷烟产量及其所实现的工商税利，已经跃居全国卷烟企业首位。

6. 产品牌号

玉溪卷烟厂生产的卷烟产品有19个牌号，即玉溪、阿诗玛、紫云、翡翠、玉人、蝴蝶泉、威斯、红塔山、新兴、红梅、金沙江、国宾、恭贺新禧、仙草、宝石、人和、MARBL、PLAZA、ESTON。其中主要牌号是红塔山、阿诗玛、红梅、恭贺新禧和玉溪，而红塔山又是最主要的当家产品，也是云南卷烟的龙头产品之一。

玉溪卷烟厂上述牌号的卷烟产品中，红塔山、玉溪、阿诗玛、恭贺新禧、新兴、人和、紫云、仙草等历来就是甲级烟和优质烟，多次在全国卷烟评比中获得荣誉。

1985年，全国评出18个名牌卷烟，其中有红塔山、恭贺新禧、阿诗玛。

1987年，在全国行业评优中，红塔山、恭贺新禧、阿诗玛和过滤嘴红梅被评为行优产品。

1988年，"红塔山"牌卷烟被评为国优产品，荣获银质奖。同年，全国放开13种名优烟价格，其中有红塔山、玉溪、恭贺新禧、阿诗玛。

1991年，全国评出烟草行优牌号22个，其中有红塔山、阿诗玛、红梅。同年，全国评出3个牌号的卷烟为国优产品，授予金质奖，红塔名列其中。当年，全国还评出名优卷烟牌号49个，其中有红塔山、阿诗玛、恭贺新禧、玉溪。

1994年，全国评出首批优等品卷烟牌号26个，其中有全包装红塔山、全包装阿诗玛、全包装红梅。

1995~1996年度，全国生产49个牌号的名优烟，其中有红塔山、阿诗玛、（黄）红梅、蝴蝶泉。

1996~1997年度，全国生产49个牌号的名优烟，其中有红塔山、阿诗玛、（黄）红梅、蝴蝶泉。

1996年，全国评出卷烟优等品16个，其中有"玉溪"。

1997~1998年，全国生产49个牌号的名优烟，其中有红塔山、阿诗玛、（黄）红梅、蝴蝶泉名列其中。

1997年，全国评出卷烟优等品25个，其中有（硬）蝴蝶泉。同年，又评出全国首批卷烟名牌产品78个，红塔山、红梅、阿诗玛、蝴蝶泉名列其中。同年，国家工商局授予"红塔山"牌号"中国驰名商标"称号。

1999年，评出1998年度全国卷烟优等品处牌号57个，其中有（软）红梅、（硬）阿诗玛、（硬）红塔山、（软）红塔山、（软）阿诗玛、（16毫克硬）阿诗玛、（硬）红梅。同年，又评出1999年度全国名优卷烟牌号69个，其中有（94毫米硬）红塔山、（软）红塔山、（硬）红塔山、（硬）玉溪、（软）阿诗玛、（硬）阿诗玛、（16毫克硬）阿诗玛、（硬）红梅、（软）红梅。再，评出第四批（1999年度）全国卷烟名牌产品牌号43个，"玉溪"系列、"恭贺新禧"系列名列其中。

2000年，评出1999年度全国卷烟优等品牌号52个，其中有（硬）玉溪、（硬）恭贺新禧、（硬特）蝴蝶泉。

2001年，中国烟草总公司授予"红塔山"牌卷烟"全国名牌卷烟"称号，授予"玉溪""阿诗玛""恭贺新禧""红梅"4个品牌卷烟为"全国名优卷烟"称号。在全国烟草行业36个名优品牌中，玉溪卷烟厂生产的卷烟占5席，并入选国家烟草专卖局全国卷烟百牌号行列。

上述1985～2001年，全国烟草行业多次举行卷烟评比，分别评出名牌卷烟、名优卷烟、优质卷烟、优等卷烟和一等品卷烟等。玉溪卷烟厂生产的红塔山、玉溪、恭贺新禧、阿诗玛和红梅等牌号的卷烟多次名列其中，几乎每次评比都有"玉烟"产品入选，其中"红塔山"牌号入选次数最多。"红塔山"卷烟以其特有的醇和、细腻、自然丰满、回味甘甜以及低焦油、低烟碱和低一氧化碳等品质，深受烟民喜爱。最先于1988年荣获全国银质奖。后来，于1991年荣获全国金质奖，1997年被国家工商局认定为"中国驰名商标"，1999年被评为"全国名优卷烟"，2001年被授予"全国名牌卷烟"称号，1995～2001年"红塔山"作为我国最有价值的品牌连续7年位居榜首，被称为"中国卷烟第一品牌"。"红塔山"牌号卷烟也是中国烟草行业3个获得三项桂冠（即国优金奖、驰名商标、名牌产品）的品牌之一。此外"红梅"卷烟也是多次评为全国名优产品。"红梅"烟香气丰满细腻、烟味醇和自然，余味舒适纯净，受到烟民的青睐。1991年被评为全国烟草行业优质产品，1999年被评为全国名优卷烟，2000年"红梅"品牌卷烟产销100.5万箱，成为20世纪我国烟草行业唯一年产销量超过100万箱的品牌。[1]

由上所述，玉溪卷烟厂从成立于1956年的玉溪复烤厂发展而来。此后的40余年间，玉溪卷烟厂从小变大，从大变强。1991年成为国家一级企业；1996年以后年产卷烟200余万箱，实现工商税利120多亿元；2000年成为全国当年营业收入和利润总额最大的10家企业之一。玉溪卷烟厂生产的红塔山、红梅、玉溪、阿诗玛、恭贺新禧等牌号的卷烟，历年被评为名优卷烟，尤其是红塔山卷烟拥有国家金质奖、中国驰名商标、中国名牌产品三项桂冠，其盛名远播国内与国外。

寻求玉溪卷烟厂发展的成功经验，主要有3个方面。第一是"玉烟"

---

[1] 红塔集团志编纂委员会编纂《红塔集团志》，云南人民出版社，2007，第23、24、25、26、44、45、46、47、48、145、146、147、148、149、151、152、153、154、155、156、157、158、159、160、161、194、196页；《云南省志·烟草志》，第209、229、230、233、234、235页；《云南烟草志》（下卷），第165、166、167、168、169、170、171、172页。

从"天外还有天"到"山高人为峰"的企业发展核心理念，凝聚了5000余名职工的才智，造就了一支勇于开拓创新的员工队伍，体现了"以人为本"的企业管理思想。第二是以"敢为天下先"的胆略，率先创立"三合一"体制和改革分配制度，并实施大集团发展战略，整合相关生产要素，为企业的大发展开辟了广阔道路。第三是不断推进技术改革，大规模、高投入、高水准地引进国外先进技术和设备；坚持不懈地以提高质量为中心，"创名牌，争一流"，将"红塔山"打造成为"中国卷烟第一品牌"，将"玉烟"打造成为雄踞全国烟草之冠的现代化大型企业。

玉溪卷烟厂始终以登高望远、不断超越自我的广阔胸怀，经过40多年艰苦卓绝的奋斗，终于造就了一个拥有中国烟草行业一流人才、一流设备、一流技术、一流原料、一流品牌，跨地区、跨省、跨国、跨行业、跨所有制的亚洲最大、处于世界烟草行业前列的大型企业——红塔集团。

玉溪卷烟厂的发展史，是一部中国民族工业奋发努力、求新图变、不断追赶世界先进水平的创业史和奋斗史。

三　红河卷烟厂

1. 历史沿革

1975年，红河州革命委员会曾在蒙自鸡街试办红河卷烟厂，翌年，生产红河、锡城、宝华、青竹等牌卷烟682箱。1978年又生产1082箱。同年，国家整顿计划外卷烟厂，红河卷烟厂被关停。

1985年，红河州政府为发展边疆民族经济，向云南省政府和中国烟草专卖局申请，拟在弥勒县新建红河卷烟厂。

1986年，云南省政府和中国烟草专卖局达成协议，在省内调整卷烟生产布局，即关停昆明雪茄厂，新开红河卷烟厂。

1987年，红河卷烟厂建成，并开始试生产。先后生产过"试制一号""试制二号""小熊猫""精英""光荣""凯旋""奖""红河""锡都""铁马""野草""吉祥鸟""月圆"等牌号的卷烟。

1988年，昆明雪茄烟厂与昆明卷烟厂达成合并协议，前者作为后者的分厂（详见下文）。经国家烟草专卖局批准，红河卷烟厂列为国家卷烟生产定点企业，其产品纳入国家计划。当年11月28日红河卷烟厂举行挂牌仪式。

1989年，红河卷烟厂向国家商标局、国家物价局、国家烟草专卖局申报注册"红河""锡都""吉祥鸟""铁马""野草"等牌号商标,办理价格手续和二级批发工商税务手续,并继续生产已注册的5种牌号卷烟。同年,红河卷烟厂上划云南省烟草公司管辖,其人财物、产供销、内外贸均纳入行业集中统一垂直管理。

1992年,红河卷烟厂实施单一品牌战略,整合内部资源,精心打造"红河"品牌卷烟。

1993年,红河州烟草专卖局、云南烟草公司红河州分公司、红河卷烟厂实行"三和一"管理体制,简称"红烟企业"。

2003年,红河卷烟厂与红河州烟草专卖局、云南烟草公司红河州分公司分开,成为两个独立经营的实体;红河卷烟厂按独立的工业企业建制运行。

2. 工厂新建与扩建

1985年,投资107.6万元在弥勒县弥阳镇吉山路征地275.16亩,并破土建工建厂。1987年工厂建成,开始试生产。1988年正式投入生产。

1986年,破土动工,历时近一年,建起生产车间39360平方米,办公设施与生活、住宅15026平方米。

1994年,生产区50万箱新制丝、卷包车间破土动工。同年,征地190.11亩,新建打叶复烤车间。

1995年,占地面积1.20万平方米,建筑面积2.77万平方米的制丝、卷包车间土建部分竣工。

1996年,全厂迁入新建成的卷包车间进行生产。

1997年,征地100亩,扩建打叶复烤原露天堆场。

2002年,对生产区1.20万平方米的原老厂房进行翻新改造,并扩建9000平方米的生产用房,新建4700平方米的制丝前处理车间。同年,又建成8万多平方米的现代化烟包仓库。

由上述可见,经过十多年的扩建,红河卷烟厂已从中小型企业跃升为拥有10余万平方米建筑面积的大型卷烟企业。

3. 企业管理

红河卷烟厂从1991年开始,实施"管理创新"战略,其内容主要包括以下7个方面。

一是实施品牌整合战略,"走单一品牌发展之路"。

1992年,放弃了"野草""铁马""锡都"等牌号,举全厂之力发展

"红河"牌号卷烟,力求以塑造"红河"品牌的"精、强、好"来达到发展"红河"品牌的战略目的。

二是始终坚持管理作为企业一切工作的核心,围绕加强企业内部管理,进行了组织、人事等制度的改革,逐步建立和完善了内部管理制度。

三是坚持"不求最大,但求最好"的企业发展战略。根据这一战略,在1993年提出了要实现"八个一流"的奋斗目标,即一流的企业管理、一流的技术设备、一流的人才队伍、一流的产品质量、一流的经济效益、一流的工厂环境、一流的办公条年、一流的职工福利。通过不断自我超越和改革创新,在实现"八个一流"的努力奋斗中取得了显著成效。

四是坚持"优质、高效、低耗"的管理目标。从1994年开始,要求生产车间、机关科室以及销售等各个环节,必须以最少的人力、物力、财力和时间,以最好的质量和最高的效益,做好企业的每一件工作和每一个产品。随着企业管理水平和员工队伍素质的提高,这一目标逐渐得到实现。

五是实施"五项工程"的发展措施。1993年提出并开始实施"五项工程",即管理、技改、人才、名牌、原料工程,把"五项工程"作为实现企业发展目标的战略性措施,并持之以恒地全面推进。

在管理工程方面:通过有步骤地推进管理机制、机构及硬件设施的建设,将管理不断推向更高的水平。

在技改工程方面:将技术进步作为企业发展的关键。从1985年开始先后进行了3次大规模的技术改造。1996年底,建成具有国际先进水平、年产80万箱生产能力的卷接包一体化生产线,引进国际上最先进的G·D-300对接普鲁托斯2-2机卷接包生产线。建成年生产力120万担的两条打叶复烤生产线。厂房、设备、工厂环境更件设施达到了国际先进水平。

在人才工程方面:将加强人才队伍建设,提高员工素质,作为企业的一项长期战略任务,坚持不懈地抓紧抓实。

在名牌工程方面:将"创品牌,争一流"作为企业追求的最高目标。自主研发了具有知识产权的"三级配方"新工艺,为创名牌提供了强有力的技术支持。

在原料工程方面:从1992年起,企业就将烤烟生产作为其第一车间,连年投入巨额资金扶持全州的烤烟生产,建立了稳定的、规模化的烤烟生产基地。

六是改革干部、用工、分配三项制度,建立"促人提高,促人发展、促人奋进"的内部管理竞争机制。

七是建立科学、高效的管理机构。1992 年,建立了厂、部、科三级管理机构,厂级是决策层、部级是管理层,科级是执行层,实行"部长负责制"。

红河卷烟厂在企业管理方面的上述创新战略,一一贯彻实施后,给企业的发展带来了无限生机,使企业不断发展壮大。红河卷烟厂从建厂初期的一个小厂逐渐发展成为一个装备配套、技术先进的大型企业,并跻身于全国烟草行业十强之列。

红河卷烟厂在企业管理上取得了巨大成绩,从而先后获得了"全国五一劳动奖状""全国企业管理杰出贡献奖"等殊荣。

4. 技术改造

"八五"期间,红河卷烟厂始终紧紧追踪世界先进技术水平,坚持"择优选型、配套引进、消化吸收,大力创新"的原则,高起点、高水来、高投入地从国外引进先进技术和设备,先后开展了两次大规模的技术改造。

1990～1992 年第一次技术改造。其间,兴建了一条仿德国毫尼制丝生产线,配置 YJ14-YJ23 型卷烟机 15 组、YB13 直式软包包装机 5 组、YHB6000 型横式软包包装机 1 组,并对动力、空气压缩系统进行了改造。经过第一次技改,生产工艺与装备达到国内先进水平,产品由"无嘴"烟过渡到"过滤嘴"烟,卷烟内在质量得到提升,产销规模扩大,企业扭亏为盈,逐步走出困境,步入良性发展的轨道。

1993～1998 年第二次技术改造。大规模引进具有国际先进水平的卷烟设备。1995 年,从德国 HAUNI 公司引进 8000 千克/小时豪尼制丝线 1 台(套)。1998 年从美国 AIRCO 公司引进 1140 千克/小时干冰膨胀制丝线 1 台(套)。1993 年引进贡国 MOLINS 公司 6500 支/分长城卷接机 7 台(套)。1995 年引进英国 MOLINS 公司 8000 支/分帕希姆卷接机 2 台(套),同年从德国 HAUNI 公司引进 10000 支/分普洛托斯卷接机 4 台(套)。1998 年引进意大利 G·D 公司 12000 支/分 G·D121 卷接机 3 台(套)。1993 年,引进德国 SHMERMVND 公司 400 包/分 B1 包装机 9 台(套)。1995 年,引进德国 FOCKE 公司 400 包/分佛克包装机 5 台(套);同年,又引进德国 POPACK 公司 500 包/分 GDX2000 型包装机 3 台(套);同年引进意大利 G·D公司 100000 支连接装置 5 台(套)。1999 年从德国 HAVNI 公司引进 600 米/分嘴棒成型机 10 台(套)。1995 年引进德国斯慕门公司 150 条/分装箱机 6 台（套）。1999 年引进意大利 SENZAM 公司 300 条/分装封箱机 1 台（套）；同时，又先后从日本、瑞典引进分拣系统和拆垛机器人等物流设备等。历时 6 年的第二次技术改造，大大提高了生产工艺及装备水平，使之跨入了国际先进水平行列；不仅卷烟生产能力大大提高，而且产品的内在质量和外观质量也得到了大幅提高。红河卷烟厂的企业规模从中小型跃升为大型卷烟工业企业。

1999～2005 年进入全面创新的技术改造。1999 年，国产嘴棒设备全部淘汰，先后引进 10 组德国豪尼公司 KDF3E 嘴棒成型机和嘴棒自动储存供给系统。3 条 G·D121/G·DX2000（600 包/分钟）进口高速卷包生产线调试完备交付使用。2001 年以后，实施以"降焦、减害、提质、增效"为目标的打叶复烤、制丝技术改造，并对打叶复烤线的预处理工艺进行重大技术改造。其间，独创了"三级配方工艺技术"。此外，还从德国、意大利进口了卷接机和超高速卷包生产线等。2005 年底，红河卷烟厂已拥有 30 条卷包生产线、10 条嘴棒生产线、11 台烟条装封箱机以及配套的自动物流输送系统等。

红河卷烟厂经过上述三次大规模技术改造，生产工艺及技术装备水平已达到 20 世纪 90 年代国际先进水平。

5. 经济效益

红河卷烟厂从 1987 年建成试生产，至 2000 年的 14 年间，由于实施了管理创新的战略、进行了三次大规模的技术改造，其生产能力大大提高，卷烟的产量和质量都大幅度增加；加之实施"做最好的产品，做最好的品牌，向客户提供最好的产品，真诚与客户合作"的营销理念，其"红河"品牌卷烟较早较快地形成了全国市场，覆盖除台湾、香港、澳门以外的各省市、自治区，并获得较高的市场知名度，占有率快速增长。基于上述原因，红河卷烟厂的经济效益逐年迅速提高，成为国内经济效益领先的卷烟企业之一（见表 3-19）。

表 3-19　1990～2000 年红河卷烟厂经济效益一览

年　份	产量（万箱）	销售税金（亿元）	销售利润（亿元）
1990	7.3255	0.5447	0.08966
1991	7.91	0.87	-0.03
1992	14.41	1.60	0.06
1993	16.26	3.89	0.61

续表

年　份	产量（万箱）	销售税金（亿元）	销售利润（亿元）
1994	25.07	4.95	1.31
1995	32.00	7.89	5.15
1996	42.50	10.01	2.68
1997	45.73	13.02	4.70
1998	48.70	14.40	4.02
1999	56.63	17.07	4.43
2000	61.14	19.99	5.53

资料来源：《云南省志·烟草志》，第264页；《云南烟草志》（下卷），第177页"1991—2005年红河卷烟厂经济效益一览表"。

由表3-19可知，1990~2000年的11年间，红河卷烟厂的卷烟产量从1990年的7.3255万箱增至2000年的61.14万箱，剧增7.35倍，其产量增长之快是显而易见的。其中，1992年的卷烟产量是上两年即1990年和1991年的1.97倍和1.82倍，如此大的增幅，显然与1992年实施"单一品牌发展战略"密切相关，即由于"精、强、好"的"红河"牌号卷烟深受广大消费者青睐的结果。从卷烟销售的税利方面看，1990年仅为0.63436亿元，2000年增至25.52亿元，剧增近40倍，其增幅也是很显著的。总之，红河卷烟厂从建厂至世纪之交，短短14年，卷烟产量快速提高，工商税利大幅增加，成为全国烟草系统经济效益领先的企业之一。

6. 产品牌号

如上所述，红河卷烟厂早在1975年生产过红河、锡城、青竹牌号的卷烟。1987年生产过小熊猫、精英、光荣、凯旋、奖、红河、锡都、铁马、野草、吉祥鸟、月圆等牌号的卷烟。1989年，曾经向国家主管机关申报注册红河、锡都、吉祥鸟、铁马、野草5种牌号商标。概而言之，1975~1991年，先后生产过10多种牌号的卷烟。

1992年，红河卷烟厂开始实施"单一品牌战略"，摒弃了其他牌号，只生产"红河"一个牌号的卷烟。

"红河"牌号商标，以奔驰中的拓荒牛作为标记，比喻凶勇奔腾的红河，表现红河卷烟厂具有像"红河奔流，致远千里"的胸怀与气魄。

"红河"牌号卷烟逐渐形成了系列品牌产品。1988年，红河卷烟厂投产后生产的"红河"牌卷烟只属于乙级卷烟，有软包乙级"红河"、硬包乙级"红河"。1992年实施单一品牌战略后，乙级"红河"的基础上研发甲级

"红河"，于翌年获得成功，甲级"红河"（即特制软、硬包红河）批量投产问世。此后，又经过不断调整产品配方，提升产品质量，使之成为名优卷烟。1997年开发研制"红河"精品88和"红河"精品99，于2000年批量生产上市。2002年软包"红河"精品88、精品99研发成功，随即大批量投放市场。2003年研发"红河"V8，翌年获得成功并投产面市。硬包精品88"红河"和软硬包精品99"红河"同属典型的清香型风格，其香气细腻、醇和高雅、烟劲适中，给人以清淡、满足和美的感受。硬包精品"红河"V8具有独特的清香型风格，香气高雅柔和，底香醇厚，带有成熟烟叶的酸甜香气息。此外，"红河"牌号的系列产品，还有硬包精品66"红河"。这些"红河"牌号的精品卷烟，一经投放全国市场，均受到消费者的广泛青睐，很快例成为全国知名的卷烟品牌。2005年，"红河"成为中国烟草产销量第二大的卷烟品牌。

红河卷烟厂生产的"红河"牌号卷烟，由于品质精良，从1992年开始，在全省和全国卷烟评比中，先后获得了许多殊荣。

1992年，乙级"红河"烟被列为云南省"二名优"卷烟。

1994年，"红河"牌卷烟入选全国26个优等品牌之一。

1995～1996年，"红河"牌卷烟连续两年被国家烟草专卖局评为"中国名优卷烟"。

1997年，"红河"牌卷烟被云南省政府公布为"首批云南省名牌产品"；被国家技术监督局列入首批"重点保护产品"名录；被国家统计局等六部委评为"中国最具竞争力的民族品牌"。

1998年，中国行业企业信息发布中心、国家生产力协会将"红河"牌卷烟公布为"中国卷烟十大畅销品牌第四名"；同年，又被评为"改革开放二十年最具影响力著名品牌"。

1999年，云南省政府公布"红河"牌卷烟为"云南省名牌产品"。同年，被国家烟草专卖局评为"中国名优卷烟"。

2000年，"红河"牌卷烟被云南省名牌战略推进委员会评为"云南名牌产品"。

2001年，"红河"牌卷烟被国家烟草专卖局评为"2001年全国名优卷烟品牌"。

2002年，"红河"牌牌卷烟被国家质量监督检验检疫总局评为象征中国产品最佳质量的"中国名牌产品"。

2003年,中国企业品牌推进委员会授予"红河"牌卷烟"中国著名品牌"荣誉称号。

2005年,"红河"牌卷烟再次被评为"中国名牌产品"。①

由上所述,红河卷烟厂于1987年建厂,迄于2000年仅有14年的厂龄。然而,在这短短的14年间,这个厂迈开大步向前发展,卷烟产量从1990年的7万多箱猛增至2000年的61万多箱,工商税利从1990年的0.6亿多元猛增至2000年25亿多元;精心打造的唯一卷烟产品——"红河",从乙级到甲级,从甲级到名优再到名牌,产量和销量均居于全国烟草第二位。这样的发展与提升确实是令人惊讶的。寻求红河卷烟厂的成功经验,下述4个方面是显而易见的。其一举全厂之力精心打造单一品牌"红河"牌卷烟,变产品生产为品牌生产,实现了"红河"大品牌带来大市场的发展目标。其二实施"不求最大,但求最好"的发展战略,确立"八个一流"的奋斗目标,促使企业走上了一条良性发展和快速发展的道路。其三实施五项工程战略性措施,使企业持之以恒地全面推进。其四先后开展了3次大规模的技术改造,使企业的技术、装备水平不断提升,至2000年达到了20世纪90年代国际先进水平,从而使卷烟的产量和质量均获得大大提高。

红河卷烟厂是云南卷烟企业的后起之秀,又是后起之秀中的佼佼者。闻名于世的品牌卷烟—"红河",犹如"红河奔腾,致远千里"。

四 曲靖卷烟厂

1. 历史沿革

曲靖卷烟厂的前身是曲靖烟叶复烤厂。

1965年,中国烟草工业公司投资250万元在曲靖市麒麟北路大坡寺建烟叶复烤厂。

1967年破土动工。1969年11月24日曲靖烟叶复烤厂建成,正式投产,年复烤量为563吨。

1969年12月,复烤厂向有关主管部门提出设卷烟车间的方案。经批准后,于1970年开始用其积压的青烟和碎烟生产卷烟供应市场。1972年下半年生产了277箱"试制品"卷烟。

---

① 红河烟草志编纂委员会编纂《红河烟草志》,云南人民出版社,2007,第90、91、92、95、96、97、98、103、167、168、169、170、264、266页;《云南省志·烟草志》,第263、264页;《云南烟草志》(下卷),第172~178页。

1973年，云南省计划委员会批准了曲靖烟叶复烤厂拟年产卷烟10万箱的扩建计划。同年，昆明卷烟厂根据云南省轻工业局的指标，调给曲靖烟叶复烤厂部分卷烟设备。年底，生产"乌蒙""石林"牌号的卷烟和八大河雪茄烟共7323箱。

1974年，国家拨款389万元，在烟叶复烤厂内新建卷烟车间、烟叶发酵室，增添卷烟专用设备。

1975年1月1日，曲靖烟叶复烤厂正式更名为"曲靖地区卷烟厂"，原复烤生产线改为厂属复烤车间，其卷烟纳入省、地轻工业局管理，烟叶复烤列为地区商业局主管经营。

1978年，经国家计委、财政部、轻工部、商业部和全国供销合作总社批准，曲靖地区卷烟厂正式列为全国卷烟生产定点厂。

1982年6月，曲靖地区卷烟厂更名为"曲靖卷烟厂"，隶属关系上划，移交云南省烟草公司统一管理。

1993年2月，曲靖地区烟草公司、曲靖地区烟草专卖局、曲靖卷烟厂实行"三合一"管理体制。

2003年6月25日，曲靖卷烟厂与曲靖市烟草专卖局（公司）工商分设，曲靖卷烟厂作为独立经营的实体，按独立的工业企业建制运行。

2. 工厂扩建

1969年建厂之时，兴建复烤厂房4880平方米、锅炉房278平方米、配电室45平方米、仓库11580平方米、职工福利与生活设施5740平方米等。

1973年，建成卷烟车间8444平方米、发酵室2580平方米和油库184平方米。

1974年，国家拨款389万元建卷烟车间。省先后投资561万元建成主厂房5184平方米、锅炉房96平方米、发酵室960平方米、原料成品库2880平方米和职工宿舍2000平方米等。

1982~1986年，一、二期技改工程相继竣工，新增建筑面积4.88万平方米，其中卷烟四、五、六和成型车间1.56万平方米、锅炉房0.15万平方米、仓库1.68万平方米、职工宿舍1.56万平方米等。

1987年，曲靖卷烟厂投资4806万元再次扩建。

1989年，兴建1.8万平方米的第二生产区厂房，1.08万平方米的仓库和一座10吨锅炉房，新增职工住宅6700平方米。

1994~1996年，先后建成主产车间厂房6.98万平方米、打叶复烤线厂房 3.77 平方米、综合科技大楼 1.77 万平方米、回潮房 9877 万立方米、原烟仓库 4678 平方米、变电站 2502 平方米、锅炉房 2800 平方米等。1995～1996 年，建成仓库 15 幢，共 15.12 万平方米。

2005 年，曲靖卷烟厂占地面积 126 万平方米，其中生产用建筑面积约 52.78 万平方米。该厂是云南十大卷烟企业中建筑面积最大的卷烟厂。

3. 企业管理

1980 年以后，曲靖卷烟厂在企业管理方面进行了一系列改革。

1980～1985 年，主要抓基础管理，建立和完善经济责任制，采取小指标分解考核办法，实行联产计酬工资等。

1985～1988 年，实行厂长负责制，确立厂长在企业的中心地位和法人地位，保证厂长行使生产经营指挥权、中层干部任免权和对副厂长的推荐权等。实行以承包为主要内容的经济责任制；单箱卷烟工资含量包干，是这个阶段经济责任制的核心。

1988～1990 年，从 1988 年开始，全厂逐步建立和完善程控通信系统，运用微机进行统计、编制会计报表、发放工资、烟叶发酵自控。在新车间安装了工业闭路电视、防火防盗监控系统，运用数理统计方法等。从而全面推进了现代化管理方法。

1991～1995 年，曲靖卷烟厂企业管理的重点是管理体制改革。1993 年 2 月 19 日，曲靖地区烟草专卖局、云南省烟草曲靖地区公司、曲靖卷烟厂正式实行"三合一"管理体制。1994 年，首次在曲靖地区确定 45 万亩烟叶生产基地。同年，在全厂 7 个车间实行四班三运转作业制，缩短了职工劳动时间。又建立曲靖烟草技工学校，成为技工教育、职工教育和干部培训三位一体的教育基地。同年还全面推行全员劳动合同制。

1996～2001 年，企业管理的重点是三项制度改革。首先是质量管理改革。目标是使该厂拥有全国烟草行业最先进的质量检测实验室和完善的质量管理控制体系；方针是"丝丝精良，支支味优，包包质佳，箱箱一流"。为此，在原料的选用、制丝和卷包环节等方面，提出了严格要求。其次是市场营销方式改革。设立市场管理科，除调查市场、反馈信息外，还要负责产品促销、广告宣传、省外分拨、销售网络建设等。建立专职市场营销队伍，开展人员推销、广告宣传、营业推广和公关活动等；将销售阵地前称，变"坐商"为"行商"。最后是用工制度和干部制度改革。企业设置 14 个部，由厂长任命主任。部以下的科级单位，其干部实行竞争上岗，自荐报告。在卷包车间推行机长负责制，机长通过招标竞争产生。行政领导班子实行分设，厂级领导人实行竞争上岗等。

曲靖卷烟厂在企业管理方面进行的上述改革，确立了厂长负责制、完善了经济责任制，并在质量管理、市场营销以及用工制度与干部制度等方面采取了许多有力措施，从而大力推动了卷烟生产的发展，使曲靖卷烟厂的发展不断迈向新台阶。

4. 技术改造

曲靖卷烟厂的技术改造开始于1983年。此后，技改规模不断扩大。

1983年，该厂利用地方外汇，投资136.2万美元，从英国引进MK8—PATRO翻新卷接机5台、全新机1台、PM-4滤嘴成型机1台；从荷兰引进AMF3-79/3000型翻新横包机3台。同年，从德国引进3000千克/小时制丝生产线1条。1985年和1986年，上述设备先后到厂，安装调试后投入生产。

1985年，贷款415万美元，引进英国莫林斯公司MK9-5/PA8-5卷接机7台、意大利萨西伯公司AMF3-279/6000型横包机6台。1986年这些设备陆续到厂，投产后，使生产效率和产品质量大大提高。

1988~1990年，用外汇850万美元，从国外购进长城卷接机2台、萨西伯6000型包装机2台、LOGA卷接机2台、X2硬壳翻盖包装机1台。此外，又投资4806万元，购置国产制丝线、卷接机、包装机、接嘴机若干。至此，"七五"技改工程完成，曲靖卷烟厂的装备水平已接近20世纪80年代初期的国际水平。

从1991年开始，开展"八五"技改工程。1991年，从荷兰引进PM-4型机组1套、从德国引进豪尼KDF-2型机组2套、引进G·DX1—4350包装机组1台，又购进国产包装机和成型机若干。

1992~1993年，通过与香港天利国际经贸有限公司的两批补偿贸易，引进超9型（长城）卷接机组7台（套）、帕西姆7000型卷接机组4台（套）、G·DX1包装机组8台（套）、G·DX2翻盖包装机组1台（套）。1993年，曲靖市烟草公司复烤厂引进两条意大利加比欧12000千克/小时打叶复烤生产线。同年，曲靖卷烟厂引进1条德国豪尼9000千克/小时制丝线。包装机组11台（套）、G·DX2硬壳包装机组7台（套），以及20套G·DS90中间连接设备和装封箱机3台（套）等辅助生产设备。

1996年"九五"技改工程的重点项目之一9000千克/小时制丝生产线正式投料运行。同年，为3降低卷烟焦油含量，增加烟丝填充值，降低生成本，投资1.2亿元引进美国艾柯公司1140千克/小时干冰膨胀烟丝线1条。又投资5400万元引进意大利G·D公司G·DS-90卷包连接设备12台（套）。年底，高起点、高投入、大规模的"八五"技改工程完成。至此，曲靖卷烟厂的技术装备达到了20世纪90年代初期国际先进水平，居国内领先地位。当年，该厂被评为云南省1996年烟草工业大型一级企业。

1999年，引进1台G·D121高速卷接机1台（套）、G·DX2翻盖包装机组2台（套），并投入生产。

2000年，引进装封箱机、成型机和空压机，并投产。当年，被中国设备协会评为"全国设备管理优秀企业"。

"九五"技改工程完成后，实现了从制丝、嘴棒成型，到卷接、包装工序的自动连接。至此，曲靖卷烟厂已经成为一个现代化的大型卷烟企业。

5. 经济效益

曲靖卷烟厂经过几轮大规模的技术改造，技术装备水平极大提升，卷烟生产能力随之大大提高，卷烟产量和质量也显著提高；加之积极开拓卷烟营销市场，努力建设区内、区外卷烟销售网络和卷烟配送中心。从而带来了卷烟销售收入和经济效益的不断增加（见表3-20）。

表3-20　1972~2000年曲靖卷烟厂经济效益一览

年份	卷烟产量（万箱）	税利总额（亿元）	年份	卷烟产量（万箱）	税利总额（亿元）
1972	0.0277	0.000274	1987	45.9864	2.48252
1973	0.7323	0.0254	1988	50.3876	3.80440
1974	1.2012	0.0395	1989	54.5966	5.51760
1975	2.4182	0.81835	1990	58.6898	6.4060
1976	3.6445	0.132094	1991	56.0600	7.57
1977	6.1861	0.210177	1992	62.1000	8.99
1978	3.4608	0.103266	1993	66.0000	10.76
1979	4.0449	0.172674	1994	73.3000	13.90
1980	10.3602	0.333124	1995	78.0200	9.92
1981	12.3213	0.476890	1996	80.9300	17.05
1982	15.3277	0.550691	1997	77.9500	21.87
1983	20.4129	0.733741	1998	78.7200	19.22
1984	26.0996	1.013672	1999	82.500	23.68
1985	30.7336	1.23415	2000	84.0800	29.11
1986	36.6599	1.76418			

资料来源：《云南省志·烟草志》，第240、241页"曲靖卷烟厂经济指标一览表"；《云南烟草志》（下卷），第184页"1991—2005年曲靖卷烟厂经济效益一览表"。

从表 3-20 可知，1972~2000 年的 29 年间，曲靖卷烟厂的卷烟产量从 1972 年的 277 箱增至 2000 年的 840800 箱，剧增 3034 倍，平均每年增加 105 倍，这显然令人甚感惊讶。其间，1980 年生产卷烟 103602 箱，比上年（1979）的 40449 箱增长 1.6 倍，这显然是改革开放带来的结果。尤为突出的是，从 1985 年以后，卷烟产量跃升至 30 多万箱，而从 1994 年起更猛增为 70 余万箱甚至 80 余万箱，这与此间开展了大规模的技术改造密切相关。从税利总额来看，在这 29 年间，1972 年仅为 2.74 万元，2000 年则猛增至 29.11 亿元，其增幅高达 10 万倍，这成了天文数字。其中有 3 个年度（1997 年、1999 年、2000 年），实现工商税利总额都在 20 亿元以上，2000 年多达 29.11 亿元。这些大数据，真实地反映了曲靖卷烟厂快速高效发展取得的巨大成就。

曲靖卷烟厂取得上述显著成就，因此获得了许多荣誉。1988 年，曲靖卷烟厂晋升为云南省一级企业。同年，按经济效益在全国 500 家最大工业企业中列第 121 名、烟草行业列第 10 名，云南烟草系统列第 3 名。1989 年，被国务院企业管理指导委员会授予"国家二级企业"称号。1990 年，获云南省"经济效益显著单位"称号。1991 年，按销售总额列全国 500 家最大工业企业第 76 位、烟草系统列第 6 位；利税列全国 500 家最大工业企业第 17 位，烟草行业第 5 位。1994 年，中国 500 家最大工业企业中，按利税总额排名，曲靖卷烟厂排在第 30 位，在烟草行业中排名第 4 位；按销售总额排名，排在第 154 位，在烟草加工业排第 6 位；按最佳经济效益排名，在烟草加工业中排第 4 位。1995 年，中国 500 家最大工业企业评选，曲靖卷烟厂排第 134 名，在烟草加工中排第 5 名。于 1987 年、1988 年、1994 年、1995 年和 2000 年先后 5 次荣获国家烟草专卖局授予的"全国烟草系统先进集体"称号。由上述可见，曲靖卷烟厂已经发展成为国家二级企业和云南省一级企业，先后 5 次被评为"全国烟草系统先进集体"；在全国 500 强工业企业排名中，按经济效益位列 100 多名，在全国烟草行业中排名第 4~6 位，在云南省烟草系统排在第 3 位。

6. 产品牌号

1972 年，曲靖复烤厂生产牌号为"试制品"的卷烟产品。这是曲靖烟草产业的第一个产品。

1973~1974 年，曲靖复烤厂先后生产"乌蒙""南盘江""大众""经济""石林"等牌号的卷烟产品以及"八大河"等牌号的雪茄烟产品。

1975年，曲靖地区卷烟厂建成投产后，迄于2000年的26年间共计生产的卷烟产品有40多个牌号，即"乌蒙""南盘江""大众""经济""石林""咏梅""金花""佳美""双龙""桂花""南燕""金鱼""龙凤""小熊猫""合作""福""枫叶""枫林""赛龙""金石滩""红缨""红金鱼""十八怪""红山塔""吉庆""旅友""宝石""翡翠""五朵金花""云宝""丰登""神州""晨曦""慧中""新马""源源""碧绿""神丹""天平""金沙江""珠江源""金元""云山""联友"等牌号。

在上述牌号的卷烟产品中，主要的当家产品或主打产品有"石林"系列产品、"福"系列产品、"吉庆"系列产品和"五朵金花"系列产品。兹分别简述于下。

"石林"系列："石林"牌号卷烟于1974年开始研制生产。其牌名取自天然奇观、驰名中外的风景区——石林，商标包装设计以奇诡苍茫、蔚为壮观的石林群峰为主体图案，四周衬有欧式花边，既大方美观，又简洁明快、格调高雅。"石林"牌卷烟投产后，初为无嘴"石林"。1982~1984年改为81毫米嘴烟；1985年对其配方、用料做多次调整后又改为84毫米嘴"石林"烟。继后又对其内在质量、包装装潢和工艺再做改进，使之成为名优卷烟。2001~2005年，先后研发并投产了精品石林、蓝石林、8毫克石林、石林精品二代等卷烟，从而丰富了"石林"系列产品。此外，还对"石林"商标进行了70多次修改设计，还注册了8个石林卷烟商标。"石林"系列，是曲靖卷烟厂当家主打的中档名牌产品。它味香醇和、劲头适中，内在品质优秀，加之价廉物美，赢得了广大消费者的青睐，具有很高的知名度。1974年创牌到2000年，"石林"系列多次获得各种殊荣。1982年获得省优产品称号。1987年被中国烟草公司评为行业优质产品。1988年，被国务院公布为全国价格放开的13种名优卷烟之一，获中国首届食品博览会金奖，在全国最受消费者欢迎的10个卷烟品牌中名列第四。1991年，被中国烟草公司评为行业优质产品，同年，被评为行业优质产品，1994年，被国家烟草专卖局评为"1994年度质量等级优等品"。1995年，被评为"1995~1996年度全国名优产品"。1997年，被列为云南省首批名牌产品，被评为"1997~1998年度全国名优卷烟牌号"，被中国民族品牌调查发布组委会评为"全国香烟十佳品牌"。1999年，被评为"1999~2001年度全国名优产品"。2001年后，又被评为"全国烟草行业名优卷烟""中国消费品牌市场同行十大主导品牌""中国500最具价值品牌"，并入选《中国卷烟百牌号目录》等。

"福"系列:"福"牌号卷烟创立于1981年,由"大众"牌70毫米丁级烤烟型卷烟改名而来。曲靖卷烟厂在研究中国福文化的基础上,研发"福"系列卷烟品牌,将"造福民众,贡献社会"作为企业发展的宗旨。"福"系列产品,采用醇化两年以上的曲靖本地的优质烟叶,加香、用料考究,制作工艺严谨,香气清新高雅,吸味醇和绵长,余味干净舒适,包装华贵高雅,品质高贵,质量上乘,为云南卷烟佳品之一。"福"牌卷烟从1981年投产后,迄于2004年,又多次运用现代科技手段,对其配方等进行改进、调整,先后开发了精品福、特醇福、全家福、软包装福、金福、银福、乾坤福和珍品福等卷烟产品,从而丰富了"福"系列产品。"福"系列卷烟投放市场后,向世人展示了清雅醇和、底蕴厚实的独特气质,体现了中式高档卷烟"柔、细、醇、净"的特有风格,从而被市场认可,受到消费者的欢迎。2000年,国家烟草专卖局将"精品福"评为全国卷烟优等品。2001年,"精品福""特醇福""全家福"均被国家烟草专卖局评为全国"行业名优产品"。

"吉利"系列:"吉利"牌卷烟创于1982年,是由1979年创牌的70毫米"龙凤"牌改牌号而来。牌名蕴含吉祥、喜庆、庆贺之意,其双鱼图案暗指年年有余、好事成双。该产品问世后,以其优良的质量、低廉的价格,受到消费者欢迎。1989年首获云南省优质产品奖。20世纪90年代,经过改进包装、保持内在质量稳定,更显得雍容华贵,深受烟民青睐。"吉庆"系列产品包括:84毫米滤嘴、84毫米特吉庆、84毫米全包吉庆、84毫米硬盒吉庆以及特制吉庆福等。吉庆系列于1990年获中国包装十年成果金奖。1996年获国家烟草专卖局授予的"优等品"称号。1997年,被评为云南省首批名牌产品;同年,被评为"1997~1998年度全国名优产品"。1999年,又被国家烟草专卖局评为优等品。

"五朵金花"系列:"金花"牌卷烟创牌于1974年。1978年平嘴精"金花"研制成功,1979年投产,后改"五朵金花"。该产品的产量基本上占全厂产量的1/3左右,是曲靖卷烟厂的骨干产品。1985年对"五朵金花"更新换代。1986年推出84毫米特制"五朵金花"。1987年开发100毫米长支和84毫米10支硬盒装两种规格。1988年开发五人图案的特制"五朵金花"。1989年70毫米平嘴特制"五朵金花"又投入市场,从而形成该牌号的系列产品。1994年,开发出"老品牌,新面孔"的产品——"新五朵金花"一度成为消费者的新宠。2000年，又推出新款特制"五朵金花"卷烟。"五朵金花"系列，曾于1988年被评为云南省优质产品，1989年被中国烟草总公司评为"1989年畅销牌号"，1990年再次被评为云南省优质产品，1996年被国家烟草专卖局评为一等品。[①]

由上所述，曲靖卷烟厂于1972年从曲靖烟叶复烤厂发展而来。恰逢改革开放之年（1978年）正式成为国家卷烟定点生产厂。曲靖卷烟厂抓住机遇，乘势而上，很快进入了高速发展期。从1980年开始，在企业管理方面进行了一系列改革，如建立和完善经济责任制、实行厂长负责制、在行业中率先推行"三项制度"、强化质量管理与市场营销等，从而大推动了卷烟生产的快速发展。从1983年起，开展了几轮大规模的技术改造，极大地提高了技术装备水平，从而也极大地提高了卷烟的生产能力。迄于2000年，曲靖卷烟厂已经发展成为年产卷烟84万余箱、实现税利29.11亿元的现代化大型卷烟厂。

曲靖卷烟厂走在中国卷烟工业的前列，是全国一流的卷烟厂，是云南卷烟企业的又一佼佼者。

五 昭通卷烟厂

1. 历史沿革

1970年1月5日，云南省轻工业厅批准昭通县革命委员会申请成立卷烟厂的报告。5月13日，昭通县投资32万元，在昭通城南郊凤凰山麓破土动工建厂。12月20日试生产了红缨牌卷烟。1971年1月，昭通卷烟厂正式投入生产，其生产的卷烟牌号为钢花、红缨和春耕。

1972年，地方政府投资7万元盖烟叶仓库，添置包装机；新设计开发乙级东风、迎春，丙级工农，丁级丰收，戊级大众等5个牌号的中低档卷烟。迄于1977年，省、地、县三级政府累计拨款258万元，扩建厂房，购置设备，卷烟生产能力从投产初期的2195箱跃为20601箱。1978年6月，因全国卷烟产大于销，烤烟与辅料供不上，奉命停厂整顿。同年8月，在全国计划工作会议上，经国家计委、财政部、轻工

[①] 曲靖卷烟厂志编纂委员会编纂《曲靖卷烟厂志》，云南人民出版社，2010，第160、162、163、164、165、166、167、168、199、200、212、213、214、215、216、217、218、219、220、221、359、360、594、595、598、599、600页；《云南省志·烟草志》，第236~241页；《云南烟草志》（下卷），第178~184页。

部、商业部和全国供销合作总社批准，昭通卷烟厂正式列为全国第一批国家计划内烟厂。当年9月，昭通卷烟厂隶属关系由昭通县移交昭通地区行政公署。

1982年6月，根据云南省人民政府的批示，昭通卷烟厂隶属上划，由云南省烟草公司统一管理。

1986年，昭通卷烟厂、昭通地区烟草公司、昭通地区烟草专卖局实行"三合一"体制，一套班子、三块牌子，成为烟叶种植、原料购进、卷烟生产、产品销售、专卖管理等集中统一的企业。

2003年，工商分设，昭通卷烟厂又成为独立经营的实体，按独立的工业企业建制运行。

2. 工厂扩建

1970年，建起了3286平方米的生产车间。

1971年，建盖了627平方米的烟叶仓库。

1977年，修建了发酵室、锅炉房、生产车间共6869平方米，职工宿舍、食堂4080平方米。

1981～1985年，投资1296万元，扩建生产车间9427平方米、附属车间2951平方米、锅炉房1073平方米、烟叶、成品仓库7000平方米，办公和生活设施5500平方米。此次扩建分两期（1983年和1985年）进行。

1988～1990年，投资4062万元，新征地21亩，建筑房屋86015平方米，用于生产46834平方米、公共设施4741平方米、职工生活区34440平方米，使生产生活基本配套。

1991年，建筑面积为3682.4平方米的昭通卷烟厂多功能活动中心建成，并投入使用。

据《昭通卷烟厂志》统计：1981～1997年，先后建成主厂区厂房、车间、烟叶库、仓库等建筑物共289417.73平方米，又建成大院村片区复烤车间、锅炉房及仓库等建筑物238418.97平方米。该厂生产用建筑面积合计527837.7平方米，是一座规模颇大的大型卷烟厂。

3. 企业管理

1982～2000年，昭通卷烟厂在企业管理方面不断进行改革和调整，切切实实推进企业的向前发展。

1982年，加强基础管理，实行小指标分解，把基本奖、超产奖和加班工资合并在一起，在全厂奖金分配中走向合理的第一步，有利于调动职工的生产积极性。

1983 年，实施"五定一包"经济责任制。"五定"即定产量、定质量、定机、定员、定安全文明生产。"一包"即包成本。这有利于完善车间机台工人多劳多得的分配原则，起到奖勤惩懒的作用。

1986 年，实行农、工、商一体化，产、供、销一条龙的"三合一"管理体制。实施工业、商业分户记账、各负盈亏的管理办法，实行厂长负责制；厂长、副厂长、科室、车间实行责任承包；实行产、质、耗挂钩的单箱工资计件制。这使企业得以持续、稳步地向前发展。

1987 年，实行经济承包责任制。从厂长、副厂长到科室和车间，分别签订经济承包合同，层层落实经济承包责任制。

1988 年，将"抓管理、上等级、全面提高企业素质"作为企业管理的核心来抓，基础工作包括如下：一是制度系统化，即将承包经营的各项指标和工作任务落实在每个部门、班组和个人。二是质量标准化。三是管理科学化。生产管理上，实行以岗定人、以人定责、以责定奖的办法。在安全管理上，从人、机、料、法、环各个环节入手，形成全方位、多渠道、立体交叉的安全管理网络。四是抓班组建设等。这些措施，使企业管理水平得到了全面提高，企业管理工作迈上一个新台阶。1990 年被评为省一级企业，并获得省企业管理优等奖。

1992 年，进行新一轮的整顿与改革，健全和完善企业的各项工作标准、管理标准和技术标准。在计划方面，利用市场预测、目标规划等现代化管理方法，科学地制定目标、落实计划，做到均衡稳定生产。在技术管理方面，运用多元回归、方针目标管理、ABC 法、成组技术等多种现成化管理方法，以保证管理思想系统化、管理组织高效化、管理方法科学化、管理手段现代化。

1993 年，以提高产品质量为核心，加强管理。主要包括：①加强设备管理；②强化质量检验管理；③健全质量激励机制；④加强物质消耗定额管理等。

1997~1999 年，进一步深化企业内部管理。主要包括：①强化内部管理，继续推行全员经济责任制和部门费用定额管理；②强化设备基础管理工作，健全相关管理制度，加大设备现场管理及设备维护保养力度；③继续夯实原料基础，加强对入库烟叶的加工、分级醇化、理化分析和仓储管理,进一步强化生产全过程的质量管理与控制;④强化财务成本管理,推行部门资产管理责任制;⑤加强销售环节管理,制定切合市场实际和需要的营销策略等。

2000年,进行分配制度改革,全面推行"一岗一薪"的岗位工资制,进一步调动职工的生产积极性。根据云南省烟草专卖局对机构调整与分设的要求,实施厂级领导竞争上岗;并制定职工内部退养、辞职、待岗、下岗暂行规定,结果使干部队伍整体素质有所提高,并为企业强化内部竞争激励机制打下基础。

昭通卷烟厂在企业管理改革与整顿方面实行的上述措施,充分体现了其"脚踏实地,不断进取"的企业精神,对该厂持续、稳步地向前发展,产生了很大的推动作用。

4. 技术改造

1970年建厂时,昭通卷烟厂仅有昆明卷烟厂调拨的卷烟机4台、切丝机1台、包装机2台和抽梗机3台。1976年,购置国产真空回潮机1台、烘丝机1台、抽梗机5台、压梗机2台、切丝机4台。1980年,购进国产制丝生产线1套等。

从1984年开始,昭通卷烟厂大力引进国外先进技术设备,并通过消化吸收,进行了多次大规模的技术改造,从而大大提高了生产能力。

1984年,购进印度尼西亚雅加达亚洲烟厂停产拍卖的制丝线。

1986年,从美国弗吉尼亚州文森斯烟厂购进旧设备格兰特四型卷接包机23台(套),1988年修复投产。

1988年,从英国莫林斯公司引进MK8翻新卷接机9台、MK9-5检新卷接机2台,从荷兰尼泊曼公司引进3000型旧包装机2台,又从意大利萨西伯公司引进6000型横包机2台。

1988~1990年,投资9330万元,先后引进德国豪尼公司制丝生产线1条、斯慕门公司B1包装机1套、豪尼公司卷接包旧机1套,引进英国莫林斯公司硬包装旧机1套。三年中,还在国内购置了若干切丝机、扒叶装置、烘丝机、卷烟机等。通过以上设备引进和国内配套,昭通卷烟厂形成年产60万箱卷烟的生产能力,比1983年的15万箱增加3倍。

1991~1996年,昭通卷烟厂又加大了引进国外先进技术设备的力度。1991年,进口英国莫林斯公司二手HLP型硬盒包装机4台,购进G12-12滤嘴成型机5台。1993年,进口英国莫林斯公司超9长城卷接机组5台

（套）。同年，进口德国斯慕门公司 B1 包装机组 6 台（套）。1994 年，进口佛克机组 2 台（套）、德国斯慕门公司 B1 包装机组 1 台（套），进口英国莫林斯公司超 9 长城卷按机组 3 强（套），进口豪尼公司 KLK4 烘丝机 1 台、HT23 烟丝膨胀机 1 台、KTC45 切丝机 4 台。1995 年，进口佛克机组 2 台（套）、德国斯慕门公司 B1 包装机组 1 台（套），进口英国莫林斯公司超 9 长城卷接机组 4 台（套）。同年，投资 1 亿元引进意大利 12000 千克/小时打叶复烤生产线，从而采用世界先进的"柔打、低温慢烤"技术进行打叶复烤。

1997~2000 年，继续大规模从国外引进先进技术设备，以提高技术装备水平。1997 年，从德国引进 1 套年生产能力 60 万箱的 8000 千克/小时豪尼制丝线。1998 年，进口意大利 G·DX2 包装机组 8 台（套）、德国斯慕门公司 BO 包装机组 3 台（套）、英国莫林斯公司帕西姆卷接机组 11 台（套）。2000 年，引进美国艾柯公司 1140 千克/小时干膨胀生产线，并投入了使用。

昭通卷烟厂于 1984~2000 年先后开展了几次大规模的技术改造。该厂投入巨资，高起点、高水平地从国外引进大批技术设备，使其技术装备水平大大提高，从而极大地提高了生产能力，从 1983 年的 15 万箱猛增至 1995 年的 74 万箱，增加 3.9 倍之多。

5. 经济效益

随着卷烟生产能力的不断提高，昭通卷烟厂的卷烟产量连年大幅增加；加之"以市场为导向"，勇于开拓省内外卷烟市场，使其产品畅销全国 30 个省、市、自治区，从而带来了卷烟销售收入和经济效益的不断增加（见表 3-21）。

表 3-21　1971~2000 年昭通卷烟厂经济效益一览

年　份	卷烟产量（万箱）	销售税金（万元）	销售利润（万元）
1971	0.2195	32.2	-4.8
1972	0.3494	35.1	0.8
1973	0.6865	113.6	5.4
1974	0.7418	148.4	6.1
1975	0.9355	210.4	-3.3
1976	0.9076	293.6	-17.2
1977	2.0601	666.9	-47.4

续表

年 份	卷烟产量（万箱）	销售税金（万元）	销售利润（万元）
1978	0.8828	232.8	-69.9
1979	1.8323	462.4	-51.8
1980	3.6284	1077.8	12.3
1981	7.3572	2971	103.3
1982	10.1330	2944	-87.8
1983	15.2343	4153	159.6
1984	18.0705	5529	872
1985	23.4895	7472	807
1986	21.2844	7200	123.5
1987	30.4612	14385	308.7
1988	26.7715	23118	815.9
1989	47.6672	37445	1210
1990	53.8856	51072	286.9
1991	51.4787	53456	1351
1992	53.6277	68916	8492
1993	61.3824	99242	4087
1994	68.0000	93012	1434
1995	74.0000	87927	9540
1996	60.0000	91683	14956
1997	55.0000	93767	3544
1998	55.0500	86035	2410
1999	51.5000	81404	6709
2000	53.0110	80322	1369

资料来源：《云南省志·烟草志》，第247、248页"昭通卷烟厂经济效益一览表"；《云南烟草志》（下卷），第191页"1991—2005年昭通卷烟厂经济效益一览表"。

从表3-21可知：1971~2000年的30年间，昭通卷烟厂的卷烟数量从1971年的2195箱增至2000年的530110箱，剧增240.5倍，平均每年增长8倍以上，这样的增速令人深为惊叹。在此期间，从1993年开始至1996年的4年间，卷烟年产量都达到了60万箱以上，其中1994年达68万箱以上、1995年达至74万箱，这显然与当时技改力度加大、技术装备水平显著提高等因素密切相关。从工商税利总额方面来说，1971年税利总额仅27.4万元,而2000年则高达81691万元,猛增2980倍,其增幅实在令人惊讶。另外,卷烟销售利润有7年是负数,从1983年以后逐年有所增长,尤其是自1991年后增长更快,1992年增为8492万元、1995年增为9540万元、1996年增至14956万元,这当然也是令人惊讶的。

昭通卷烟厂卷烟产量和经济效益连年大幅增长,使企业不断升级,并获得了许多荣誉。

1990年,被评为云南省一级企业。1991年,入围全国最大工业企业第113位;同年,名列"云南省首次100家最大工业企业排序"第6位。1992年,被列入1992年中国烟草行列前10强企业。1993年,按销售额在全国500家最大工业企业中排名第140位,在全国烟草行业中排名第4位;按税利总额在全国500家最大工业企业中排名第44位,在全国烟草行业中排名第6位。按销售额在云南100家大型工业企业排名第4位;按税利总额在全国500家最大工业企业中排名第44位,在全国烟草行业中排名第6位。按销售额在云南100家大型工业企业中排名第4位;在云南烟草行业中排名第3位。1996年,被评为1996年度云南省烟草工业大型一级企业。"八五"(1991~1995年)期间,连续5年排列在中国500家最佳经济效益工业企业的前100位。

6. 产品牌号

从1971年昭通卷烟厂投产至2000年,先后生产的卷烟产品约有20多个牌号,即红缨、钢花、春耕、东风、迎春、工农、丰收、大众、望海楼、芳草、龙泉、猕猴桃、神骏、云光、花雨、画苑、滇叶、万事达、知音、云健、春城、钓鱼台、金鹰、雪域、宇拓桥等。在这些产品牌号中,龙泉、画苑、钓鱼台、猕猴桃和雪域5个牌号,是该厂的主打产品和当家产品。

龙泉系列:"龙泉"烟于1980年研发,为该厂生产的第一种甲级卷烟。其产品类型包括:84毫米高级"龙泉"、84毫米高级"龙泉"(蓝)和84毫米高级"龙泉"(黄)、84毫米硬盒翻盖"龙泉"(佳品)、84毫米全包装"龙泉"(新口味)、84毫米硬盒翻盖"龙泉"(红)等,构成类型多样的龙泉系列。

"画苑"系列:画苑烟于1982年研制,1984年开始生产。它是该厂生产的烤烟型中的高档卷烟。"画苑"包装方式均为84毫米硬盒翻盖,类型有嘴画苑、特制画苑、特醇画苑等。"画苑"的商标设计,选用清代和民国时期的10幅名画,每条烟盒内有10包不同画面的小包。因用名画包装,故名"画苑"。1993年深圳"国际烟标博览展"评选中获"优秀商标奖"。

"钓鱼台"系列：钓鱼台烟于1991年研制，1992年生产，是该厂生产的过滤嘴甲级卷烟。"钓鱼台"产品包括：84毫米硬盒翻盖钓鱼台、84毫米硬盒翻盖精品钓鱼台、84毫米硬盒翻盖精品钓鱼台（绿）、84毫米全包装钓鱼台、84毫米硬盒翻盖精制钓鱼台等。"钓鱼台"卷烟色、香、味俱佳，包装精美、高雅，是昭通卷烟厂的又一名牌卷烟。

"猕猴桃"卷烟：系混合型卷烟，1986年研发，属甲级卷烟。该产品包装规格有：100毫米全包装、84毫米硬盒翻盖等。

"雪域"卷烟：1999年根据西藏卷烟市场需求开发的一个中档烤烟型卷烟产品。包装规格有：84毫米硬盒翻盖"雪域"、84毫米硬盒翻盖"雪域"（蓝）、84毫米全包装"雪域"等。

昭通卷烟厂生产的"龙泉""画苑"等牌号的卷烟，在云南省和全国卷烟评比中，曾多次获得多种殊荣。

1983年，"滇叶"牌过滤嘴卷烟被评为云南省优质产品。

1988年，"龙泉"系列卷烟荣获"云南省优质产品"称号。

1995~2001年，"龙泉"系列卷烟连续3年被中国烟草总公司、国家烟草专卖局授予"全国名优卷烟牌号"称号。

1996~2000年，"龙泉"系列卷烟被连续评为"云南省名牌产品"。

2000年，在首届全国百个城市千家商场万种商品监测活动中，"龙泉"系列被列为烟草行业十大品牌之一。

1988年，"画苑"牌卷烟荣获"云南省优质产品"称号。

1995年，"画苑"牌卷烟被国家烟草专卖局和中国烟草总公司授予"1995~1996年度全国名优卷烟牌号"称号。

1997年，"画苑"被评为"云南省首批名牌产品"。

1994~1996年，84毫米特制"画苑"卷烟连续3年被国家烟草专卖局、中国烟草总公司评为"全国名优卷烟牌号"；1995~2002年又连续7年被评为"全国卷烟产品优等品"；1998年荣获"云南省优质产品"称号；2000年又荣获"云南省名牌产品"称号。[①]

[①] 昭通卷烟厂志编纂委员会编纂《昭通卷烟厂志》，云南人民出版社，2007，第90、91、92、93、94、105、106、107、108、174、175、176、177、178、179、180、181、182、183页；《云南省志·烟草志》，第244、245、246、247、248页；《云南烟草志》（下卷），第185~191页。

由上所述，昭通卷烟厂于1971年建成投产，迄于2000年，历经30年。在此期间，昭通卷烟厂的干部和员工为了求生存、谋发展和圆梦想，在顽强拼搏、攻坚克难中一路前行。他们发扬"脚踏实地，不断进取"的企业精神，不断改革与调整企业管理制度，大规模开展技术改造，大力研发卷烟产品，推动企业持续、稳定向前发展，从而使该厂从一家作坊式的小厂发展成为一个现代化的大型企业。

昭通卷烟厂在全国烟草行业中名列前茅，是云南十大卷烟企业的又一个佼佼者。

六　楚雄卷烟厂

1. 历史沿革

1974年，楚雄卷烟厂筹备领导小组成立，并在南华县东郊桂花井选定厂址。

1975年，经云南省计委和省建委批准，新建楚雄卷烟厂，并破土动工建厂。

1976年，楚雄卷烟厂试车投产。当年生产甲级试制1号、乙级试制2号、丙级试制3号，共生产154箱。

1976~1980年，楚雄卷烟厂因投资规模较小，设备能力有限，技术力量薄弱，原材料辅料供应困难，产品销路不佳，生产发展缓慢。5年共生产卷烟88410箱，平均年产仅17682箱，最高年产量（1980年）也只有47998箱。

1980年，楚雄卷烟厂改为楚雄州烟叶复烤厂。

1981年，楚雄州烟叶复烤厂与昆明卷烟厂实行经济联合，更名为云南昆明卷烟厂楚雄分厂。

1983年，国务院批准楚雄卷烟厂正式列为国家计划内烟厂，昆明卷烟厂楚雄分厂更名为云南省烟草公司楚雄卷烟厂。

1986年，楚雄卷烟厂由州属改为省属，为云南省烟草公司直属厂。

1988年，楚雄卷烟厂由南华县迁至楚雄市。

1992年，烟草系统实行"三合一"管理体制，楚雄卷烟厂、楚雄烟叶复烤厂、楚雄州烟草公司组成楚雄烟草企业。

1998年，国家烟草专卖局同意楚雄烟草分公司、楚雄卷烟厂加入云南红塔集团，与玉溪红塔烟草（集团）有限责任公司构成具有独立法人资格的母子公司体制，对楚雄烟草分公司、楚雄卷烟厂进行资产重组。同年，举行挂牌仪式，企业名称变更为云南红塔集团楚雄州烟草公司、云南红塔集团楚雄卷烟厂。

2003年，楚雄卷烟厂与楚雄州烟草公司工商正式分开。

2004年，楚雄卷烟厂取消法人资格，继续保持卷烟生产点，更名为云南红塔集团楚雄卷烟厂。

2. 工厂兴建、搬迁与扩建

1974年，兴建楚雄卷烟厂时，向南华县征用178000平方米土地作为建设用地。1976年，完成首批生产设施建设工程10344.49平方米。后来又不断征地扩大工厂用地，建盖厂房以及其他设施。至1985年，楚雄卷烟厂南华厂区占有土地303600平方米，总建筑面积81550平方米。其中生产用房48057平方米、职工住宅22552平方米、辅助设施10941平方米。

1985年10月，楚雄州政府批准楚雄卷烟厂在楚雄市东郊建厂方案。11月，楚雄新厂区土建工程正式动工。在此之前，即已在楚雄市鹿城镇小姑英一、二村和小河口村征地254446.67平方米，用于新厂区建设。

1986~1987年，楚雄卷烟厂兴建各种生产用房和辅助设施。

1988年，南华厂区卷烟、包装车间陆续迁往楚雄厂区。1989年搬迁完成后，南华老厂只作为烟叶复烤和烟叶仓库基地，不再进行卷烟生产。

1993年，征用楚雄市鹿城镇小姑英一、二村土地12231.45平方米，用于厂房扩建。

1994年，又征用楚雄市鹿城镇小姑英一、二村和小河口村土地共67163.358平方米，用于兴建北浦路职工生活住宅小区等。

至1997年底，楚雄厂区占有土地1350073.34平方米，其中楚雄卷烟厂416906.67平方米，烟叶复烤厂933166.67平方米。①

3. 企业管理

楚雄卷烟厂从1974年建厂至1990年，一直将强化基础管理和推行现代化管理作为企业管理的重要措施。

强化基础管理方面：加强计量管理、生产工艺控制、产品质量检测；制定和落实各项产品标准、技术标准和工作标准；根据全国烟草工业定额，

---

① 楚雄烟叶复烤厂：1992年，楚雄卷烟厂南华原料部与云南省烟草楚雄州公司的烟叶复烤厂合并而成。2003年，南华厂区、烟叶复烤厂的仓库、货场、房屋以及设备等资产划归云南省烟草楚雄州公司。

制定全厂的生产、劳动、物资、资金、费用定额共 701 条,定额覆盖面达到 95% 以上;车间落实经济责任制,机关落实岗位责任制,并对全厂 449 个班组统一考评、跟踪核查。

推行现代化管理方面:实行全面质量管理,即对烟叶收购、复烤、发酵、制丝、卷制、包装等环节,实行严格的质量控制。保证企业决策的科学性,建立完整的信息系统。对原始凭据、统计分析资料、经济活动分析资料、经济技术情报、市场信息等加强管理,并运用微机进行辅助管理,使管理走向现代化。

1991~1995 年,首先是加强卷烟全面质量管理。1992 年制定《优质产品保优措施》,严格按照高于行业的内控标准,对生产名优烟的投料、制丝、卷、接、包装等环节,从工艺管理至各工序质量控制点,认真检测把关,使名优烟在制造过程中始终处在受控状态,力求做到不合格的在制品不准流入下道工序,不合格的产品不准出厂。1993 年,补充和修订《车间质量管理工作考核办法》,把产品质量与奖金分配挂钩。其次是实施创名牌系统工程。该厂将争创名牌、加快老牌号卷烟改造和新产品开发,提上重要议事日程。提出"理顺牌号、依靠科技、面向市场、调整配方、改善吸味、改进装潢、提高档次、再创名牌"的战略指导思想;调动全厂力量,组织生产、工艺、质量和检测中心的科技人员,开展新产品攻关战。1996~1999 年,加大生产成本控制等方面的管理力度。1998 年 3 月,企业与各车间以及有关部门签订《卷烟生产成本控制目标责任书》。当年各车间在现场管理、设备有效作业率以及控制卷烟单支克重等方面较上年均有所进展。同年 7 月 24 日,楚雄卷烟厂正式加入云南红塔集团。集团注入大量经营运转资金,缓解了其负债率高、资金短缺的矛盾。同时建立了质量管理体系,并规范了计划、合同、资金支出、招标采购、工程构建与物资采买等经济活动,企业的各项基础管理步入标准化和法制化轨道。

2000 年以后,主要是加强营销队伍建设,推行职工竞聘上岗与内部退养政策。

楚雄卷烟厂在企业管理方面实施的上述措施,均取得了良好成效,从而推动企业不断升级。1988 年被评为云南省二级先进企业,1989 年晋升为云南省一级企业。1999 年,经国务院批准公布的 1999 年度全国 500 家国家重点企业,云南红塔集团楚雄烟草企业名列其中。同年,被国家烟草专卖局(总公司)授予 1999~2001 年全国烟叶工作先进单位。

4. 技术改造

从 1982 年开始，楚雄卷烟厂开展技术改造。当年，购置的国产设备包括真空回潮机、润叶机、压梗机、烘丝机、卷烟机、包装机以及滤嘴接装机等。由于技改顺利完成，1983 年卷烟产量增至 140411 箱，比 1980 年增加 1.92 倍。

1983 年以后，加快了设备更新和技术改造步伐，开始从国外引进先进技术设备。

1983～1984 年，重点引进翻新设备。

1985 年，引进德国豪尼公司制造的制丝生产线 1 条，其制丝能力为 5000 千克/小时，于 1988 年投入生产。同年，引进英国 MOLINS 公司制造的 MK-95 卷接机 3 台。

1987 年，引进英国 MOLINS 公司制造的 MK-95 型卷接机 6 台、SP1 包装机 4 台。

1988 年，引进德国 HAUNI 公司制造的 5000 千克/小时制丝线 1 条。

1989 年，先后从英国、德国引进 MK-95 卷接机 4 台、包装机 4 台、长城卷接机 1 台、硬盒翻盖机 1 台、B1 软包包装机 1 台、SP1 软包包装机 3 台等。

1985～1990 年，完成技术改造项目共 37 个，投资 19061 万元，引进国外具有 20 世纪 80 年代先进水平的集打叶复烤、制丝、滤嘴成型、卷、接、包为一体的 40 万箱嘴烟生产线 1 知、各种设备 161 台（套）。通过"七五"期间的技术改造，企业生产能力显著增强，卷烟产量每年平均递增 23.6%。

1991～1992 年，先后增添 36 台（套）新设备，其中有仿 KTE 切丝机 4 台，制丝加料机、加香机、流动冷却床主机共 6 台，仿奥真空回潮机 2 台，贮柜 13 台，打叶机组 1 台，润叶机 2 台。

1994 年，引进 12000 千克/小时打叶复烤生产线。同年，从德国毫尼公司引进 1 条具有 20 世纪 90 年代国际先进水平的 8000 千克/小时制丝线。1996 年，这两条制丝线通过验收并投入生产。

1996 年，引进美国艾柯公司制造的 1 条 1140 千克/小时二氧化碳干冰膨胀制丝生产线。1998 年，该生产线通过验收，并投入生产。

1991～1996 年，引进的国外技术设备，具有明显的先进性特点，对楚雄卷烟厂生产能力的进一步提高，产生了更大的作用。

5. 经济效益

楚雄卷烟厂从 1976 年投入生产到 1990 年，卷烟产量逐年增加，产品销售税金和利润总额也随之逐年增长。1991~1995 年，该厂贯彻国务院"控制总量、提高质量、优化结构"的方针，优化卷烟等级和品种结构，压缩丙、戊级卷烟的产量，增加甲、乙级卷烟和硬包装产品的质量；增加高税利、适销对路产品的产量，减少或停产低税利或亏损产品的产量。这使该厂获得了较好的经济效益。1976~2000 年，在激烈的市场竞争中，各项经济指标和经济效益每年都有不同程度的上升或下降（见表 3-22）。

表 3-22　1976~2000 年楚雄卷烟厂经济效益一览

年　份	卷烟产量（万箱）	销售税金（万元）	销售利润（万元）
1976	0.0154		
1977	1.1389	349.86	4
1978	1.1513	496.89	5
1979	1.7356	629.44	4.70
1980	4.7998	1734.48	7.30
1981	7.6382	3632.12	216.19
1982	10.2337	3501.78	136.78
1983	14.0411	4521.30	253.69
1984	19.3612	6577.50	699.38
1985	18.1184	7209.00	615.40
1986	22.4339	12966	653.50
1987	32.5464	18820	666.10
1988	40.2300	31222.50	936.83
1989	48.6057	42041	1075.89
1990	56.8131	52381	1033.80
1991	50.99	58400	900.00
1992	53.00	72400	50.00
1993	60.00	93800	1500.00
1994	67.84	105200	1600.00
1995	67.08	111100	2400.00
1996	56.80	118100	2500.00
1997	52.00	91400	12600.00
1998	51.84	96500	1800.00

续表

年　份	卷烟产量（万箱）	销售税金（万元）	销售利润（万元）
1999	51.00	94000	700.00
2000	44.00	73500	1300.00

资料来源：《云南省志·烟草志》，第 255、256 页"楚雄卷烟厂主要经济指标一览表"（1976—1990）；《云南烟草志》（下卷），第 197 页"1991—2005 年楚雄卷烟厂经济效益一览表"。

从表 3-22 可知：楚雄卷烟厂从 1976 年正式建成投产至 2000 年的 25 年间，卷烟产量不断增加。其间，1990~1995 年，卷烟年产量增至 50 万~60 万箱，1994 年和 1995 年多达 67 万余箱。与此同时，工商税利也有显著增长，从 1990 年的 5.34 亿元增至 11.35 亿元。这是楚雄卷烟厂卷烟产量增长最快、经济效益最好的时期，显然与当时强化企业管理与加大技改力度密切相关。迄于"九五"期间，该厂卷烟产量有所下降，如前所述，是因为在激烈的市场竞争中缺乏足够的竞争力所致。

楚雄卷烟厂在不断向前发展的过程中，先后获得了不少国家级的荣誉。

1986 年，荣获国家经委颁发的"六五"技术进步先进企业单项奖。

1988 年，在国务院发展中心等联合公布的《1988 年我国 500 家大企业名单》中，楚雄卷烟厂名列第 168 位。

1989 年，在《1989 年中国 500 家最大工业企业名单》中，按销售额排序，楚雄卷烟厂名列第 113 位；列全国烟草行业 58 家入选企业的第 12 位。

1990 年，按销售额排序，在全国 500 家大型企业中排列第 113 位；按经济效益排序，在全国烟草企业中名列第 12 位。

1991 年，在"全国 500 家最大工业企业"中名列第 96 位；在最佳经济效益烟草加工业排序中名列第 9 位。

1992 年，在"全国 500 家最大工业企业"中，按工商税利排序名列第 32 位；在全国烟草加工企业中，按经济效益排序名列第 6 位，综合排序名列第 10 位。

1993 年，在"全国 500 家最佳经济效益工业企业"中名列行业第 6 位。

1994 年和 1995 年，在"全国 500 家最大工业企业"中，按销售额排序，均名列第 166 位。

1999 年，经国务院批准公布的"全国 500 家国家重点企业"，云南红塔集团楚雄烟草企业名列其中。

6. 产品牌号

楚雄卷烟厂于1976年7月正式投产后,生产的卷烟牌号为"试制1号"、"试制2号"到"试制5号",都是70毫米烤烟型无嘴卷烟。

1977年以后,先后创制了22个产品牌号,即"雄狮""向阳""孔雀""庆丰""经济""桂花""龙凤""鹰""银兔""紫燕""马樱花""金杯""红椿""玉笛""蝴蝶泉""丽云""金版纳""雄宝""金龙凤""月琴""南鸽""国宾"。此外,还生产"金象""宝石""红山茶""红梅""春城"等其他卷烟厂的牌号卷烟。

在楚雄卷烟厂创制的上述22个产品牌号中,主打产品是"桂花""蝴蝶泉""雄宝""国宾"等4个牌号,也是国内知名品牌。

"桂花":创制于1979年,系烤烟型卷烟,初创时为70毫米无嘴卷烟。1981年创81毫米滤嘴型,1984年又创84毫米滤嘴型,1989年创84毫米滤嘴特制全包装型,1996年创84毫米硬盒翻盖滤嘴型,从而形成了"桂花"系列品牌,是楚雄卷烟厂的当家产品之一。该产品选用楚雄州生产的优质烟叶为主要原料,辅以巴西、津包布的高品质烟叶,经过现代化设备精工制作而成,其香味协调自然,刺激性小。"桂花"系列卷烟曾多次获得各种殊荣:1989年,获"云南省优质产品"称号。1991年,特制"桂花"卷烟获全国包装金奖。1997年,84毫米特制滤嘴"桂花"卷烟被评为"云南首批名优产品"。1999年,国家烟草专卖局公布53个1999年度名优卷烟牌号,翻盖"桂花"名列其中。2000年,特制"桂花"系列在云南全省68个品牌产品中排名第10位。2002年,国家烟草专卖局评定的99个卷烟优等品中,翻盖"桂花"榜上有名。

"蝴蝶泉":1983年研制,1984年投产,后经不断研制,形成84毫米滤嘴软包、84毫米滤嘴硬盒翻盖、70毫米乙级无嘴软包和100毫米软包等多种规格型号的"蝴蝶泉"系列产品,是楚雄卷烟厂的又一当家产品。后来经过改良,降低焦油释放量,烟香圆润醇和,口感舒适,无杂气,刺激性小,劲头适中,较好地体现了烟香的本色,受到消费者青睐。1984年,甲二级嘴"蝴蝶泉"、乙级光嘴"蝴蝶泉"获"云南省优质产品"称号。1991年和1994年,特制"蝴蝶泉"连续2年获轻工部优质产品称号。1995年,特制"蝴蝶泉"被评定为国家首批26个优等品卷烟牌号之一。1997年,特制"蝴蝶泉"被评为"云南首批名牌产品"。1997~1998年被国家烟草专卖局评为"全国名优产品"。

"雄宝"：1986年研制并投入生产，为混合型卷烟。烟草专家鉴定的评语是"光泽油润，香味醇厚，劲头充足，余味舒适，具有美式混合型卷烟的风格"。1987年、1988年，连续获"云南省优质产品"称号。1990年，在全国混合型卷烟行优评选会上，"雄宝"卷烟荣登综合得分榜首，被评为中国烟草行业优质产品。同年，在全国卷烟优质产品评比中，"雄宝"品牌卷烟在混合型卷烟评分中名列第一，被评为部优产品。

"国宾"：1999年创牌并投产。其后推出盛世"国宾"、好运"国宾"等系列。2000年投放市场后，被消费者接受和认可。该产品以"国逢盛世，宾朋四海"为品牌宣传语。2002年，红、蓝"国宾"卷烟均被国家烟草专卖局评为优等品。2004年，"国宾"卷烟获"云南名牌产品"称号。[①]

由上所述，楚雄卷烟厂自1976年建成投产至2000年仅有25年。在此期间，经历了1988~1989年的易地搬迁。从1990年开始，该厂进入快速发展的时期。强化企业改革，大力开展技术改造，使其生产能力迅速提高。卷烟产量从1989年的48万多箱，增至1990年的56万多箱、1993年的60万箱和1994年的67.84万箱；实现工商税利也从1989年的4.3亿多元增为1995年的11.35亿元。"九五"以后，由于该厂的市场竞争力不强，卷烟生产有所下降，但降幅不大。1998年，加入云南红塔集团后，增强了生机活力，走上了新的发展道路。1999年云南红塔集团楚雄烟厂成为当年全国500家国家重点企业之一。楚雄卷烟厂也是云南省卷烟企业的后起之秀。

七　大理卷烟厂

1. 历史沿革

1950年，中国人民解放军第十四军后勤部在下关刘家营租用民房兴建"苍山烟厂"，从昆明云昆机器厂购入小型卷烟机、切丝机，开始生产"红星"和"苍山"2个牌号的卷烟。年产量2000多箱，主要供给驻滇部队需要，少量在市场上销售。

1951年，苍山烟厂由刘家营搬迁至福兴路杨恒春私家大院，当年生产

[①] 楚雄卷烟厂志编纂委员编纂《楚雄卷烟厂志》，云南人民出版社，2008，第2、3、17、18、19、20、33、34、110、111、112、113、114、115、116、117、191、192、193、194、195、196、197、198、199、200、243、588、589、590、591、592、617、618页；《云南省志·烟草志》，第252、253、254、255、256页；《云南烟草志》（下卷），第191~197页。

卷烟 1937 箱。1952 年生产 2000 箱。

1953 年，大理驻军奉其上级指示，将苍山烟厂所有卷烟设备移交大理专员公署财政局。

1958 年，下关市政府利用军队移交地方的卷烟设备，成立"下关市卷烟厂"，厂址在原大理州图书馆院内。当年生产卷烟 251 箱。

1960 年，大理市下关中丞街、河滨东路居民委员会组织闲散在家并从事过烟丝生产的人员，成立河滨东路与中丞街两个烟丝生产小组，为贸易公司加工烟丝。

1963 年，根据轻工业部、云南省轻工厅《调整中小卷烟企业的通知》精神，下关市政府决定下关市卷烟厂停产。

1969 年，下关市中丞街烟丝组改名为革命街烟丝组、河滨东路烟丝组改名为劳动路烟丝组。1970 年，两烟丝组合并，组成烟丝生产合作社，为大理州土产公司加工生产毛烟和斗烟丝。

1972 年，下关烟丝生产合作社试制"丰收"牌雪茄烟获得成功，并批量生产投放市场。

1973 年，下关市街道革命委员会下文通知：下关烟丝生产合作社改名为"下关市建新烟厂"，实行企业独立核算。

1977 年，下关市建新烟厂改名为"下关市雪茄烟厂"，属集体所有制企业。

1983 年，下关市雪茄烟厂改称"下关雪茄烟厂"，被正式批准列入全国计划内烟厂。

1984 年，成立于 1982 年又于翌年关停的祥云卷烟厂并入下关雪茄烟厂，实行独立核算，统负盈亏。

1985 年，"大理州烟叶复烤厂"建成投产。

1988 年 7 月 17 日，经国家烟草专卖局批准，下关雪茄厂更名为"大理卷烟厂"。10 月 22 日，大理卷烟厂正式挂牌。该厂仍为城镇集体所有制。

1992 年，经云南省经济体制改革委员会批准，大理卷烟厂的所有制性质由集体所有制转为全民所有制。同年，大理州烟草专卖局、大理州烟草公司、大理卷烟厂建立"三合一"管理体制。

1995 年，根据国家烟草专卖局、云南省人民政府《关于组建云南红塔集团和玉溪红塔烟草（集团）有限责任公司》的批复，大理卷烟厂、大理州烟草公司加入云南红塔；保留其独立法人资格，享有法人财产权。

2003年,国家烟草专卖局批准大理卷烟厂与大理州烟草公司实行工商分设。

2004年,大理卷烟厂与云南红塔集团进行重组,实行集团一体化管理,取消了大理卷烟厂的法人资格,继续保留大理卷烟厂生产点,对外称"云南红塔集团大理卷烟厂"。

2. 工厂扩建

1950年,大理驻军租用下关市刘家营章炳坤私宅,创办"苍山烟厂"。1951年,迁入幸福路杨恒春大院内。

1958年,下关市卷烟厂在下关市建设路中段征地20亩,投资6500万元建生产性用房1440平方米、非生产性用房1088平方米。翌年,迁入新厂。

1970年,下关烟丝生产合作社社址在下关于中丞街阁楼,生产及办公用房全部租用,占地面积733平方米。

1977年,地方财政拨款21万元,下关雪茄烟厂在下关东郊洱海北路背后建厂区、占地面积4000平方米,建筑面积3078平方米。

1980年底,下关雪茄烟厂占地面积4万平方米,有生产用房和仓库共3133.67平方米。

1981年,下关雪茄厂在大理市下关东郊征用土地机关报建厂区。到1987年,全厂占地面积163836平方米,建筑面积59624平方米。

1986~1990年,下关雪茄烟厂与大理卷烟厂先后共征地144.13亩,新建生产用房69719平方米、住宅25687平方米、公用设施6782平方米。截至1990年,大理卷烟厂全厂占地面积246亩,建成生产用房69719平方米、生活及公用设施用房32469平方米。

1996年,大理卷烟厂新建厂房41000平方米、配套仓库46204平方米,新建100亩露天烟库以及25021平方米职工宿舍等。

2004年,大理卷烟厂占地面积共528000余平方米,建筑面积351000多平方米,其中生产性建筑面积216000多平方米、非生产性建筑面积135000多平方米、办公用房面积15000多平方米、职工住宅面积104000平方米、经营性用房15000多平方米。

3. 企业管理

"七五"期间,主要是充实和完善管理方面的规章制度和标准;以合同形式实行层层承包,全面落实经济责任制,将提高质量、降低消耗、提高设备利用率、安全文明生产与奖金挂钩；试行全员风险抵押承包，使企业和职工的利益形成一个整体。

"八五"期间，主要是主攻质量，建立健全生产过程中的三级质量检验制度（生产工序自检、不同工序互检、专职人员的专检），先后制定《质量奖惩办法》、《质量管理暂行条例》和《质量检验标准》等规章；开拓市场，积极开拓江苏、浙江等省外市场，组织省外销区促销市场，召开卷烟质量评级会，编制全国卷烟品种价格信息表以指导卷烟销售工作等。

"九五"期间，主要是调整和优级化产品结构，取消亏损牌号卷烟的生产，原来的9个牌号只保留"三塔"和"美登"两个品牌；调整营销策略，实行销售目标量化考核，采取多种方式进行重点品牌促销；实施"降焦工程"，使所产全部卷烟的焦油含量降至15毫克/支以下等。

大理卷烟厂在企业管理方面取得显著成绩。1989年被评为云南省二级先进企业。1991年，又晋升为1990年度云南省一级先进企业。

4. 技术改造

1986年，下关雪茄烟厂引进捷克斯洛伐克生产的SKODA卷接机2台，开始了引进国外先进技术设备以进行技术改造的新发展阶段。

"七五"期间，投资1.2亿元，从国外引进了大量先进设备，主要有：捷克斯洛伐克产AC-11卷卷机组7套（包括1986年投产的2套），美国产二手G-4卷接机级及3000型包装机级9套，德国产B1包装机组1台、YJ14-23卷接机组6套、YB84（直包）小包机10套、YB66条包机10台等。通过"七五"技改，至1990年，大理卷烟厂的卷烟生产能力已达到年产30万箱的水平。

"八五"期间，投资8.5亿元，先后引进意大利GARBUTO公司12000千克打叶复烤生产线1条，德国豪尼公司6700千克/小时制丝生产线1条，英国莫林斯公司MK9-5卷接机1台（套）、超9型（长城）卷接机4台（套），德国斯慕门公司B1包装机组1台（套），德国佛克公司350S硬盒包装机组1台（套）等。1995年，大理卷烟厂加入红塔集团后，玉溪红塔有限责任公司为大理卷烟厂的"八五"技改注入5亿元资金，还调拨了MK9-5卷烟机等多种设备。通过"八五"技改，大理卷烟厂实现了由无滤嘴烟生产为主向滤嘴烟生产的重大转变，并形成了50万箱的年卷烟生产能力。

"九五"期间,先后开展了两期技改。1996~1997年一期技改,引进德国 B1 包装机 3 台、FOCKE350S 硬盒包装机 3 台,英国产 80 型卷接 1 台,意大利 2000 型自动装封箱机 4 套等。1997~2000年二期技改,实施厂区 10 千伏开关站技术改造;从德国和英国引进的设备投入生产,完成了储丝柜和卷烟机烟支检测系统改造;实施了计算机信息管理系统和糖香料配料中心的技术改造等。通过"九五"技改,大理卷烟厂技术装备已达到 20 世纪 90 年代国际水平,年生产能力基本上达到 50 万~60 万箱的水平。

5. 经济效益

大理卷烟厂经过"七五""八五""九五"几轮技术改造,卷烟生产能力大大提高,卷烟产量大幅增加,加之努力开拓省内外营销市场,卷烟产品行销河北、北京、辽宁、山西、内蒙古、四川、江苏、浙江、山东、上海等 25 个省市自治区,从而使销售收入迅速增加,经营效益大大提高(见表 3-23)。

表 3-23　1974~2000 年大理卷烟厂效益一览

年　份	卷烟产量（万箱）	销售税金（万元）	销售利润（万元）
1974	0.1114		
1975	0.1465		
1976	0.2086		
1977	0.2841		
1978	0.2057	40.7	-4.5
1979	0.1043	23.3	2.6
1980	0.3627	58.9	7.8
1981	1.1374	282.1	91.6
1982	2.0156	686.2	166.8
1983	2.8193	710.2	102.8
1984	5.3898	1846.8	146.7
1985	9.3669	4772.3	54.6
1986	11.0840	6641.0	17.1
1987	13.3783	7423.9	93.1
1988	16.7070	10735.0	500.00
1989	19.2582	14270.0	517.00
1990	23.7065	21045.0	276.00
1991	24.85	25804.03	159.97

续表

年　份	卷烟产量（万箱）	销售税金（万元）	销售利润（万元）
1992	31.50	33546.58	64.00
1993	38.00	38438.59	151.00
1994	38.00	37958.81	896.00
1995	43.80	46769.83	908.00
1996	41.00	61721.83	3433.00
1997	36.00	66140.61	5259.00
1998	36.70	70564.40	5542.00
1999	36.18	73294.92	309.00
2000	37.00	73934.36	916.00

资料来源：《云南省志·烟草志》，第258、259页"大理卷烟厂主要经济指标一览表"；《云南烟草志》（下卷），第204页"1991～2005年大理卷烟厂经济效益一览表"。

由表3-23可知：1974年～2000年的26年间，大理卷烟厂的卷烟产量从1114多箱增至37万箱，增速之迅猛，显而易见。其间，1986年开始从国外引进先进技术设备，卷烟产量随之突破10万箱。红过"七五"和"八五"大规模技改，卷烟产量增至30余万甚至40余万箱。工商税利方面，1977年以前为数甚少。1978年税金40.7万元，亏损4.5万元；迄于1998年和2000年，则猛增为7.6亿多元和7.4亿多元，这不禁使人感到惊讶。可见，大理卷烟厂经济效益的增加是很显著的。

大理卷烟厂依凭其显著的经济效益，在全国的地位和影响力不断提升。1989年，首次跨入全国500家最大工业企业行列，位居第487位，并在其中60家卷烟厂中位居第58位。1990年，再次进入全国500家最大工业企业，跃居第323位，在同行业中排名第35位。1992年～2003年，大理卷烟厂一直跻身中国500家最大工业企业和行业50家最佳经济效益企业的行列。

6. 产品牌号

大理卷烟厂从1950年建厂开始，共生产过60多个牌号的卷烟产品。其中主要有13个品牌，即"三塔""云风""腾达""天平""金沙江""宝石""红梅""云喜""美登""春城""马蹄莲""翡翠""传人"等。从1995年起，停止生产"三塔"和"美登"以外的牌号卷烟，"三塔"和"美登"成为大理卷烟厂的当家卷烟产品。

"三塔"牌卷烟：创牌于1958年，以全国重点文物保护单位"大理崇圣寺三塔"命名,显示了历史的厚重感。"三塔"牌卷烟以大理所产优质烟叶为原料,进行科学配方和精工制作,成为闻名全国优质卷烟产品,畅销全国 22 个省区市,受到广大消费者的青睐。1980 年,"三塔"雪茄烟获云南省优质产品称号。1989 年,再次被评为云南省优质产品。1995 年,被国家烟草专卖局评定为优等品。1997 年,被评为全国 49 种名优烟之一;同年,被认定为"云南省首批名牌产品"。1999 年,被全国评烟委员会评定、国家烟草局审定为全国 51 个名优烟产品之一。

"美登"牌卷烟:创牌于 1983 年,以西双版纳一种药用价值颇高的常绿乔木——美登木命名,体现"扶正祛邪,美丽摩登"的理念。"美登"牌卷烟的辅料经过相当严格的精挑细选,烟支使用直纹松纸和烫金烟嘴,其烟支软度和吸味等方面均已接近高档卷烟品质。"美登"品牌系列在其所倡导的理念的引领下,通过不断加大科技含量,调整产品结构、创新营销思路,将"美登"品牌从一个鲜为人知的品牌逐渐发展成为全国卷烟品牌,全国"百牌号"系列。①

大理卷烟厂从 1950 年建厂至 2000 年走过了半个世纪。其间,历经"苍山烟厂""下关烟丝生产合作社""下关市建新烟厂""下关市雪茄烟厂""下关雪茄烟厂""大理卷烟厂""云南红塔集团大理卷烟厂"等沿革变迁。经过 50 年的不断发展,大理卷烟厂已经从一个小作坊发展成为拥有 20 世纪 90 年代国际先进技术装备的、生产多种高、中档卷烟的中型卷烟企业,成为闻名遐迩的全国 500 强工业企业之一。

八 昆明卷烟厂分厂

1. 历史沿革

1956 年 1 月成立的"昆明市第五机制切烟生产合作社"是昆明卷烟厂分厂的前身。该合作社由 18 家个体手工业烟丝生产私营者自愿组成,是云南省第一个以烟丝生产为主的集体所有制企业。其有社员 35 名,基金 3697.44 元,租赁东寺街 273 号为生产厂房、顺城街 324 号为营业门市,并设有若干固定零售网点,主要生产销售刀烟和斗烟丝。

---

① 大理卷烟厂志编纂委员会编纂《大理卷烟厂志》,云南人民出版社,2007,第 3、4、5、6、7、8、43、45、46、47、48、49、50、51、52、57、58、59、155、156、158、166、167、168、169、267、297、298、539、540、542、543、544 页;《云南省志·烟草志》,第 256、257、258、259 页;《云南烟草志》(下卷),第 197~205 页。

1958年，"昆明市第五机制切烟生产合作社"更名为"昆明市五华区烟丝厂"，并转制为国营企业。

1962年，"昆明市五华烟丝厂"更名为"昆明市五化华区烟丝生产合作社"。

1963年，购买文林街金鸡巷附7号厂房一幢20间640平方米，并在大西门空地上建盖厂房及办公室476平方米。

1965年，更名"昆明市烟丝生产合作社"。

1966年，"昆明市第二烟丝生产合作社"并入"昆明烟丝生产合作社"。

1970年，开始手工生产雪茄烟。

1975年，"昆明市五华区大观棉絮社"并入"昆明市烟丝生产合作社"。

1976年，"昆明市竹木炊具厂"并入"昆明市烟丝生产合作社"，更名"昆明市烟丝厂"。

1982年，"昆明市烟丝厂"更名为"昆明市雪茄烟厂"。

1983年，"昆明市雪茄烟厂"被国家轻工业部划定为全国计划内61个卷烟厂和雪茄烟厂之一，纳入国家烟草行业计划管理。

1988年，按照国家对云南烟草生产布局的要求，将昆明市雪茄烟厂关闭，改名为"昆明卷烟厂分厂"，使用昆明卷烟厂的《烟草专卖生产许可证》进行生产经营。

1989年，"昆明市电子电器总厂"莲花池生产区的人员、地面、建筑并入昆明卷烟厂分厂。

1996年，昆明卷烟厂分厂改名为"云南春城卷烟厂"。

2004年，经国家烟草专卖局批准，云南春城卷烟厂与昆明卷烟厂合并重组，更名为"昆明卷烟厂分厂"。

2005年，经国家烟草专卖局批准，昆明卷烟厂与曲靖卷烟厂合并改制为"红云集团"，昆明卷烟厂分厂随昆明卷烟厂加入"红云集团"，成为"集团"的生产点之一，称为"红云集团昆明卷烟厂分厂"。

2. 工厂兴建与扩建

1976年，昆明市烟丝厂与竹木炊具厂合并后，获得莲花池畔2100平方米的生产用地，厂区迁到莲花池畔。

1986年，昆明市雪茄烟厂拆除危旧厂房，建盖8000平方米生产主楼，开始了工厂基础建设。

1988年，昆明市雪茄烟厂建盖生产主楼9656.1平方米和成品库4014平方米。

1992年，昆明市橡胶制品厂转让土地5129.41平方米，为该厂新建综合车间提供了条件。同年，在核桃箐征用土地4.25亩，建盖职工宿舍和食堂。

1994年，在莲花池厂区建盖综合车间、办公室、礼堂，总建筑面积为11530平方米。

1995年，出资2720万元受让灯具厂和开关二厂的土地10819.86平方米，用来建设锅炉房、高压配电房和空压机房。

2005年，云南春城卷烟厂先后采用合并和受让土地，建设厂区占地面积共34313.16平方米（51.5亩）。此外，先后征用库房建设用地126.42亩。

3. 企业管理

1975年以前企业管理简单粗放。1976年成立昆明市烟丝厂后设立了6股1室的管理机构，并制定了相关的管理制度。

1981年，民主选举厂长，建立健全职代会制度，并建立以经济责任制为中心的经营管理体制。

1987年，实行厂长负责制，并理顺党、政、群三者关系。

1989年，实行部制管理，相应建立部室及车间规章制度和岗位责任制。实施全面质量管理，对产品生产全过程质量，全体员工工作质量实行管理。

1991~1995年，主要是优化产品结构，停止丙、丁级牌号卷烟生产，全面转向甲、乙级卷烟生产。注重基础管理，开展技术改造，推行全员岗位技能工资制以及全员劳动合同制。

1996~2000年，强化内部管理。全面展开企业化标准工作，建立健全标准体系化。进一步开展人事制度和用工制度改革。全面引进信息技术，实现生产管理现代化等。

昆明卷烟厂分厂在企业管理方面取得一定成绩。于1990年被评为云南省二级先进企业。1991年，又晋升为云南省一级先进企业。

4. 技术改造

1985年，自筹资金建立了1条从烟叶发酵、制丝、卷制到包装20万箱能力的生产流水线。

1987~1989年，投资2240万元，新增各种设备150多台（套）。其中有从捷克斯柯达公司引进的11型3000支/分钟卷接机4台。建成国产80年代水平的3000千克/小时制丝生产线1条。新增供电容量110KVA、设备装机容量1400KW。逐步配套、完善烟叶储存、发酵、制丝、卷接、包装以及供水、供电等生产与生活设施。

1991年，从英国、德国引进3台（套）超9型（长城）卷接机组、B1包装机组，经安装调试后于年底投入生产。

1994年，引进英、德、美等国具有20世纪80年代末90年代初国际水平的卷接包设备、空压机组、制冷机组60余台（套），淘汰了1500千克/小时制丝线。

1995年，先后安装调试了上年从国外引进的卷接包机、切丝机、嘴棒输送机、烟条提升机、装封箱机、硬盒翻盖包装机等；同时经过边消化边吸收，形成了以引进国外先进设备和微机程控为主的全自动化现代生产流水线，从而使该厂具有年产40万箱嘴烟的生产能力。

1997年，先后完成大小技改项目共20项等。

5. 经济效益

昆明卷烟厂分厂于1956~1985年生产雪茄烟。由于技术、设备落后，所产烟草制品的产量不多，销售收入较少，经济效益不佳。从1980年开始生产卷烟，当年仅产烟336箱。但后来卷烟产量不断增加：1990年增至25.57万箱，1991~1995年从年产24.5万箱增为36.9万箱。卷烟工商税利从1980年104.4万元增至为1998年的38471.81万元，增加近368倍。这显然与此间以引进国外先进技术设备为中心的技术改造密切相关。1999~2000年卷烟产量大幅下降，经济效益随之减少（见表3-24）。

表3-24　1956~2000年昆明卷烟厂分厂经济效益一览

年份	斗烟丝（吨）	刀烟丝（吨）	雪茄烟（箱）	卷烟（万箱）	产品销售税金（万元）	产品利润总额（万元）
1956	16				2.22	0.29
1957	21				2.61	0.86
1958	31				6.54	1.88
1959	36				8.34	5.89

续表

年份	产量 斗烟丝（吨）	刀烟丝（吨）	雪茄烟（箱）	卷烟（万箱）	产品销售税金（万元）	产品利润总额（万元）
1960	51				8.34	4.59
1961	29.7	7.8			17.9	7.5
1962	33.8	14.2			16.5	4.7
1963	87.6	7.4			18.9	1.8
1964	69	9.6			18.6	2.87
1965	62	23			20.68	1.04
1966	110	67				
1967	116	76				0.095
1968	97	52				2.5
1969	108	79				
1970	147	84.2				0.99
1971	106	89	219			
1972	225.3	92.8	332		60.1	6.7
1973	259.6	93.5	580		65.5	4.4
1974	420.7	57.2	238		12.5	2.41
1975	677.8	25.6	276			
1976	746.2	23.7	4986		186	1.16
1977	768.7	37.3	6010		276.97	26.1
1978	761.2	44.3	8500		148	10.4
1979	134.5	38.84	4858		70.30	0.32
1980	254.8	12.5	15692	0.0336	83.80	20.6
1981	43	3.13	7808	1.10	307.71	94.81
1982	121.1		53.6	1.55	391.84	81.83
1983	68.78			3.09	724.86	124.94
1984	25.88			3.23	850.93	59.48
1985	14.88			4.35	985.60	98.96
1986				5.83	2237.04	59.39
1987				10.23	4068.21	125.48
1988				15.26	7211.55	307.29
1989				19.01	10830.20	70.40

续表

年份	产量				产品销售税金（万元）	产品利润总额（万元）
	斗烟丝（吨）	刀烟丝（吨）	雪茄烟（箱）	卷烟（万箱）		
1990				25.57	21417.78	61.66
1991				25.50	22915.53	55.16
1992				28.00	32699.07	95.57
1993				30.5	30866.24	100.66
1994				32	43529.6	149.76
1995				36.9	34144.58	544.42
1996				26.2	39772.13	509.77
1997				24.8	31534.08	806.79
1998				24.5	37558.44	913.37
1999				18.0	25311.60	-10709.00
2000				17.0	25509.43	-19810.00

资料来源：昆明卷烟厂分厂志编纂委员会编纂《昆明卷烟厂分厂志》，云南人民出版社，2008，第319～322页"附录五：主要经济指标完成情况"。

由表3-24可知，昆明卷烟厂分厂从1956年开始生产斗烟丝，迄于1985年，生产过刀烟丝和雪茄烟，其产量都不多。从1980年开始生产烤烟型卷烟。此后卷烟产量逐年增加，1988年增至15.26万箱，1990年猛增为25.57万箱，1993年、1994年、1995年分别增至30.5万箱、32万箱、36.9万箱。工商税利也随之增加，1990年为21479.44万元，1993年、1994年、1995年分别增至30966.90万元、43679.36万元、34689万元。1988～1998年的10年间，是该厂卷烟产量增加最快、经济效益最好的时期。1999年卷烟产量锐减为18万箱，2000年又减为17万箱；1999年亏损1.07亿多元，2000年亏损多达19810万元。2001年以后，省、市、区政府和省烟公司给予亏损补贴，并为红河卷烟厂和昆明卷烟厂加工"红河""春城"牌号的卷烟，逐渐减少外债，提高企业资产和经济运行质量，卷烟生产逐渐恢复和发展起来。

昆明卷烟厂分厂于1999年和2000年出现巨额亏损，主要原因是：1996～2000年，随着全国"两烟"市场从卖方市场转为买方市场，卷烟产量连续下降，企业举债进行技改尚未发生预期的规模效益，而盲目大量采购烟叶又加大了资金占用；产量大幅下降后，沉重的利息和固定资产折旧又加大了产品的成本；生产经营连年走下坡路，出现账面亏损；加上多年经营造成的挂账、潜亏和未分配利润负数等。

昆明卷烟厂分厂 1988~1998 年经济效益较好，先后 6 年进入全国最佳经济效益工业企业的行列。1988 年被国务院发展中心评为"1988 年中国 500 家最佳经济效益工业企业第 188 位，烟草行业第 75 位"。1990 年被国家统计局认定为中国 500 家最佳经济效益工业企业第 355 位，烟草加工业 50 家经济效益工业企业第 46 位，云南 50 家最大经营规模工业企业第 10 位，最佳经济效益企业第 7 位。1991 年，被认定为中国 500 家最佳经济工业企业第 378 位，烟草加工业 50 家经济效益工业企业第 30 位，云南 50 家最大企业第 10 位。1992 年，评为中国 500 家最佳经济效益工业企业第 307 位、烟草加工业第 34 位、云南最大 100 家工业企业第 10 位和云南最大 100 家集体工业企业第 1 名。1993 年，被评为中国 500 家最佳经济效益工业企业第 436 位、烟草加工业第 91 位，云南最佳经济效益工业企业第 10 位，中国 500 家优秀民营企业第 30 位。1994 年被列为中国 500 家最大工业企业第 436 位、最佳经济效益工业企业第 91 位，中国烟草加工最大企业 35 位等。

6. 产品牌号

昆明卷烟厂分厂的产品种类主要有刀烟、斗烟、雪茄烟和卷烟。

1956~1982 年，以斗烟丝生产为主，主要牌号有便装"碧鸡"牌斗烟、"云南"牌斗烟。

1961~1981 年，生产"工农"牌刀烟。

1971~1982 年，生产雪茄烟，其牌号有：玫瑰、大公、滇牌、云南、大观、云春、美廉、凤凰、桂花、昆明、云岭、红湖等。

1980~2000 年，以卷烟生产为主，其牌号有：大公（混合）、滇牌、凤凰、春城、红缨、春耕、天平、昆湖、天香（混合）、国色天香、曼飞龙、五华山、环球、喜力、欢聚一堂、明昆、兄弟等。

昆明卷烟厂分厂的主要卷烟产品牌号有 5 个，即昆湖、五华山、国色天香、环球、兄弟。

"昆湖"牌卷烟：1985 年试制生产嘴"昆湖"卷烟。1988 年生产甲级滤嘴"昆湖"。1998 年"昆湖"类型及等级为烤烟型 A 段中档卷烟。2001 年，研发了"昆湖"（红、蓝）牌卷烟，仍为 A 段中档。1990 年，84 毫米"昆湖"牌过滤嘴乙级卷烟被授予"1990 年度云南优秀产品"称号。

"五华山"牌号卷烟：1989年研发"五华山"牌号卷烟为烤烟型、乙级。1993年，试制盖"五华山"，为烤烟型、甲级，其劲头中等、香气足、余味干净。后来，在配方上又不断加以改进。

"国色天香"牌号卷烟：1988年完成研制并投入生产，系混合型、乙级卷烟。原名为"天香"，因与河南省临汝卷烟厂"天香"烟名相同，于1989年改名"国色天香"。2001年研制的"国色天香"为烤烟型A段中档卷烟。

"环球"牌卷烟：1997年4月确定配方并投入生产。1998~1999年间，先后试制生产特制醇和"环球"和特制精品"环球"两种款式、五种颜色。2000年开发推出极品"环球"，为烤烟型A段中档卷烟。同年，又推出珍品"环球"卷烟。

"兄弟"牌号卷烟：1999年泰中烟草国际贸易公司将其"兄弟及图"商标转让给云南省春城卷烟厂使用。2001年试制了金装"兄弟"牌卷烟，其类型与等级为：烤烟型A段中档卷烟。①

昆明卷烟厂分厂的前身是一家手工烟丝生产合作社。经过40多年的发展，特别是在改革开放大潮的推动下，20世纪80年代末期以后该厂获得了巨大发展，成为拥有先进技术和装备的现代化中型卷烟企业，并进入全国500家最佳经济效益工业企业和烟草最佳经济效益工业企业的行列。

九　会泽卷烟厂

1. 历史沿革

1973年，会泽县综合加工厂成立，内设雪茄烟车间、布鞋车间、服装加工车间。

1978年，会泽县综合加工厂雪茄烟车间更名为"会泽县雪茄烟厂"，有资产2.06万元、职工23人。

1983年，经国务院批准，会泽县雪茄烟厂为国家计划内雪茄烟生产定点厂，为县办集体所有制企业。

1985年，经云南省烟草公司批准，会泽县雪茄烟厂可生产卷烟。

---

① 昆明卷烟厂分厂志编纂委员会编纂《昆明卷烟厂分厂志》，云南人民出版社，2008，第1、2、3、4、5、6、7、8、9、10、11、47、48、71、72、80、81、82、83、84、85、86、300、319、320、321、322页；《云南省志·烟草志》，第260~263页；《云南烟草志》（下卷），第205~211页。

1990年，会泽县政府批准会泽县雪茄烟厂为全民所有制地方国营企业。

1992年，国家烟草专卖局批复会泽县雪茄烟厂更名为"会泽卷烟厂"。会泽卷烟厂成为国家定点生产卷烟的中型国有企业。

2003年，会泽卷烟厂的资产、财务关系上划中国烟草总公司云南省公司管理，为省属国营企业。

2004年，国家烟草专卖局批复同意曲靖卷烟厂、会泽卷烟厂合并重组，取消会泽卷烟厂企业法人资格，保留会泽卷烟厂生产点，成为曲靖卷烟厂会泽分厂，实行内部核算和目标管理。

2005年，国家烟草专卖局批复昆明卷烟厂和曲靖卷烟厂合并组建"红云烟草（集团）公司"，曲靖卷烟厂会泽分厂成为红云集团的7个生产点之一。

2. 工厂扩建

1974年，会泽县房产委员会划拨156平方米的旧房给综合加工厂作为雪茄烟车间的生产基地。

1983年，雪茄烟厂改造了原来的简易厂房和仓库，扩大厂房，总建筑面积达2085平方米。

1985年，会泽氮肥厂并入会泽雪茄烟厂。雪茄烟厂并厂前占地面积2500平方米，并厂后扩展为13.48万平方米；生产车间由1个发展为3个；兴建车间、厂房、烤房8934平方米，仓库4791平方米。

1990年，制丝生产线技改工程动工，征地74.2亩，建盖厂房等共25138平方米。

截至1990年，全厂共计占地201亩，建厂房68388平方米，其中生产用房40292平方米、生活用房21988平方米、公用设施6098平方米。

1994年，征地138亩，新建综合车间3.60万平方米、动力站772.5平方米，1996年竣工。

1998年，投资2360.4万元，新建3.22万平方米的烟叶仓库。

1999年，建盖面积为6276平方米的职工住宅等。

3. 企业管理

1992年，会泽卷烟厂针对企业现状和卷烟市场的变化，提出了"调整产品结构、提高产品质量、降低烟叶消耗、提高经济效益"的方针，一方面抓紧乙级"小熊猫"的研制；另一方面增加过滤嘴烟设备的技改，并逐渐增加嘴烟产量。1993年，在生产车间推行"单箱生产计划成本考核"，实施单箱生产工资总额考核指标分别与产品质量、设备管理、安全现场3项指标挂钩考核。1994年，实行岗位技能工资制度，实行"强化科技、主攻名牌、提高质量、优化结构、提高效益"的生产方针。1995年，实行套改过渡工资制等。1996~2000年为管理规范化时期。开展技改、原料、人才、名牌4大工程，不断完善各项管理制度，使全厂管理工作日趋规范化和制度化。

4. 技术改造

会泽卷烟厂从1985年开始进行技术改造，至2000年先后进行了3期。

一期技改（1985~1988年）：新增打叶机1台、切丝机5台、卷烟机15台、包装机5台；又从下关雪茄烟厂购进夹钳式滤嘴接装机2台、条包机2台、包装机2台等。

二期技改（1990~1995年）：1991年，仿豪尼1500千克/小时制丝线交付试生产，1992年试车运行。1993年，改造复烤机，形成1条5000千克/小时生产能力的双轨复烤生产线。同年，建成仿豪尼1500千克/小时制丝生产线1条，安装专用设备和通用设备260多台（套）。此后，引进英国帕西姆卷接设备4台（套）、德国B1包装机3台（套）、德国FOCKE包装机组1套；购进国产卷接机YJ14/2316组、3000型包装机11组。至1995年底，累计投入技改资金3.08亿元，卷烟综合生产能力达到年产20万箱。

三期技改（1996~2000年）：1996年，购入昆明船舶公司3000千克/小时制丝线1条，并于翌年安装调试。1997年，先后引进英国帕西姆卷接机2台、德国佛克350型包装机4台、英国卷包连接设备6套、比利时空压机2台。1999年，购置自动装封箱以及输送设备1条。2000年，购置20吨锅炉1台及相配套的辅助设备；改造了5000千克/小时制丝生产线1条；购置卷接机组、硬盒包装机组及辅助设备20台（套）等。此期技改，共投资5.56亿元，年生产能力达到30万箱。经过以上三期较大规模的技术改造，会泽卷烟厂的科技水平与卷烟质量与省内其他烟厂基本接近，处于全国同行业先进水平。

5. 经济效益

1992年，"小熊猫"卷烟投放市场后，全厂销售收入猛增63%；1993年，又增为81.2%，实现税利迈上1.5亿元台阶，上缴税费占会泽县财政总收入的65%以上，成为会泽县的主要经济支柱。1995年，普通"小熊猫"单牌号总销量14万箱，实现税利3.5亿多元。1996~2000年，工业总产值、销售收入和税利，年均保持在1.5亿元、4.7亿元和2.3亿元，企业处于稳步发展中，经济效益逐年有所增加（见表 3 - 25）。

表 3 - 25　1974～2000 年会泽卷烟厂经济效益一览

年份	雪茄烟（箱）	卷烟（箱）	税金（万元）	利润（万元）	税利总额（万元）
1974	122		2.10	-2.03	0.06
1975	474		9.47	-2.07	7.40
1976	522		9.35	-2.27	7.08
1977	803		15.88	-5.17	10.71
1978	1133		19.40	-9.74	9.66
1979	840		8.54	-4.51	4.03
1980	935		24.21	-16.96	7.25
1981	1284		27.17	-13.43	13.74
1982	1624		27.65	-11.80	15.85
1983	1531		45.61	-1.65	43.96
1984	2927	1006	62.27	6.92	69.19
1985			112.45	5.74	118.18
1986	2514	17036	167.70	0.33	168.03
1987	3214	36699	300.21	34	334.21
1988	1807	48299	944	-74	870.00
1989	2603	76511	2420	-362	2058.00
1990	2500	102239	3765	-646	3119.00
1991	3601	93000	5073	-340	4733
1992	1486	93400	7924	369	8293
1993	1281	124300	15054	678	15732
1994	803	144000	18368	7159	25527
1995		176000	20728	15000	35728
1996		92000	10744	9639	20383
1997		84000	10983	7311	18294
1998		84000	16707	7355	24062
1999		90000	16923	7429	24352
2000		97000	21447	9670	31117

资料来源：《云南省志·烟草志》，第 266、267 页 "会泽雪茄烟厂经济效益一览表（1974—1990 年）"；《云南烟草志》（下卷），第 216、217 页 "1991—2005 年会泽卷烟厂经济效益一览表"；《会泽卷烟厂志》，第 122 页 "会泽卷烟厂 1974—2004 年生产销售情况统计表"。

由表3-25可知，会泽卷烟厂从1974年到1994年一直生产雪茄烟厂，其中前10年（即1974~1983）一直处于亏损。从1984年开始生产卷烟，当年即转亏为盈，后来虽然也有4个年度出现亏损，但大多年份均为盈利，1995年甚至盈利1.5亿元，1996年和2000年也盈利9000多万元。可见，1994年该厂停止生产雪茄烟，实现向全卷烟生产转变的决策是正确的。

会泽卷烟厂1993年的卷烟产量从上年（1992年）的93400箱猛增为124300箱，增长33%；实现税利从8293万元增为15732万元，增长89.7%。这一年取得了巨大的经济效益。基于此，1993年，会泽卷烟厂进入全国500家最大工业企业烟草加工业的行列，名列第69位，又名列中国烟草加工业最佳经济效益第69位、云南最大工业企业第22位、云南最佳经济效益工业企业第8位，并荣获"中国行业一百强企业"称号。这是该厂获得的殊荣。

6. 产品牌号

会泽卷烟厂于1973年试制"金乐"牌雪茄烟。1974~1994年，先后生产的雪茄烟共8个牌号，即"石林""小熊猫""三七""孔雀""会泽""金乐""云会""迎春"。1984~2000年，先后生产的卷烟牌号有5个，即"以礼河""三友""揽月""富绅""小熊猫"。此外，还先后生产联营卷烟产品，有昆烟的"天平""春城"，玉烟的"红缨"，曲烟的"红金鱼""福"牌等。

1995年，会泽卷烟厂实施"名牌工程"和"少牌号，多规格"的品牌战略，将"小熊猫"和"以礼河"两个卷烟牌号，作为主打和当家卷烟牌号。

"小熊猫"系列卷烟产品：小熊猫属国家二级保护动物。它生活在云南、西藏、四川和尼泊尔国的高山丛林中，身体比猫大，头圆、四肢粗短、脸上有白色斑点、尾巴有九节黑白相间的环纹，以竹笋、野果、小鸟等为食物。1986年，会泽卷烟厂以小熊猫动物创牌，并经国家工商局核准注册"小熊猫"牌卷烟。普通"小熊猫"卷烟选用自然醇化2~3年的云南优质烤烟做原料，进行合理配方，并辅以新的香料，提高内在品质。其香气较充足，劲头适中，余味较舒适、干净、刺激小。物美价廉，物有所值。1990年后，先后开发出普通、特制、特醇、精制、精品、珍品、特需专供、世纪风等8个品种27个规格的"小熊猫"卷烟系列产品。1993年"小熊猫"卷烟销往国内28个省区市；2001年进入我国香港、澳门和台湾市场，还远销澳大利亚、韩国、泰国、缅甸、菲律宾和马来西亚等国家。1992 年，软盒普通"小熊猫"卷烟被列为"云南省二名优烟"。1997 年，"小熊猫"牌卷烟系列产品被认定为"云南省首批名牌产品"。2002 年，经国家烟草专卖局全国评烟委员会评定，硬盒精品"小熊猫"卷烟获 2002 年度"卷烟优等品"。

"以礼河"牌系列卷烟产品：以礼河发源于会泽县野马川，由东南向西北流入金沙江，全长 122 千米，其水利资源丰富、水质清澈，上游建有大坝和水电站。1987 年，会泽卷烟厂以该河流创牌生产"以礼河"牌卷烟。后来，逐渐形成普通、特制、精品"以礼河"3 个系列产品。特制"以礼河"卷烟是对"以礼河"进行彻底升档改造的换代产品，其香气质好、香气量足、劲头适中、口感舒适，销售市场覆盖 27 个省市区。①

由上所述，会泽卷烟厂从 1974 年开始生产雪茄烟，迄于 2000 年历经 27 年，走过一条"艰苦创业，自立自强，依靠科技，名牌兴厂"的创业之路。世纪之交，这个昔日仅有 18 人的手工作坊和街道小厂已蝶变成一个拥有先进技术装备的中型卷烟企业，并进入全国 500 家最大工业企业的行列。

十　绥江卷烟厂

1. 历史沿革

1979 年，绥江雪茄烟厂建成，属集体所有制专业。

1980 年，绥江县马车运输社经营萧条，其职工、财产、资金并入雪茄烟厂。

983 年，国家计委正式批准绥江雪茄烟厂纳入全国雪茄烟生产计划，成为全国雪茄生产的定点厂家。

1985 年，绥江县政府投资 542 万元，重选厂址，在县城以东的凤池坝兴建厂房。

1987 年，绥江县雪茄烟厂、县烟草公司、县烟草专卖局合并，对内一套领导班子，对外三块牌子。

1988 年，绥江雪茄厂与县烟草公司机构分开。

1991 年，绥江雪茄烟厂、县烟草公司、县烟草专卖局再次合并，实行

---

① 会泽卷烟厂志编纂委员会编纂《会泽卷烟厂志》，云南人民出版社，2008，第 42、43、44、45、69、70、71、72、73、74、75、76、86、87、88、89、90、91、122 页；《云南省志·烟草志》，第 264、265、266、267 页；《云南烟草志》（下卷），第 211～217 页。

"三合一"管理体制，合署办公，独立核算，自负盈亏。

1992年，经国家烟草志卖局批准，绥江雪茄烟厂更名为"绥江卷烟厂"，由云南省烟草公司管辖。

2000年，因国家实行行业战略调整，国家烟草专卖局、云南省政府批复同意关闭绥江卷烟厂。

2. 工厂扩建

1987年，在县城东郊凤池乡征地66.53亩，投资542万元，新建厂区，第一期总建筑面积23139平方米，其中生产用房和仓库12704平方米，生活住宅6262平方米。

1988～1990年，继续进行扩建，共投资1260万元，建盖房屋25000平方米，其中生产用房11000平方米、生活用房6000平方米、公用设施8000平方米。截至1990年底，全厂占地62000平方米，总建筑面积41000平方米。

1993年，投资750万元，征地12.59平方米，修建烟叶仓库1.59万平方米。

截至2000年，全厂占地面积47.40万平方米，总建筑面积7.64万平方米。

3. 企业管理

1992年，绥江雪茄烟厂更名为绥卷烟厂后，鉴于雪茄烟产品市场日趋缩小，首先抓紧研究卷烟新产品的开发，先后推出了"云怡""天王"牌烤烟产品，并销往56个地州市县。与此同时，在内部机构人员调整、卷烟工艺制造、设备改造管理，对外广告促销等方面开展工作。

4. 技术改造

1979年建厂后，于1982年和1984年进行了2次技术改造，先后购置了部分国产设备，如切丝机、烘丝机、压梗机、卷烟机、包装机等。截至1990年，有制丝设备21台（套）、卷接设备44台（套）、包装设备18台（套）。

1994年，引进德国斯慕门公司B1包装机1台，价值1400万元。同年，引进英国莫林斯公司长城卷接机1台（套），价值1200万元。翌年安装调试后投入生产。这是该厂第3次技术改造。

经过技术改造，特别是引进国外先进技术装备后，大大提高了工厂的生产能力。2000年该厂关闭时，其生产能力已能年产15万箱。

5. 经济效益

绥江卷烟厂从手工加工雪茄烟到机械化正规生产卷烟。经过3次技术改造和管理体制调整后，其产品结构和生产规模都发生了巨大变化。产品结构方面，从半叶卷微型雪茄、非叶卷微型雪茄、光嘴丙丁级烤烟型卷烟，到甲、乙级嘴烟，先后经历了4次变革。生产发展规模方面，从1万箱、5万箱、10万箱到20万箱，也经历了4次变革。其产品销往黑龙江、辽宁、河南、河北、江苏、江西、广东、四川等省和省内各地、州、市。从1992年至1999年，卷烟产量有所增加。1996年产量创历史新高，生产卷烟11.6万余箱，上缴税金5834万元，实现利润1266余万元，可见，绥江卷烟厂的经济效益也是显著的（见表3-26）。

表3-26 1980~1999年绥江卷烟厂经济效益一览

年份	总产量（箱）	雪茄烟产量（箱）	卷烟产量（箱）	上缴税金（万元）	实现利润（万元）
1980	104		104	0.81	0.49
1981	973		973	11.90	0.90
1982	1924		1924	47	
1983	3340	3340		189	
1984	8907	323	8584	301	
1985	13550	833	12717	175	15
1986	22226	266	21960	434	5
1987	3398	60	33338	765	
1988			2586		
1989			75102		
1990	89300	453	88847		
1991	97693	360	97333	2747	-435.71
1992	89995		89995	4461	-426.22
1993	100056		100056	5449	37.92
1994	96397		96397	6062	85.99
1995	105341		105341	5586	509.85
1996	116964		116964	5834	1266.83
1997	102910		102910	5449	550
1998	21701		21701	3149	-1446
1999	10000		10000	2100	-1400

资料来源：《云南省志·烟草志》，第270页"绥江雪茄烟厂经济效益一览表（1980~1990）"；《云南烟草志》（下卷），第219页"1991~1999年绥江卷烟厂经济效益统计表"。

由表 3-25 可知，绥江卷烟厂于 1980 年至 1991 年生产雪茄和卷烟，产量不高，经济效益不显著。从 1992 年更名卷烟厂后，不再生产雪茄烟，只生产卷烟；从 1993 年开始至 1997 年的 5 年间，卷烟年均产量高达 10 万箱左右，每年上缴税金多达 5000 多万元，实现利润也逐年增加，此乃经济效益较好的时期。1998~1999 年，因全国卷烟市场供过于求，该厂卷烟产量骤减，经济效益也随之锐减。2000 年奉命停产关闭。

绥江卷烟厂于 1992 年生产卷烟近 9 万箱，产值 1 亿元，上缴税金 4461 万元；其纳税居昭通地区第 3 位，企业排名云南 100 家最大集体工业企业第 5 位、全省 100 家最大工业企业第 55 位。1996 年，生产卷烟 11.69 余万箱，产值 1.55 亿元，税金 5834 万元，利润 1266 余万元。"利税"占绥江县财政收入的 86.7%，成为全县财政收入的骨干企业，并获"云南省集体所有制企业创税大户"称号。至 2000 年 8 月政策性关闭前，共有固定资产 1.01 亿元，上缴国家税金总额累计达 4.9 亿元。该厂对国家、对地方均作出了贡献。

6. *产品牌号*

绥江卷烟厂注册生产的雪茄烟产品牌号有："云怡""云叶""绥江""佳丽""金江""南剑"。其生产的卷烟产品牌号有"云怡""金银山""相思草""鸿雅""云松""春城""红樱""金沙江""春耕"等。[①]

由上所述，绥江卷烟厂从 1979 年建厂到 2000 年关闭，经历了 21 年。该厂曾经既生产雪茄烟，又生产卷烟，直到 1992 年才生产卷烟一种产品。1993~1997 年，卷烟产量和经济效益均显著增加，成为云南省集体所有制企业中的创税大户，对国家和地方作出了一定贡献。

第八节 烤烟和卷烟的国内外贸易

云南生产的烤烟色泽橘黄、香气浓郁、劲头适中、吃味醇和，是制作卷烟的上好原料，历来在国内外都享有盛誉。

云南生产的卷烟具有外观质量好、内在质量协调、颜色金黄、劲头适

---

① 《云南省志·烟草志》，第 268、269、270 页；《云南烟草志》（下卷），第 217、218、219 页。

中、香气量足、烟味醇和、余味舒适等品质特点，深受消费者青睐，畅销全国30个省区市，远销东南亚、东欧、中东、北非、西欧、美国和日本等国家。

一 烤烟和卷烟的国内贸易

1. 烤烟的国内贸易

（1）省内供应

云南省烟草公司及其下属的分公司与县公司收购的烟叶经过复烤后，按照国家烟草主管部门确定的卷烟生产任务和烟叶供应计划，统一安排省内供应和调供省外。

供应省内各卷烟厂的烤烟，按中国烟草总公司下达的年度计划和云南省烟草公司安排的季度计划进行供应。供应各卷烟厂的烟叶等级，则按照烟厂生产各种卷烟牌号所需烟叶的比例安排。调供省内卷烟厂的烟叶，实行提货制度和支票结算的办法。[1] 至于历年省内供应的具体情况（见表3-27）。

表3-27　1950~2000年云南烤烟省内供应情况

单位：吨，%

年份	烤烟收购数	省内供应数	省内供应占收购数	年份	烤烟收购数	省内供应数	省内供应占收购数
1950	664.5	0.2	0.03	1961	18200	13358	73.39
1951	2402.8	94.5	3.93	1962	25100	14573.6	58.06
1952	4600	1329.4	28.9	1963	31076	14072	45.28
1953	6800	2835	41.69	1964	38900	14924.4	38.36
1954	4000	2362.7	59.06	1965	46216	1913.9	4.14
1955	19700	3407	17.29	1966	47900	4290	8.95
1956	47300	4206	8.89	1967	49900	2711.3	5.43
1957	25400	10497	41.32	1968	42900	18261.5	42.56
1958	25200	23506	93.27	1969	41500	7763.8	18.70
1959	33200	18488	55.68	1970	30970.7	9949.8	32.12
1960	26900	11198.8	41.63	1971	38409.5	12705	33.07

---

[1]《云南省志·烟草志》，第158页。

续表

年份	烤烟收购数	省内供应数	省内供应占收购数	年份	烤烟收购数	省内供应数	省内供应占收购数
1972	54000	34213	63.35	1987	318380	164476	51.66
1973	72300	60633	83.86	1988	488096	323352	66.24
1974	62100	70625.5	113.72	1989	429087	265155	61.79
1975	96160.7	61412	63.86	1990	407567		
1976	99926	69518.7	69.57	1991	560000	354210	63.25
1977	105506	109585	103.86	1992	753700	541865	71.89
1978	121956.8	79653	65.31	1993	757000	534980	70.67
1979	105472	90690	85.98	1994	527500	256830	48.68
1980	102386	98526.9	96.23	1995	721600	508005	70.39
1981	162398.4	104911.6	64.60	1996	856000	646050	75.47
1982	247200	80211	32.44	1997	1057000	813850	76.99
1983	135600	84790	62.52	1998	505000	269100	53.28
1984	256900	96356	37.50	1999	590900	333900	56.50
1985	375300	102942	27.42	2000	564900	305050	54.00
1986	253870	128269	50.52				

资料来源：《云南省志·烟草志》，第166页"云南烤烟购销调存情况统计表（1950—1990）"；《云南烟草志》（下卷），第673、674页"1991—2005年云南烟草主要经济指标"。按：1991—2000年历年省内供应数由烤烟收购量减去烤烟销省外数再减去出口烤烟数得来，并按1市担=100市斤作了换算。年末库存数未计入，特此说明。

由表3-27可知：1979年以前，烤烟收购量不大，多数年份仅为几万吨，供应省内各卷烟厂的烤烟每年也只有几万吨；省内供应数占收购总量的比例高低差距颇大，高至113.22%（1974年），低至0.03%（1950年）。这些情况反映了这一时期云南卷烟产业发展缓慢，且不够稳定，从而对烤烟的需求不高并忽高忽低。从1979年开始，云南卷烟产业的发展逐渐步入快车道，十大卷烟厂对烤烟的需求都不断提高，每年需要供应的烤烟从几万吨增至十几万吨、三四十万吨，甚至多达六十几万吨（1996年）和八十几万吨（1997年）；省内供应数占收购总量的比例高低起伏不大，大多年份为60%左右，个别年份高至96.23%（1980年）、低至27.42%（1985年）。云南烤烟的省内供应情况，从一个侧面反映了1979年改革开放后，云南烟草工业大踏步发展的趋势。

(2) 调供省外

调出省外供应其卷烟厂的烤烟，由云南烟草公司每年向中国烟草总公司提出上、中、低、次各大等级的调供建议，总公司根据国家计划统一平衡后，下达年度计划、季度计划和月度计划，然后由调出、调入双方协商安排。调往省外烟草系统内和直接供应省外烟厂烤烟，均采取送货制和托收承付的办法，由调出方负责运送至调入方指定的车站、码头交货。调入地区根据到货数量，在每个等级中进行抽查复验，抽查中只要70%符合等级，就按原等级进行结算。[1] 至于历年调供省外的情况（见表3－28）。

表 3－28　1952～2000 年云南省烤烟调供省外情况一览

单位：吨,%

年份	烤烟收购数	调供省外数	调供省外占收购数	年份	烤烟收购数	调供省外数	调供省外占收购数
1952	4600	1416.9	30.80	1970	30970.7	4181.2	1.35
1953	6800	2577	37.89	1971	38409.5	5417.8	1.41
1954	4000	3187	79.67	1972	54000	3920.5	7.26
1955	19700	5550	28.17	1973	72300	4021.6	5.56
1956	47300	11037	23.33	1974	62100	7487	12.05
1957	25400	30267.9	119.16	1975	96160.7	3195.5	3.32
1958	25200	13878.6	55.07	1976	99926	3014.7	3.01
1959	33200	10758.4	32.40	1977	105506	9629.4	9.12
1960	26900	5168	19.21	1978	121956.8	9287	7.61
1961	18200	7190.3	39.50	1979	105472	13225	12.53
1962	25100	10583	42.16	1980	102386	10444	10.20
1963	31076	13219	42.53	1981	162398.4	11013.8	6.78
1964	38900	18491	47.53	1982	247200	8735.8	35.33
1965	46216	1516	3.28	1983	135600	66047	48.70
1966	47900	26338.5	54.98	1984	256900	127625	49.67
1967	49900	667	1.33	1985	375300	152463	40.62
1968	42900	130	0.30	1986	253870	97120	38.25
1969	41500	2185	5.26	1987	318380	126642	39.77

[1] 《云南省志·烟草志》，第 158 页。

续表

年份	烤烟收购数	调供省外数	调供省外占收购数	年份	烤烟收购数	调供省外数	调供省外占收购数
1988	488096	89063	18.24	1995	721600	201300	27.89
1989	429087	139441	32.49	1996	856000	195650	22.85
1990	407567	68200	16.73	1997	1057000	235850	22.31
1991	560000	202600	36.17	1998	505000	214700	42.51
1992	753700	206950	27.45	1999	590900	214100	36.23
1993	757000	255940	33.80	2000	564900	224650	39.76
1994	527500	269485	51.10				

资料来源：《云南省志·烟草志》，第166、167页"云南烤烟购销调存情况统计表（1950—1990年）"；《云南烟草志》（下卷），第673、674页"1991—2005年云南烟草主要经济指标"。按：1991—2000年历年调供省外数按1市担＝100市斤换算得来。

由表3－28可知：云南烤烟调供省外始于1952年。此后，绝大多数年份，调供省外的烤烟都在收购总量的30%左右，个别年份多至119.16%（1957年），少至0.3%（1968年）。1991~2000年的10年间，调供省外烤烟数量比较平稳；换言之，云南收购的烤烟中，有1/3左右调往省外，供其卷烟厂生产卷烟。

云南烤烟调供省外，主要省区市有25个，即湖北、江西、浙江、山东、广东、广西、江苏、安徽、湖南、福建、陕西、贵州、甘肃、黑龙江、吉林、河南、海南、河北、天津、上海、山西、内蒙古、四川、辽宁以及深圳市等。

云南烤烟直接供应的省外卷烟厂（集团、公司）主要有48家，即南昌卷烟厂、赣南卷烟厂、滁州卷烟厂、杭州卷烟厂、颐中集团青岛卷烟厂、青州卷烟厂、将军集团济南卷烟厂、梅州卷烟厂、深圳卷烟厂、南宁卷烟厂、柳州卷烟厂、南京卷烟厂、徐州卷烟厂、淮阴卷烟厂、芜湖卷烟厂、常德卷烟厂、龙岩卷烟厂、汉中烟草集团卷烟二厂、宝鸡卷烟厂、贵阳卷烟厂、遵义卷烟厂、毕节卷烟厂、延安卷烟厂、兰州卷烟厂、宁波卷烟厂、哈尔滨卷烟厂、玉溪长春卷烟厂、延吉卷烟厂、郑州卷烟厂、新郑烟草（集团）、南阳卷烟厂、韶关卷烟厂、广州卷烟厂、湛江卷烟厂、蚌埠卷烟厂、海南红塔卷烟有限公司、上海烟草集团、天津卷烟厂、保定卷烟厂、张家口卷烟厂、许昌卷烟厂、山西昆明烟草有限公司、内蒙古昆明卷烟有限公司、长沙卷烟厂、成都卷烟厂、什邡卷烟厂、厦门卷烟厂、红塔辽宁烟草有限公司等。[①]

2. 卷烟的国内贸易

（1）省内销售

卷烟属于国家专营专卖的商品，实行计划生产，计划调拨。

1982年以前，云南省内各地、州、市、县市场所需卷烟，由主管单位于头年冬向上级主管单位报送按年分季的要货计划，经上级平衡后，按分配的卷烟等级牌号及其数量调拨给各地、州、市、县。1982年，省卷烟经理部成立后，采取一年召开两次或一次全省卷烟产销计划平衡会的办法，衔接计划；并按照各地人口、消费习惯和消费水平签订供销合同，组织卷烟供应。昆明、玉溪两卷烟厂的卷烟由省卷烟经理部和玉溪烟草分公司调拨。曲靖、昭通、楚雄、大理等卷烟厂的产品，则按合同调拨给烟厂所在地的烟草分公司卷烟批发站或经理部。[②]

关于省内卷烟调拨销售的具体情况，兹以1999年的计划为例加以说明（见表3-29）。

表3-29　1999年省内卷烟销售与调拨分配计划

单位：万箱

地区	全省合计	省内调拨计划合计	昆明卷烟厂	玉溪红塔集团	曲靖卷烟厂	楚雄卷烟厂	昭通卷烟厂	红河卷烟厂	大理卷烟厂	春城卷烟厂	会泽卷烟厂	省外调入及其他
昆明	17	12.532	6.76	1.73	1.94	0.2	0.33	0.78	0.623	0.16	0	4.77
昭通	12	9.934	1.80	0.96	0.94	0.169	5.19	0.649	0.186	0.04	0	2.066
曲靖	14	12.055	2.63	2.03	6.06	0.12	0.27	0.649	0.176	0.12	0	1.945
楚雄	6.2	6.017	0.75	0.83	0.06	4.0	0.0976	0.195	0.059	0.0254	0	0.183
玉溪	5.2	4.544	0.62	3.46	0.10	0.04	0.06	0.195	0.059	0.01	0	0.656
红河	10	7.297	2	1.42	0.44	0.06	0.15	2.90	0.118	0.209	0	2.703
文山	8	5.869	1.85	1.10	0.73	0.18	0.36	0.882	0.447	0.32	0	2.131
思茅	5.5	4.318	1.99	0.80	0.47	0.05	0.22	0.649	0.059	0.08	0	1.182

[①] 参见云南省烟草烟叶公司志编纂委员会编纂《云南省烟草烟叶公司志》，云南人民出版社，2007，第89页"客户经理服务辖区划分表（2004年）"。

[②] 云南省卷烟销售公司志编纂委员会编纂《云南省卷烟销售公司志》，云南人民出版社，2008，第92页。

续表

地区	全省合计	省内调拨计划合计	昆明卷烟厂	玉溪红塔集团	曲靖卷烟厂	楚雄卷烟厂	昭通卷烟厂	红河卷烟厂	大理卷烟厂	春城卷烟厂	会泽卷烟厂	省外调入及其他
西双版纳	3	2.374	0.7	0.55	0.34	0.22	0.14	0.156	0.118	0.15	0	0.626
大理	9	7.989	1.95	1.38	0.28	0.04	0.16	0.649	3.5	0.03	0	1.011
保山	5.5	3.66	1.70	0.59	0.53	0.08	0.13	0.259	0.241	0.13	0	1.84
德宏	2	1.509	0.62	0.32	0.16	0.02	0.06	0.195	0.094	0.04	0	0.491
丽江	4	2.9	1.2	0.68	0.28	0.05	0.19	0.324	0.176	0	0	1.10
迪庆	1.3	0.875	0.32	0.2	0.06	0.02	0.01	0.097	0.118	0.03	0	0.425
怒江	1.3	0.926	0.50	0.11	0.09	0.02	0.03	0.097	0.059	0.02	0	0.374
临沧	6	4.221	1.71	0.82	0.52	0.10	0.20	0.324	0.417	0.13	0	1.779
省调控	0	10.089	2.9	2	2	0.631	0.4024	1	0.55	0.5056	0	
合计	110	97.1	30	19	15	6	8	10	7	2	0.1	0

资料来源：《云南省卷烟销售公司志》，第 97 页。

表 3-29 系云南烟草专卖局于 1999 年 6 月 7 日下达的省内卷烟销售及调拨分配计划。当年省内销售计划第一次按 110 万箱安排。全省 10 个卷烟厂安排 9 个供应省内市场卷烟，供应计划为 97.1 万箱，作指令性下达，其余 12.9 万箱委托省外加工、从省外调入或从政府留成中补充供应。

由表 3-29 可知：云南卷烟的省内销售市场遍及全省 16 个地州市，其中消费数量较大、消费水平较高的是昆明市、曲靖市、昭通市、大理州和红河州，其他依次为楚雄州、文山州、玉溪市、思茅地区、临沧地区、保山市、丽江市、西双版纳州、德宏州、怒江州、迪庆州。昆明卷烟厂、玉溪卷烟厂和红河卷烟厂生产的卷烟，深受本省消费者青睐，在省内销售的数量较大。此外，表中所列昆明、玉溪、曲靖、楚雄、昭通、红河、大理 7 个卷烟厂生产的卷烟，在当地销售的数量较多。

关于云南卷烟历年省内销售的情况（见表 3-30）。

表 3 – 30　1951～2000 年云南省卷烟省内销售情况统计

单位：万箱，%

年份	卷烟销售总数	省内销售数	省内销售占销售总数	年份	卷烟销售总数	省内销售数	省内销售占销售总数
1951		0.86		1976	37.68	23.85	63.70
1952		1.23		1977	59.49	23.95	40.26
1953	3.51	3.41	97.15	1978	62.38	22.45	36.05
1954	5.07	5.00	98.32	1979	68.77	25.74	37.43
1955	5.57	5.52	99.11	1980	80.84	27.85	34.45
1956	6.14	6.03	98.21	1981	96.35	34.27	35.57
1957	6.56	6.09	92.84	1982	109.45	36.36	33.22
1958	10.15	7.00	68.97	1983	137.59	44.21	32.13
1959	19.39	9.97	51.42	1984	170.80	51.80	30.33
1960	23.32	11.18	47.04	1985	188.80	63.40	33.58
1961	22.07	10.89	49.34	1986	215.30	69.80	32.42
1962	22.55	10.29	45.80	1987	268.05	82.12	30.60
1963	21.02	10.26	48.08	1988	348.61	92.82	26.63
1964	22.40	9.38	51.87	1989	398.97	96.60	24.21
1965	22.51	10.15	55.09	1990	419.74	102.22	24.35
1966	21.92	11.74	53.56	1991	419.5342	111.14	26.49
1967	15.89	11.00	71.54	1992	447.2996	137.30	30.70
1968	5.52	5.39	98.16	1993	515.0856	158.30	30.73
1969	21.26	16.45	77.28	1994	531.9173	117.20	22.03
1970	24.10	15.41	63.94	1995	628.9942	126.34	20.09
1971	27.13	17.37	64.02	1996	618.6000	100.16	16.19
1972	32.85	19.45	58.21	1997	624.3700	91.58	14.67
1973	35.55	21.29	59.89	1998	616.1100	88.72	14.40
1974	40.32	23.95	59.40	1999	575.0900	105.27	18.30
1975	41.60	23.48	56.44	2000	623.1800	115.54	18.54

资料来源：《云南省志·烟草志》，第 294、295、296 页 "云南卷烟购销情况统计表（1951—1990 年）"；《云南烟草志》（下卷），第 673、674 页 "1991—2005 年云南烟草主要经济指标"。

由表 3 – 30 可知：1951～2000 年的 50 年间，云南省生产的卷烟在省内销售的情况是：1978 年以前占比较高，最高是 1955 年为 99.11%，最低是

1977 年的 40.26%，其他年份为 50% 左右。换言之，1951～1977 年的 27 年间，云南卷烟的一半左右均在省内销售，这当然是此间卷烟产量不高之故。1978 年以后，省内销售的卷烟所占比重不断降低：1978～1987 年降为 30.33%～37.43%，1988～1995 年又降为 20.09%～30.70%，1996～2000 年更降至 14.40%～18.54%。换言之，1978～2000 年，云南卷烟仅有三成或两成在省内销售，有七成或八成则销往省外。这一巨大变化，显而易见是因为自 1978 年以后，云南卷烟工业迅速发展起来，尤其是 1986～2000 年的 15 年间，云南卷烟生产大发展，卷烟产量逐年迅猛增加，然而省内卷烟消费毕竟有限，所以省内销售的占比自然降至 20% 以下。

（2）省外销售

1953 年以前，云南生产的卷烟数量较少，全部在省内销售。从 1953 年开始调往省外销售。此后，随着卷烟产量的增加和省外卷烟市场的扩大，省外销售数量不断增加，逐渐超过省内销售的数量（见表 3-31、表 3-32）。

表 3-31　1953～1990 年云南省卷烟省外销售情况统计

单位：万箱,%

年份	卷烟购进数	卷烟销售总数	省外销售数	省外销售占销售总数
1953	3.67	3.51	0.10	2.85
1954	5.41	5.07	0.07	1.38
1955	5.57	5.57	0.05	0.89
1956	6.73	6.14	0.11	1.79
1957	7.35	6.56	0.47	7.16
1958	10.15	10.15	3.15	31.03
1959	19.78	19.39	9.42	48.58
1960	25.58	23.32	12.14	52.06
1961	22.76	22.07	11.18	50.66
1962	22.55	22.55	12.26	54.20
1963	22.18	21.02	10.76	51.02
1964	22.62	22.40	13.02	58.13
1965	22.80	22.51	12.36	54.91
1966	23.53	21.92	10.18	46.44
1967	15.89	15.89	4.89	28.46
1968	5.52	5.52	0.13	1.84

续表

年份	卷烟购进数	卷烟销售总数	省外销售数	省外销售占销售总数
1969	26.68	21.26	4.83	22.72
1970	27.09	24.10	8.69	36.06
1971	26.28	27.13	9.76	35.98
1972	29.73	32.85	13.40	40.79
1973	34.93	35.55	14.26	40.11
1974	40.62	40.32	16.37	40.60
1975	42.67	41.60	18.12	43.56
1976	36.17	37.68	13.83	36.70
1977	61.89	59.49	35.54	59.74
1978	62.56	62.38	39.89	63.95
1979	68.65	68.77	43.03	62.57
1980	80.67	80.84	52.99	65.55
1981	100.55	96.35	62.08	64.43
1982	115.86	109.45	72.99	66.69
1983	144.01	137.59	93.38	67.87
1984	172.70	170.80	119.00	69.67
1985	198.70	188.80	125.40	66.42
1986	226.90	215.30	145.50	67.58
1987	280.00	268.05	185.93	69.38
1988	351.36	348.61	255.79	73.37
1989	379.27	398.97	302.37	75.79
1990	419.74	419.74	317.52	75.65

资料来源：《云南省志·烟草志》，第 294、295、296 页"云南省卷烟购销情况统计表（1951—1990 年）"。

表 3-32　1991~2000 年云南省卷烟省外销售情况统计

单位：箱,%

年份	卷烟销售总数	省外销售数	省外销售占销售总数	年份	卷烟销售总数	省外销售数	省外销售占销售总数
1991	4195342	3083942	73.50	1996	6186000	5184400	83.80
1992	4472996	3099996	69.30	1997	6243700	5327900	85.33
1993	5150856	3567856	69.27	1998	6161100	5273500	85.59
1994	5319273	4147173	77.97	1999	5750900	4698200	81.70
1995	6289942	5026542	79.91	2000	6231800	5076400	81.46

资料来源：《云南烟草志》（下卷），第 673、674 页"1991—2005 年云南省烟草主要经济指标"。

由表3-31、表3-32可知：1953~1990年，云南卷烟累计调出省外 2045.44 万箱，占购进数的 64.29%，即 2/3 强。其中：1953~1978年，共调出省 158.1 万箱，占同期购进数的 64.15%；1982~1990年，共调出省 1587.88 万箱，占同期购进数的 70.27%。1991~2000年，云南销往省外的卷烟共计 44485909 箱，占销售总数 56001809 箱的 79.44%。其中：1991~1995 年，共调出省 18925509 箱，占同期销售总数（25428309 箱）的 74.43%；1996~2000 年，共调出省 25560400 箱，占同期销售总数（30573100 箱）的 83.60%。总而言之，云南省从 1979 年以后销往省外的卷烟已占销售总数的 60% 以上，而 1988 年以后占到 70% 以上。1996 年以后，占比高达 80% 以上，即 4/5 以上的卷烟行销省外市场。

云南卷烟的省外市场，1981 年以前，除在四川、北京、河北三省市的销量较稳定外，其他省区市的销量有较大波动。1982 年以后，云南省烟草公司和所属曲靖、昭通、楚雄、大理烟草公司逐步恢复和开辟的省外市场有：辽宁、吉林、黑龙江、广东、广西、江苏、福建、内蒙古、山西、江西、陕西、新疆、青海、甘肃、河南、湖北、山东、海南等省区市，以及单列的沈阳、大连、哈尔滨、武汉、广州、重庆和西安等市。迄于 1990 年，全国 27 个省区市均调入云南卷烟销售。[①]

至于云南卷烟销往各省区市的情况，以"七五"时期为例说明之（表3-33、表3-34）。

表 3-33 1986~1990 年云南卷烟销往各省区市情况统计

单位：万箱, %

省、区、市	1986 年 调往量	1986 年 占总量	1987 年 调往量	1987 年 占总量	1988 年 调往量	1988 年 占总量	1989 年 调往量	1989 年 占总量	1990 年 调往量	1990 年 占总量
河北	33.42	21.63	42.15	22.67	46.94	18.35	55.51	18.36	54.83	17.26
辽宁	18.37	11.89	22.56	12.13	35.34	13.81	39.87	13.18	33.58	12.41
四川	32.23	20.86	29.22	15.72	30.74	12.01	29.72	9.83	32.27	10.16
江苏	1.26	0.82	3.86	2.07	11.17	4.37	25.41	8.40	30.60	9.63

---

① 《云南省志·烟草志》，第 289 页。

续表

省、区、市	1986年 调往量	1986年 占总量	1987年 调往量	1987年 占总量	1988年 调往量	1988年 占总量	1989年 调往量	1989年 占总量	1990年 调往量	1990年 占总量
北京	22.94	14.85	24.99	13.44	29.30	11.45	26.09	8.63	26.51	8.34
山西	5.32	3.44	6.50	3.50	9.64	3.77	13.81	4.40	15.33	4.82
广东	20.27	13.12	23.4	12.58	24.52	9.58	25.83	8.53	14.43	4.54
吉林	2.96	1.92	4.53	2.44	7.49	2.93	9.82	3.25	9.65	3.04
内蒙古	2.30	1.49	3.91	2.10	6.25	2.44	6.63	2.19	7.33	2.31
陕西	0.52	0.37	1.46	0.78	3.83	1.50	0.41	0.13	5.94	1.87
湖北	0.27	0.17	1.10	0.59	4.22	1.65	5.55	1.83	5.60	1.76
浙江	0.23	0.15	1.29	0.69	2.02	0.79	2.65	0.88	5.35	1.68
黑龙江	3.98	2.58	4.41	2.37	4.72	2.90	5.42	1.79	5.33	1.68
广西	2.23	1.44	4.49	2.41	12.28	4.80	6.01	1.99	5.12	1.61
福建	2.17	1.40	2.90	1.56	5.13	2.01	7.95	2.63	5.09	1.60
上海	0.67	0.43	1.24	0.67	2.70	1.06	4.55	1.50	4.10	1.29
山东	0.84	0.54	1.32	0.71	1.34	0.52	2.10	0.69	3.96	1.24
天津	1.15	0.74	1.60	0.86	2.00	0.78	3.33	1.10	3.61	1.14
海南					5.88	2.30	6.35	2.10	3.24	1.02
河南	0.07	0.04	0.79	0.42	0.48	0.19	0.89	0.29	2.67	0.84
湖南	0.78	0.50	1.37	0.74	1.01	0.39	1.68	0.56	2.27	0.71
甘肃	0.12	0.08	0.29	0.15	0.51	0.20	0.85	0.21	1.76	0.55
新疆	1.33	0.86	0.14	0.07	1.74	0.68	1.46	0.48	1.52	0.49
安徽	0.01		0.01		0.05	0.02	0.36	0.12	0.60	0.19
青海	0.02	0.01	0.01		0.23	0.09	0.09	0.03	0.44	0.14
宁夏			0.09	0.05	0.19	0.07	0.18	0.06	0.35	0.11
贵州	0.02	0.01	0.33	0.18	0.23	0.09	0.14	0.05	0.26	0.08
调省外合计	154.48	100	185.92	100	255.79	100	302.37	100	317.75	100

资料来源：《云南省志·烟草志》，第289、290页"云南销往各省、市、自治区卷烟统计表（1986—1990年）"。

由表3－33可知：1986~1990年间，云南卷烟共调往27个省区市销售，其数量逐渐增加，从1986年的154.48万箱增至1990年的317.75万箱。其中销售数量最多的前10个省区市依次是河北、辽宁、四川、北京、广东、山西、吉林、内蒙古、江苏和黑龙江。河北省的销量从1986年的33.42万箱逐年增加至1989年的55.51万箱和1990年的54.83万箱,占省外销售总量的20%左右。辽宁省和四川省的销量年均30万箱左右,占比也在10%左右。

表3-34　1990年云南卷烟在全国市场占有率统计

省区市	云南烟占有率(%)	省区市	云南烟占有率(%)	省区市	云南烟占有率(%)	省区市	云南烟占有率(%)
北　京	46.1	内蒙古	15.3	上　海	5.2	福　建	6.2
天　津	19.4	辽　宁	35.6	江　苏	15.2	江　西	43.6
河　北	32.3	吉　林	16.6	浙　江	4.9	山　东	1.8
山　西	21.3	黑龙江	6.4	安　徽	0.3	河　南	1.1
湖　北	3.7	广　西	6.7	海　南	24.1	青　海	5.0
湖　南	1.0	四　川	12.3	陕　西	4.7	宁　夏	3.8
广　东	9.9	贵　州	0.3	甘　肃	4.0	新　疆	6.8

资料来源:《云南省卷烟销售公司志》,第258页。

由表3-34可知:1990年,云南卷烟仍然销往28个省区市,其中销量最多的前11个省区市依次为:北京、江西、辽宁、河北、海南、山西、天津、吉林、内蒙古、江苏、四川。这与1986~1990年的排序有所不同,但云南卷烟市场的分布仍然是首先为北方,其次为南方。这种情况,在"九五"时期也没有大的改变。

需要述及的是,云南卷烟销往省外的同时,为满足本省消费者的不同需求,也从省外调入为数不多的卷烟,主要来自上海、贵州、湖南、江苏、浙江等省市。其牌号有:中华、凤凰、牡丹、前门、红双喜、中南海、贵烟、黄果树、沙椤、相思鸟、白沙、芙蓉、双叶、西湖、雄狮、利群、大红鹰、南京、秦淮、华西村、苏烟、红杉树、东渡、长城、都宝、黄山、红三环、将军、七匹狼、公主、黄鹤楼、黄金龙、甲天下、红玫、喜来宝等。其中数量较多的是中华、前门、黄果树、沙椤、相思鸟、秦淮、华西村、东渡、红三环、黄金龙等。[①]

---

① 《云南烟草志》(下卷),第260页。

二 烤烟和卷烟的进出口贸易

1. 烤烟与烟丝出口贸易

（1）烤烟出口

云南是中国最大的优质烟产区，其生产的烟叶产品在国际市场上享有较好声誉，故出口量逐年增加，市场份额不断扩大。

云南烤烟出口始于1957年，当时出口国家仅有苏联和越南。后来逐渐扩大到东欧、东南亚、中东、北非、西欧、美国和日本。

1991年以前，主要出口国和地区为：苏联、捷克斯洛伐克、民主德国、波兰等。1991年以后，主要销往美国、德国、英国、法国、俄罗斯、荷兰、日本、印度尼西亚、菲律宾、韩国、伊朗等国家和中国香港。

供应外贸出口的烤烟，由省主管部门根据国家下达的出口计划，分别安排给有复烤出口能力的昆明、玉溪、楚雄、红河等地、州、市。1980年楚雄州被列为国家烤烟出口基地。1986年弥勒县又列为云南烟草公司烤烟出口的基地县。1991年以前，烤烟出口货源主要来自楚雄、红河两州。后来，随着出口量的增加，出口烤烟货源已扩大到昆明、曲靖、玉溪、楚雄、大理、保山、昭通、红河、文山、丽江、普洱、临沧等地、州、市。

云南出口的烤烟十分注重质量。凡出口烟叶都要经过严格挑选，并经加工复烤后才能出口。1965年以前，出口烟叶等级是9级制中的3~6级。1966年后，主要是17级制中的中三、中四、中五。自1985年始，出口烟增加了上二、上三两个等级。后来，根据国际市场的需求，出口烤烟等级不断提高。出口等级主要是国标15级制中的中三、中四、中五、中六、上二、上三、上四7个等级。烤烟出口形态也逐步由复烤把烟向附加值更高的复烤片烟转变。[①]

云南烤烟出口最初是由省土畜产公司代办，后来又由省外贸进出口公司办理。1985年以后，先后成立的中国烟草进出口公司（后改制更名为"中国烟草云南进出口有限公司"）和云南红塔进出口有限公司直接承担了烤烟的出口任务。

关于云南省烤烟历年出口情况如表3-35所示。

---

① 《云南省志·烟草志》，第159、296、297页；《云南烟草志》（下卷），第265页。

表 3-35 1957~2000 年云南省烤烟出口数量与创汇统计

年份	数量（吨）	创外汇（万美元）	年份	数量（吨）	创外汇（万美元）
1957	2197.14	248.7	1983	2102.00	473.8
1958	5320.21	443.8	1984	2204.00	537.8
1959	5142.71	433.3	1985	1507.00	393.6
1960	3398.57	265.3	1986	1334.00	317
1961	1442.55	122.6	1987	3095.44	732.4
1962	872.92		1988	3965.80	935.7
1963	515.27		1989	3319.00	663.7
1964	300.34	246.9	1990	3539.40	686.9
1972	2500.32		1991	3699	765
1973	2042.22		1992	4670	1134
1974	952.92		1993	5675	1045
1975	2129.64		1994	4512	687
1976	975.00		1995	12296	1723
1977	2458.49	420.2	1996	12565	2270
1978	2381.97	416.5	1997	14366	4472
1979	3301.05	597.7	1998	20427	3750
1980	1706.22	352	1999	31890	5520
1981	1701.00	356.1	2000	32803	4741
1982	3031.00	782.8			

原注：因"文化大革命"的影响，1965~1971 年中断了烤烟的出口业务。

资料来源：《云南省志·烟草志》，第 298 页"云南省烤烟出口数量及创汇统计表（1957—1990 年）"；《云南烟草志》（下卷），第 266 页"云南省 1991—2005 年烟叶及烟丝出口数量创汇统计表"。

由表 3-35 可知：1957~2000 年间，除 1965~1971 年计 6 年因"文化大革命"影响中断外，云南烤烟一直销往国外。其间，1986 年以前，出口数量时多时少，多至 5000 余吨，少为 300 余吨。自 1987 年开始，出口量迅速增加，从当年的 3000 多吨逐渐增至 4000 多吨、5000 多吨；从 1995 年开始增为 12000 多吨，而 1999 年和 2000 年均增至 30000 多吨。随着出口量的增加，外汇收入也从几百万美元增为三四千万美元。烤烟出口的效益是颇为显著的。

（2）烟丝出口

云南传统的烟草产品——烟丝（包括刀烟、黄烟、毛烟和斗烟等）也一直出口国外。1991年以前的出口情况，未见文献记载。1992～2000年的情况则在《云南烟草志》（下卷）中查到（见表3-36）。

表3-36　1992～2000年云南烟丝出口数量与创汇统计

年份	数量（吨）	创汇（万美元）	年份	数量（吨）	创汇（万美元）
1992	1104	403	1997	333	67
1993	2899	1351	1998	215	31
1994	3800	2093	1999	240	50
1995	4718	2323	2000	300	39
1996	1818	852			

资料来源：《云南烟草志》（下卷），第266页"云南省1991～2005年烟叶及烟丝出口数量创汇统计表"。

由表3-36可知：1991～2000年，云南一直出口烟丝。1992～1995年出口1000多吨至4000多吨。但1997年后锐减为300余吨和200余吨，这是因为此间烟丝产量减少而烤烟出口量大增之故。

除上述烤烟以及烟丝出口外，云南生产的晾晒烟、香料烟和白肋烟也出口国外，不过为数并不多。

2. 卷烟的进出口贸易

（1）卷烟的出口

1976年昆明卷烟厂生产的茶花牌卷烟出口香港，开启了云南卷烟出口的先河。1987年，国家对卷烟出口采取鼓励政策，退还经营部门产品税60%和中间环节税6.9%；加之云南省烟草公司进出口公司与昆明、玉溪两个卷烟厂积极开展卷烟出口业务，卷烟出口地区较前扩大，出口数量逐年增加。[1]

1987～1990年云南出口的卷烟，有昆明卷烟厂生产的云烟、茶花、田七、三七、大重九、春城；玉溪卷烟厂生产的红塔山、阿诗玛、红梅、新兴、紫云等牌号。[2]后来又增加会泽卷烟厂生产的小熊猫、昆明卷烟厂分厂生产的昆湖及国色天香、曲靖卷烟厂生产的福牌等牌号。[3]

云南卷烟出口的市场，主要是缅甸、印度尼西亚、菲律宾、泰国、斯

---

[1]　《云南省志·烟草志》，第298、299页。
[2]　《云南省志·烟草志》，第299页。
[3]　《云南烟草志》（下卷），第267页。

里兰卡、韩国、日本、柬埔寨、越南、马来西亚、新加坡、阿联酋、加拿大、南非、纳米比亚等国家以及中国香港、澳门地区。[1]

1987~1990年，中国烟草云南进出口有限公司（1985年成立）经办出口、转口（通过香港转口）销售卷烟110685箱，创外汇5468万美元。

1991~2000年，中国烟草云南进出口有限公司和云南红塔进出口有限公司（1996年成立）经办卷烟出口业务，其销售情况如表3-37所示。

表3-37 1991~2000年云南卷烟出口数量与创外汇统计

年份	数量（万箱）	创外汇（万美元）	年份	数量（万箱）	创外汇（万美元）
1991	8.65	5554	1996	24.99	7859
1992	11.60	8409	1997	14.09	429
1993	18.11	8685	1998	19.47	7332
1994	26.14	18010	1999	1.67	1005
1995	25.07	19713	2000	2.23	696

资料来源：《云南烟草志》（下卷），第673、674页"1991—2005年云南烟草主要经济指标"；第267页"云南省1991—2005年卷烟出口数量及创汇统计表"。

由上所述，云南卷烟出口数量于1987~1990年平均每年27.67万箱，1991~2000年，年均仅15.2万箱。1991年骤降为8.65万箱，2000年也仅为2.23万箱。可见，自1991年以后，云南卷烟出口数量呈现减少趋势，尤其是1999年和2000年，减少的幅度特别突出。对此，《云南烟草志》解释说："由于没有稳定的目标市场，卷烟出口不同程度地存在着回流现象。1996年，卷烟出口量下降，出口创汇额同比上年下降74%。1997年，卷烟出口经历了停业整顿、规范卷烟出口秩序工作，此后出口量持续下降。1999年卷烟出口量为7亿多支，创汇（仅）1000多万美元。"2000年，"在卷烟出口方面，主动控制名优烟出口，把重点放在中低档、混合型卷烟出口上。……目标市场开拓和管理也得到进一步加强，基本做到有税、免税市场分开管理，市场、品牌互不交叉"。2001年后，"卷烟出口情况趋于平稳，出口创汇实现恢复性增长"。[2]

（2）卷烟进口

1985年2月12日，中国烟草总公司通知，分配给云南进口卷烟，批零

---

[1] 《云南烟草志》（下卷），第267页。
[2] 《云南烟草志》（下卷），第267页。

售价执行总公司规定的统一价格。同年，省卷烟经理部即从国外购进少量卷烟投放本省市场。① 后来也陆续进口数量不多的外国卷烟。

云南进口的卷烟，主要牌号有：555、万宝路、云丝顿、希尔顿、剑牌、总督、爱喜、大卫杜夫、七星、健牌等。② 这些牌号的卷烟，主要来自英国、美国、德国、日本、韩国等国家。此外，还从古巴进口少量雪茄烟。

云南进口卷烟的数量未见相关文献详述，仅见 2005 年购进合同表中有 1076 箱的记载。③ 可见，云南进口卷烟为数并不多。

附录　卷烟辅料进口贸易

卷烟的配套材料称为辅料，主要有卷烟纸、铝箔纸、白卡纸、水松纸、烟膜、铜版纸、嘴棒成型纸、金拉线（又称烟用拆封拉线）、滤嘴棒、丝束（制作过滤嘴原料）、甘油酯、热熔胶、轨胶、木浆、各种香料及添加剂等。④

1982 年以前，云南卷烟厂进口设备少、滤嘴烟产量少、卷烟质量要求不高，使用的辅料主要由国内相关厂家供应。如：卷烟纸主要来自浙江杭州华丰造纸厂、安徽造纸厂、山东造纸厂等；铝箔纸主要由上海铝材厂等供给；铜版纸由上海华丽铜板纸厂等供给；金拉线来自江苏南京江宁金拉线金箔厂；三醋甘油酯来自上海试剂厂等。⑤

1982 年以后，随着卷烟企业大规模、高起点的技术改造持续开展，卷烟厂的生产规模迅速扩大，产品档次不断提高，滤嘴烟产量大幅增加等，对卷烟辅料的需求数量和质量大大提高。于是，云南省烟草公司承担起从国外进口卷烟辅料的任务，一些卷烟厂超产部分所需进口辅料则由各厂自行进口。

云南卷烟厂进口的辅料，分别来自不同的国家。

卷烟纸：英国、德国、奥地利、法国、日本、芬兰。

---

① 《云南省卷烟销售公司志》，第 132 页。
② 《云南省志·烟草志》，第 291 页；《云南烟草志》（下卷），第 263 页。
③ 《云南卷烟志》（下卷），第 263 页 "2005 年销售公司进口卷烟购进合同情况表"。
④ 《云南省烟草进出口公司志》，第 161 页。
⑤ 《云南省志·烟草志》，第 303、304 页。

铝箔纸：日本、奥地利、新加坡、德国、土耳其。
铜版纸：日本、奥地利、西班牙、芬兰、韩国、瑞典。
白卡纸：美国、日本、芬兰、瑞士。
烟膜：日本、美国、英国、印度尼西亚。
金拉线：英国、马来西亚、日本。
丝束：美国、日本、德国。
木浆：加拿大。
热熔胶：马来西亚、英国、日本。[①]

1980~1984年，由于进口设备少、嘴烟产量不多，故使用的进口辅料也为数较少。1985年以后，随着从国外引进大批先进的制丝和卷接包装设备，使卷烟总产量及名优烟、滤嘴烟产量都有了较大幅度的增长，进口辅料也逐年增加（见表3-38）。

表3-38　1980~1990年云南进口辅料情况

单位：吨

年份	卷烟纸	铝箔纸	白卡纸	水松纸	烟膜	铜版纸	嘴棒成型纸	金拉线	滤嘴棒	丝束	甘油酯	热熔胶	轨胶	木浆
1980	300	500	530	32	62	250		0.41	5					
1981	50	900	385	55	37	650		3.39	5	100				
1982	200	600	350	25	195	200		2	8.5	200				
1983		2395	1200		200	500		8		1400	90	4.5	8	
1984	294	2065	500		354	450	70	20	1.4	1340	12		9	
1985	470	2740	2750		500	2050	100	30		3300	100		28.8	
1986	738	3590	2850	8	820	1700		35		5910	200	17		
1987	1581	2744	5919		1380	4160		52	0.3	8790		3		1600
1988	2900	651	7450		490	995			11	3240				1000
1989	869	1069	4500		420	2300			25.6	7630				1200
1990	4702	2270	7000		1116	5000		9		8500				

注：不包括烟厂自进数。
资料来源：《云南省志·烟草志》，第301页"云南进口辅料供应情况表（1980—1990年）"。

[①]《云南省烟草进出口公司志》，第164页。

云南省每年要花大量外汇进口卷烟辅料。据统计：1983年为1048万美元、1984年为1052万美元、1985年为2206万美元、1986年为3173万美元、1987年为4557万美元、1988年为1394万美元、1989年为3309万美元、1990年为4440万美元。这些外汇的来源是旅游烟和侨汇烟销售收入中的企业留成部分。①

至于1991~2000年进口辅料的情况，因未见文献记载，故无法记述。

第九节 烤烟和卷烟生产的经济效益

一 烤烟生产的经济效益

云南省的烤烟生产从1950年以后逐渐恢复并发展起来。特别是1979年以后，国家实行农村经济体制改革，实施鼓励栽种烤烟、保障烟农利益的政策，加上推行"科学种烟"和规范化种植技术等，全省烤烟种植面积不断扩大、产量不断提高，国内销售量及出口数量大幅增加，从而带来了巨大的经济效益（见表3-39）。

表3-39 1950~2000年云南省烤烟生产的经济效益统计

年份	种植面积（万亩）	总产量（万吨）	收购量（万吨）	国内销售量（万吨）	烤烟税（万元）	烤烟出口量（万吨）	创汇数（万美元）
1950	3.90	0.21	0.06645	0.02			
1951	7.50	0.50	0.2402	0.0945			
1952	7.54	0.57	0.46	0.2746			
1953	8.08	0.68	0.68	0.5412	266		
1954	8.61	0.60	0.40	0.5549	289		
1955	23.52	2.10	1.97	0.8957	412		
1956	108.35	5.73	4.73	1.5243	694		
1957	71.79	2.82	2.54	4.0764	1586	0.2197	248.7
1958	58.71	2.58	2.52	3.7384	1365	0.5320	443.8
1959	48.53	3.24	3.32	2.9246	1297	0.5143	433.3
1960	54.16	2.89	2.69	1.6366	1003	0.3399	265.3

---

① 《云南省志·烟草志》，第302页。

续表

年份	种植面积（万亩）	总产量（万吨）	收购量（万吨）	国内销售量（万吨）	烤烟税（万元）	烤烟出口量（万吨）	创汇数（万美元）
1961	34.47	1.86	1.82	1.8548	292	0.1443	122.6
1962	35.34	2.55	2.51	2.5156	1106	0.0873	
1963	38.29	3.18	3.10	2.7291	829	0.0515	
1964	44.70	4.03	3.89	3.3343	986	0.0300	246.9
1965	49.56	4.65	4.62	0.3429	1174		
1966	49.42	4.83	4.79	3.0628	2273		
1967	51.44	5.26	4.99	0.3378	976		
1968	46.70	3.73	4.29	1.8391	612.5		
1969	46.72	4.03	4.15	0.9948	1197		
1970	44.57	3.25	3.10	1.4131	1319.5		
1971	48.45	3.98	3.90	1.8122	1666		
1972	56.16	5.52	5.40	3.8133	2359	0.2500	
1973	62.77	7.34	7.23	6.4654	3549	0.2042	
1974	69.70	6.32	6.21	7.8112	3138	0.0953	
1975	80.50	9.72	9.62	6.4607	4814	0.2130	382.70
1976	90.07	10.10	9.99	7.2532	4210	0.0975	
1977	92.62	10.63	10.55	11.9214	5265	0.2458	420.20
1978	94.84	12.26	12.20	8.8940	5856	0.2382	416.50
1979	90.04	10.59	10.55	10.3915	5033.5	0.3301	597.70
1980	79.03	10.38	10.24	10.8970	5334	0.1706	352.00
1981	97.93	16.36	16.24	11.5924	10946	0.1701	356.10
1982	138.26	25.10	24.72	8.8946	15131	0.3031	782.80
1983	110.40	14.44	13.56	15.0837	9724.5	0.2102	473.80
1984	168.28	27.50	25.69	22.3981	17660	0.2204	537.80
1985	298.73	41.00	37.53	25.5405	25001	0.1507	393.60
1986	262.90	28.60	25.39	22.5389	18018	0.1334	317.00
1987	262.44	33.56	31.84	29.1118	33597	0.3095	732.40
1988	346.06	50.73	48.81	41.2415	49006	0.3966	935.70
1989	330.87	45.67	42.90	40.4596	45648	0.3319	663.70
1990	338.76	43.80	40.757	6.8200	43932	0.3539	686.90
1991	420.29	58.153	56.00	55.6800	61102	0.3699	765.00

续表

年份	种植面积（万亩）	总产量（万吨）	收购量（万吨）	国内销售量（万吨）	烤烟税（万元）	烤烟出口量（万吨）	创汇数（万美元）
1992	556.60	77.80	75.37	74.8015	82566	0.4670	1134.00
1993	710.31	87.44	79.57	79.0920	63806	0.5675	1045.00
1994	572.67	59.23	52.75	52.6285	71728	0.4512	687.00
1995	672.21	76.07	72.16	70.9305	202730	1.2296	1723.00
1996	674.00	85.60	85.60	84.1700	294480	1.2565	2270.00
1997	702.00	105.70	105.70	104.9700	315655	1.4366	4472.00
1998	458.00	50.50	50.50	48.3800	106279	2.0427	3750.00
1999	468.00	59.09	59.09	54.8000	101654	3.1890	5520.00
2000	444.00	56.55	56.49	52.9700	119764	3.2803	4741.00

资料来源：《云南省志·烟草志》，第67、68、69页"历年云南烤烟种植面积、产量、收购与全国对照统计表（1949—1990年）"，第298页"云南省烤烟出口数量及创汇统计表（1957—1990年）"，第166、167页"云南烤烟购销调存情况统计表（1950—1990年）"，第357、358页"云南省烟草税利与财政收入统计表"；《云南烟草志》（下卷），第673、674页"1991—2005年云南烟草主要经济指标"。

由表 3-39 可知：1950~2000 年的半个世纪中，云南烤烟生产获得了巨大发展。烤烟种植面积从 1950 年的 3.9 万亩增至 2000 年的 444 万亩，增长 113 倍；烤烟总产量同期从 0.21 万吨增至 56.55 万吨，增长 268.3 倍；国内销售量同期从 200 吨增至 529700 吨，增长 2647.5 倍。这些巨大的增幅，带来了巨大的经济效益。1953 年的烤烟税金仅为 266 万元，迄于 2000 年则猛增至 119764 万元，增长近 450 倍。烤烟出口创汇也从 1957 年的 248.7 万美元增为 2000 年的 4741 万美元。在这 50 年间，1979~2000 年的 20 多年是云南烤烟大发展的时期。在此期间，种植面积从 90.04 万亩增为 444 万亩、产量从 10.59 万吨增为 56.55 万吨、国内销售量从 10.3915 万吨增为 52.97 万吨，烤烟税金从 5033.5 万元增为 119764 万元。烤烟出口创汇也从 1979 年的 597.7 万美元增为 2000 年的 4741 万美元。这当然主要是改革开放带来的结果。总之，从新中国成立至 20 世纪末，云南烤烟生产确实有了巨大发展，其种植面积、总产量、国内销售量、税金和出口创汇都有巨大增长。20 世纪 80 年代末至 90 年代初，这些烤烟指标都先后跃居全国烟草行业第一位。

二 卷烟生产的经济效益

云南省的卷烟生产从 1951 年开始逐渐恢复并发展起来。特别是 1979~

2000年的20余年间，随着全省烟草工业改革开放的不断深入，三次大规模、高起点技术改造的开展，卷烟生产能力大大提高、卷烟产量大大增加，其国内销售量和出口量显著增长，从而实现了巨大的工商税利，带来了巨大的经济效益（见表3-40）。

表3-40 1950~2000年云南省卷烟生产的经济效益统计

年份	卷烟总产量 （万箱）	国内销售量 （万箱）	国内销售税利 （万元）	卷烟出口量① （万箱）	创汇数 （万美元）
1950	0.1480				
1951	0.8129				
1952	1.4848				
1953	2.8212	3.51	1489.4		
1954	4.0403	5.07	1488.2		
1955	4.2822	5.57	1669.6		
1956	5.3866	6.14	1993		
1957	7.5466	6.56	2228		
1958	10.7315	10.15	3336		
1959	19.6740	19.39	5017.5		
1960	26.3093	23.32	7606		
1961	22.4059	22.07	7527		
1962	22.5356	22.55	7429		
1963	21.8386	21.02	5614		
1964	22.5992	22.40	7050		
1965	22.8019	22.51	6636		
1966	23.5978	21.92	7033.5		
1967	17.2787	15.89	4833		
1968	7.5132	5.52	2906		
1969	27.3924	21.26	6127.8		
1970	27.1098	24.10	7102		
1971	26.3927	27.13	7605		
1972	30.2700	32.85	9521		
1973	35.2487	35.55	12215		

① 1990年以前卷烟出口量及其创汇数，未见历年统计。据《云南烟草志》（下卷）第266页记载：1987—1990年云南省出口、转口销售卷烟110685箱，创外汇5468万美元。

续表

年份	卷烟总产量（万箱）	国内销售量（万箱）	国内销售税利（万元）	卷烟出口量[①]（万箱）	创汇数（万美元）
1974	41.5346	40.32	16248		
1975	43.5338	41.60	16905		
1976	35.9700	37.68	14021.5		
1977	62.3000	59.49	24703		
1978	63.3300	62.38	23726		
1979	70.8300	68.77	26454		
1980	88.8515	80.84	31898		
1981	100.5369	96.35	45521		
1982	115.4114	109.45	52876		
1983	141.3216	137.59	65513		
1984	165.4983	170.80	79752		
1985	191.3003	188.80	110100		3029.6
1986	235.7277	215.30	147984		3753.6
1987	300.2380	268.05	202513		4932.8
1988	354.9113	348.61	315578		8936
1989	407.3613	398.97	475605		
1990	448.2457	419.74	595262		
1991	437.4920	419.5342	935300	8.65	5554
1992	466.1619	447.2996	1278900	11.60	8409
1993	532.0280	515.0856	1916000	18.11	8685
1994	609.8880	531.9173	2336800	26.14	18010
1995	680.4506	628.9942	2498900	25.07	19713
1996	656.3746	618.6000	2691300	24.99	7859
1997	624.2416	624.3700	2326800	14.09	429
1998	632.9892	616.1100	3103300	19.47	7332
1999	603.9665	575.0900	2790900	1.67	1005
2000	612.7680	623.1800	2789600	2.23	696

资料来源：《云南省志·烟草志》，第 220、221、222 页 "云南省卷烟分等级产量表（1950—1990 年）"，第 294、295、296 页 "云南卷烟购销情况统计表（1951—1990 年）"，第 357、358 页 "云南省烟草税利与财政收入统计表"；《云南烟草志》（下卷），第 673、674 页 "1991—2005 年云南烟草主要经济指标"，第 267、268 页 "云南省 1991—2005 年卷烟出口数量及创汇统计表"。

由表3-40可知：1950～2000年的50年间，云南卷烟生产获得了巨大发展。卷烟总产量从1950年的1480箱增至2000年的612.8万箱，增长4140倍；国内销售量从1953年的3.51万箱增至2000年的623.18万箱，增长了176.5倍；实现工商税利从1953年的1489.4万元增至2000年的2789600万元，增长1872倍，其中1998年的工商税利还突破了300亿元大关。卷烟出口创汇也取得一定成绩。卷烟生产的巨大经济效益即此可见。其间，1979～2000年的20余年间，卷烟生产的发展更加快速。卷烟总产量从1979年的70余万箱猛增为2000年的612万多箱，国内销售同期从68万余箱猛增为623万余箱，实现工商税利同期从2.6亿多元猛增为278.9亿多元。这当然与当时全省烟草工业的改革开放密切相关。迄于20世纪80年代末，云南的卷烟产量、销售量和工商税利均跃居全国烟草行业的首位。

三 "两烟"生产的经济效益

以上分别记述了烤烟和卷烟生产的经济效益。下面，将烤烟和卷烟生产的经济效益综合起来，从总体上了解烟草工业创造的经济效益（见表3-41）。

表3-41　1953～2000年云南省"两烟"生产的经济效益统计

年份	烤烟税（万元）	卷烟税利（万元）	"两烟"税利（万元）	烤烟创汇（万美元）	卷烟创汇（万美元）	"两烟"创汇（万美元）
1953	266	1489.4	1755.4			
1954	289	1488.2	1777.2			
1955	412	1669.6	2081.6			
1956	694	1993.0	2687			
1957	1586	2228	3814	248.7		
1958	1365	3336	4701	443.8		
1959	1297	5017.5	6314.5	433.3		
1960	1003	7606	8609	265.3		
1961	292	7527	7819	122.6		
1962	1106	7429	8535			
1963	829	5614	6443			
1964	986	7050	8036	246.9		
1965	1174	6636	7810			

续表

年份	烤烟税（万元）	卷烟税利（万元）	"两烟"税利（万元）	烤烟创汇（万美元）	卷烟创汇（万美元）	"两烟"创汇（万美元）
1966	2273	7033.5	9306.5			
1967	976	4833	5809			
1968	612.5	2906	3518.5			
1969	1197	6127.8	7324.8			
1970	1319.5	7102	8421.5			
1971	1666	7605	9271			
1972	2359	9521	11880			
1973	3549	12215	15764			
1974	3138	16248	19386			
1975	4814	16905	21719	382.70		
1976	4210	14021.5	18231.5			
1977	5265	24703	29968	420.20		
1978	5856	23726	29582	416.50		
1979	5033.5	26454	31487.5	597.70		
1980	5334	31898	37232	352		
1981	10946	45521	56467	356.10		
1982	15131	52876	68007	782.80		
1983	9724.5	65513	75237.5	473.80		
1984	17660	79752	97412	537.80		
1985	25001	110100	135101	393.60		
1986	18018	147984	166002	317.00		
1987	33597	202513	236110	732.40		
1988	49006	315578	364584	935.70		
1989	45648	475605	521253	663.70		
1990	43932	595262	639194	686.90		
1991	61102	935300	996402	765.00	5554	6319
1992	82566	1278900	1361466	1134.00	8409	9543
1993	63806	1916000	1979806	1045.00	8685	9730
1994	71728	2336800	2408528	687.00	18010	18697
1995	202730	2498900	2701630	1723.00	19713	21436
1996	294480	2691300	2985780	2270.00	7859	10129

续表

年份	烤烟税（万元）	卷烟税利（万元）	"两烟"税利（万元）	烤烟创汇（万美元）	卷烟创汇（万美元）	"两烟"创汇（万美元）
1997	315655	2326800	2642455	4472.00	429	4901
1998	106279	3103300	3209579	3750.00	7332	11082
1999	101654	2790900	2892554	5520.00	1005	6525
2000	119764	2789600	2909364	4741.00	696	5437

注：

（一）表中所列数字分别引自《云南省志·烟草志》，第357、358页"云南省烟草税利与财政收入统计表"与《云南烟草志》（下卷），第673、674页"1991—2005年云南烟草主要经济指标"。但因计算或校对有误等原因，少数数字互不一致，有所出入。特此说明。

（二）据《云南烟草志》（下卷），第673、674页"1991—2005年云南烟草主要经济指标"所列"两烟实现税利"：1991年为1050100万元、1992年为1483600万元、1993年为2414800万元、1994年为2769000万元、1995年为3463200万元、1996年为3780000万元、1997年为3730000万元、1998年为3800000万元、1999年为3431100万元、2000年为3431700万元。"两烟出口创汇"：1991年为10400万美元、1992年为13900万美元、1993年为22300万美元、1994年为26300万美元、1995年为31000万美元、1996年为25600万美元、1997年为19900万美元、1998年为23900万美元、1999年为9500万美元、2000年为7454万美元。以上两类数字，均分别高于表3-41中所列数字。两烟税利除包括"卷烟工业税利"和"烤烟税"外，不知还包括了何种税利，未作说明。"两烟出口创汇"高于表3-41中的部分，也不知来自何处。兹引录于此，可供参考。

由表3-41可知：1953~2000年的48年间，云南烤烟和卷烟生产的经济效益经历了一个不断增加与快速增加的过程。1953~1978年，"两烟"实现税利从1755.4万元，逐渐增为29582万元，增幅为15.85倍，经历了26年的时间。1979~2000年，从31487.5万元，快速增至2909364万元，大数为从3.1亿元增为291亿元，增幅为93倍，经历了22年的时间，其增速之快令人不胜惊讶。不言而喻，这是改革开放带来的辉煌成果。1989年"两烟"生产的经济效益跃上了52亿元的台阶。此后不断向上攀升，1992年达到136亿元，1994年达到240亿元，1998年达到320亿元。此外1991~2000年间，"两烟"还通过出口创收了每年几千万甚至2亿多美元（1995年）的外汇。"两烟"生产创造的巨大经济效益，大大增加了国家和云南省的财政收入，为云南地方经济建设和社会发展积累了为数巨大的资金。

第十节 烟草产业的对外交流与合作

云南省烟草公司一直重视本省烟草企业同国内有关省区市及国外有关

国家和地区的交流与合作，旨在学习别人成功的管理经验和引进国外先进设备及技术，并寻求合作共盈、拓展市场空间的发展途径。

一　省际合作与联营

从 20 世纪 80 年代开始，云南卷烟企业通过生产授权的方式，同有关省外卷烟企业进行联营合作，实现资金、技术、原辅料、市场等资源的优化配置。其目的是，一则帮助各联营厂家生产和销售云南知名卷烟品牌以增加其经济效益；二则进一步提升云南卷烟企业的知名度和产品的美誉度，促进其产品销售。

云南卷烟企业同外省卷烟企业联营合作的方式，主要有品牌产销联营、省外来牌加工生产和联合开发新产品等。

1. 品牌产销联营

品牌产销联营是云南卷烟企业同外省卷烟企业实施联营合作的主要方式，即云南省与外省开展联营，合作生产云南卷烟品牌，并在省外进行生产、销售。

从 1984 年开始，云南省烟草公司、昆明卷烟厂、玉溪卷烟厂、曲靖卷烟厂、楚雄卷烟厂先后同外省卷烟厂进行品牌产销联营。

1996～2000 年，昆明卷烟厂与吉林四平卷烟厂联产"碧鸡""三七"牌卷烟，与吉林延吉卷烟厂联产硬"天平"牌卷烟。

1992～1998 年，玉溪卷烟厂先后与吉林长春卷烟厂联产软嘴"翡翠"、软黄嘴"红梅"牌卷烟；与四川涪陵卷烟厂联产精"翡翠"、嘴"宝石"牌卷烟，与南雄卷烟厂联产嘴"翡翠"牌卷烟；与江苏淮阴卷烟厂联产嘴"翡翠"牌卷烟；与红塔辽宁烟草公司联产嘴"翡翠"牌卷烟；与陕西延安卷烟厂联产软"翡翠"、嘴"宝石"牌卷烟；与重庆烟草公司联产硬嘴"宝石"牌卷烟。

2000 年，曲靖卷烟厂与四川绵阳卷烟厂联产"新金花"牌卷烟。

1999～2002 年，楚雄卷烟厂与山西太原卷烟厂联产软特"玉笛"牌卷烟。

2. 省外来牌加工生产卷烟

1990～1999 年，先后有省外 3 家卷烟厂（或公司）将其卷烟牌号送来云南相关卷烟厂进行加工生产。

1990～1999 年，辽宁大连市烟草公司的"旅顺利"、"旅友"和"金石滩"牌号卷烟在曲靖卷烟厂加工生产。

1998年,甘肃兰州卷烟厂的"海洋"牌号卷烟在昆明卷烟厂加工生产。

1999~2005年,西藏烟草公司的"宇拓桥""雪域"牌号卷烟在昭通卷烟厂加工生产。

3. 云南与外省合作开发卷烟新产品

1984~2000年,云南省烟草公司先后与福建云霄卷烟厂合作开发"云福""金三角"牌卷烟;与辽宁营口卷烟厂合作开发"良辰"牌卷烟;与浙江嘉兴卷烟厂合作开发"天堂"牌卷烟;与浙江宁波卷烟厂合作开发"宫灯"牌卷烟;与海南卷烟厂合作开发"五指山""宝岛""金福"牌卷烟;与湖北烟草公司合作生产"好运"牌卷烟;与江西广丰卷烟厂合作生产"月兔王""月兔"牌卷烟。1994~1996年,云南省烟草工业研究所与湖南新邵卷烟厂合作开发"科新""黄笑梅"牌卷烟;与浙波宁波卷烟厂合作开发"良辰"牌卷烟;与河南临汝卷烟厂合作开发"云河"牌卷烟;与湖北利川卷烟厂合作开发"云利""瑞升"牌卷烟。

1984~2000年,昆明卷烟厂与江苏徐州卷烟厂合作开发"千河"牌卷烟;与四川什邡卷烟厂合作开发"国宝"牌卷烟;与四川泸州卷烟厂合作开发"云泸""金贵""神力"牌卷烟;与湖北大悟卷烟厂合作开发"潇洒""美琪"牌卷烟;与四川黔江卷烟厂合作开发盖"天友""鲲鹏"牌卷;与甘肃兰州卷烟厂合作开发"海洋"牌卷烟;与吉林延吉卷烟厂合作开发硬"长白参"牌;与沈阳卷烟厂合作生产"大生产"牌卷烟;与山西太原卷烟厂合作生产"关帝"牌卷烟;与广西柳州卷烟厂合作生产"大伯爵"牌卷烟;与内蒙古呼和浩特卷烟厂合作生产"苍狼"牌卷烟;与山西昆明烟草有限责任公司合作生产"大光"牌卷烟等。

1984~2000年,曲靖卷烟厂先后与甘当天水卷烟厂合作生产"麦积山"牌卷烟;与广西玉林卷烟厂合作生产"联友"牌卷烟;与郑州卷烟厂合作生产"奔马"牌卷烟;与林口卷烟厂合作生产"云林"牌卷烟;与永寿卷烟厂合作生产"秦皇"牌卷烟。

1984~2000年,玉溪卷烟厂先后与南京卷烟厂合作生产"金玉"牌卷烟;与周口卷烟厂合作生产"国画"牌卷烟。

上述1984~2000年间,云南卷烟企业开展的省外合作联营,实现了双方优势互补,提高了其卷烟产品的产量和质量,增加了双方企业的经济效益;同时缓解了云南卷烟品牌生产因总量计划不足所带来的巨大压力,也提升了云南卷烟企业及其品牌在省外的知名度。

"十五"（2001~2005年）期间，云南卷烟企业同省外卷烟企业的合作联营范围更加扩大，合作关系更向纵深发展；在联营品牌、联营厂家、联营规模、联营方式等方面都跃上了一个新台阶。[①]

二 国际交流与合作

云南烟草企业与国外烟草企业的交流与合作始于20世纪70年代后期。昆明卷烟厂分别从英国、德国引进滤嘴烟卷接机和联合包装机，并建成投产。从1982年开始，云南烟草企业开始了以引进国外先进烟草专用设备为中心的技术改造，同时也开始了云南烟草企业与国外烟草企业的交流与合作。

1985年，中国烟草进出口公司云南分公司（1999年改制更名为"中国烟草云南进出口有限公司"）成立后，承担云南烟草的国际交流与合作任务。后来，玉溪红塔集团也取得经营烟草进出口业务的资格。

1. 开展国际交流与合作的国家与地区

（1）亚洲

缅甸、越南、老挝、马来西亚、日本、泰国、印度尼西亚、韩国、新加坡、印度、柬埔寨、菲律宾、阿联酋、斯里兰卡、亚美尼亚、科威特及中国香港、澳门。

（2）欧洲

英国、德国、意大利、俄罗斯（苏联）、波兰、奥地利、法国、瑞典、瑞士、比利时、希腊、土耳其、荷兰、西班牙、罗马尼亚、捷克。

（3）美洲

美国、巴西、巴拿马、加拿大、墨西哥、玻利维亚、智利。

（4）非洲

吉布提、埃及。

（5）大洋洲

新西兰、澳大利亚。

以上共计5大洲、43个国家以及中国香港、澳门2个地区。可见云南烟草企业开展交流合作的范围是很广泛的。

[①] 《云南烟草志》（下卷），第139~150页。

2. 开展国际交流与合作的方式

1985 年以来，云南省烟草进出口公司多次邀请外国交流合作对象（包括烟草管理机构和企业）到云南来，看样订货、指导烟叶栽培、培训技术人员、协助安装调试设备等；多次组织本省烟草企业和专业技术人员去交流合作国家或地区，参观烟草企业、考察购买烟草设备、了解开拓国际市场等。

具体而言，云南烟草企业开展的国际交流合作方式包括以下 6 个方面。

（1）调查市场，推销产品

组织考察团赴国外做市场调查。调查其卷烟消费的历史、现状和潜在市场，重点调查最终销售市场；考察进口、代理、销售等流通体制，搜集卷烟销售渠道、客户资料，掌握消费者的口味及喜好、消费者能够承受的价格，听取代理商、销售商、消费者对云南卷烟、烟叶的意见和建议等。

（2）接待来访团组，巩固拓展客户

安排国外来访团组考察云南烟叶种植、烤烟和卷烟生产，洽谈合作业务，组织看样订货或看样验货，与客商交流生产技术，听取客商的意见与建议等。

（3）考察国外技术，购买先进设备

组织考察订货组前往相关国家，对其多家生产厂家的产品的制造过程和实际使用情况进行详细了解、分析、比较、压价，最后确定引进的设备，签订相关合同。

（4）开展技术培训，培养一支熟练掌握引进先进设备的技术队伍

其一，选派技术人员到卖方工厂学习培训；其二，在国内举办多种形式的培训，包括建立技术培训中心、邀请外国专家举办讲座和现场操作辅导等。

（5）开展实质性生产技术合作

其一，中方管理人员赴外国烟厂学习管理方法；其二，烤烟种植技术合作；其三，卷烟生产合作；其四，合作在外方办烟厂；[①] 其五，合作开发

[①] 1993 年俄罗斯邀请楚雄卷烟厂到俄罗斯合资兴办卷烟厂。1994 年云南省烟草公司与新加坡美亚集团和吉野进出口商私人有限公司协商，决定合资在柬埔寨创办一家烟厂，并签订了合营意向书。1995 年云南省烟草公司拟在吉布提投资建设卷烟厂等。按：关于云南卷烟企业出国办厂的情况，《云南省烟草进出口公司志》未作进一步说明，故不得其详。

卷烟技术；其六，合作开展贸易等。①

（6）国外来牌委托加工卷烟与中外联合开发烟草新产品

1998 年，泰国泰安公司来牌委托昆明卷烟厂加工生产 MICE-11 牌卷烟；1999～2001 年，澳大利亚来牌委托昆明卷烟厂加工生产"钻石"牌卷烟；2001 年，伊朗来牌委托玉溪卷烟厂加工生产 MARBL 牌卷烟；2000 年，朝鲜先锋生产合作社来牌委托昭通卷烟厂加工生产"先锋"牌卷烟；1999 年，泰中烟草国际贸易中心来牌委托春城卷烟厂加工生产"兄弟"牌卷烟；2001 年，英美烟公司来牌委托云南烟草科学研究院生产翻盖"迅"牌卷烟。

1993～2001 年，缅甸果敢卷烟厂与曲靖卷烟厂联合生产"大桥白象烟丝"、"昔娥烟丝"以及"孔雀"、"和平"卷烟；中缅合作大兴与曲靖卷烟厂联合生产"金象"烟丝。②

3. 开展国际交流与合作的成就

1982～2000 年，云南烟草企业开展国际交流与合作取得了显著成绩。

（1）云南烟草企业与 5 大洲 43 个国家建立了交流与合作关系，使云南烟草企业及其产品扩大知名度，并大大拓展了其国外市场。

（2）引进大量国外先进烟草设备。从英、美、德、意大利等 10 多个国家的 50 多家烟草设备制造厂（公司）引进了制丝生产线 8 条、卷烟机 179 台、包装机 120 台、滤嘴成型设备 17 台等，云南卷烟企业的技术装备达到了 20 世纪八九十年代国际水平，使卷烟生产能力大大提高。

（3）云南烤烟销往美、英、法等 10 多个国家和地区，出口量从 1982 年的 3031 吨增至 2000 年的 32803 吨，创汇从 1982 年的 782.8 万美元增至 2000 年的 4741 万美元，分别增加 9.8 倍和 5 倍。

（4）云南卷烟销往缅甸、菲律宾、泰国、美国等 10 多个国家和地区，出口量：1987～1990 年年均 110685 箱，1991～2000 年年均 1520200 箱；创汇分别为 5468 万美元和 55692 万美元。1987～2000 年卷烟出口量及其创汇的增加是很显著的。

（5）确保卷烟辅料的供应。1985 年以后，大力开拓卷烟辅料的供货渠道，分别从英、德、法、日等 10 多国家进口多种卷烟辅料，从而保证了云南卷烟生产的需求。③

---

① 《云南省烟草进出口公司志》，第 201、229、230、231、234、236、237、240、241 页。
② 《云南烟草志》（下卷），第 145 页。
③ 《云南省烟草进出口公司志》，第 113、141、164、176 页。

由上所述，云南烟草公司及其所属部门从 1982 年以来积极开展国际交流与合作，与世界 5 大洲的 40 余国家建立了交流合作关系，从而推动了以引进国外先进技术和设备为中心的烟草企业的技术改造，提高了云南烟草企业及其产品的知名度，拓展了烤烟和卷烟的国外市场。

第十一节　烟草配套工业的发展

在云南烟草工业发展的过程中，本省的烟草配套工业因应其需要也迅速发展起来。其中，主要包括烟草机械制造业和卷烟辅料加工业。

一　烟草机械制造业

云南烟草机械业最早始于 1943 年，当时昆明市的云丰铁工厂为云南纸烟厂生产过烟丝烘干机。1948 年，云丰铁工厂还生产过小型卷烟机 30 台供应各个烟厂，每台每分钟卷烟 200 支；翌年，又新制卷烟机 7 台，每台卷烟提高到每分钟 800 支。1949 年，中亚机器厂出产上下式简易切丝机；翌年又生产 10 寸刀门 250 毫米上下切丝机 30 台，供本省各烟厂使用。因此，1948～1950 年，是云南生产烟草机械的开端。

1956 年，玉溪卷烟厂研制出"商丘式"铁木结构简易包装机 14 台，每分钟包装 50～60 包卷烟。1972 年，昆明卷烟厂机修车间仿造"新中国卷烟机" 15 台，每分钟卷制 1000 支。1973 年，玉溪卷烟厂和玉溪机床厂联合试制出 YJ12 型新中国卷烟机，当年批量生产 30 台，每台每分钟生产卷烟 1100 支；同年，玉溪卷烟厂全部改造制丝工艺及设备，新增 45A 型和 45B 型小包机及条包机，实现了小包和条包机械化。1975～1976 年，昆明轻工机械厂生产了 50 台 4～5 型包装机，台/分提高到 140～150 包。1975 年，昆明市机器厂生产出"新中国卷烟机" 27 台。与此同时，玉溪机械厂、昆明机器厂等试制并生产新中国卷烟机、五刀切丝机、条包机、小包机、真空回潮机等，除满足省内卷烟厂需要外，还销往省外 99 个计划内卷烟厂。1970 年，云南省组织昆明市机器厂、玉溪机床厂等 13 个单位进行烟机制造大会战，共制造烟机 200 多台套。1970～1973 年，玉溪卷烟厂自制打叶机 1 台。1975 年，昆明市机械厂试制 YS11 型五刀式切丝机 25 台，生产能力为 5000 千克/小时，供昆明、玉溪两卷烟厂使用。1978 年，玉溪卷烟厂又自制立式打叶机 1 台，蒸叶机1台。1974~1975年，又采取"会战"方式，大搞卷烟设备制造，先后有20多家轻工机械厂投入"会战"，批量生产了仿造的新中国卷烟机。上述20世纪50年代至70年代的烟机产品，已涉及打叶、制丝、卷接、包装等主要专用设备，从而为1979~2000年云南烟草机械制造业的大发展打下了基础。

1. 烟草机械企业

1979~2000年，云南全省生产烟草机械及其备件的企业，大约有10个厂或公司。兹简述如下。

昆明市机器厂，生产卷接机及备件。昆明市第二机器厂，生产烤烟打叶机和切丝机。昆明市第三机器厂，生产裹包机。昆明市通用机械厂，生产烟叶压梗机。昆明市风动机械厂，生产输送机。云南模具三厂（位于曲靖市），生产卷接机等备件。云南机器三厂（位于陆良县），生产卷接机等备件。云南光学仪器厂（位于昆明市海口），生产各种卷、接、包设备。昆明机床厂，生产各种制丝、卷接设备。云南曙光机械厂，生产制丝、真空回潮机。昆明物理研究所，生产各种卷、接、包设备。昆明船舶设备集团有限公司，隶属中国船舶重工集团公司，是军民结合的高新技术企业集团，1987年国家烟草专卖局将其确定为我国烟叶装备研发基地，主要生产烟草制丝成套设备。云南省烟草机械厂（原为昆明市通用机械厂）是云南省烟草公司的直属企业和中国烟草总公司烟草机械定点生产厂。1992年成立的"云南省烟草机械配件公司"，是中国烟草总公司在全国分布的生产、经营烟机零配件的定点企业之一。

2. 烟草机械产品

上述10余家企业生产的烟草机械及设备，包括打叶复烤设备、制丝设备、卷接机和包装机4大类产品。

（1）打叶复烤设备

1985年，昆明市第二机器厂制造了YA-2500型卧式打叶机，生产率为2500千克/小时；YA3-3000型卧式打叶机，生产率为3000千克/小时。

1994年，中国烟机公司正式确认昆明船舶设备集团有限公司为消化吸收国外打叶复烤先进技术的牵头单位。此后，"昆船"先后开发了12000千克/小时、6000千克/小时等系列打叶复烤成套设备，其主要工艺技术指标达到国外同类产品水平。"昆船"公司开发的出口型打叶复烤生产线成为国家重点新产品。

(2) 制丝设备

1980年，昆明市齿轮厂生产五刀式切丝机，1985年昆明市第二机器厂（即原齿轮厂）生产YS11型五刀式切丝机，被评为昆明市优质产品；同年，该厂生产YS14滚刀式切丝机，台时产量为5000千克，1987~1989年共生产94台，销往全国29个省区市，被评为省优质产品。1987年，昆明通用机械厂研制成功YAS4型压梗机，生产能力为1700千克/小时。同年，昆明市风动机械厂研制成功ZS/QA平衡式振动输送机，输送速度为12227米/分，最大输送量7吨/小时。1987年昆明船舶设备集团公司对制丝线进行成套研制，后来形成年产12条制丝生产线的生产能力（每条制丝生产线的产量为5000千克/小时）。迄于1990年，昆船公司已为全国60多家卷烟厂提供了4亿多元的设备，折合为30条完整的制丝生产线。同年，该公司生产的烤烟制丝成套设备，在许昌卷烟厂（1989年该厂购入"昆船"公司第一条烟草制丝生产线）通过了国家鉴定，并荣获国家科委、中国工商银行科技贷款成果金筋一等奖。烟草制丝成套设备实现国产化。昆船公司研发的烤烟制丝成套设备还出口东南亚、欧洲一些国家。此外，云南省烟草机械厂的产品有制丝辅联设备。

(3) 卷接机

1979年，昆明市机器厂由上海引进图纸，试制YJ81型、YJ84型过滤嘴接装机，当年首批生产了53台。1980年，昆明市机器厂等烟机生产厂家联合成立昆明烟机生产集团公司。1984年，昆明市机器厂对YJ81型接装机做了重大改进，改夹钳式为搓板式，提高了该机型的自动化程度，年产量130台，产品畅销全国。1985年，昆明市机器厂按国际标准生产YJ14型卷烟机，每台卷烟2000支/分；同时，改制马克Ⅲ型接装机与卷烟机对接联成机组，制造国产化机型YJ14—YJ23型卷接机组，共试制了3套。同年，昆明市风动机械厂生产FSS型风动送丝系统，其生产率可同时供16台2000支/分卷接机用丝。1986年，经中国烟草总公司组织试车鉴定，YJ14型卷机和YJ14—YJ23型卷接机产品接近国际20世纪70年代初的水平。当年生产了14套。1987年，试制成功YJ31型自动装盘机，从而使YS23—YJ31组成接嘴、装盘机组生产线。1988年，这套机组又经过技术攻关，完成了全部国产化工序。同年，YJ14型卷接机被评为省优质产品。1989年，昆明市机器厂又开始研制6500支/分、机型为YJ16—YJ26—YJ36型的高级卷接机组。截至1989年，昆明市机器厂生产的卷烟机累计达1394台，机械产品总重为

2543.5 吨，销往全国 149 个卷烟厂。此外，云南省烟草机械厂的主要产品有大型 MB9—5 卷接机组等。

（4）包装机

1984 年，昆明市机器厂试制了 TB 型透明纸小包机。1985 年，昆明市第三机器厂研制了硬壳条包机和透明纸条包机，到 1986 年共试制 35 台；并设计了输送桥，使小包机、条包机连成一条包装生产线。同年，该厂研发了 BGD290 型硬壳条包机与 BGF290 型透明纸条包机，并组成条包机组。1981 年，昆明市通用机械厂生产 YB-45 型卷烟直包机，至 1987 年共生产 762 台。1988 年，又制成了 YHB3000 型 K 横包机，150 包/分，次年通过中国烟草公司的鉴定。截至 1989 年，昆明通用机械厂共生产卷烟包装机 11 个品种，近 30 种规格，共 1904 台，总重量为 1615.6 吨，销往全国各卷烟厂，受到好评。此外，云南烟草机械厂的主要产品有 YB22A 香烟包装机等。

3. 烟草机械配件与维修

1992 年，由原云南烟草机械联营公司与云南省进出口烟机配件供应站合并成立的"云南省烟草机械配件公司"，是中国烟草总公司在全国分布的生产、经营烟机零配件定点企业，并对云南、四川、重庆等地区的烟机配件生产和烟机设备大修理业务实行归口管理。该公司生产技术先进、经济实力雄厚、加工设备及检测手段齐全、供应渠道畅通。几年来，已为云南、四川、重庆的 40 家卷烟厂提供了近 30 个机型、2 万多个品种的进口、国产烟机零配件。

由上所述，云南烟草机械制造业经历了一个由小变大的发展过程。1950 年以前，烟草机械的质量和产量都很低。1950～1978 年，烟草机械逐渐发展起来，烟草工业摆脱了此前手工和半机械化的生产状态，走上了机械化的生产道路。1979～2000 年，改革开放推动了云南烟草工业的大发展，同时带动了烟草机械制造业的大发展。云南本省生产的烟草机械、设备以及配件，成为十大卷烟厂基本装备不可或缺的组成部分；国外引进的烟机设备与本省生产的烟机设备共同形成了完全由现代化烟草机械构成的云南烟草工业，使云南卷烟生产发生了质和量的巨大飞跃。[1]

---

[1] 《云南省志·烟草志》，第 271、272、273 页；云南省机械工业厅编撰《云南省志》卷 27《机械工业志》，云南人民出版社，1994，第 237、238 页；《云南烟草博览》，第 286、297 页；张立平、刘子荣、王景萍、李美材、黄初启、胡裕琳著《中国云南烟草机械发展追溯》，载《机械技术史》，1998。

二 卷烟辅料加工业

卷烟的配套材料称为辅料。辅料主要有丝束与滤嘴棒、烟用纸、金拉线、烟用香精、烟用胶、甘油酯、烟箱以及卷烟商标等。

1. 滤嘴棒与丝束

1975 年、1978 年，昆明卷烟厂和玉溪卷烟分别开始生产过滤嘴卷烟。当时，过滤嘴全部依赖进口（主要从日本进口），其价格昂贵。1980 年，玉溪卷烟厂决定自行生产滤嘴棒。1982 年，玉溪卷烟厂嘴棒车间正式投入生产。1982 年以后，先后从德国豪尼公司进口了 16 台滤嘴成型机，同时购进国产的滤嘴成型机 13 台，生产直径为 7.8×144 毫米的滤嘴棒。

1988 年，昆明复合滤嘴厂成立。该厂投资 2541 万元，技术设备从英国莫林斯公司引进。1990 年投入生产，产品为 7.8×120 毫米的滤嘴棒，年产 27.5 亿支。

1995 年，昆明醋酸纤维有限公司成立。该公司是中国烟草总公司、云南省烟草公司与美国赛拉尼斯远东有限公司共同投资兴建的合资公司。其生产工艺和专用设备均来自美国赛拉尼斯公司。主要产品为二醋纤维丝束，年产 1.25 万吨，规格为烟用丝束品种（1）3.0Y 形断面/36000 旦、烟用丝束品种（2）3.3Y 形断面/39000 旦。这是一个集西方先进管理、先进工艺和设备、各类优秀人才为一体、生产一流丝束产品的现代化工厂（按：丝束是生产滤嘴棒的原料）。

此外，云南卷烟材料厂也生产滤嘴棒。大理市嘴棒厂加工滤嘴棒。玉溪市滤嘴棒厂（位于大营街）也生产滤嘴棒等。

2. 烟用纸

红塔兰鹰有限公司（厂址：建水县），系中外合资企业，生产卷烟盘纸（年产 8000 吨）和成型纸、水松纸。昆明云丰造纸厂，生产单面铜版纸，年产 1000 吨和涂料原纸，年产 4000 吨。云南铝加工厂，生产压延铝箔纸（年产 2000 吨）。陆良造纸厂，生产衬纸、水松纸（年产 2400 吨）。大理洱滨纸厂，生产衬纸、成型纸，年产 4000 吨，还生产水松纸。玉溪大营街水松纸厂，生产水松纸，年产 8000 吨。玉溪光华造纸厂，生产不松纸，年产 1800 吨。丽江县造纸厂，生产水松纸、衬纸，年产 3000 吨。玉溪新兴仁恒包材公司，生产铝箔纸，年产 3400 吨。昆明市西山卷烟材料厂，生产铝箔纸，年产2000吨；水松纸，年产1000吨。昆明市福保彩印厂，年产铝箔纸3000吨、水松纸1500吨。云南省建筑材料公司，生产盘纸分切，年产5000吨。昆明造纸厂，生产水松纸，年产1500吨。玉溪红塔铝箔厂，生产铝纸复合，年产1000吨。楚雄卷烟辅料厂，生产水松纸，年产2000吨。红河弥勒水槽纸厂，生产水松纸，年产2000吨。屏边造纸厂，生产涂料白板纸，年产20000吨。昆明市福保造纸厂，生产涂料白板纸，年产20000吨。靖港包装材料有限公司（厂址：曲靖市），中外合资企业，生产铝纸复合，年产2000吨。此外，还有楚雄市水松纸厂产水松纸，红星水松纸厂（建水县）产水松纸，昆明市宜良南北铝纸厂产铝箔和复合铝纸，昆明市五华配套铝箔厂产烟用铝箔、大理三塔铅箔厂产铝箔纸，昆明市塑料厂产条色玻璃纸、大理市塑料产铝箔纸等，唯其产量不得而知。

3. 金拉线

楚雄州彩印厂，生产金拉线，年产200吨。玉溪云昌包装材料有限公司，生产金拉线，年产200吨。昆明市五华商标彩印厂，生产金拉线，产量不详。

4. 烟用香精

昆明香料厂，生产香料、香精。昆明烟草科学研究所，生产香精。云南植物研究所，生产香精。昆明友立实业公司，生产香精、香料。玉溪市香料厂，生产烟用香精等。

5. 烟用胶

玉溪市乳胶厂，生产卷烟胶。红塔乳胶厂，生产乳胶。楚雄恒生化工公司，生产白乳胶。云南红塔卷烟胶厂（澄江县），生产烟用胶。

6. 甘油酯

玉溪市溶剂厂，生产三醋酸、甘油酯。

7. 烟箱

全省生产烟箱的厂家（或公司）有：昆明市纸箱厂、昆明市福保彩印包装厂、昭通市纸箱厂、云南楚兴包装有限公司、曲靖集团公司纸箱厂、会泽纸箱厂、弥勒铅箔厂、大理纸箱厂、通海县包装制品厂等。

8. 卷烟商标

全省生产卷烟商标的工厂或公司有：通海县印刷厂、通海彩印厂、通海工艺美术厂、康泽彩印厂（昆明市滇池路严家地）、云南省新华印刷二厂、楚雄彩印厂、7216国防印刷厂、安宁印刷厂、会泽县彩印厂、昆明市印刷厂、新华印刷厂、金鼎烟草配套公司（昆明市钱局街）、云华彩印厂（昆明市）、大理市印刷一厂、昆明彩印厂、华宁县印刷厂、玉溪环球纸盒彩印厂、玉溪印刷厂等。①

由上所述，1979～2000年的20余年间，云南省烟草配套工业经历了20世纪80年代起步、90年代初渐进、90年代中后期起飞的三个发展阶段。至90年代末，烟草配套工业已初具规模，形成烟机—印刷—烟用纸等"一条龙"的配套产业。首先是烟机品种较为齐全，能够制造从打叶复烤—制丝—卷烟接嘴—包装等成套设备。其次是烟用纸已初步形成盘纸、压延铝箔、铝箔衬纸、水松纸、箱版纸、成型纸的生产线。最后是香精、甘油酯等辅料，基本上能满足卷烟的需要等。据统计：1993年前后，"云南烟机工业年总产量、销售量占全国总量的三分之一以上。在国内烟厂使用的现有国产烟机产品中，云南生产的制丝线占80%，其中切丝机约占80%，打叶复烤设备占70%，烟机制造也形成了新的优势"。② 然而，云南省烟草配套工业大部分产品的质量不高，同国外先进水平相比还有较大差距，大多只能用于一般牌号卷烟的生产；用于名优烟、二名烟生产的烟用纸、烟机、香精、丝束等，其大部分还不得不依赖国外进口和省外供给。③ 可见，云南省烟草机械和卷烟辅料还有广阔的发展前景。

第十二节　云南烟草产业的辉煌成就

一　云南烟草产业的地位

1979年以来，云南烟草产业逐渐进入全面、快速发展的新时期。云南生产的烤烟和卷烟在国内市场的地位逐渐发生重大变化。

1978年，云南烤烟的收购量仅为12.20万吨，占全国总收购量105.3万吨的11.59%，在全国排第三位，居河南、山东之后；卷烟产量633300箱，全国排第五位，居河南、山东、上海、安徽之后，只比第六位的湖南

---

① 何兆寿主编《云南烟草博览》，第240、432、433、434、435页。
② 程永照：《云南烟草概述》，载《云南烟草博览》，第9页。
③ 张相波：《依靠高科技发展云南卷烟配套工业》，载《云南烟草博览》，第236、237、238页。

多 10.2%，两省相当接近。①

20 世纪 80 年代以后，云南"两烟"持续、快速发展，烤烟收购量和卷烟产量大幅增加。从 1985 年开始，云南"两烟"的地位逐渐提升，而此后也一直不断上升。

1985 年，云南省烤烟售调省外 17.44 万吨、卷烟售调外省 125.40 万箱，在各省市区调出量中占 21%，均列在全国第一位。烤烟收购量和卷烟总产量分别跃升第二位和第三位。"两烟"实现税利 15.95 亿元，排列全国第二位。②

1986 年，云南卷烟工业总产值完成 168288 万元，居全国首位；卷烟总产量和滤嘴烟产量均列全国第二位，烤烟和卷烟调售省外在全国是第一位。"两烟"实现税利 18.2996 亿元，跃居全国首位。③

1987 年，云南卷烟工业总产值 226125 万元、滤嘴烟 994326 箱、实现税利 258400 万元，分别占全国总量的 11.3%、13%、12.6%，在全国排列均为首位。卷烟总产量为 3002380 箱，占全国总量 10.5%，居第二位。"红塔山"荣膺国家银质奖。④

1988 年，根据国家烟草专卖局公布的烟草主要经济技术指标，云南烟草工业有 5 项跃居全国第一位。一是两烟的产量、质量、销售量全国第一。1988 年收购烟叶 48.8 万吨，占全国收购总量的 23.47%，首次超过历年位居全国第一位的河南省；其中中上等烟比例超过 80%，上等烟达 35%，比全国平均数高出 20 个百分点。云南烤烟调供全国 20 多个省区市 160 多家烟厂，调出量居全国第一。全省生产卷烟 357.2 万箱，占全国总产量的 11.6%；销售卷烟 358 万箱，占全国总销量 12.66%；卷烟质量大幅度提高。二是甲级烟名牌烟的产量、数量、销量全国第一。九种名优烟生产供不应求，价格坚挺。三是卷烟工业技术装备全国第一。继 1986 年云南烟草工业装备在全国领先后，1987 年又引进大批国外卷烟工业先进设备以替代国产老设备，使云南卷烟工业技术装备稳居全国第一。四是"两烟"出口创汇全国第一。出口卷烟 14872 箱，占全国的 48%；出口烤烟 2705 吨。两

---

① 欧阳国斌主编《云南优势资源研究》，云南科技出版社，1996，第 33、34 页。
② 《云南年鉴》（1986），第 200 页。按：《云南年鉴》所载数字，有少数与《云南省志·烟草志》、《云南烟草志》（下卷）所载数字略有不同。特此说明。
③ 《云南年鉴》（1987），第 330 页。
④ 《云南年鉴》（1988），第 381 页。

烟创汇8793万美元。五是"两烟"实现税利全国第一。全行业实现税利达42.9亿元，占全国"两烟"税利总额的20.42%。至此，云南烤烟超过"豫烟"，云南卷烟在与河南、山东卷烟的长期对垒中终于赢得了优势。[1] 1988年7月28日，国家对全国13种名优烟实行价格放开，其中有云南出产的云烟、红山茶、大重九、茶花、红塔山、阿诗玛、玉溪、恭贺新禧和石林9种产品，占全国放开卷烟品种的70%。同年，经国务院企业管理指导委员会核定，玉溪卷烟厂被批准为全国卷烟行业首批五个国家二级企业之一。[2] 在云南烟草发展史上，1988年写下了光辉的一页，树起了不朽的里程碑。

1989年，云南卷烟工业总产值351372.5万元、卷烟工业总产量407.37万箱、卷烟年销售量398.94万箱、实现税利47.5亿元，分别占全国总量的13.7%、12.9%、13.9%、20.3%，四项经济指标均在全国排列第一位。烤烟总产量45万吨、收购量42.85万吨，二项指标也名列全国第一位。同年，曲靖卷烟厂晋升为国家二级企业。[3]

迄于1990年，云南已创名优烟28个，其中国优1个、部优11个。是年，评出全国卷烟优质产品9个，云南占3个，即雄宝、猕猴桃、三七。名优烟产量占全省总产量的50%。[4]

1991年，云南卷烟生产实现总产值、总产量、烟叶产品税三同步增长，跃居全国第一位。同年"两烟"实现税利105.01亿元，占全国烟草税利的24.85%。同年10月1日，经国务院企业管理指导委员会批准，玉溪卷烟厂晋升为国家一级企业，是全国烟草行业第一个率先晋升为一级的厂家。同年，经国家质量审定委员会批准，"红塔山""云烟"两个品牌荣获国家优质产品金质奖（全国共评3个，云南占2/3）。又，全国烟草行业评出名优卷烟牌号22个，云南有8个，即红塔山、阿诗玛、云烟、大重九、蝴蝶泉、桂花、石林、红梅，占36.36%。[5]

1992年，云南省烤烟、卷烟的产量均上新台阶，"两烟"销售及其出口创汇也创历史新水平。同年11月，成立全国第一家卷烟烤烟交易市场，这

---

[1] 程永照：《云南烟草概述》，载《云南烟草博览》，第8、9页。
[2] 《云南年鉴》（1989），第385页。
[3] 《云南年鉴》（1990），第244页。
[4] 《云南年鉴》（1991），第255页。
[5] 《云南年鉴》（1992），第209、210、211页。

是全国首家按市场经济规律运行的"两烟"交易市场。① 当年,"两烟"实现税利 148.36 亿元,占全国烟草税利的 27.08%。

1993 年,云南省烤烟收购总量达 77.8 万吨,创历史最好水平。卷烟总产量达 532 万箱,刷新历史纪录,居全国首位。据不完全统计:全国卷烟市场零售价在 5 元以上的共 11 个牌号 134 万箱中,云南占了 7 个牌号的 102 万箱,占比达 76%。云南卷烟销售创历史新纪录。"两烟"实现税利、浮价收入达 216 亿元,出口创汇实现 1.75 亿美元,两项指标比上年(1992 年)分别增长 45.6% 和 43%,均有明显提高。② 同年,"两烟"实现税利 241.48 亿元,占全国烟草税利的 44.44%。

1994 年,国家烟草专卖局公布的材料表明:云南烟草在全国继续保持了"六项第一",雄踞全国榜首,成为名副其实的"烟草王国"。(1) 烤烟产量(59.23 万吨)、质量(上中等烟比例为 82%)、销售量(52.6285 万吨)全国第一。卷烟产量(609.888 万箱)、质量(滤嘴烟 543 万箱占 89%,甲级烟 354 万箱占 58%)、销量(531.9173 万箱)全国第一。(2) 卷烟名牌产品数量、生产总量、销售量全国第一,市场覆盖率也全国第一。1994 年国家烟草专卖局公布的全国首批优等品卷烟牌号共 26 个,云南有 10 个,占 38.5%。同年国家烟草专卖局共授予 49 种卷烟牌号为"1995—1996 年度全国名优卷烟牌号"称号,其中云南有 14 个,占 28.6%。云南所产名牌卷烟供不应求,覆盖全国各省、区、市的卷烟市场,市场覆盖率全国第一。(3)"两烟"出口创汇(2.58 亿美元)全国第一。(4) 技术装备全国第一。全省 10 家烟厂已拥有大批从英国、德国、意大利等国引进的先进卷烟设备,制丝、卷、接、包的设备综合能力在全国首屈一指,嘴烟生产能力达 600 万箱。至 1995 年初,云南烟草行业第三次大规模的技术改造胜利完成,玉溪、昆明卷烟厂技术装备水平达到了 20 世纪 90 年代初国际先进水平,曲靖、楚雄、昭通卷烟厂达到了国内先进水平,其他烟厂技术装备水平也前进了一步。全省进口烟机设备的有效作业率和综合使用率均居全国烟草行业首位。(5) 实施出国办厂经营战略全国领先。同年,在全国建立 2000 多个云南卷烟批发点、约 10000 个"云南卷烟专营店"。玉溪卷烟厂在国外共设有销售"红塔山"的网点 318 个,远至美国、澳大利亚,近

---

① 《云南年鉴》(1993),第 202、204 页。
② 《云南年鉴》(1994),第 217、218 页。

至东南亚各国及港、台地区均有"红塔山"销售。① 又，当年"两烟"实现税利276.9亿元，占全国烟草税利的49.87%，几乎占一半。

1995年，全省收购烤烟71.25万吨，其中上中等烟占83.4%，烟叶收购量、收购总值和税收总额都创历史最好水平。卷烟产量达6804506箱，质量提高，品种结构进一步优化。"两烟"出口创汇取得新成绩，卷烟出口7个国家和地区，烤烟出口12个国家和地区，在境外合作办厂7个。全年出口创汇3亿美元，比1994年的2.58亿美元增加4200万美元。经济效益再创历史新水平，全省烟草企业实现工商税利346.32亿元，比1994年的276.9亿元增加69.42亿元，占全国烟草税利的49.04%。同年9月19日，云南红塔集团正式成立。这是云南烟草工业适应市场经济的一项重大改革，标志着云南烟草工业发展到了一个新的阶段；它将步入中国大型企业集团的行列，参与国际烟草市场的竞争，在云南省的经济发展中进一步发挥骨干带头作用。② 1995年，国家烟草专卖局公布"1996～1997年度全国49种名优卷烟牌号"，云南占14种。

1996年，云南烤烟种植674万亩，继续成为全国栽烟面积最大的省份。全省收购烤烟85.6万吨，比1995年增加14.35万吨。卷烟生产减量增效。卷烟产量比上年减少25万箱，为655万箱。但由于加大了产品结构的调整力度，实现了减量增效的目标。嘴烟产量达648万箱，占卷烟总量的98.9%；9种名烟263万箱，占总量的40.2%，其中"红塔山"单牌号生产90万箱，居全国单牌号产量之首。"两烟"实现工商税利378亿元，比1995年增加32亿元，占全国烟草税利的45.63%。同年，云南香料烟的种植规模、烟叶质量、出口数量已居全国首位，云南已成为我国最大的芳香型香料烟生产基地。③

1997年，全省种烟702亩，收购烟叶105.7万吨，比1996年均有显著增加。全年生产卷烟624.2万箱，其质量稳步提高，合格率达到100%。"两烟"实现工商税利373亿元，比上年略有减少，占全国烟草税利的43.07%。同年，经国务院批准，全国有512户企业成为重点国有企业，其中烟草工业企业有11户，云南烟草行业占3户，即玉溪卷烟厂、昆明卷烟

---

① 《云南年鉴》(1995)，第217页。
② 《云南年鉴》(1996)，第176、177页。
③ 《云南年鉴》(1997年)，第174、176页。

厂和楚雄卷烟厂。① 又，"96 中国最有价值的商品品牌评选"活动在北京揭晓，在 12 个行业共 60 个品牌中，按照国际采用的品牌内在价值比较方法进行量化，"红塔山"品牌以 332 亿元高居榜首，被评为"96 中国最有价值品牌"，成为产销量方面唯一能够与世界名牌相比的中国商品品牌。② 1997 年国家烟草专卖局公布"1997～1998 年度全国 49 种名优卷烟牌号"，云南占 14 种。

1998 年，全国烤烟供大于求，云南烟草系统贯彻国务院办公厅关于实施烟叶"双控"的精神。烤烟种植面积减为 458 万亩，烟叶收购量减为 50.5 万吨。"两烟"出口稳步增长，创汇 2.39 亿美元，比上年增长 15.41%。全省实现工商税利 380 亿元，比上年增加 7 亿元，占全国烟草行业实现税利的 39.66%。同年，在"1998 年全国主要城市居民消费调查"中，"红塔山"牌卷烟的市场占有率在所调查的卷烟类商品中居第一位。据 1998 年中国市场商品质量跟踪调查结果显示：云南红塔集团名列全国烟草行业质量满意度十大名牌之首，其他 8 家是：昆明卷烟厂、上海烟草（集团）公司、长沙卷烟厂、楚雄卷烟厂、武汉卷烟厂、延吉卷烟厂、红河卷烟厂、宁波卷烟厂。③ 1998 年度"全国卷烟优等品（规格）牌号"共 57 个，云南占 20 个。

1999 年，是云南烟草工业近 20 年来形势最为严峻的一年，由于外部环境的变化，带来卷烟产销下降、库存增加、价格下滑。但是经过多方努力，卷烟产量 603.9665 万箱，国内市场销售仅 575.1 万箱，仅比上年减少 6.65%。烤烟"双控"取得明显成效，全省共收购烟叶 58.16 吨，完成国家计划的 110.8%，比上年同期增收 7.66 万吨。"两烟"出口，虽然卷烟大幅减少，但烤烟却大幅增加，全年共计出口创汇 9452 万美元。全省实现工商税利 343.11 亿元，比上年减少 35 亿多元，减幅为 9.26%，占全国烟草税利的 34.67%。同年，云南省有 11 个牌号 21 个卷烟产品被国家烟草专卖局授予"1999～2001 年度全国名优卷烟"称号。中国最有价值品牌研究 1999 年度报告揭晓："红塔山"以 423 亿元的品牌价值名列榜首。玉溪红塔（集团）有限责任公司、昆明卷烟厂和楚雄卷烟厂被列入经国务院批准的全国

---

① 《云南年鉴》（1998），第 168、170 页。
② 《云南年鉴》（1997），第 176 页。
③ 《云南年鉴》（1999），第 207、208、209 页。

520家国家重点企业行列。①

2000年,是云南烟草工业走出困境的一年,"两烟"生产经营保持平稳发展态势,各项指标与上年相比均有所进步,经济运行的质量与效益都有所提高。全省共收购烟叶56.55万吨,收购总额52.539亿元,同比增加1.205亿元。卷烟产销同步增长,价格稳定,库存下降。全省共生产卷烟612.77万箱,国内销售622.08万箱,比上年同期增长10.81%。全年实现工商税利343.17亿元,占全国烟草税利的32.68%。同年,玉溪红塔集团与德国SAP公司合作,投资1亿元建立了在全国处于领先水平的现代化信息网络,对推动业务流程优化,减少消耗,提高经济效益,促进企业发展产生了积极作用。②

由上所述,从20世纪80年代中期开始,云南烟草工业快速发展,在全国烟草行业中的地位随之逐渐上升。1988年,云南"两烟"的产量、质量、销售量、名优烟的数量、卷烟企业的技术装备、"两烟"出口创汇和工商税利等多项经济指标,均跃居全国第一位,充分显示了云南烟草工业强劲的优势地位。90年代以后,云南烟草工业跨入了大发展的新阶段,在全国烟草行业中的地位更是全面上升和大步上升。1994年,云南烟草工业在全国烟草行业中保持了"六项第一"(实际上是多项第一)的"排头兵"地位。烤烟的种植面积、产量、质量、销售量、市场占有率全国第一;"两烟"出口创汇全国第一;卷烟企业的技术装备水平全国第一;卷烟生产能力全国第一;"两烟"实现工商税利全国第一;实施出国办厂全国领先等。这么多"全国第一"所包含的具体数据,在上面的有关论述中已有涉及,兹不赘。从以上云南烟草工业在全国烟草行业中所处地位的变化,十分清晰地折射了云南烟草工业发展的轨迹;云南烟草工业在全国烟草行业中的地位不断上升,多项指标位居全国第一,以至于被公认为"烟草王国",充分反映了云南烟草工业获得的辉煌成就。

二 云南烟草产业的业绩

1979~2000年,云南烟草产业获得了巨大发展。在此22年间,烤烟种植面积从90.4万亩增为444万亩,增长3.9倍;烤烟产量从211.8万担增

---

① 《云南年鉴》(2000),第178、179、180页。
② 《云南年鉴》(2001),第152、153、154页。

为1131万担,增长4.3倍;烤烟收购量从211万担增为1129.8万担,增长4.35倍;卷烟总产量从70.88万箱增为612.768万箱,增长7.65倍;甲、乙级卷烟的比重从67.27%增为97.1%(1993年数据),增长0.44倍;"烤烟"出口创汇从1979年至2000年合计32935.9万美元,卷烟出口创汇从1987年至2000年共计78160万美元,"两烟"出口创汇共计111095.9万美元。这些数字不仅充分反映了云南烟草工业22年间的持续、快速发展,同时也充分显示了云南烟草工业取得的巨大业绩。

云南烟草产业的快速发展,带来了不断增长的经济效益。1979年以前,"两烟"实现的工商税利,大多年份是几千万元,最多至2.9亿多元(1977年、1978年)。1979年突破了3亿元(为3.1487亿元),此后一直不断增长。1985年突破10亿元达13.5101亿元;1991年突破100亿元达105.01亿元;1998年达至380亿元,成为1979年以来22年间经济效益最高的年份(表3-42、表3-43)。

表3-42　1953~1978年云南省烟草税利统计

单位:万元

年　份	烟草税利	年　份	烟草税利	年　份	烟草税利
1953	1580.1	1962	8535.0	1971	9271.0
1954	1777.2	1963	6443.0	1972	11880.0
1955	2081.6	1964	8036.0	1973	15764.0
1956	2687.0	1965	7828.0	1974	19386.0
1957	3814.0	1966	9306.5	1975	21719.0
1958	4701.0	1967	5809.0	1976	18231.5
1959	6314.5	1968	3518.5	1977	29968.0
1960	8609.0	1969	7324.8	1978	29582.0
1961	7816.0	1970	8421.5		

资料来源:《云南省志·烟草志》,第357、358页"云南省烟草税利与财政收入统计表"。

由表3-42可知:1953~1978年的26年间,云南烟草的税利从1580.1万元逐渐增至29582.0万元,虽然增速较慢,但不断增长的趋势却是显而易见的。这当然是由于这一时期全省烟草工业发展缓慢所决定的。

表 3-43　1979～2000 年云南"两烟"实现工商税利统计

单位：万元

年　份	"两烟"税利	年　份	"两烟"税利	年　份	"两烟"税利
1979	31487.5	1987	236110.0	1995	3463200.0
1980	37232.0	1988	364584.0	1996	3780000.0
1981	56467.0	1989	521253.0	1997	3730000.00
1982	68007.0	1990	639194.0	1998	3800000.0
1983	75237.5	1991	1050100.0	1999	3431100.0
1984	97412.0	1992	1483600.0	2000	3431700.0
1985	135101.0	1993	2414800.0		
1986	166002	1994	2769000.0		

资料来源：《云南省志·烟草志》，第 356 页"云南省烟草税利与财政收入统计表"（续表）；《云南烟草志》（下卷），第 673、674 页"1991—2005 年云南烟草主要经济指标"。

从表 3-43 可知："六五"期间（1981～1985 年），"两烟"的经济效益是 5.6 亿多元至 13.5 亿多元；"七五"（1986～1990 年）从 16.6 亿元跃到 63.9 亿元，增幅为 2.85 倍；"八五"（1991～1995 年）从 105 亿元跃至 346 亿元，增幅为 2.29 倍；"九五"一直保持在 343 亿元至 380 亿元。可见，1986～2000 年的 15 年，尤其是 1995～2000 年的 6 年，"两烟"创造的经济效益是十分巨大的，这是云南烟草史上发展最快、效益最大的时期。

如果将这一时期云南"两烟"实现的税利放到全国烟草行业中去考察，即可清楚地看到从 1991～2000 年的 10 年间，云南"两烟"税利在全国烟草税利总量中的比重分别是：24.85%、27.08%、44.44%、49.87%、49.04%、45.63%、43.07%、39.66%、34.67%、32.68%；[1] 简而言之，这 10 年中，有 8 年占 1/3 左右，有 2 年占一半。如果再将 20 世纪 80 年代以来"两烟"税利放到云南省财政收入中去观察，即可清楚地看到，从 1981 年以来"两烟"税利占全省财政收入的比重一直是 40% 以上，有一些年份甚至高达 80% 以上。"两烟"已成为云南地方经济的强大支柱。总之，从 20 世纪 80 年代以来，"两烟"的持续、快速发展，带来了巨大的经济效益，在云南烟草发展史上创造了辉煌的业绩。

---

[1] 《云南烟草志》（下卷），第 673、674 页"1991～2005 年云南烟草主要经济指标"。

三 云南烟草产业的贡献

1. 对国家的贡献

从本章第一节的论述中可知,由于烟草制品对人体健康有一定危害,所以国家在烟草税收政策上,一直实行"寓禁于征"的重税政策。从综合税负水平来看,我国卷烟工业企业实现的每一百元销售收入中,有 50 元以上是作为税收上缴给中央和地方财政。烟草产业创造的税利成为政府财政收入的一个重要来源。

云南烟草产业自 20 世纪 80 年代中期进入持续、快速发展时期后,实现的工商税利随之迅猛增长:1986 年仅仅是 1.66 亿元,1990 年跃为 63.9 亿元,1995 年更跃至 346 亿元以上,1998 年高达 380 亿元。在这些巨额的税利中,上缴中央财政的税费有多少,1979~2000 年的 22 年间,历年上缴国库的数额又有多少,《云南年鉴》和《云南烟草志》等文献均语焉不详,故无法加以详细说明。唯《云南省志·烟草志》开篇"概述"中有这样一条记载:"1988 年名优卷烟提价以后,到 1990 年,云南上交中央产品税、专项收入、利润共 44.9769 亿元。云南烤烟卷烟不仅成为云南的财政支柱,而且对中央财政也作出了贡献"。[①] 1988 年云南"两烟"税利为 364584 万元、1989 年为 521253 万元、1990 年为 639194 万元,三年合计 1525031 万元。三年上交中央财政的税费占同期税利总量的 29.49%,即近 30% 的税金上缴中央财政。这一计算不知准确与否。1991~2000 年的 10 年中,云南"两烟"税利占全国烟草税利的百分比,分别为:24.85%、27.08%、44.44%、49.87%、49.04%、45.63%、43.07%、39.66%、34.67%、32.68%,换言之,在全国烟草税利中,云南烟草占三四成,甚至近五成。显而易见,从 20 世纪 80 年代中期以后,云南"两烟"创造的巨额税利中,上缴中央财政的税金不在少数。云南烟草产业确实为国家作出了一定贡献。

2. 对云南省的贡献

云南烟草产业对本省的贡献是多方面的,主要有下述 4 个方面。

(1) 为经济建设积累巨额资金

云南烟草产业创造的经济效益,逐渐成为本省各级财政的重要来源。

一是省级财政的主要来源。"两烟"实现的税利逐渐成为省级财政的组

[①] 《云南省志·烟草志》,第 8 页。

成部分，乃至于成为主要支柱（见表3－44）。

表3－44 1953~1990年云南省烟草税利与财政总收入统计

单位：万元，%

年份	全省财政总收入	烟草税利	烟草税利占省财政收入	年份	全省财政总收入	烟草税利	烟草税利占省财政收入
1953	20188	1580.1	7.83	1972	86299	11880	13.77
1954	22687	1777.2	7.83	1973	91997	15764	17.14
1955	23559	2081.6	8.83	1974	87721	19386	22.1
1956	26121	2687	10.29	1975	85915	21719	25.28
1957	29152	3814	13.08	1976	50833	18231.5	35.86
1958	63453	4701	7.41	1977	77204	29968	38.82
1959	85112	6314.5	7.42	1978	117606	29582	25.15
1960	95532	8609	9.01	1979	114123	31487.5	27.59
1961	56644	7819	13.8	1980	116407	37232	31.98
1962	46918	8535	18.19	1981	126922	56467	44.49
1963	46888	6443	13.74	1982	156558	68007	43.44
1964	51577	8036	15.58	1983	171720	75237.5	43.81
1965	50285	7828	15.57	1984	197263	97412	49.38
1966	54367	9306.5	17.12	1985	274821	135101	49.25
1967	45128	5809	12.87	1986	300134	166002	46.62
1968	15346	3518.5	22.92	1987	374860	236110	62.99
1969	41865	7324.8	17.50	1988	505325	364584	72.15
1970	79321	8421.5	10.62	1989	632701	521253	82.39
1971	84395	9271	10.98	1990	774346	639194	82.55

注：1986~1990年烟草税利统计，应与此前历年的统计一致，即应为烤烟税与卷烟税之合计。
资料来源：《云南省志·烟草志》，第357、358页"云南省烟草税利与财政收入统计表"。

由表3－44可知：云南烟草税利从1953年开始即已成为全省财政收入的重要组成部分。迄于1979年的27年间，烟草税利占财政收入的比重大多数年份占10%左右，有6年低于10%，有19年高于10%，有2年占到30%以上。1980年以后，随着烟草产业的快速发展，烟草税利迅猛增长，其所占财政收入的比重不断上升。1980年为31.98%；1984年升为49.38%，几乎占一半；1988年又升为72.15%，超过2/3；1989年和1990

年更升至 80% 以上，超过 4/5。1980 年以来，云南烟草产业对全省财政收入的巨大贡献率即此可见。

1991～2000 年的 10 年间，"两烟"实现的税利较此前有更大增长，即从 1991 年的 105 亿元增至 1995 年的 346 亿余元，1998 年更增为 380 亿元。这一巨大增长，更提升了"两烟"对全省 GDP 和财政收入的贡献率。据《云南烟草概述》记载：1991 年以后，"'两烟'税利占云南省财政收入比例已由 1980 年的 40%，上升到 1994 年的 80% 以上"。全省财政收入的 4/5 以上来自"两烟"的税利，"两烟"在云南经济发展中的支柱地位显而易见。"'两烟'优势的发挥，既稳定了财政收入，又积累了资金搞建设，为发展新的产业提供了必备的条件。"①

"两烟"的快速发展及其创造的巨大经济效益，"深刻地改变了云南省的经济格局。八十年代后期起，云南有了自己的资金积累，开始有重点地投入农业、电力、水利、交通、能源等基础设施的建设以及后继优势产业的开发……同时带动并改造小农经济向现代农业经济发展……"②

二是地州市财政的重要来源。全省有 15 个地州市种植烤烟，十大卷烟厂分布在 7 个地州市。在这些地州市的财政收入中，"两烟"税利所占比重为 50%～80%。③ 如红河州，既是烤烟主产区之一，又是红河卷烟厂所在地。其"财政增收主要来源于烟草产业"。以 2004 年为例：当年"烟草增加值在全州生产总值中占 25.6%，在财政总收入中占 66.1%，在地方财政收入中占 35.6%"。④ 又如曲靖地区，它是全国最大的烤烟生产基地，也是曲靖卷烟厂和会泽卷烟厂所在地，1990 年，"两烟""上交地方财政税金占全区的比重从 1969 年的 0.03% 增加到 70% 左右"。⑤ 再如大理州，不仅是烤烟的主产区之一，也是大理卷烟厂所在地。1984～1993 年，"两烟"上缴税利占全州地方财政当年总收入的 60% 左右。⑥ 20 世纪 90 年代，"两烟"税利占全州财政总收入的比重分别是：1990 年为 68.28%、1991 年 63.69%、1992 年 68.85%、1993 年 65.39%、1994 年 53.76%、1995 年

---

① 程永照：《云南烟草概述》，载《云南烟草博览》，第 59 页。
② 程永照：《云南烟草概述》，载《云南烟草博览》，第 59 页。
③ 程永照：《云南烟草概述》，载《云南烟草博览》，第 13 页。
④ 《红河烟草志》附录，第 301 页。
⑤ 《曲靖卷烟厂志》概述，第 4 页。
⑥ 《云南烟草博览》，第 315 页。

64.37%、1996 年 62.32%、1997 年 61.46%、1998 年 49.75%、1999 年 51.64%、2000 年 48.78%。"两烟"被称为"大理民族经济支柱产业"。[①] 又再如昭通地区，"两烟产业发展成为全区 430 万人民的骨干经济产业"。1990 年卷烟的"经济效益占全区财政收入的 73%"。[②] 1994 年昭通烟厂的"产品税占地区财政税的 85.5%"。1995 年，该厂"产品税占地区财政税的 83.8%"。[③] 显而易见，这些生产"两烟"的地州市从烟草税利中，大大增加了财政收入，也为地方经济建设积累了资金。

三是县市区财政的重要来源。全省有 88 个县市区、800 多个乡镇种植烤烟。当地政府征收"烟叶产品税"，又称"农业特产税"，简称"农特烟税"。"农特烟税"成为这些烟区县乡政府的重要财政来源。有人估计，烤烟实现的"农特税"收入占到了产烟县市区财政收入的 50%~80%。[④] 如大理州，"九五"期间，"烤烟收购量达到 607.91 万担，实现农特税及附加 8.15 亿元，实现烟农收入 26.79 亿元。烤烟仍然是县乡财政收入的重要来源"。[⑤]

四是农民增加收入的重要来源。云南全省种烟农户达 200 多万户、计 1000 多万名烟农。由于农村产业结构单一，这 1000 多万名烟农主要靠种烟为生，有的还靠种烟脱贫；这些烟农不仅穿衣、小孩上学、添置家用电器设备靠种烟，而且起房盖屋、儿子娶媳妇，都靠种烟的收入。[⑥] 烟农的收入各地有所不同。如红河州，2004 年全州烟区有 17 万户 70 万名烟农，烤烟收入占农民人均纯收入的 45%，当年烤烟收入为人均 1221 元。[⑦] 又如大理州，2000 年，"种烟农户户均收入 2803 元"。[⑧]

此外，"两烟"出口创汇达 11 亿多美元，增加了全省的外汇储备。前面已详述，兹不赘。

总之，云南"两烟"创造的巨大经济效益成为全省各级财政收入的重要来源，为地方经济建设和社会发展积累了巨额资金，从而促进了云南经

---

① 《大理卷烟厂志》大事记，第 19、20、21、22、23、24、26、28、30、32、33、536 页。
② 《云南烟草博览》，第 313 页。
③ 《昭通卷烟厂志》，第 490 页。
④ 程永照：《云南烟草概述》，载《云南烟草博览》，第 13 页。
⑤ 《大理卷烟厂志》，第 703 页。
⑥ 程永照：《云南烟草概述》，载《云南烟草博览》，第 13 页。
⑦ 《红河卷烟厂志》，第 704 页。
⑧ 《大理卷烟厂志》，第 704 页。

济社会的发展。

(2) 带动诸多地方工业发展

"两烟"生产的快速发展,卷烟先进设备的大量引进,卷烟结构的高档化及其产品质量的不断提高,需要与之相适应的工业企业的支持,于是一大批与"两烟"相配套或相关的地方工业迅速发展起来。据统计:全省烟草配套工业共有 89 家,[①] 其中有新建的、有扩建的,还有转产的。这些烟草配套工业涉及范围较广,主要有机械工业、化学工业、造纸工业、印刷工业、日用化学品工业以及滤嘴棒加工工业。

机械工业方面:如前所述,1979～2000 年,云南省生产烟草机械及其备件的企业共有 10 多个工厂或公司,主要有昆明市机器厂、昆明市第二、第三机器厂、昆明市通用机械厂(后来改名云南烟草机械厂)、云南模具三厂、云南曙光机械厂、昆明船舶设备集团以及云南烟草机械配件公司等。这些企业的产品包括打叶复烤设备、制丝设备、卷接机和包装机等,烟机品种较为齐全,并处于国内先进水平。云南烟机工业的年总产量、销售量占全国总产量和销售量的三分之一以上。

化学工业方面:20 世纪 80 年代以后,云南烤烟种植中农家肥施用逐渐减少,一般多施用化学肥料。为此,全省各地的化肥厂纷纷扩大生产规模,增加化肥产量,为烤烟生产提供充足的化学肥料。如:1985 年,驻昆解放军化肥厂、云南氮肥厂、云南天然气化工厂、沾益化肥厂等大、中型合成氨厂生产能力提高到年产 51 万吨,加之小型化肥企业的 13 万吨,全省合成氨的生产能力 64 万吨;当年共生产 60.55 万吨,占全国合成氨总产量的 3.5%,在全国排行第 12 位。又如:1985 年,云南天然气化工厂和沾益化工厂生产的尿素,从 1978 年的 38 万余吨增为 55 万余吨,占全国尿素总产量的 6.2%。磷肥方面,全省磷肥产量从 1978 年的 12.31 万吨增加为 1985 年的 18.23 万吨。钾肥方面:全省有昆阳磷肥厂等 10 家工厂生产钾肥,1980 年共生产 86 吨。复合肥方面:1985 年,云南磷肥厂等企业生产氮、磷、钾合成复合肥料 10 多个品种,至 1986 年产量达 720.82 吨。又,1985 年全省有 4 个点生产混配复合肥料,总产量为 432 吨,占全国总产量的 0.25% 等。[②] 总之,自 20 世纪 80 年代以后,云南化肥企业为适应种烟施用

---

① 《云南烟草博览》,第 432、433、434、435 页"云南省烟草配套工业名录"。
② 云南省化学工业厅编撰《云南省志》卷 28《化学工业志》,云南人民出版社,1994,第 148、154、161、167、169 页。

化肥的需要，扩大生产，增加产量，向烟农提供了大量氮、磷、钾化肥以及复合化肥。

造纸工业方面：先后新建或改扩建的造纸厂（或公司）有35家：红塔兰鹰有限公司、昆明云丰造纸厂、云南铝加工厂、陆良造纸厂、大理洱滨造纸厂、玉溪大营街水松纸厂、玉溪光华造纸厂、丽江县造纸厂、玉溪新兴仁恒包材公司、昆明西山卷烟材料厂、福保彩印厂、云南建筑材料公司、昆明造纸厂、玉溪红塔铝箔厂、楚雄卷烟辅料厂、红河弥勒水槽纸厂、屏边造纸厂、福保造纸厂、靖港包装材料有限公司、楚雄市水松纸厂、建水红星造纸厂、玉溪水松纸厂、昆明市纸箱厂、昭通市纸箱厂、曲靖集团公司纸箱厂、会泽纸箱厂、弥勒铝箔厂、大理纸箱厂、通海县包装制品厂、昆明市宜良南北铝纸厂、玉溪市第一造纸厂、昆明市五华配套铝箔厂、大理三塔铝箔厂、昆明塑料厂、大理市塑料厂。[①] 这些企业生产的产品主要包括10种，即卷烟盘纸、成型纸、水松纸、铜版纸、铝箔、衬纸、铝纸复合、涂料白板纸、烟箱、纸箱。在"两烟"产业的带动下，云南造纸工业发展尤为迅速，其产品基本上满足了本省卷烟生产的需要。

印刷工业方面：昆明市彩印厂、通海县印刷厂、通海彩印厂、通海工艺美术厂、昆明康泽彩印厂、云南新华印刷二厂、楚雄彩印厂、武定彩印厂、大姚大金彩印有限公司、曲靖彩印厂、陆良彩印厂、7216国防印刷厂、安宁印刷厂、会泽县彩印厂、昆明市五华商标彩印厂、昆明福保彩印包装厂、昆明市印刷厂、昆明金鼎烟草配套公司、昆明市云华彩印厂、大理市印刷一厂、昆明彩印厂华宁县印刷厂、玉溪环球纸盒彩印厂、玉溪印刷厂等，共计24家工厂或公司。它们的产品主要有商标，此外还有条盒、口花、封口等。[②] 印刷工业也是在卷烟工业带动下发展较快的云南地方工业。

日用化学品工业方面：卷烟厂需要的日用化工产品主要包括烟用香料和香精，此外还有甘油和乳胶等。昆明香料厂、云南雄宝香料制品有限公司、昆明友立实业公司、玉溪市溶剂厂等为卷烟厂提高上述日用化工制品。[③]

滤嘴棒加工工业方面：云南卷烟材料厂、大理市嘴棒厂、玉溪市滤嘴

---

① 何兆寿主编《云南烟草博览》，第240、433页。
② 何兆寿主编《云南烟草博览》，第432、433、434页。
③ 何兆寿主编《云南烟草博览》，第434、435页。

棒厂等加工卷烟滤嘴棒。①

上述在"两烟"产业带动下迅速发展的云南地方工业,有一些显著特点。第一是属于多种所有制,有中外合资、国有、乡镇集体等,其中国营企业较多。第二是分布范围较广,主要在昆明、玉溪、曲靖、红河、大理和昭通等地州市。第三是卷烟配套工业初具规模,已形成烟机—印刷—烟用纸等"一条龙"配套产品。第四是生产规模有大有小,小企业居多。第五是生产品主要供本省十大卷烟厂,销往省外者不多。第六是产品质量不高,同国外先进水平有较大差距等。

在"两烟"产业带动下发展起来的云南地方工业,多年来取得了不少成绩,不仅有力地支持"两烟"的持续、快速发展,也对全省 GDP 作出了一定贡献。

(3) 开展多元化经营

20 世纪 80 年代中期起,云南烟草系统开展对烟草专卖品以外的行业进行投资的多元化经营。部分烟草企业动用少量资金投资多元化企业,主要围绕服务主业和增加就业两个方面而开展。如:1990 年,省烟草公司投资 7834 万元建设云南铝加工厂,翌年又投资 3873 万元建设大理洱滨纸厂。同时,一些烟草企业还扶持带动一批乡镇企业生产卷烟辅料,并开始自办劳动服务公司,开种多种经营。至 1990 年底,全省烟草行业的多元化经营投资总额为 2 亿元左右,投资企业有七八个。这一阶段开展多元化经营的特点是:投资金额小、领域单一、尚未形成规模化的非烟生产企业。

1991～2000 年,全省烟草行业的多元化经营进入快速发展时期。此间,省烟草行业大量进行多元化投资,其范围扩大到数十个行业领域,单体项目规模明显增大,投资总额直线上升。至 1998 年底,全省烟草非烟产业投资规模达 132 亿元,投资产业除与烟草相关的配套产业外,还涉及能源、交通、金融、保险、证券、宾馆酒店、旅游、体育、房地产、造纸业、建筑材料、轻化工、农牧业、花卉园艺、进出口贸易及商业贸易、广告与信息、高科技等多种产业。如:全省烟草单位投资金融行业的资金约 24 亿元,分别投向华夏、光大等银行;投资交通运输行业的资金约 12.7 亿元,投向昆玉高速公路等;投资能源电站的资金约 18.8 亿元,分别投向大朝山、小湾水电站等。此外,这一时期的非烟产业约 50% 的资金集中投资于酒店宾馆

---

① 何兆寿主编《云南烟草博览》,第 435 页。

和房地产业。如：1996 年云南红塔投资公司投资 1.48 亿元建设云南红塔大酒店，1998 年又投资 0.77 亿元建设黄山红塔酒店；1998 年昆明卷烟厂投资 2.82 亿元建设苏州天平大酒店等。1992 年云南红塔投资 1.35 亿元成立中山红塔物业发展公司，1993 年又投资 0.73 亿元成立云南红塔屋业发展有限公司；1993 年云南烟草兴云投资公司投资 0.68 亿元成立云南烟草兴云房地产开发公司，同年投资 0.40 亿元成立昆明万兴房地产公司等。各烟草投资单位还成立了专门的机构，以加强对多元化经营的领导，使多元化经营逐步纳入了系统管理的轨道。[1]

云南烟草行业开展的多元化经营带来了良好的经济效益和社会效益。首先，它带动了全省产业结构的调整，扶持了一大批资产负债率低、抗风险能力强的产业，从而促进了地方经济的发展。其次，它带动了一大批烟草配套产业和乡镇企业的发展，为全省 GDP 作出了重要贡献。

(4) 促进传统农业向现代化农业发展

第一建设"第一车间"。1985 年，玉溪卷烟厂率先提出"把玉溪卷烟厂的第一车间建在烟田"；"要用发挥第一优势（烤烟）来保证第二优势（卷烟），又以第二优势促进第一优势的发展"。该烟厂用其积累自建原料基地以保证优质烟叶来源的想法，被称为"第一车间"理论。这一理论首先在玉溪、通海进行实践，玉溪卷烟厂投资 50 万元，在 2418 亩烟地上进行实验，结果烟叶产量增加 54%，质量也显著提高。1986 年后，"第一车间"理论在全省各地推广，各卷烟厂纷纷投资在烟区建设自己的"第一车间"，都取得了良好效果。[2] 卷烟企业对原料生产进行资金投入，不仅解决了长期困扰云南烟叶生产中的"营养不足，发育不全，成熟不够，烘烤不当"的问题，而且更为重要的是形成了"以工养农，以农促工"的工农业良性循环。这就为建设现代化农业开辟了一条新的发展路。

第二实施"科学种烟"。从 1982 年开始，全省推广"科学种烟"，实施多种种烟技术，包括因地制宜、择优种植，推广良种、发挥品种的优良特性，培育稀秧壮苗、适时播种移栽，科学施肥、合理增施钾肥与复合肥、推广薄膜育苗和营养袋假植新技术，推广地膜栽培和单垄稀植栽培新技术，倡导以乡村为单位集中连片种植以利管理和轮作等。

---

[1] 《云南烟草志》（下卷），第 275、276 页。
[2] 何兆寿主编《云南烟草博览》，第 39、40、41 页。

此外，还实施了建立优质烟叶示范区，扩大烟叶水浇地，以及"烤烟上山"等技术措施。

上述"科学种烟"以及建立示范区的措施，经过多年实践取得了巨大成绩，烤烟的产量和质量都迅猛提高。更重要的是，实施"科学种烟"，使云南烤烟生产技术逐渐摆脱了传统技术和经验技术的束缚，从而使烤烟种植业实现了由传统农业、经验农业向现代化农业的转变。①

综上所述，1979～2000年，云南烟草产业取得了辉煌成就。"两烟"的产量、质量、销量、工商税利及出口创汇等多项经济指标均位居全国第一，云南已成为名副其实的"烟草王国"；"两烟"的经济效益从3亿多元猛增至380余亿元，占全国烟草税利的39.66%，雄踞全国榜首；"两烟"为国家和本省积累了巨额建设资金，尤其对云南省的财政收入和GDP作出了重大贡献。"两烟"成为云南地方经济的强大支柱，成为云南的"摇钱树"和"聚宝盆"。

第十三节　云南烟草工业的成功之道

云南烟草工业在1979～2000年的22年间，取得了举世瞩目的辉煌成就。云南烟草工业的成功之道是什么？这早已引起一些官员和学者的关注和思考，他们对此进行了研究，提出了自己的观点。

1992年12月时任云南省省长的和志强在听取省烟草公司工作汇报后，总结归纳出云南烟草发展的八条成功经验："（1）保证规模经营，这是关键的一条成功之路。（2）发挥总体效益。以发挥云南的整体效益为前提来制定政策。（3）不断追赶世界的先进技术，做到保持技术先进。（4）把烤烟基地作为第一车间，从基础抓起。（5）不断调整销售策略，适应市场变化。（6）坚持质量是云南'两烟'生命线的原则。（7）始终把发展烟草工业的立足点放在搞活企业和维护烟农利益上。（8）坚持依靠自身积累来发展卷烟配套工业，实行'两烟'生产的集团化经营。"②

1982～1984年担任云南省烟草公司经理兼党委书记的廖必均，在1995年出版的《云南烟草博览》中，以"云烟崛起的原因"为题，总结了云南

---

① 张宝三主编《云南支柱产业论》，云南人民出版社，1997，第60、61页。
② 《云南年鉴》（1993），第204页。

烟草工业取得辉煌成就的"基本原因"。他从 5 个方面展开论述：（1）云南烟草产业崛起的背景，即 1978 年以后，云南省经济发展走出了一条以发展农业为基础，加强经济作物、加工业与轻工业的发展，工业与农业、重工业与轻工业协调发展的路子。（2）准确选择优势，即 1982 年将"发展两烟作为云南第一战略重点"。（3）尊重科学，不断提高烤烟质量。（4）对卷烟工业进行高起点的技术改造，把先进技术与云南独特的自然优势结合起来。（5）进行体制改革，解放和发展生产力。他认为"上述五个方面，基本上揭示了云南'两烟'发展的奥秘"。[①]

马德儒先生在其《云南烤烟生产的十条基本经验》中回顾并记述了云南烤烟产业发展的十条基本经验："（1）加强领导，将烤烟生产作为优势产业来抓。（2）理顺经营机制，抓住机遇，乘势发展。（3）正确处理好三者利益的分配关系，调动生产者、组织者、经营者的积极性。（4）强化科技，把主攻烟叶质量放在首位。（5）层层抓榜样，大办优质烤烟'综示'区。（6）增加投入，扶持烤烟生产发展。（7）发展与烤烟生产相配套的复烤加工工业。（8）搞好烟用生产资料的系列化配套服务。（9）自成科研体系，发展完善科技网络。（10）全省烟草战线各级领导、广大职工、科技工作者，以高度的责任心、责任感，把烤烟生产作为第一车间和工作的主战场，长年累月饱经风霜，历尽艰辛，艰苦创业，为云南烤烟产业的发展作出了卓越的贡献。全省 200 余万农户以他们辛勤的劳动，用汗水浇灌了金叶，他们为云南烟草事业的发展作出了重大贡献。"[②]

1989 年"投笔从烟"的程永照先生在 1994 年对云南烟草所以能实现高速、高效发展，研究总结出十条根本经验。其中重要的有 4 条，即"首先有党的十一届三中全会以来改革开放政策，有省委、省政府、国家局（总公司）的正确领导；其次是各级党委、政府高度重视和支持，全省上下左右形成了共同支持发展两烟生产的经营合力；再次是全省上千万烟农、近百万干部、七万多烟草职工的奋力拼搏；最后是能坚持从实际出发，实施卷烟效益反哺烤烟生产，狠抓'第一车间'建设；坚持质量第一，坚持质量是产品和企业的生命线；坚持让利销售，让利不让市场；坚持规模化生产，发挥总体效益；坚持专卖，严厉打假"。后来，程永照先生又在其《云

[①] 详见何兆寿主编《云南烟草博览》，第 192～195 页。

[②] 详见何兆寿主编《云南烟草博览》，第 219～222 页。

南烟草概述》中写道:"云南烟草的成功发展是走出了一条'质量品种结构科技效益型'的变资源优势为商品优势及经济优势的路子。"具体来说,就是靠政策、靠科技、靠投入、靠实干。他说:"靠政策。主要是用政策调动两烟生产者、组织者、经营者的生产、经营两烟的积极性。""靠科技。烤烟生产主要是总结制定并大力推广《优质烟栽培十大技术规范》,全面推行'三化两膜一袋双配套'的科学种烟技术措施。卷烟生产主要是'六五'以来始终追踪国际烟草加工的先进技术,并实施三次高、新、尖的大规模技改,引进国外先进卷接包制丝设备技术装备烟厂。""靠投入。主要是用卷烟效益反哺烤烟,实行烟水、烟肥、烟路配套,改善生产条件,产生理想效益。""靠实干。主要是发挥人的作用。第一线靠烟农、烟草职工、科技人员苦干、实干、巧干,组织生产靠各级党委、政府领导,协作靠多级各有关部门的大力支持和配合,指挥运行靠企业家的敬业精神"。[①]

上述官员、学者都是云南烟草工业发展的见证者,其所提出的观点均实事求是、言之成理、颇有见地,对笔者也多有启发。

笔者认为,云南烟草工业的成功之道,是当代云南烟草发展史和云南地方经济史研究中的一个大课题,需要在已有研究成果的基础上,进一步更全面、更深入地进行研究,从而总结和归纳出当代云南烟草工业获得成功的外部条件和内在因素。

笔者根据两年多来在撰写《云南烟草发展史》过程中的反复思考,并参考已有的研究成果,认为1979~2000年云南烟草工业持续、快速大发展,取得了令世人惊讶的辉煌成就,有多方面的外部条件和内在因素,其中主要有六个方面。兹分述如下。

一 得天独厚的自然条件奠基了云南烟草的大发展

云南是全球驰名的"植物王国",具有发展烤烟生产的得天独厚的自然条件。

世界上生产烤烟的地方不少,但最适宜种植烤烟的地方却寥若晨星。目前,全世界公认的著名烤烟产地仅有美国的北卡罗来纳州和弗吉尼亚州、南美洲的巴西和非洲的津巴布韦等。中国虽然也有不少烟区的自然条件与之相似,但可以与之媲美的唯有云南省的玉溪、大理、曲靖、红河、昆明、

[①] 程永照著《云南烟草概述》,载《云南烟草博览》,第15、16页。

楚雄、昭通、保山、丽江等地州市的一些县市区。

中国主产烤烟生产的东北、黄淮、西南、中南4大产区的15个省区，其适宜烤烟生产的土壤、海拔、经纬度、年均气温、日照、降水量等自然客观条件，数云南省最优越、最具优势。

根据20世纪80年代农业科学规划，在云南4000多万亩总耕地面积中，有1200万亩（即33.33%）适宜种植烤烟。

云南省位于北纬21°~29°、东经97°~106°之间，海拔在1500~1900米，年均气温在15°左右，日照达2000多小时，降水量约为9000毫米、昼夜温差大，土壤为微酸的红壤；属低纬度内陆地区，海拔高差大，基本上属于高原季风型，气候温和，雨量充沛，光照充分，大部分地区均最适宜烤烟生长。

上苍赐给云南独特的自然条件，使云南生产的烤烟具有"色泽橘黄，香气充足浓郁，烟碱含量协调，烟叶大小厚薄适中，燃烧性能理想，化学成分协调"等独特风格。云南诸多优质烟叶生产基地生产的优质烤烟，不但在中国首屈一指，而且在世界上也毫无愧色地名列前茅。[①]

优越的自然条件使云南全省有15个地州市、88个县市区、800多个乡镇适宜种植烤烟。据统计：2000年，全省烤烟种植面积为444万亩，烤烟产量达1131万担（即56.55万吨），居全国首位；其中供本省十大卷烟厂的烤烟为30.5050万吨，占总产量的54%，其余烤烟则供省外100多个烟厂和出口20多个国家和地区。

由上所述，云南得天独厚的自然条件，使其适宜种植烤烟的地区广大，烤烟的种植面积、产量和质量均位居全国第一，为全省十大烟厂的生产提供了充足的烤烟原料，并且还大量调供省外以及出口创汇。显而易见，上天所赐优越的自然条件为云南烟草的大发展奠定了深厚的基础。

二 改革开放的路线方针成就了云南烟草的大发展

1979~2000年的22年间，云南烟草行业进行了一系列管理体制的调整和改革，主要涉及管理机构、国家专卖制度、市场化、产业内部、烟草价格和税制等6个方面。

管理机构的改革：1982年，云南省烟草公司正式成立，随后在15个

[①] 程永照著《云南烟草概述》，载《云南烟草博览》，第2页。

地、州、市和 63 个县（市、区）相继成立了烟草分公司，从而将计划、种植、科研、收购、复烤、仓储、调拨、卷烟生产、销售、物资供应、内外贸易都统一起来管理，建立起农、工、商、产、供、销一条龙的管理体制；并形成了农业种植、工业生产、商业流通紧密衔接、互为依托、相互推动发展的新局面。这种对烟草产业实行高度统一的管理体制的建立，结束了此前农业部门管烟叶种植，供销社系统管烤烟收购、复烤、储运、调拨，轻工部门管卷烟生产，商业部门管卷烟销售，多头分割、互不协调、互相扯皮，烟草产业管理处于低效率运行的状态；同时有利于烟草产业有计划地发展生产、提高质量、调节消费和增加积累等。显而易见，这一重大体制改革，解放了生产力，促进了云南烟草的大发展。

国家专卖制度的建立：1983 年，云南省烟草专卖局正式成立。截至 1990 年，全省有 14 个地州市和 66 个县（市）成立了烟草专卖局。国家实行烟草专卖管理的目的，是"有计划地组织烟草专卖品的生产和经营，提高烟草制品质量，维护消费者利益，保证国家财政收入"。这种"统一领导，垂直管理，专营专卖"的管理制度，在一定程度上保证了烟草行业能够持续、稳定、健康地发展，使烟草制品在结构、质量和工艺技术方面都得到了很大提高，烟草行业的整体盈利能力和盈利水平也得到很大提高。

推进市场化改革：云南烟草公司在坚持国家烟草专卖的前提下，积极推进市场化改革，大力开拓多种形式的卷烟销售市场，包括省内、省外和境外市场。省内广大城乡普遍建立卷烟销售网络；在台湾以外的各省区市开展卷烟联营联销业务；建立全国首家"两烟"营销市场的改革，极大地推动了云南烟草产业的发展。

实施烟草产业改革：烤烟方面：建立"以工养农、以农促工"的"第一车间"，实行农工商产供销一体化的"三合一"管理制度，推广"烤烟上山"和扩大水浇地，以缓解粮烟争地的矛盾。卷烟方面：推行产、供、销有机连接的"三合一"经营管理体制；实行承包经营和基数包干政策，理顺了国家与企业的利益关系；实施"单箱工资或吨工资含量包干"和工资总额与产量挂钩，理顺了企业与职工的分配关系。云南烟草产业改革的一项更大举措是组建"云南红塔集团"，它对于云南烟草工业优化产业结构、促进资产合理配置、增强企业市场竞争能力等，发挥了巨大引领作用。

实施烟草价格改革：烤烟方面：1979~1999 年，云南省根据国家的有关规定，多次对烤烟的收购价格进行调整，总的调整趋势是不断提高烤烟的收购价格。这对于提高广大烟农的生产积极性，产生了巨大作用。卷烟方面：1988年国家放开13种名烟的价格后，云南除放开9种名烟价格，还逐渐放开其他多种卷烟的价格。这是国家烟草专卖制度之下的一个重大突破，也是中国烟草工业的一项重大改革举措。

实施烟草税制改革：1983~2000年，国家对烟草产业的税制先后进行了4次改革，其间云南省还对卷烟企业所得税进行了调整，又增收了其调节税等。烟草产业的税制改革，理顺了中央与地方、省与地州市的税利分配关系，理顺了政府与企业的利益分配关系，有利于发挥中央、地方、企业发展烟草产业的共同积极性。

由上所述，1979~2000年，云南烟草行业进行了6项重大改革，取得了巨大成果：建立了农、工、商、产、供、销一条龙的管理体制；实施烟草专营专卖，保证了烟草行业持续、稳定、健康发展；推进市场化改革，不断拓展了"两烟"的国内外市场；建立"第一车间"，保证了优质烤烟供应；推行产供销"三合一"卷烟经营管理制度，深化卷烟企业内部分配制度改革，建立了现代企业管理制度；调高烤烟收购价格，放开卷烟销售价格，刺激了烤烟和卷烟生产；进行烟草税制改革，理顺了中央与地方、地方与企业的利益分配关系。总而言之，上述生产关系的一系列改革，大大解放和发展了生产力，激活了云南烟草的潜力和实力，从而成就了云南烟草的大发展。

三 "科技兴烟"的发展战略推动了云南烟草的大发展

从1982年起，云南烟草产业努力贯彻省政府"科技兴烟"的发展战略。

一是推行科学种烟。实施烤烟品种的良种化、种植的区域化和栽培的规范化；包括推广良种、合理布局、合理密植、科学施肥、加强田间管理、提高烟叶烘烤质量、开展优质烟丰产示范试验、建立优质烟叶种植基地等。科学种烟，不仅大大提高了烤烟的产量，而且大大提高了烤烟的质量。云南生产的大量优质烤烟，充分满足了本省卷烟企业的需要，同时还供给省外烟厂和出口创汇。

二是不断开展技术改造，更新卷烟设备，提高卷烟工艺的科技含量。从20世纪80年代开始，全省卷烟企业都大规模地更新卷烟设备和开展技术改造。除购置本省研制的少量设备外，各个烟厂都投入巨资从国外引进大量先进设备。据统计：1981~1994 年，云南卷烟企业先后开展了 3 次大规模、高起点的技术改造。中央、地方和企业投入设备引进、技术改造、基建工程的资金共计 200 亿（其中包括 10 亿美元）。先后从英国、德国、美国、日本、意大利等国引进大批先进卷烟设备，其中有近百条制丝生产线、700 多台（套）卷、接、包设备等。从 20 世纪 90 年代初开始，又追踪国际烟叶加工的先进技术，投资 25 亿元从国外引进 18 条打叶复烤线等。经过十多年的技术改造，全省卷烟企业的技术设备水平大大提高。其中玉溪、昆明两个卷烟厂已经达到 20 世纪 90 年代国际先进水平，曲靖、楚雄、昭通等几个卷烟厂也达到 80 年代水平。全省卷烟企业的技术设备水平居于全国首位。通过以引进国外先进设备为中心的技术改造，各卷烟企业的卷烟工艺水平显著提高，高新科技含量大大增加，从而使卷烟检测合格率、上中等卷烟与优质卷烟的比重都不断显著提高；同时，大大提高了卷烟的生产能力。1994 年第三次技术改造完成时，全省卷烟产量，已从 1981 年的 100.5 万箱增为 609.8 万箱，增加 5 倍之多；而实际上已经形成了年产 1000 万箱的生产能力。

由上所述，通过实施"科技兴烟"的发展战略，科学种烟和技术改造都取得了显著成果，不仅烤烟和卷烟的质量有了显著提高，而且"两烟"的产量也大大提高。"在某种意义上说，云南烟草之领先，即始于其科技之领先，科技意识之领先。这也是云南烟草业成功经验中最重要的经验之一。"①

四　销售市场的内外拓展造就了云南烟草的大发展

从 20 世纪 80 年代初开始，云南省烟草公司及其下属有关部门和全省卷烟企业都加大了"两烟"销售市场的开拓力度，并采取多种营销策略，增加"两烟"的销售量。

关于"两烟"销售市场的开拓：

烤烟方面：省内调供十大烟厂的烤烟，按年度计划进行供应。省外调供计划由中国烟草总公司统一安排，调供省外的烤烟占总收购量的 30% 左右。调供省、市、区有 25 个之多，供应厂家多达 47 个。此外，根据国家下达的出口计划，云南生产的烤烟和烟丝也有一部分用来出口创汇。出口国

---

① 程永照著《云南烟草概述》，载《云南烟草博览》，第 64 页。

家和地区有美国、德国、英国、法国、俄罗斯、荷兰、日本、波兰、印度尼西亚、菲律宾、韩国、伊朗以及中国香港等（详见上文）。

卷烟方面：省内销售市场遍及全省各地、州、市、县及乡镇，销售量约占总产量的二至三成。省外销往除台湾以外的 30 个省、市、区，其中首先是北方，其次才是南方。销往省外的卷烟，1979～1987 年约占总产量的 60% 以上，1988 年以后上升为 70% 以上，1996 年以后更升至 80% 以上，即 4/5 以上行销省外市场。此外，1976 年开始，茶花牌卷烟出口香港。此后不断增加，主要出口国家和地区是缅甸、印度尼西亚、菲律宾、泰国、斯里兰卡、韩国、日本、柬埔寨、越南、马来西亚、新加坡、阿联酋、巴拿马、澳大利亚、加拿大、南非、纳米比亚以及中国香港、澳门地区（详见上文）。

关于"两烟"的营销策略：

20 世纪八九十年代，云南"两烟"的营销策略主要如下。①在全国建设卷烟销售市场网络、实施省际联营（品牌产销联营、省外来牌加工、与外省合作开发新产品）。②与经济特区和沿海城市进行串换与联销，使云南卷烟不仅较早打进了沿海城市，而且迅速辐射全国。③合理制定和调节对外调拨价，即始终坚持优质适价、让利销区，使产销双方得利。④增强透明度，走向规范化市场交易。⑤建立专卖店与专卖点相结合的销售模式。⑥建立云南"两烟"交易市场，为卷烟生产企业和经营企业创造开放型和宽松的市场前景，为云南"两烟"大规模进入公开、公平、公正的规范化市场迈出了重要的一步等。①

由于不断拓展国内外"两烟"销售市场，加之不断改进"两烟"营销策略，从而大大提高了"两烟"的销售量。烤烟调供省外的数量从 1982 年 24.7 万吨增为 1997 年的 105.7 万吨，增长 3 倍多；烟叶出口从 1981 年的 1701 吨增为 2000 年的 32803 吨，增加 18 倍多。卷烟省内销售从 1982 年的 36.36 万箱增为 2000 年的 115.54 万箱，增加 2 倍多；卷烟省外销售从 1982 年的 72.99 万箱增为 1998 年的 527.35 万箱，增长 6 倍多；卷烟出口也从 1991 年的 8.65 万箱增为 1996 年的 24.99 万箱，增长 1.8 倍多。随着销售量的大幅增加，"两烟"销售实现的工商税利也大大增加：1982 年"两烟"税利为 6.8 亿元，1998 年猛增至 380 亿元，增长高达 54.88 倍之多。"两

---

① 程永照著《云南烟草概述》，载《云南烟草博览》，第 82、83、84 页。

烟"销售税利多达 380 亿元，占全省财政总收入的八成有余，即 4/5 以上，其创造的巨大经济效益实在令人惊讶。显见之，销售市场的内外拓展确实造就了云南烟草的大发展。

五 "优质取胜"的名牌战略促进了云南烟草的大发展

云南卷烟企业历来十分重视提高卷烟的质量。从 20 世纪 80 年代中期开始，全省卷烟厂均贯彻以"优质取胜"的名牌战略。1989 年，省政府又提出"名优卷烟翻番计划"，主要在玉溪、昆明两烟厂实施。

全省卷烟企业充分利用优质烤烟资源，采取一系列技术措施，千方百计提高卷烟的质量（详见上文）。1980 年，全省优质卷烟占卷烟总产量的 20.23%，1990 年增为 55.62%，增长 1.7 倍多。其中，甲级烟的比重，1980 年仅有 2.05%，1990 年增至 32.5%，增长 14.85 倍；1995 年又增至 61.69%。"名优烟翻番计划"实施后，至 1993 年名烟产量均上了一个新台阶。1993 年与 1989 年相比较：红塔山烟增长 16 倍、阿诗玛烟增长 5.9 倍、云烟增长 8.3 倍、茶花烟增长 14 倍、红山茶烟增长 25.6 倍、大重九烟增长 5.3 倍、石林烟增长 25.4 倍，"二名烟"红梅产量增长幅度更大。[①]

云南生产的名优卷烟推向全国卷烟市场后，受到了广大消费者的青睐，市场占有率不断提高。1988 年，全国放开价格的 13 种名烟中，云南占 9 种，近四分之三。1993 年，云南名烟产量占全国名烟总产量的四分之三；云南名烟遍及全国各省市区市场，市场覆盖率居全国第一位。

云南生产的名优卷烟在全国连续获得骄人的声誉。1985 年，全国评出 18 个名牌卷烟，云南的云烟、茶花、大重九、红塔山、恭贺新禧、阿诗玛等 6 个品牌的卷烟榜上有名，占全国名烟的三分之一。1987 年，在全国行业评优中，云烟、大重九、红塔山、恭贺新禧、阿诗玛、红梅、石林等 7 个牌号的卷烟被评为行优产品，占全国 25 个行优产品的 28%。1988 年，红塔山牌卷烟被评为国优产品，获银质奖。同年，全国放开价格的 13 种名优烟中，云南占 9 种，即云烟、红山茶、茶花、大重九、红塔山、玉溪（烟）、恭贺新禧、阿诗玛以及石林。1991 年，全国有 3 个牌号的卷烟荣获全国金质奖，其中云烟和红塔山名列其中，占 2/3。1994 年，国家烟草专卖局公布首批优等品卷烟，全国 26 个，云南有 10 个，占 38.5%。同年，国家烟草专卖局授予

[①] 何兆寿主编《云南烟草博览》，第 162、163 页。

"1995~1996年度全国名优卷烟牌号"称号,全国共49个,云南有14个,占28.6%。1995~1998年,全国生产的名优烟均为49个,云南占14个。2000年,评出全国首批(1999年度)卷烟名牌产品牌号共68个,云南占15个。可见,云南生产的10多种名牌卷烟获得了诸多殊荣而享誉全国。

云南的名牌卷烟誉满神州,覆盖全国市场,大大推高了卷烟的销售量。1985年,省内销售卷烟63.4万箱,2000年增为115.54万箱,增幅为0.8倍。同期,省外销售卷烟从125.4万箱增为507.64万箱,增幅达3倍之多。这当然带来了经济效益的巨大增长。1985年,全省卷烟销售实现的税利为11.01亿元,1998年增至310.33亿元,增加27倍。这些大数据十分明确地告诉人们:"优质取胜"的名牌战略,经全省卷烟企业切实贯彻后,取得了巨大成就,从而促进了云南烟草的大发展。

六 几代员工和烟农的不懈拼搏筑就了云南的烟草大业

云南烟草发展史是一部成功史,也是一部创业史和奋斗史。[①] 经过几代员工的艰苦创业和努力奋斗,才获得成功,也才取得了辉煌。

云南烟草工业产生于20世纪20年代。1922年,绅商庚晋侯为振兴地方工业,创办了云南首家私营机制卷烟企业——亚细亚烟草公司,该公司向富滇银行举借贷款,从上海购置了美国和日本生产的卷烟机械设备,采办了河南、山东出产的烤烟,从上海、香港购进盘纸和香精等辅料,又从上海、宁波延聘技师,就地招雇机械用男工30名、包装用女工120名,开始了生产。当年生产出"合群"、"大观楼"和"重九"等牌号的卷烟共200箱。这就是云南卷烟工业的开端,也是艰苦创业的开始。

20世纪三四十年代,云南私营机制卷烟企业不断涌现,随后公营机制卷烟企业也在昆明诞生。据统计:1930~1949年,全省有私营卷烟厂约40家、公营卷烟厂3家(包括1家复烤厂)。这些卷烟企业拥有的机械设备很少,且小型设备居多,机械化程度很低;员工人数大多只有几十人、个别几百人、最少仅15人;企业经营时间不长,大多从开办到停业仅有两三年;年产卷烟大多几千箱、个别几万箱、最少仅300箱,总体而言产量都很低。在40家私营企业中,仅有10家开办于"二战"之前,有25家开办于抗战期间。抗战开始后,为了"抗战建国",满足大批入滇军民之需,卷烟企业

---

① 程永照著《云南烟草概述》,载《云南烟草博览》,第15页。

纷纷出现，曾多达 80 余家，这些企业利用从美国弗吉尼亚州引种的"金圆"、"大金圆"烤烟原料，进行机械化或半机械化生产，而有的仍是手工与机制相结合的生产。但是，无论公营企业，抑或私营企业，生产规模都不大。这些企业投入资金不多，机械设备陈旧，工艺水平不高，员工多者几百人、少者仅 25 人，年产量最高者如公营云南纸烟厂不过 1151 箱，其他烟厂仅几百箱；企业经营时间不长，多的四五年，少的仅一年。总而言之，1930～1949 年的 20 年间，云南烟草工业迅速发展起来，其中抗战八年发展更快一些。但是，公营或私营烟企业都生产规模较小、员工不多、产量也不高。迄于 1949 年，全省卷烟企业因受内战影响大批停业，云南卷烟工业遂走向衰落。

进入 20 世纪 50 年代，云南烟草工业逐渐恢复和缓慢发展起来。1950～1953 年，公营和私营卷烟企业的生产逐渐恢复，卷烟产量从 1480 箱增为 28212 箱，基本达到新中国成立前水平。从 1954 年开始，云南开展公私合营，至 1957 年全省烟草行业实现全行业公私合营，即全部公私卷烟企业都并入国营的云南纸烟厂，变成了全民所有制企业。在此期间，云南纸烟厂先后接管了一大批私营卷烟企业，大大增加了设备，扩大了厂房，员工增至 1200 多人，提高了生产能力。1957 年生产卷烟 75340 箱，比 1953 年增长 1.67 倍，是 1950 年的 50 倍。同年创立了"红山茶"牌号卷烟，翌年又创立了"云烟"牌号卷烟。卷烟工业发展的势头还是比较正常的。

1958～1978 年，是当代中国灾难深重的时期。"大跃进"、"人民公社化运动"和"文化大革命"相继开展，严重破坏了经济建设；烤烟生产和卷烟生产也横遭破坏。1958～1971 年的 14 年间，烤烟产量一直在 1 万多吨至 4 万多吨徘徊，不及 1956 年 5.73 万吨的水平。同期，卷烟产量也在 10 万箱至 20 万箱徘徊，其中 1968 年甚至低到 75132 箱，不及 1957 年的 75466 箱；更为严重的是，卷烟质量大幅下降，导致烟厂严重亏损。"文革"期间，卷烟厂的领导机构和管理制度瘫痪，生产经营陷入困境。作为全省最大卷烟企业的昆明卷烟厂，受到的冲击和破坏最为严重。1972 年以后，卷烟生产逐渐有所回升，加上新建了曲靖、昭通、楚雄 3 个卷烟厂，卷烟产量逐年增加，1972 年增为 30.27 万箱，1978 年更增至 63.33 万箱。总之，1958～1978 年 21 年间，云南烟草工业是处于徘徊与曲折的发展之中。

1979～2000 年，云南烟草工业乘改革开放东风，跨入大发展的时期。经过管理体制和企业内部的一系列改革，通过贯彻"科技兴烟"的发展战略，卷烟生产持续、快速发展，产量、质量迅猛增加，经济效益大幅增长。卷烟产量从1978年的63.33万箱增为2000年的612.768万箱，增加8.68倍。甲级烟的比重从1979年的2.03%增为1995年的61.69%，增长29倍。烟草税利从1978年的2.9582亿元增至2000年的343.17亿元，增长116倍。这些大数据充分说明，改革开放以来的22年，云南卷烟工业获得了巨大成功，取得了辉煌成就。

以上是云南烟草工业发展的简要历程。从中可以清楚地看到，在这近80年的发展过程中，云南烟草工业并非一路顺风地向前发展，而是跌跌撞撞蹒跚而行；遇到了太多的困难与险阻，经历了太多的挫折与曲折。民国时期许多卷烟企业因资金短缺或技术不佳而亏损停业，因管理不善或战争影响而走向衰落。1958～1976年的18年间，因"大跃进"、"人民公社化运动"和"文化大革命"相继兴起，云南烟草生产横遭冲击与破坏，陷入了徘徊与曲折发展的困境。然而，云南烟草行业的广大员工，始终秉承艰苦创业的传统，克服重重困难，维系烟草发展，使云南"两烟"生产不至于停滞、破产。特别是1979年以后，云南烟草系统的员工，从总经理到各部门管理人员，从厂长到车间主任、工程师、技术员和工人，还有一大批从事烟草科学研究的研究人员，他们站在改革开放的前列，解放思想，锐意改革；他们发挥才智，攻坚克难，千方百计使企业摆脱困境，走出低谷，向前迈进，攀登高峰，实现"八个一流"的目标，创造"六项全国第一"的奇迹，终于获得了巨大成功和辉煌成就。

在云南烟草发展史上，还有另外一个创造成功与辉煌的群体，这就是辛勤耕耘在5大烤烟区的烟农。据统计：20世纪90年代中期，全省烟农多达200余万户、计1000多万人。这些烟农世代种烟为生，积累了丰富的种烟经验，不少人成为种烟能手。农村经济体制改革极大地提高了他们种烟的积极性；实施"科学种烟"后，他们运用科学、规范的种烟技术，不断努力提高烤烟的产量及质量。仅以改革开放前后为例：1978年全省烤烟产量仅为12.2635万吨，2000年增为56.55万吨，增长3.6倍。同期，中、上等烤烟的比重，从50.2%上升至89.84%，增幅为0.79倍。他们种出的优质烟叶，不仅满足了本省十大卷烟厂生产名优烟的需要，而且成为省外以及国外不少卷烟厂的抢手货。烤烟与卷烟共同创造了巨大的经济效益。

总而言之，云南烟草的巨大成功与辉煌，是烟草系统几代员工和烟农不懈拼搏的结果。他们共同筑就了举世瞩目的云南烟草大业。

本书结语

云南烟草事业的先驱者褚守庄先生在其1947年出版的《云南烟草事业》一书中写道："云南是一个适宜推广美烟的地方"，又"是一个适宜培育烟种的地方"；"本省纸烟工业，是极有希望的"，"展望云南烟草事业，是极光明、极有前途的"。[①] 半个世纪过去后，褚先生的愿景与预言，统统成为了事实。

新旧世纪之交的云南烟草工业，经过几代员工以及烟农的艰苦创业和不懈奋斗，获得了巨大成功，取得了举世瞩目的辉煌成就。它实现了"两烟"产量、质量、收购量、销售量、优质产品数量与出口创汇等多项指标均位居全国第一的宏伟目标，使云南成为真正意义上的"烟草王国"；它所创造的巨大经济效益占全省财政总收入的四成乃至八成以上，成为云南省首要的支柱产业；它还为国家经济建设积累了巨额资金，作出了重要贡献。

云南烟草工业，既有"极光明"的今天，必有更加辉煌的明天。

[①] 褚守庄著《云南烟草事业》，载《新云南丛书》之四，新云南丛书社，1947，第1、5、237、8页。

主要参考文献

著作类

褚守庄著《云南烟草事业》(《新云南丛书》之四),新云南丛书社,1947年铅印本。

徐天骝著《十年来之云南美烟事业发展纪实》,1949年铅印,云南大学图书馆藏本。

徐天骝著《云南栽培的主要烤烟品质》,云南人民出版社,1958。

徐天骝著《云南烤烟的栽培与烤制》,云南人民出版社,1958。

云南省烟草公司编撰《云南省志》卷二十《烟草志》,云南人民出版社,2000。

云南烟草志编纂委员编纂《云南烟草志》(下卷),云南人民出版社,2008。

云南省卷烟销售公司志编纂委员会编纂《云南省卷烟销售公司志》,云南人民出版社,2008。

云南省烟草进出口公司志编纂委员会编纂《云南省烟草进出口公司志》,云南人民出版社,2008。

昆明卷烟厂志编纂委员会编纂《昆明卷烟厂志》,云南人民出版社,2008。

红塔集团志编纂委员会编纂《红塔集团志》,云南人民出版社,2007。

红河烟草志编纂委员会编纂《红河烟草志》,云南人民出版社,2007。

曲靖卷烟厂志编纂委员会编纂《曲靖卷烟厂志》,云南人民出版社,2010。

昭通卷烟厂志编纂委员会编纂《昭通卷烟厂志》,云南人民出版社,2007。

楚雄卷烟厂志编纂委员会编纂《楚雄卷烟厂志》,云南人民出版社,2008。

大理卷烟厂志编纂委员会编纂《大理卷烟厂志》,云南人民出版社,2007。

会泽卷烟厂志编纂委员会编纂《会泽卷烟厂志》,云南人民出版社,2008。

《云南省志·农业志》编纂委员会编纂《云南省志》卷二十二《农业志》,云南人民出版社,1996。

《云南年鉴》编辑委员会《云南年鉴》(烟草工业),云南年鉴杂志社,1986～2001。

上海社会科学院经济研究所编《英美烟公司在华企业资料汇编·颐中档案》第一、二、三册,中华书局,1983。

张肖梅编《云南经济》,中国国民经济研究所出版,民国29年。

张介宾撰《景岳全书》,上海卫生出版社,1958。

兰茂撰《滇南本草》卷二,《云南丛书》第十八册,中华书局,2009。

吴大勋撰《滇南闻见录》(下卷)"物部",载方国瑜主编《云南史料丛刊》第十二卷,云南大学出版社,2001。

钟崇敏著《云南之贸易》,云南经济研究报告之二十,民国28年,油印本,云南大学图书馆藏。

云南省人民政府财政经济委员会编《云南经济资料》,1950年9月。

欧阳国斌主编《云南优势资源研究》,云南科技出版社,1996。

张宝三主编《云南支柱产业论》,云南人民出版社,1998。

和志强著《二十世纪八九十年代云南经济发展宏观决策回顾》,云南人民出版社,2006。

何兆寿主编《云南烟草博览》,经济日报出版社,1995。

刘杰主编《烟草史话》,社会科学文献出版社,2014。

雷丽萍、崔国民编著《云南烤烟生产新技术》,科学出版社,2006。

车志敏主编《云南发展研究2002》,德宏民族出版社,2003。

云南烟草学会编《云南烟俗文化》,云南民族出版社,2005。

云南省档案馆编《清末民初的云南社会》,云南人民出版社,2005。

云南省档案馆编《建国前后的云南社会》,云南人民出版社,2009。

论文类

徐天骝:《云南引种和栽培烤烟史料》,载《云南文史资料选辑》第十六辑,云南人民出版社,1982。

徐声和、王拂云:《云烟纪实》,载《云南文史资料选辑》第四十九辑,云南人民出版社,1996。

张季直:《云南名烟创始记》,载《云南文史资料选辑》第四十九辑,云南人民出版社，1996。

旭文：《"大金圆"的引筛驯育人蔡希陶》，载《云南文史资料选辑》第四十九辑，云南人民出版社，1996。

孙天霖：《昆明机制卷烟工业概述》，载《云南文史资料选辑》第九辑，云南人民出版社，1989。

杨国安：《云南烤烟发展述略》，《中国烟草》1992年第4期。

程永照：《八十年的云南烟草发展史》，2014年3月3日（烟草在线据搜狐网编辑整理）。

林文勋、马琦：《近代云南省际贸易研究》，《中国边疆史地研究》第21卷第4期，2011年12月。

陈静波：《〈云南烟草事业〉——记述云南烟草产业兴起发展第一书》，《云南档案》2012年第1期，总第232期。

吴晗：《谈烟草》，载《吴晗全集》第七卷"杂文卷（1）"，中国人民大学出版社，2009。

吴晗：《烟草初传入中国的历史》，载《吴晗全集》第一卷"历史卷（1）"，中国人民大学出版社，2009。

朱尊权：《中国的烟草事业——传统与创新》，《烟草科技》1988年第6期。

王家荣：《中国烟草体制历史、现状与问题》（专题报告一），2005。

沈甫明：《中国烟税演变史》，《中国烟草》1992年第1期。

后　记

《云南烟草发展史》参考文献达50余种，其中《云南烟草志丛书》为本书提供了大量"可信、可读、可用"的第一手资料。于此，谨向撰写这些历史文献，特别是烟草志丛书的各位专家、学者，致以衷心感谢。

《云南烟草发展史》一直得到云南大学校长林文勋教授的关心和支持。同时，还得到云南大学社科处前后两位处长杨毅教授和李晨阳教授的支持。云南大学中国史高峰学科经费资助了本书的出版。谨向他们一并深表谢忱。于此，还要感谢社会科学文献出版社再次出版我的专著（2014年曾出版拙著《云南矿业开发史》）；本书责任编辑十分认真地审阅书稿，校正了其中不少错漏之处，谨向其深切致谢！

云南大学图书馆东陆读者服务部主任、副研究馆员杜宇芳，副研究馆员金丽芬、馆员安芳为著者查阅图书资料提供了热忱服务，谨向她们表示谢意。

此外，我的一些友人和学生也很关心本书的写作。当本书即将付梓出版之际，也向他们表示感谢。

杨寿川　谨识
2017年11月
于云南大学北院寒舍

图书在版编目(CIP)数据

云南烟草发展史 / 杨寿川著. -- 北京：社会科学文献出版社，2018.1
ISBN 978-7-5201-2062-3

Ⅰ.①云… Ⅱ.①杨… Ⅲ.①烟草工业-工业史-云南 Ⅳ.①F426.89

中国版本图书馆CIP数据核字（2017）第325073号

云南烟草发展史

著　　者 / 杨寿川

出 版 人 / 谢寿光
项目统筹 / 宋月华　杨春花
责任编辑 / 孙以年

出　　版 / 社会科学文献出版社·人文分社（010）59367215
　　　　　地址：北京市北三环中路甲29号院华龙大厦　邮编：100029
　　　　　网址：www.ssap.com.cn
发　　行 / 市场营销中心（010）59367081　59367018
印　　装 / 三河市尚艺印装有限公司

规　　格 / 开　本：787mm×1092mm　1/16
　　　　　印　张：22.5　字　数：374千字
版　　次 / 2018年1月第1版　2018年1月第1次印刷
书　　号 / ISBN 978-7-5201-2062-3
定　　价 / 148.00元

本书如有印装质量问题，请与读者服务中心（010-59367028）联系

▲ 版权所有 翻印必究